国家重点档案保护与开发项目资助

省情与施政

广东省政府会议录

（1925—1949）

第二册

广东省档案馆　编

SPM 南方出版传媒 广东人民出版社

·广州·

目　　录

广东省政府第五届委员会会议录
（1929 年 7 月 30 日—1931 年 6 月 5 日）

广东省政府第六届委员会会议录

（1931 年 6 月 12 日—1936 年 7 月 28 日）

广东省政府第五届
委员会会议录

(1929 年 7 月 30 日—1931 年 6 月 5 日)

广东省政府第五届委员会
第一次议事录

民国十八年七月三十日　星期二

出席者　陈铭枢　范其务　金曾澄　曾　蹇　许崇清　林云陔
　　　　孙希文
列席者　黄元彬　罗文庄　陶履谦
主　席　陈铭枢
纪　录　孙希文

报告事项

一、总理陵园管理委员会函知总理奉安大典，贵府曾汇交奉安会洋五百元，及林焕庭先生处洋二千五百元，共洋三千元，为扎彩牌楼之用，顷据奉安会布置组函称，广东省府所扎彩牌楼，总共用洋五百零三元，并将报销单据送来，兹将公函单据附达，请即检收，余款二千四百九十七元，拟请改捐陵园建筑之用，暂由敝会汇存，俟将来纪念建筑总图案规定后，再行送请指定某种建筑。

二、广东财政特派员兼财政厅长会呈，将筹议改良粤省现行税制及设立整理委员会以资讨论各缘由，连同该会暂行简章，请察核备案。

三、财政厅呈请转咨财政部仍准广东烟酒税内药酒酒饼开瓶零沽等项牌照费划归省税征收。

四、财政厅呈报职厅此次改组裁员人数及发给恩薪数目，请核备案。

讨论事项

一、教育厅呈，据私立明远中学校校董会呈，拟指定该校为试验学校，并恳赐准自十八年度起每月拨银一千元为职校补助费等情，似应照准，请核饬财厅如数拨给案。

（议决）照准。

二、（略）

三、（略）

四、广东地方警卫队编委会呈，奉令核议广东三全大会决议案内云浮代表提出改善广东警卫队制度一案，合将职会经验所得，酌量变通办法各节呈复，请察核令遵案。

（议决）派曾委员、许厅长、范厅长、罗院长，会同妥议改组警卫队办法。

五、民政厅提议，宝安县县长谭达崙免职，派胡钰代理；又请委龙炎试署紫金县县长案。

（议决）照委。

广东省政府第五届委员会
第二次议事录

八月二日　星期五

出席者　陈铭枢　范其务　金曾澄　林云陔　曾　骞　孙希文
　　　　　许崇清
列席者　罗文庄　黄元彬　陶履谦
主　席　陈铭枢
纪　录　孙希文

报告事项

一、行政院令，奉国府令，中央执委会决议通令禁止各省预征钱粮，其已预征各地方，由政府决定整理办法等因，抄发原提案，仰遵照，并饬属一体遵照。

二、行政院令，据外交部呈送裁撤交涉署善后办法，经决议照办，抄发原呈办法，仰通饬所属一体遵照。

三、铁道部咨知，为利便管理节省经费起见，将广三路局裁撤，废除该路局处课股等名义，原有事务，统归粤汉路局兼管，名为"粤汉铁路广三段"，俾便统一，检同办法，请查照转行所属一体知照。

四、国府文官处艳日电知关于广东各铁路工会请停止前颁布之铁路员工服务条例一案，经中央执委会决议办法三条：（一）由铁道部于一个月内，以此条例所规定之办法为主要参考文件，拟定一般的铁路员工服务条例，经立法院议定后，公布施行。（二）由中央恳切训勉广东铁路员工，俾知现行条例之原则，为救济铁路破产之方法而为中央所承认者，现在中央正制定一般铁路员工服务条例，望安静努力服务，至于诸员工所希望改良之点，中央已切实考虑，凡合理之呈电，中央无不容纳。（三）再由中央训令广东省党部，并由国民政府电令广东省政府，在中央新条例未颁定以前，本条例照旧施行。

讨论事项

一、财政厅呈，为施行土地制尺后，据中顺东海沙田局长梁礼棠一再面陈种种窒碍情形，现为推行制尺起见，拟定救济办法，对于沙田测量，仍遵用制尺计亩，但每亩收税，即照原定税率减收八成，以求体恤民艰，当否，候指遵案。

（议决）照行。

二、建设厅呈复遵令核议琼崖公路分处拟备价收买各县公路一案情形，当否，请核指遵案。

（议决）准由建设厅与该分处长及黄实业专员会商收回办法。

三、（略）

四、潮海关监督兼汕头交涉员杨建平呈报此次潮海关监督汕头交涉员署被徐逆景唐所派谭×占据时损失各公物及违禁品清单，请察核案。

（议决）通缉谭×，追偿损失。

五、（略）

六、许厅长、曾委员、范厅长、罗院长呈复审拟警卫队裁编案审议结果，请鉴核案。

（议决）通过。

广东省政府第五届委员会
第三次议事录

八月六日　星期二

出席者　陈铭枢　范其务　金曾澄　曾　骞　林云陔　许崇清
　　　　　孙希文

列席者　罗文庄　陶履谦　黄元彬

主　席　陈铭枢

纪　录　孙希文

报告事项

一、国府令，准中央执委会函为第三届中央执委二全会议讨论关于行政事项之统属决议第一至第七款分别照办一案，经国务会议决议，汉冶萍招商局案另核，余照转在案，仰遵照办理。

二、国府令发广东治河委员会组织条例一份，仰知照，并饬所属一体知照。

三、国府令发修正黄河水利委员会组织条例第二条，仰知照，并饬属一体知照。

四、财政部函送民国十八年裁兵公债第一次还本布告暨办法，请查照。

五、广州市政委员长呈，奉令关于奉行政院令清理官产，系属财政部职掌，地方政府不得擅发执照一事，现令据财局复称，市产与官产及荒黑等地情形不同，应否照案由局给照，请核示前来，事关奉饬办理之件，未敢擅专，请核令遵。

六、国府文官处感日电告中央最近政情七项：（一）特任阎锡山为西北边防司令长官。（二）特派杨永泰等为导淮委员会委员。（三）湖南省政府委员兼建设厅长贺耀祖辞职照准，任命宋鹤庚兼湖南建设厅厅长。（四）教育部常任次长吴震崇辞职照准，遗缺以刘大白继任。（五）公布考试办法，及考选委员会组织法，典试委员会组织法。（六）公布

6

特种工业奖励法。（七）公布电信条例。

七、广州市市长呈报职厅八月一日改行市长制，继续任事，并将市政委员会照章结束各缘由，请察核备案。

讨论事项

一、（略）

二、广东交涉员、财政厅呈，奉令会同拟偿还台湾银行借款办法，及缓议投变南海县署各缘由，当否，请核示案。

（议决）照办。

三、（略）

四、（略）

五、曾委员、金委员、罗院长呈复会同拟具广东省政府琼崖特区行政委员会条例草案，请察核案。

（议决）照呈请。

六、民政厅提议，请增设第四科主办警卫队事务，连同职员名额及经费预算表，请公决案。

（议决）照准。

七、秘书处签呈，关于办理抚恤案先后情形，应否仍在国税项下发给，或军费项下发给，抑在各县市民政机关发给抵解之处，请核定案。

（议决）由特派员公署发给。

广东省政府第五届委员会
第四次议事录

八月九日　星期五

出席者　陈铭枢　范其务　金曾澄　曾　蹇　林云陔　孙希文
　　　　许崇清
列席者　黄元彬　罗文庄　陶履谦
主　席　陈铭枢
纪　录　孙希文

报告事项

一、国府令，公布禁烟法，抄发原条文，仰遵照，并饬所属一体遵照。

二、南京赈灾委员会艳电，准孙部长等函称，两粤战后急思赈济，嘱将两粤应将赈灾公债七十万元交其负责具领，当经如数交妥，请查照。

三、财政厅呈复，审议新颁商业注册暂行规则，与职厅现行商业牌照性质不同，并无妨碍各缘由，请核饬遵。

四、广东省党部执委会函，据全省工联会筹备主任黄焕庭呈，将该会经费目下不宜取销各缘由，请核转准予继续拨给等情，转请查照办理见复。又民政厅呈同前情。

五、中央政治会议世日电询现行省政府组织法二十五条，自公布施行至今，已历年余，就各省政府遵行与观察所及，此项组织法，有无不便，及应行修改之处，希于两星期内，将意见电呈本会议。

讨论事项

一、民政厅、财政厅会呈，遵令核议县政府经费支发办法，及县财政整理办法意见书二件，请核明指遵案。

（议决）照复，仍仰该两厅照此计划施行。

二、财政厅长、市政厅长、高等法院院长会呈，关于吴××与郭×争承×巷××号铺业一案，业由该案主席邀同各委员审查完竣，连同本案卷宗并议决书，缴请鉴核指遵案。

（议决）照议办理。

三、财政厅长、市政厅长、高等法院院长会呈，关于何安吉呈请撤销洪寿里快活亭华光庙被陈桂生等事后瞒承一案，业由该案主席邀同各委员审查完竣，连同本案卷宗并议决书，缴请鉴核指遵案。

（议决）照议办理。

四、建设厅呈，拟将九坪路局裁撤，该路事宜仍归并韶坪公路工程处办理，并请委任李伟为韶坪公路工程处副主任，俾资赞助，请核照准案。

（议决）照办。

五、台山县长呈报奉令撤销台山全属商办汽车公司，将路权交还民有一案，拟组织临时管委会及议决办法各缘由，请核示案。

（议决）如法办理。

六、教育厅提议，省立各校必须增加经费，谨具各校概况及增费预算表，请公决案。

（议决）将该厅预算案临时费划出一十三万四千七百零三元为增加各校经常费。

七、秘书长签呈，关于本府批准建兴公司承办本省钨矿一案经过事实，及饬科详晰考虑假拟办法缘由，重行提呈会议，请公决案。

（议决）由建设厅修改建兴公司章程，再行送会核议。

八、前广东财政厅长兼中央银行行长汪宗洙呈报经手款项，均属清楚，恳准将通缉案取销，并将同案之蔡苕菴、徐铁珊、赵朴山等一并取销通缉案。

（议决）交范厅长、邹行长查复。

九、教育厅呈拨全省体育协进会呈缴筹备参加第四次全国运动会预算书，转请察核指遵案。

（议决）照核准在该厅预算案临时费项下开支。

广东省政府第五届委员会
第五次议事录
八月十三日　星期二

出席者　陈铭枢　范其务　金曾澄　曾　謇　邓彦华　孙希文
　　　　　许崇清　林云陔
列席者　罗文庄　陶履谦　黄元彬
主　席　陈铭枢
纪　录　孙希文
报告事项

一、财政厅呈，拟取缔找换店盖章于银面，及将银面之污染尽为洗净，然后再定一收集改铸办法，以维币制，而祛弊端，当否，请核示。

二、江门市长呈报发行筑路公债日期，并缴十元五元债票样本各一张，请核备案。

三、统计事务处呈复遵令缮正广东省暂行统计法规一扣，乞公布施行。

讨论事项

一、教育厅呈，奉令据法官学校呈请暂缓停发补助费，以维学务，饬厅再行查复核夺一案，合将查拟结束各缘由，呈复察核案。

（议决）应遵二中全会议决案及教育部部令，准维持至现有学生毕业为止，不得再招生；至补助之经费，须按每班毕业之数比例递减之实数，由教、财两厅长核定，饬知该校遵照。

二、汕头市长呈拟设立汕头沿岸坦地业权清理委员会缘由，连同章程请核指遵案。

（议决）照准。章程照核定施行。

三、广东中央银行呈，拟在梧设兑换所，惟该处系广西辖境，拟请咨商同意，再行派员筹办，当否，请核指遵案。

（议决）照咨商。

五①、广州市长呈复，奉令审查廖××与黄××互争清平十约××庙地一案，经组织土地征收审查委员会，审查结果，维持原案，由五十四校给价收用等情，连同议定意见书，转请察夺指遵案。

（议决）照办。

六、建设厅呈复修正建兴公司承办运销粤省钨矿简章，请察核案。

（议决）照修正通过。

七、民政厅提议拟具广东省政府民政巡察章程草案，暨巡察管辖区域表，及编制员额费预算表等，请公决案。

（议决）通过。

八、民政厅提议拟具广东省政府民政厅密查员章程草案，请公决案。

（议决）通过。

九、民政厅提议，化县县长杨伟绩调省，遗缺以林炜耀试署；又请委李沧萍为本所〔厅〕秘书，吴仁光为第三科科长，李考敏为第四科

---

① 原文缺第四项。

10

科长案。

（议决）照委。

十、本府委员提议私立法专学校依照教育部令应即停办，拟请由教育厅转饬知照案。

（议决）通过。

广东省政府第五届委员会
第六次议事录

八月十六日　星期五

出席者　陈铭枢　金曾澄　许崇清　林云陔　邓彦华　孙希文
　　　　　范其务　曾　蹇
列席者　罗文庄　陶履谦　黄元彬
主　席　陈铭枢
纪　录　孙希文

报告事项

一、国府令，公布考试法，仰遵照，并饬属一体遵照。

二、国府令，公布考选委员会组织法，仰遵照，并饬属一体遵照。

三、国府令，公布典试委员会组织法，仰遵照，并饬属一体遵照。

四、广东中央银行函报，为适应需要起见，将最近由库拨还敝行各种新券，提出三百万元加盖中文签字，自本月十五日起，从新发出，与新发现兑纸同一效用，同时仍将兑回一元五元旧币照提三百万元，定期截角，俾与从新发出之额相抵。请察核备案。

五、国府令，准中央执委会函知，议决核准广东省各县市党部经费，每月三万八千四百元，以国币计算，准由各地金库拨领。又令，核准广东省党部执委会每月经费国币一万六千元，监委会每月一千六百元，均由该省政府照拨，各等由，仰遵照办理。

讨论事项

一、民政厅呈，据三水县长呈拟拆城筑路及建筑县署办法，连同城署图式一纸，请核等情，合将原缴图式转呈察核令遵案。

（议决）照准。

二、建设、财政厅呈复会同核拟汕头总商会张元章等呈请取销权度检定收费一案缘由，连同添设权度检定股经费预算表，及权度器具征费表，请核示遵案。

（议决）照办。

三、东莞县长呈复，奉令饬办关于为林文忠公则徐立碑纪念一事，合将图式及估价单缴请察核示遵案。

（议决）地购足一亩，碑照所拟建筑，由公安局将私土罚款划给三千七百元，交陈司令庆云负责办理。

四、广东省党部执委会函，据广州民国日报社呈恳转省府饬财厅自十八年度起每月拨助经费一千元等情，经议决照准在案，录案请查照办理案。

（议决）照准。

五、国立中山大学函为两广地质调查所经费，经中央议决由两广财厅分别拨支有案，今贵府议决改由国库拨支，似须先行呈明中央核准，通令国库支发，该所方能照领，在未经中央核准以前，应请饬知财厅照旧发给，并将积欠清发，请查照见后〔复〕案。

（议决）拟电中央，如须由省库支给，须拨归建厅办理。

六、尺社美术研究会常务董事陈丘山呈，为会员胡××前充市立美术学校校长，卸职后被现任校长司徒槐呈控未将校款移交，致被通缉，请准先将通缉令取销，令其到案表白案。

（议决）准取销通缉，限一个月内回来交代。

七、民政厅提议，拟以白学初任第一巡察区巡察，黄俊杰任第二区巡察，麦韶任第三区巡察，王禄俸任第四区巡察，张颂平任第五区巡察，黄遵庚任第六区巡察，吴履泰任第七区巡察，江白良任第八区巡察，黄敬任第九区巡察，周梅羹任第十区巡察，吴钦禅任第十一区巡察，朱云阶任第十二区巡察，李杞劳任第十三区巡察，余俊生任第十四区巡察，林猷钊任第十五区巡察，吴凤声任第十六区巡察，曾传经任第十七区巡察，陈于敷任第十八区巡察，请公决案。

（议决）照委。

八、民政厅提议，郁南县长赵文饶调省，遗缺以信宜县长何天瑞调署；递遗信宜县缺，以陈元瑛试署；儋县县长李午天因病辞职，照准，遗缺以莫德一试署案。

（议决）照委。

九、建设厅提议，拟请将广东全省钱粮附加筑路经费管理委员会撤销，以省经费案。

（议决）该会撤销；关于附加征收事宜，由财厅执行。

十、建设厅呈复奉令改组森林局归厅办理一案，兹拟议设科设局办法二种，连同组织预算各一扣，缴请核夺；又缴具潮安南华两林场经费概算，请并核示如何拨给案。

（议决）（一）照设局章程办理。（二）潮安南华林场经费照准令财厅拨给。

十一、建设厅呈具审查琼崖公路分处备价收买公路意见书暨拟订备价收买琼崖各属公路评价委员会组织简章，请核示遵案。

（议决）照议办理，令知实业专员暨公路分处遵照。

广东省政府第五届委员会
第七次议事录

八月二十日　星期二

出席者　陈铭枢　曾　蹇　邓彦华　林翼中　林云陔　范其务
　　　　　　金曾澄　许崇清　孙希文
列席者　罗文庄　陶履谦　黄元彬
主　席　陈铭枢
纪　录　孙希文

报告事项

一、广东高等法院呈报，奉司法行政部电，法官学校改为独立法学院等因，除函达法官学校外，请鉴核。

二、外交部铣电，查各省特派交涉署于本年底裁撤，各埠交涉署于月底裁撤，业经函达在案，其善后办法，现已呈奉令准，被裁之各埠交涉署，除未结之华洋上诉案件暂交特派交涉署接办外，所有普通外人事务，应移交各该交涉署所在地之市或县府办理。

讨论事项

一、（略）

二、（略）

三、广东交涉员提议，关于中央规定裁撤各省特派交涉署暨各埠交涉署善后办法九条，就外交部原文所列，有届期应办事项两款，提出请酌夺分别令遵案。

（议决）应照部令撤销，将裁撤善后办法九项饬属遵照办理。

四、财政厅呈，据电政管理局长呈请将征收附加军费明令取销等情，应否准予照办，请核明令复饬遵案。

（议决）照准。

五、广东省党部执委会函，据训练部提议，积极实施训练工作，及统一训练方案起见，拟于十月十五日召集下级党部训练部长联席会议，并决定进行计划，及预算经费，请公决一案，经议决转省政府拨给在案，录案请查照转饬财厅照拨案。

（议决）照拨。

六、林市长提议，现据工务局呈复，关于在石牌附近地方建筑跑马场建筑费及环绕马场马路费共需五十万元，拟由省市两政府合力举办，各分担二十五万元，是否可行，请公决案。

（议决）照办。

七、建设厅提议，拟援照森林局成案，将广东航政局印信取销，所有该局对外事宜，概用建设厅名义办理，藉省承转案。

（议决）照准，其编制修正呈核。

八、建设厅呈，拟从速完成东西南北各省道干线，计桥涵路基，应请拨款补助费用约四十二万元，请准予照数按月分拨，俾分区并进案。

（议决）先筑东南两路、北路乐九段，每月拨一万元。

九、建设厅提议，请将潮汕铁路整理委员会展期六个月，并另派委员两人，会同再行整理案。

（议决）由邓、范两厅长拟员请派，并规定该会经费呈报。

十、林市长提议，关于全省长途电话，由省府经营，先办省港线，委托市厅办理一案，兹查承办者有三家，应与何家订立合约之处，请公决案。

（议决）派参议司徒尧会同建设厅审查合同再定。

十一、民政厅提议，龙门县长陆树昌免职，遗缺请以罗仲达试署；又河源县长梁若谷调省，遗缺请以张尔超试署，请公决案。

（议决）照委。

广东省政府第五届委员会
第八次议事录

八月二十三日　星期五

出席者　陈铭枢　金曾澄　林翼中　邓彦华　许崇清　林云陔
　　　　　　孙希文　范其务　曾　蹇
列席者　罗文庄　陶履谦　黄元彬
主　席　陈铭枢
纪　录　孙希文

报告事项

一、行政院令，奉国府令发中央执委会三全大会未及讨论各案，经常委会审定之决议案，及关于禁烟第二项，均仰遵照饬属严厉执行。

二、国府令，据行政院转报关于中俄交涉各节，除饬电各军事长官处以镇静妥筹防御外，仰转饬所属严密戒备，以杜煽动，而遏乱萌。

讨论事项

一、广东高等法院呈为广东感化院组织条例遵照司法行政部令应有修改之必要，惟案关前政治分会议决公布，职院未敢擅便，究应如何办理之处，请核令遵案。

（议决）改名为广东第一监狱第一分监，由高等法院妥拟章程呈司法行政部核准。

二、建设厅提议请拨款开办图书馆案。

（议决）毋须设馆，可在厅内辟一储书室，给书资二千元。

三、建设厅提议增加技士梁绰等薪俸，计每月应增经费二百一十元，请追加预算案。

（议决）照准。

四、建设厅提议拟定广东省各县市开辟马路办法，请公决案。

（议决）照办。

五、民政厅提议，拟依照市组织法呈请设立汕头市，及将江门、海口、梅菉、九江四市，另订专章，从新组织，一律改设市政局，径归职所直辖各缘由，当否，请公决案。①

广东省政府第五届委员会
第九次议事录

八月二十七日　星期二

出席者　陈铭枢　金曾澄　邓彦华　许崇清　孙希文　范其务
　　　　林翼中　曾　霱

列席者　陶履谦　罗文庄　黄元彬

主　席　陈铭枢

纪　录　孙希文

报告事项

一、国府令发商会法，仰知照，并饬属一体知照。

二、内政部咨知省警务处长任用规程，已奉令核准，除以部令公布并分别咨令外，检送原呈及规程请查照办理，转饬民厅遵照。

三、教育厅呈，奉令转饬私立广州法政专门学校停办一案，现据该校长将遵办情形呈复前来，请察核。

四、国府文官处铣日电告中央最近政情七项：（一）特任鹿钟麟、

---

① 原文缺"议决"内容。经查民政厅宗卷，"议决"内容为：汕头市照呈请中央立案；市政局章程，由民政厅拟订呈核。

唐生智、朱培德为国军编遣委员会常务委员。（二）任命鹿钟麟署理军政部部长。（三）派伍朝枢、蒋作宾、高鲁为出席国际联盟会代表。（四）安徽省委员兼民政厅厅长吴醒亚免厅长兼职，遗缺以安徽省政府委员苏宗辙兼任。（五）福建省政府委员兼财政厅厅长高汉秋辞职，照准，遗缺以李承翼接允〔充〕。（六）任命梁蓴联为广西省政府委员。（七）公布国军编遣委员会实施编遣惩奖条例，国军编遣委员会点验组修正条例，陆军大学校组织法军官佐退役俸率及给与规则。

五、国府令制定陆海空军奖章给与法，明令公布，仰知照，并饬属知照。

六、高要县呈报风水大灾情形，连同调查肇庆市灾情报告书，请核拨款散赈。

讨论事项

一、财政厅呈复，关于营业税暂行条例一案，原拟将省属及各布〔市〕府旧税中凡与营业税性质相同者同时裁撤，统由财厅带征，正税全归省库，附税则按月由财厅分拨各市库，办法而〔尚〕属可行，惟事关变通市组织法第三十四条规定，请呈行政院核准，并咨立法院备案案。

（议决）照呈行政院。

二、建设厅呈请准予委任侯过为森林局局长案。

（议决）照委。

三、建设厅呈请委任廖桐吏、李锡朋为秘书，王考若为第一科科长，李瑞生为第二科科长，汪叔度为总务主任，万仲吾为视察案。

（议决）照委。

四、财政厅呈编具省库十八年度岁出追加预算书二份，请核提出审查核定案。

（议决）备案。

五、教育厅提议追加十八年度经费六百元，请公决案。

（议决）照准。

六、民政厅提议拟具广东省市政局组织章程草案，请公决案。

（议决）交范、邓、许三厅长审查。

七、民政厅提议拟具广东各县行政经费预算表，请公决案。

（议决）交范厅长审查。

八、本府制定广东省县市佐治人员考试暂行章程，广东省县市佐治人员任用暂行章程，现充各县市佐治人员甄别暂行章程公布案。

（议决）通过。

广东省政府第五届委员会
第十次议事录

八月① 星期五

出席者　陈铭枢　金曾澄　邓彦华　许崇清　林云陔　孙希文
　　　　范其务　林翼中　曾　骞
列席者　陶履谦　罗文庄　黄元彬
主　席　陈铭枢
纪　录　孙希文

报告事项

一、财政委员会委员长谭延闿号日电，为各省十八年度预算急待汇核，请将该省收入支出照式填列册表于电到五日内送会。

二、国府文官处梗日电告中央最近政情六项：（一）任命李培基为绥远省政府委员，并指定为省府主席。（二）任命朱绥光为军政部政务次长。（三）派王正廷为签订中波友好通商航海条约全权代表。（四）航空署署长熊斌辞职照准，遗缺以张惠长继任。（五）北平警备司令张荫吾辞职照准，遗缺以李服膺继任。（六）公布国军编遣委员会点验组修正条例，点验组施行规则，及点验委员组服务规则。

三、国府令发工商同业公会法，仰知照，并饬属知照。

四、国府令发反革命案件陪审暂行法，仰知照，并饬属知照。

讨论事项

一、广州市市长呈，为本市征收电话附加费供修七十二烈士坟园一

———————————

① 原文无日期。查当在三十日。

案，拟照自动电话理财委员会所拟，将自动电话月费收入拨付二万元，分二十个月匀摊，按月提拨一千元交革命纪念会，以后即停止支付该项修理费，请由省库或国库负担案。

（议决）照呈办理。

二、财政、建设、教育厅会后〔复〕审查广东省市政局组织章程草案拟议改定各条文，请公决案。

（议决）照行。

三、财政厅呈报修正偿还短期金库券办法三项，连同修正拨付短期库券基金分配表，请核准备案。

（议决）准备案。

四、广东中央银行行长邹敏初呈复遵令查明汪前行长宗洙并无侵挪亏短情事，似应先行取销通缉原案，饬令回粤补办交代，以完手续，请察核案。

（议决）准取销通缉，回办交代。

五、财政厅呈报中行纸币经恢复兑现，所有各机关应领经费，拟自本年九月一日起十足支付，并暂免搭库券各缘由，请提会议决令厅遵办案。

（议决）备案。

六、建设厅提议添设审计员司，并请追加经费，谨具意见书请公决案。

（议决）照准。

七、建设厅提议增设调查国际贸易设计专员案。

（议决）照修正办理。

八、建设厅提议拟将南韶韶连两公路局裁撤，谨具意见书请公决案。

（议决）照办。

九、建设厅拟议创设广东农业改良试验区意见书，请察夺施行案。

（议决）照修正办理。

十、建设厅呈请设置完成省道干线购料委员会及组织简章，请公决施行案。

（议决）照办，省府派金曾澄、林翼中两委员为该委员会委员。

十一、民政厅提议，本厅第五区巡察张××于第一次召集训话未据请假，径自缺席，应予撤差，遗缺拟委邓祖望接充，检同履历，请公决案。

（议决）照委。

十二、民政厅提议，平远县长梁石荪调省，遗缺拟以儋县县长莫德一调署；递遗儋县县长缺，请以陈剑虹试署；又查本厅秘书方孝岳既另有任用，遗职拟以惠阳县长毛琦调充；所遗惠阳县长缺，请以周俊甫试署，请公决案。

（议决）照委。

十三、指定两委员为县长县佐考试筹备委员及派定筹备处秘书案。

（议决）派金、孙两委员为县长县佐考试筹备委员，吴仁光为筹备处秘书。

十四、国立中山大学函请举办广东全省舶来火柴附加大学经费，连同火柴商会原呈及草案请核办见复案。

（议决）交财厅审议。

十五、财政厅呈遵令审查各县行政经费预算表复请公决案。

（议决）修正通过。

广东省政府第五届委员会
第十一次议事录

九月三日　星期二

出席者　许崇清　曾　蹇　林云陔　孙希文　金曾澄　林翼中
列席者　陶履谦　罗文庄　黄元彬
主　席　许崇清（代）
纪　录　孙希文

报告事项

一、国府令公布修正国军编遣委员会点验条例，仰知照，并饬属知照。

二、国府令查陆军大学条例，前经制定公布，兹将该条例明令修正为陆军大学校组织法，并将条文酌加修改，通饬施行，仰知照，并饬属知照。

三、国府令制定已嫁女子追溯继承财产施行细则明令公布，仰知照，并饬属知照。

四、国府文官处寝日电知本京汉西门老米仓子弹厂失慎，焚去一部，现火焰已灭，不致蔓延。

五、国府文官处函知奉令严禁交通机关员工违抗命令，挟众罢工，或怠工等因，录令函达查照，并转饬知照。

六、蒋总司令号日电请对于编遣实施会议通过全体办法，务盼切实协助，共同努力，期在必行。

七、国军编遣委员会宥目〔日〕电告各编遣区及分区点验委员，节〔即〕经本会分组选派，克日出发，实施点验，其间经过地方，及到达以后，请予以充分之协助保护，俾收实效。

八、财政厅呈报荒地承恳〔垦〕补充施行细则所展期限已满，兹拟赓续展期至本年年底止，过期决不再展，请核备案。

九、两广盐运使函报呈奉财部核准加征坐配附场盐税办法，现定九月十六日起实行，请查照饬属协助办理。

讨论事项

一、建设厅呈请委任邓鸿仪为西村士敏土厂建筑工程处主任，检同履历请核准案。

（议决）照准。

二、民政厅提议遵照部令及规程于本省设立警官学校一所，当否，请裁夺案。

（议决）学校照办，饬拟具学校组织规程呈核。

三、民政厅提议请委任欧阳驹为警官学校筹备主任案。

（议决）通过。

四、范、邓、林、曾委员会复修正各县地方财政保管章程草案，请公决案。

（议决）再付审查，交金委员、罗院长审查。

广东省政府第五届委员会
第十二次议事录

九月六日　星期五

出席者　许崇清　金曾澄　曾　寋　林云陔　孙希文　范其务
　　　　　黄其琮（代）　林翼中
列席者　陶履谦　罗文庄　黄元彬
主　席　许崇清（代）
纪　录　孙希文

报告事项

一、国府令发军官佐退后俸率及给与规则一份，仰知照，并饬属知照。

二、国府令发公营事业技术人员领照法一件，仰知照，并饬属知照。

三、国府令，奉中央执委会函送三全代表大会各项提案内，陆军第十师特别党部提议，党政机关用人不得兼职，并注意其人党内之历史一案，关于兼职限制已令饬遵，至注意革命历史一节，自应照办，抄发原提案令仰遵照办理。

四、国府文官处陷日电告中央最近政情四项：（一）撤销各编遣特派员，改设编遣分区主任；任命晏勋甫为国军编遣委员会直辖第一编遣分区办事处主任委员，刘峙为第二分区主任委员，何键为第三分区主任委员，李明瑞为第四分区主任委员，马福祥为第五分区主任委员，陈济棠为中央编遣区第一分区办事处主任委员。（二）公布监察委员保障法。（三）公布国军编遣委员会直辖编遣分区办事处条例，编遣分区办事处编遣表，编遣区点验委员组织制表，及编遣分区点验委员组织制表。（四）公布陆军官军常服军礼服修正条例。

五、国府令发国军编遣委员会实施编遣惩奖条例，仰知照，并饬属知照。

六、行政院密令，奉国府令，奉中央执委会函，决定处理共产党案件补救办法四项，仰转饬遵办等因，仰该府转饬造办具报。

七、广东财政特派员兼财政厅长呈，奉部令换改广东税制整理委员会暂行简章第四第五第十一条等因，兹照缮一份送请察核，将前呈府简章予以更正。

讨论事项

一、铁道部咨会另派陈楚楠为潮汕铁道整理委员案。又潮汕铁路公司董事长张国龙等呈，拟具整理计划书，请核准转铁道部将令派陈楚楠为整理属路委员一案收回成命案。

（议决）撤回。

二、广东财政厅长、广州市市长、高等法院院长会呈，关于永汉路坊众黄协颐等上诉高崙骗承双门底先锋、华光两庙一案，业由该案主席邀同各委员审查完竣，连同本案卷宗并议决书等，缴请察核指遵案。

（议决）照判。

三、财政厅呈报拟具田亩陈报办法，暨应提会决定四项各缘由，连同办法大纲及施行细则，请核示施行案。

（议决）交罗院长，金、林两委员审查。

四、财政厅呈复奉令彻查省陈鲜果咸货行状控合益公司违章滥抽，请将入市税归并台费批回行办一案，遵将拟议征收办法呈核；又台炮经费与果类入市税均为坐厘，自以该行商人承回自办为便，惟现在合益公司承期未满，应否换商，请核示案。①

五、建设厅呈将广东航政局组织法修正条文连同旧组织【法】请核指遵案。

（议决）修正通过。

六、广州市市长呈，据执信学校请于省政府批准惠济义仓永远补助校费三千元外，另在该仓增加项下每年赐助一万元以维校务等情，转请察核遵案。

（议决）俟查明该会收入确数再行核办。

七至九、（略）

_____

① 原文缺"议决"内容。

广东省政府第五届委员会
第十三次议事录

九月十日　星期二

出席者　许崇清　金曾澄　曾　骞　林云陔　孙希文　林翼中
　　　　范其务（黄其琮代）

列席者　黄元彬　罗文庄　陶履谦

主　席　许崇清（代）

纪　录　孙希文

报告事项

一、国府令，关于江西省政府呈请明定总理遗像张贴地点一案，经中央执委会交宣传部拟定办法七条，批准照办在案，抄发办法，仰遵照办理，并饬属遵照。

二、国府令，公布国军编遣委员会点验实施规则，暨国军编遣委员会点验委员组服务规则，仰知照，并饬属知照。

三、国府令发修正国军编遣委员会点验组条例，仰知照，并饬属知照。

四、国府令发修正陆海空军勋奖条例第六条条文，仰知照，并饬属知照。

五、卫生部咨送管理药商规则，请查照饬属知照。

六、广州市市长呈，奉令照准继续发行五十元、二十五元、十元、五元凭票等因，自应遵办，于九月一日饬令市主〔立〕银行将五十元、十元、五元三种凭票继续发行，除函令布告外，检同样本，缴请备案。

七、广州市公安局呈报奉令关于月前桂逆背叛，职局员警维持秩序，饬拨款派赏一案，现拟由局就起获桂逆烟土奖款项内提拨给奖，其办法：凡长员官佐极〔均〕依本年五月份额定月薪一律补发二成，其余警兵每名给奖一元，又警长一项每月系照十足发薪，不在补发二成之列，拟每人给奖二元，至杂役、清秽夫两项，每名奖给五毫。当否，仍

24

候训示。

讨论事项

一、广东省党部执委会函，宣传部提议，拟将各县市筹置收音机件费改由省府全数津贴一案，经议决请省府电饬各县市长于一个月内筹款缴省府代办在案，录案请查照办理案。

（议决）令各县市长于一个月内缴款到府交建设厅代办。

二、财政厅呈，关于关玉清与司徒云渠等秉承赤坎对河石坝溢坦一案，谨将职厅先后办理此案经过情形，复请核遵案。

（议决）应划出部分收归官有，永远不得承领，由财、建两厅派员会勘。

三、广东交涉员呈为准英领函，现省港澳轮船公司请准规复在黄埔任搭客下船及登岸等由，请核示遵案。

（议决）仍查照原案停止。

四、财政部咨关于广东大埔八属嘉属各会馆代表呈请蠲免治河盐捐附加一案，查此项治河盐捐附加，其桥下认捐年限，既经期满，自应即予停收，至桥上附捐，行将期满，亦应一律免征，所有该项工程，应请转饬就地另筹他款，请查照核办案。

（议决）交建设厅审议具复。

五、广东警察同学会呈请每月补助该会发行警察杂志经费三百元，按月拨给，以期持久案。

（议决）不准。

六、民人伍庚堂状为收用本市旧将军署承领地业，久未给价，恳请迅令财厅将地价依数给领。否则撤销前议，俾得自由处分案。

（议决）由财厅迅速拟定给价收回办法。

七、民政厅提议，梅菉市政局先经改组，并委员梓储充任局长；海口市政局长廖国器已另有任用，拟以该市工务局长冯湛耀为海口市政局长；其江门市政局长，仍拟以该市长严博球充任，其余九江一市，拟仍归县辖案。

（议决）海口、江门两局长照委，九江市再议。

八、筹备县长及县佐治人员考试委员提议列具开办经费共一千零二十五元请核准案。

（议决）照准。

广东省政府第五届委员会
第十四次议事录

九月十三日　星期五

出席者　许崇清　林翼中　林云陔　孙希文　金曾澄　曾　蹇
列席者　陶履谦　罗文庄　黄元彬
主　席　许崇清（代）
纪　录　孙希文

报告事项

一、国府令，据国军编遣会呈请更正中央直辖各部队编遣办事处名称为"中央编遣区办事处"，并请换发印章等情，除指令照准外，仰知照。

二、国府文官处鱼日电告中央最近政情五项：（一）特任朱培德为参谋总长。（二）内政部长赵戴文经中央执行委员会选任为国民政府委员兼监察院院长，所遗内政部长一缺，以扬〔杨〕兆泰继任。（三）改组江西省政府，任命鲁涤平等为江西省政府委员，指定鲁涤平为主席，并任命刘芦隐兼民政厅厅长，陈家栋兼财政厅厅长，张斐然兼建设厅厅长。（四）绥远省政府委员邢志厚及兼财政厅厅长梁汝霖辞职照准，任命曾贻为绥远省政府委员兼财政厅厅长，张钦为省政府委员兼教育厅厅长。（五）铁道部常务次长王征辞职照准，遗缺以黎照寰继任。

三、广东中央银行呈报拟将所有原日各机关存行款项恢复开付，以全信用缘由，如蒙令准，即当开始支付，请核示。

讨论事项

一、建设厅呈复遵令审查航空机场管理修养办法草案情形，请察夺案；又第八路总指挥部函为琼州尚道飞机站被风倒塌一案，对于管理修养办法极为需要，请迅饬建厅将前项办法审查完竣，早订施行案。秘书处签呈油印。①

（议决）照秘书处签拟办理。

二、财政厅呈，准财政特派员公署函，奉财部令，各省沙田官产奉准属于国有，饬将所收产价解部一案，查前奉财部真养两电，经职厅以沙田为土地性质，请仍将沙田归为省税，或提交中央决议电复在案。兹准前由，究应如何办理，请核指遵案。

（议决）电范厅长直接与财部商量。

三、民政厅呈复查明新丰县商会主席李佩秾呈控前县长姚××藉名密禀没收店货一案拟办情形，当否，请核示遵案。

（议决）照拟办理。

四、教育厅呈，据广东驻日留学生经理员呈，拟请特派沈敦辉赴欧研究蚕学等情，连同论文二册呈核，可否准予特派赴欧留学，并每年照给英金三百镑，俾宏造就之处，请核令遵案。

（议决）论文先交建厅审查。

五、教育厅呈具刘亮履历，请核委任为职厅督学案。

（议决）照委。

六、秘书处签呈，本府现奉国府令，据国军编遣会呈报编遣会议第六次讨论陆军给与案，同时议决四项一案，经国务会议议决照办，饬府遵照等因，查该四项内之第三项，有编遣期内中央及各省之文武官薪俸一律按八成减支等语，按云本省情形不同，似不能稍事变通，谨将理由分别签请公决案。

（议决）候财政厅长回粤再议。

七、秘书处签呈，关于省党部函请电饬各县市长于一个月内筹款缴省府代办收音机一案，昨本府第十三次议决令各县市长于一个月内缴款到府交建设厅代办等因，核与前准省党部函，以经令各县市党部各自筹机件费二百五十元，限一月内缴会汇转省府代购一节，微有出入，兹议决前因，该款应在县市库开支，抑在省库开支，或系代〔市〕党部开支，请核夺示遵案。

（议决）仍由各县市筹款交省府汇办。

---

① 原文缺秘书处签呈。

广东省政府第五届委员会
第十五次议事录

九月十七日　星期二

出席者　许崇清　范其务（麦棠代）　金曾澄　林云陔　孙希文
　　　　　曾　蹇　林翼中

列席者　罗文庄　黄元彬　陶履谦

主　席　许崇清（代）

纪　录　孙希文

报告事项

一、国府令发监察委员保障法，仰知照，并饬所属一体知照。

二、国府令发修正国军编遣委员会编制表，仰知照，并饬所属一体知照。

三、内政部咨，奉行政院令，立法院核议省政府下各厅处无须另定组织条例等因，请查照。

四、内政部咨，奉行政院核准，将大成殿改为孔子庙，直匾于孔子位两旁，设立长凳，所有四配十哲先贤先儒各位，依次排列，并于庙堂前留相当空地，以便纪念等因，请查照饬属遵办具报。

五、建设厅呈缴筹筑省道县道实施程序一纸，请核备案。

六、财政厅呈为编缴追加清丈沙田测量队第二队经费预算书，恳请察核指遵。

七、广州市市长呈报拟设社会局派伍伯良代理局长缘由，连同该局章程及该员履历缴请备案。

讨论事项

一、国府令，奉中央执委员会函，据党员萧吉珊等呈拟具丁未潮籍党员举事黄冈纪念办法，经议决乙丙两项由国府转令广东省政府查核办理，所有纪念建筑物经费，即由该省政府筹拨等因，抄发原呈办理，仰遵照乙丙两项办理案。

（议决）乙项交饶平县，丙项交汕头市计划报核。

二、财政厅呈复奉令核拟琼崖牛皮附加捐办法缘由，请察核案。

（议决）照厅拟办理。

三、高等法院、民政厅会呈，拟具盗匪悔过准予自新办法草案，复请察核指遵案。

（议决）办法修正通过。

四、教育厅呈，据省立第一女子师范校长呈报拟建筑学生宿舍缘由，连同图则估价单预算等请提出省府通过等情，查所移各节，均属实情，似应照准，请核指遵案。

（议决）建筑费准拨，由教育厅审查确数具报核发。

五、建设厅呈报修订测勘矿区规则缘由，连同规则请核示案。

（议决）交秘书处审查。

六、建设厅呈具杨伯明履历，请核加委为职厅第三科科长案。

（议决）照委。

广东省政府第五届委员会
第十六次议事录

九月二十日　星期五

出席者　许崇清　范其务（麦棠代）　林翼中　林云陔　孙希文
　　　　　金曾澄　曾　塞

列席者　黄元彬　罗文庄　陶履谦

主　席　许崇清（代）

纪　录　孙希文

报告事项

一、国府令发国军编遣委员会直辖编遣分区办事处条例及编制表，仰知照，并饬属知照。

二、国府令发陆军军常服军礼服条例，仰知照，并饬属知照。

三、行政院令发裁兵协会章程，仰遵照办理。

四、国府文官处覃日电告中央最近政情六项：（一）公布乡镇自治施行法及清乡条例。（二）公布军事参议院组织法。（三）公布陆海空军抚恤委员会修正组织条例。（四）公布国军编遣委员会直辖编遣分区经理分处条例，及国军编遣委员会编遣区及直辖分区经理委员会组织条例。（五）改组陆海空军抚恤委员会，任命刘骥为陆海空军抚恤委员会委员长，陈仪为副委员长，李鸣钟等为委员。（六）任命蔡元培为国立北京大学校长，在未到任前，以陈大齐代理。

五、内政部咨达，前准广西省府咨，补报万承土州改设万承县治一案，业经本部呈奉行政院指令照准，请查照饬属一体知照。

六、航空处函报开投瘦狗岭机场工程，大利公司所投数目虽属超出底价二千元之数，尚属无多，为求迅速工程，似可通融，准由该商承办，请查照。

七、行政院令，据军政部呈复，外国飞机来华，应由地方政府与航空署会同派员检查等情，应准如拟办理，仰即遵照。

八、财政、建设厅呈报会同审查森林局拟筹设潮安、南华两林场计划书章程预算等一案，办理经过情形，另造潮安、南华两模范林场购置仪器家具预算表等，请核备案。

九、广东对俄问题委员会函送关于全国中学以上学校亟应加紧施行军事训练原案，请查照办理。

十、秘书长呈报斟酌职处内部办事情形，重行支配各科股职务缘由，请核备案。

讨论事项

一、财所〔政〕厅呈复，饬据曲江县查明越官阮福说口粮每月额支毫银八十八元，全年共支一千零五十六元，经前任呈奉核准按月照支，请俯念亡国遗族，赐予照准支领等情，究竟此项口粮本年度应否准其照旧支付之处，请核指遵案。

（议决）准照旧支给，并令饬曲江县详查该遗族生活状况、男女年龄、职业、教育等具报。

二、财政厅呈，奉令拟议中山县保留省税一案，遵将拟议情形暨将原函所提出各项税款列表分别详注，复请察核令遵案。

（议决）由财政厅统一收支，每月按照上月收入额为标准，于该月十日以前拨付，税款列表转函知照，余照厅议。

三、广东总工会潮梅办事处邮电报越南政府近复颁布进口税苛例，危害侨商，请迅予严重交涉，另订优待华侨新约，以利侨胞案。

（议决）呈请中央核办。

四、民政厅提议，九江市就治安民情财力上均宜暂归县辖，拟请将九江一市暂时仍旧归县受管辖，并由厅饬令缩少范围，藉纾民力，一面仍将土匪克期肃清，暨力谋教育建设之发展，使全市市民咸明了于市政之利益，届时再行照章改组，归厅直辖案。

（议决）照拟。

五、广州市市长呈，据工务、教育两局会呈称，广府学宫后便地段，堪以划出筹建总理纪念图书馆等情，连同地图请察核指遵案。

（议决）照拨为图书馆地址，不得移作别用。

广东省政府第五届委员会
第十七次议事录

九月二十四日　星期二

出席者　许崇清　范其务　金曾澄　林云陔　林翼中
列席者　罗文庆　黄元彬　陶履谦
主　席　许崇清（代）
纪　录　张百川（代）

报告事项

一、国府令发陆海空军总司令旗帜图式，仰知照，并饬属一体知照。

二、内政部、禁烟委员会会咨送修改公务员禁烟考成条例，希查照转饬所属知照。

三、内政部咨，奉行政院令，据送区长训练所条例饬由部公布一案，除公布咨令外，检送条例请查照饬属遵办。

四、财政厅呈报因港纸水日涨，毛币改铸厂暂行停铸毛银缘由，请察核备案。

五、广东中央银行呈报筹设中山县兑换所，经派姚海珊为该所主任缘由，请察核备案。

六、中央编遣区第一编遣分区办事处函知，奉国府简任陈济棠为中央编遣区第一编遣分区主任委员，当即遵照成立办事处，请查照转饬所属一体知照。

七、国府文官处函，为南京特【别】市执委会转呈保障党员工作，通令各机关嗣后用人，先尽党员任用，裁员先尽非党员裁减一案，奉中央执委批，如党员与非党员能力相等，应照所请办理，请查照。

八、内政部咨送县政府办事通则，请查照。

九、内政部咨，奉行政院令知，本部呈，为山东省政府所订县长考试暂行条例，在考试法未施行以前，仍应照部颁县长考试暂行条例办理一案，已奉国府令准如拟办理等因，请查照。

十、民政厅呈，拟定各县市每月办事报告表式及说明书，请核施行，并将半月报告之案取销。

十一、教育厅呈缴修正广东留日公费生补费办法及各校补费次序表请核备案。

十二、曾委员蹇函报因齿痛不能出席参与会议。

十三、孙秘书长希文函报因事赴港，请假两日，处务由李秘书立民代行。

讨论事项

一、财政厅呈，关于中行旧账存款，议先行赓续审查，遇有应行解库之款，依法拨正，俾清款目，至于应行付回之款，仍俟金融整理完毕，再行依法给领，检同清理办法，请核指遵案。

（议决）由财厅、中行赓续审查，呈候核夺。

二、财政厅呈复将维持土造火柴商工业，拟具办法缘由，请核指遵案。

（议决）办法修正通过。

三、教育厅呈，据省立第四师范校长呈，为开办高中师范科，请拨款修筑校舍，连同图式估价清单，拟购图书清单，请核等情。查该校所称校舍残破，及图书仪器缺乏各节，尚属实情，所请拨给建筑费一万九千七百四十七元，及购置费三千三百一十八元四角五分，似应照准，请饬财厅拨给领用案。

（议决）照拨。

四、广州中山纪念堂纪念碑建筑管理委员会函，本会支出工程费用，平均计算每月约需十万元左右，请令行财厅照案每月拨足十万元，其从前自四月起每月短支之款，并即照拨补支，以应要需案。

（议决）由财厅酌发。

广东省政府第五届委员会
第十八次议事录

九月二十七日　星期五

出席者　陈铭枢　金曾澄　林翼中　许崇清　林云陔　孙希文
　　　　　范其务　曾　蹇
列席者　罗文庄　黄元彬　陶履谦
主　席　陈铭枢
纪　录　孙希文

报告事项

一、国府令，准中央宣传部函，请转饬各省政府及驻在地各军队，嗣后不得扣留中央宣传品等由，仰转饬所属一体遵照。

二、国府文官处号日电告中央最近政情六项：（一）蒙藏委员会副委员长赵戴文辞职照准，遗缺马福祥继任。（二）蒙藏委员会委员白云梯免职，遗缺以石青阳继任。（三）江西省政府委员兼民政厅长刘芦隐辞民政厅长兼职照准，任命王尹西为江西省政府委员兼民政厅厅长。（四）任命江士远为浙江省政府委员。（五）公布陆海空军刑法。（六）公布民法总则施行法。

三、内政部咨，为黑龙江、吉林两省政府议复更改不妥县名，并将设治局提升县治一案，业经本部并书核议呈奉行政院指令照办，请查照饬属知照。

四、内政部咨，准行政院秘书处函交湘潭县党部呈请令饬各县市政府及各局应予每年度之始拟具行政计划一案，抄送原呈请查照。

五、工商部咨送度量衡标准器及检定证书请查收。

六、广东中央银行呈，拟请通令各机关征存款项及一切公款悉数交由敝行或各分支行寄存，不得寄放商号。

七、广州市市长呈，据公安局呈缴警察合格领奖人员姓名履历，请核准俾便颁发奖章等情，应否照准，仍候令遵。

讨论事项

一、第八路总指挥部函，廉洋水师系省防性质，查编遣议案，凡属省防军队，概归省政府管辖指挥，自应遵照议案，拨归贵府管辖，派员接收；又查广南造船所亦属行政建设之一，亦拟一并交由贵府接管，请查照见复案。

（议决）仍请总指挥部照常管辖。

二、财政厅呈，查北海分金库每月支出廉洋水师统带部经费等共二千七百余元，琼崖中学留法学生半官费一百六十余元，琼崖农事试验场经费一千七百余元，均未列入十八年度预算，现在应否准予追加之处，请核明指遵案。

（议决）水师费应归国库支出，半官费交许厅长查复，试验场经费应列入建设预算项下。

三、建设厅呈复，遵令审查留日学生沈敦辉论文情形，连同奉发论文二册请察核案。

（议决）准每年给英金三百镑，两年为限，学回须服务本省。

四、广东交涉员呈，据东兴洋务委员陈兴藩呈，以职局奉令裁撤，局内各员役川资旅费，多感困难，请准各加给恩饷一月，以示体恤等情，似可依照本省向例，给予恩饷一月，当否，请核示遵案。

（议决）由特派员办理。

五、建设厅呈，为全省公路处既已裁撤，各公路分处名称应即一律改正，除西路早经裁撤，及韶坪公路工程处毋庸更改名称外，拟将东路公路分处改为东路公路处，南路公路分处改为南路公路处，琼崖公路分处改为琼崖公路处，并拟各改发关防一颗，定名为"广东建设厅某某公路处关防"，以资信守案。

（议决）照改。

六、第八路总指挥部函送广东省各主要航空站建筑机场暂行条例草案，请查照主稿，会同公布，并通令各航空站所在地之各县市长遵照办理见复案。

（议决）航空站由省府担任建筑，管理之责当属航空处，并通令各机站所在地之地方官厅负保护之责。

七、秘书处签呈，本府现奉国府令，据国军编遣会呈报编遣会议第六次讨论陆军给与案，同时议决四项一案，经国务会议议决照办，饬府遵照等因，查该四项内之第三项，有编遣期内中央及各省之文武官薪俸一律按八成减支等语，按之本省情形不同，似不能不稍事变通，谨将理由签请公决案。

（议决）请国府准变通办理。

八、民政厅转准新任广东地方武装团体训练员养成所所长伍观淇函除〔陈〕关于养成所之名称、经费、关防三事，请察核施行案。

（议决）仍交民政厅切实核议。

广东省政府第五届委员会
第十九次议事录

十月一日　星期二

出席者　陈铭枢　范其务　金曾澄　邓彦华　林翼中　曾　塞
　　　　许崇清　林云陔　孙希文
列席者　罗文庄　黄元彬　陶履谦
主　席　陈铭枢
纪　录　孙希文
报告事项

一、国府令修正监察院组织法第十三条，抄发修正条文，仰知照，并饬属知照。

二、国府令，据训练总监何应钦呈，为留日陆军学员生各处自由直接保送，颇滋流弊，请令外交部与日本交涉修改该国政府原订收录我国陆军留学员生各项规定，并请通令各军民长官一体遵行等情，应准照办，除令外交部办理外，仰遵照，并饬属一体遵照。

三、国府令发乡镇自治施行法，仰知照，并饬属知照。

四、国府令知全国军政机关对于共党嫌疑犯及其他反革命案件，应由主管司法机关检举。如系紧急处分，亦应于拘获后二十四小时内移交法院讯办，仰遵照办理，并饬属一体遵照。

五、国府令知中央常会决议，凡新闻纸之一切检查事宜，除经中央认为有特殊情形之地点及一定时期外，一律停止，仰遵照办理，并饬属一体遵照。

六、内政部咨知本部成立地方自治专门委员会，请查照。

七、建设厅呈为潮汕铁路现由部直接派员从新整顿，自无须由厅规定整理经费，请察核备案。

八、建设厅呈复奉令办理各县市筹置收音机一案，遵将调查无线电收音机价格及每月维持费请核指遵。

（说明）查本府前准省党部函请电饬各县市长于一个月内筹款缴省府代办收音机一案，经第十三次议决令各县市长于一个月内缴款交省府汇转交建厅代办在案。兹据该厅查复装置收音机路途远者需费愈大，约计每县总需三百元至五百元之间，其无电力供给之县，每月维持费约二十五元云。现本省九十余县，每县各置收音机一具，其数不菲，采用何种收音机，应请决定。（由财政厅筹款，建设厅购办，各县一律装置，并饬筹款缴厅归垫。）

九、广东地方警卫队编委会呈缴各职员士兵经领恩饷姓名清册收据粘存簿等，请核分别存转。

十、广东省党部、广州特别市党部函，张逆发奎称兵叛变，反抗中央，奸商承机捣乱，操纵金融，会议讨论提出要案七条，录案请查照分别执行。

讨论事项

一、建设厅呈报以前权度检定经过情形，及现在使用标准，应如何决定，详叙利弊，连同新旧标准比较表，请核示遵案。

（议决）由建设厅妥筹施行办法，再定期实行。

二、（略）

三、广东高等法院呈复拟议仍就原有之感化院设法筹款，改用分房制，继续办理，毋庸改组分监缘由，请核指遵案。

（议决）照拟办理。

四、铁道部咨，据粤汉路局呈报建厅令行筹还广三路西濠口码头产价一案情形，查该码头系属路产，财厅未经该路同意，即投变产价收用，事后又责令该路筹还，现在该路收入甚少，事实上断难担任此项巨款，请饬财厅自行设法筹还产价及月息，将码头交回该路，以重国有案。

（议决）由财政厅拟复。

五、建设厅呈复奉令核明全省商联会议请政府酌拨补助费，饬县从速完成顺中公路一案审议兴筑情形，请核令遵案。

（议决）中、顺两县属富足之区，地方自行筹筑公路并非难事，本府完成省道，然后有余力补助县道，所请碍难照准。

六、司法行政部法官训练所粤籍学员刘瑞燊等，中央政治学校粤籍学生曾昭廷等，中央军校航空班学员张抑强等，分呈请津贴学款案。

（议决）中央政治学校粤籍学生及中央军校航空班学员准自十月份起，每月津贴大洋十元，其法官训练所学员不合津贴标准不准。津贴标准如下：（一）中央直辖高级军事学校之粤籍学生不带薪者。（二）中央党部所办高级党务政治学校之粤籍学生曾参加革命工作者。以上两项学生为限，每月津贴大洋十元，他项学校一概不得援例。

七、农矿部电令建设厅撤销建兴公司代营广东全省钨矿案。

（议决）依照农矿部电令办理。

八、建设厅提议，据〔拟〕请拨款补助合钦公路及钦县经防城至北崙路线缘由，拟具概算表请公决案。

（议决）先完成合灵省道，该两路俟第二期进行。

九、民改〔政〕厅提议，拟自本年十月起每巡察区每月酌增公旅费五十元案。

（议决）照准。

十、财厅原拟各县地方财政管理局章程案。

（议决）经数次修正通过。

广东省政府第五届委员会
第二十次议事录

十月四日　星期五

出席者　陈铭枢　范其务　金曾澄　邓彦华　林翼中　曾　蹇
　　　　许崇清　林云陔　孙希文
列席者　罗文庄　黄元彬　陶履谦
主　席　陈铭枢
纪　录　孙希文

报告事项

一、国府令发军事参议院组织法，仰知照，并饬属一体知照。

二、国府令发陆军大学附设特别班章程及表，仰知照，并饬属知照。

三、国府令发清乡条例，仰即施行，并饬属知照。

（说明）查该条例第六条规定，各省清乡总局设局长一人，由省政府主席兼任，副局长一人，由民政厅长兼任，事务主任一人，由省警务处长兼任。究应如何组织，请核夺。

四、国府文官处感日电告中央最近政情四项：（一）改组贵州省政府，任命毛光翔等为贵州省政府委员，指定毛光翔为主席，并任命李仲公兼民政厅厅长，马空中兼财政厅厅长，叶纪元兼教育厅厅长，杜忧兼建设厅厅长。（二）任命萨穆税隆鲁普为蒙藏委员会委员。（三）任命王朝俊为内政部常任次长。（四）公布区自治施行法、县组织法施行法，及交易办法。

五、广东交涉员呈报，准驻广州英总领事函开，兹将香港总督送来为拟办广州香港长途电话之文牍，送请察阅，便悉广州市政厅未向香港电话有限公司商量，而与中国电气公司订立合约，此种过急举动，于省港长途电话合办一事，诚有所妨碍也等由，合将原送英文译呈察核。

讨论事项

一、财政厅呈为拟议将屠牛牛皮两捐并生牛出口捐合并办理缘由，连同广东省屠牛牛皮税征收章程草案，请核示遵案。

（议决）照办。但关于市税部分，仰该厅再与市厅商订办理。

二、财政厅长、广州市长、高等法院院长会呈关于××公司商人李×呈，为承领××路××××两铺业权确定，被何×推翻上诉一案，业由该案主席邀同各委员审查完竣，连同本案卷宗并议决书等缴请察核指遵案。

（议决）照判办理。

三、（略）

四、建设厅呈为江西钨矿局批将赣省钨钞〔砂〕绕道粤省改运出口一案，拟变通办法，是否可行，抄电二件，请核令遵案。

（议决）照办。由厅拟具取缔简章施行。

五、建设厅呈，拟请延长木材统计专员一个月工作，所需经费二百九十五元，恳核准饬财厅查照原案办法办理，按一个月如数拨给，俾得完成调查工作案。

（议决）照准。

六、广东各界庆祝双十国庆纪念大会筹备会函请捐助二千元案。

（议决）捐五百元。

七、秘书处签呈，准财政厅函送改正广东省单行划一契税章程草案等，请转缴复查一案，兹查该修正草案，系根据审查意见书为定，惟仍有应行决定及更正者；又有既经签注，而意见书未见提及，并与原又〔文〕征〔微〕有出入者，谨分别签列，请公决案。

（议决）发回财厅照修正施行。

八、建设厅提议，请增加本厅每月视察调查经费约二千元，再八月份垫支过此项出差费用一千二百余元，仍乞发还，俾资归垫案。

（议决）照准。

九、建设厅提议请拨款补助合灵公路案。

（议决）从十一月起，分五个月拨足，完成该路。

广东省政府第五届委员会
第二十一次议事录

十月八日　星期二

出席者　陈铭枢　范其务　金曾澄　邓彦华　林翼中　曾　蹇
　　　　许崇清　林云陔
列席者　陶履谦　罗文庄
主　席　陈铭枢
纪　录　李立民（代）

报告事项

一、国府令发陆海空军刑法，仰知照，并饬属知照。

二、国府令发民法总则施行法，仰知照，并饬属知照。

三、国府令知，戴、陈两委员提议，请令各省速筹安置灾民垦辟荒地办法一案，经国务会议决议通过，仰遵照迅速筹议具复。

四、国府令，南京特别市执委会呈，中央执委请厉行调验公务员，奉批交府办理一案，抄发原呈，仰遵照办理，并转饬遵照。

五、行政院令知，前据福建省政府呈请解释举士疑问，现经教育、内政两部拟议，当属允当，仰查照办理。

六、国府文官处函，准中央执委会秘书处函转驻南洋荷属总支部呈，据坤甸支分部提议，请咨国府转饬广东省府厉行禁烟修路剿匪并取销男女同校禁令一案，奉谕交广东省政府等因，抄同原件请查照。

七、禁烟委员会咨知，敝会委派调查科调查主任骆介子前往汕头、澳门、广州等处调查禁烟状况，希即令行各该管地方政府妥为照料。

八、民政厅呈缴修正本厅办事细则，党义研究会组织章程，及新订分组办事规则，职员办事须知，办公缮校所值日规则，土曜欢叙会简章，请察核备案。

九、杨西岩等函，关于金姓捐地建造咨议局一案，摄影该局筹办处报告书，送请察核准于省党部内补立金君捐地碑石，用示表章。

十、粤海关监督呈报准江门关税务司及江门市厅复函，对于筑路割用常关地址案，双方均走极端，无从解决，请核示办理。（先咨财部，另复粤海关仍照前叶市长所拟办理。）

讨论事项

一、民政厅呈，奉饬审拟省警务处有无设立之必要，及组织法有无应加修改一案，谨将广东现在尚无设立警务处之必要缘由，呈复察核，转呈察核案。

（议决）照呈复。

二、教育厅呈，据省督学马衍鎏查复鹤山各团体呈请仍委县立中学校长李照衡为校长一案，既据查明该校长办理尚属良善，拟令准该校长复职，并可否将鹤山县长罗守颐惩戒，请核指遵案。

（议决）准该校长复职，并仰教厅对于该县长关于本案捏报事实，由厅传令申斥。

三、（略）

四、农矿部广州农产物检查所长姚醒黄呈报，奉部令遵于十月一日就职，检送检查农产物规章，请鉴察备案，转令各军政机关一律协助进行案。

（议决）由财、建两厅拟电复。

五、主席提议，派李奉藻赴欧美调查医务卫生案。

（议决）照派，给资三千元。

六、（略）

七、海军司令陈策虞电，请拨助前师长文对廷赴欧留学费用万元案。

（议决）准给三千元。

广东省政府第五届委员会
第二十二次议事录

十月十一日　星期五

出席者	陈铭枢　金曾澄　林翼中　曾　塞　邓彦华　许崇清
	林云陔　孙希文　范其务
列席者	罗文庄　陶履谦
主　席	陈铭枢
纪　录	孙希文

报告事项

一、国府令发陆海空军叙勋规则、陆海空军勋章授与佩带规则，仰知照，并饬所属一体知照。

二、国府令，南京特别市党部请通令各机关恪遵法定程序办理宣告死刑案件，并禁滥用法外刑罚一案，查现代刑法采取感化主义，逮捕时应依法办理，以顾全犯人之廉耻，况妄用游街示众等法外之刑，尤非法治国家所许，自应通饬一并严禁；至宣告死刑者，尤须依法执行，绝对不得有枭首陈尸等情事，以维人道，仰遵照，并饬属一体遵照。

三、行政院令，抄发国民革命军颁发残废军人纪念章暂行条例，仰并饬属一体知照。

四、国府令，奉中央执委会函，广东省党务执委会七月份电费，经财务会议决议，该会因对俄问题发电较多，既有特别情形，准令该省府核销，以后仍由该省党部预算项下开支，等因，仰遵照核销。

五、国府文官处支日电告中央最近政情三项：（一）广西省委员并主席俞作柏免职，遗缺以吕焕炎继任。（二）任命蒋笈兼江西教育厅厅长。（三）规定国庆日为县组织法施行日期。

六、财政厅呈，奉财部电饬中行暂行停止兑现整理，今将中行停兑日期改收现金八成中纸二成缘由，请赐备案。

讨论事项

一、（略）

二、国立中山大学函，准农科沈主任函请转请从速举行森林保护大运动等由，请查照办理案。

（议决）交邓、许两厅长审查确实，拟具森林保护法，及防火法，呈复办理。

三、广东中央银行呈报中山纪念堂纪念碑建筑管委会往来存款核计有六万余元，均在敝行停兑之前陆续向库具领存入，应以中纸计算，今该会请以毫银支付，似于通案不符，惟既称公款折阅，办事困难，应否通融办理之处，请核指遵案。

（议决）陆续以现金支付。

四、建设厅呈，据北区平民工艺厂呈为以工代账〔账〕，拟定预算，请按月照拨等情，查事关收容失业，安置游民起见，应如何办理，抄同原缴预算书，请核令遵案。

（议决）建设厅查复具报再议。

五、国府文官处函，奉令褒扬潘达微，并指定广州孤儿院为其纪念，由国民政府及广东省政府各拨国币一万元以为该院基金，其常年经费着广东省政府照拨，应仍组织该院董事会保受，以示政府弘奖忠贞之至意等因，请查照办理案。

（议决）基金照发，经常费由林市长、范厅长筹商维持或更扩充之。

六、广东交涉员呈为关于海防龙嘎士敏土一案，现准法领函称，经再化验成绩极佳，请将禁运通令取销等由，转请察夺示遵案。

（议决）暂准运销，但遇化验不合格之土得拒绝之。

七、广东治河委员会函，以潮梅韩江治河处原系治河机关之一，自应由敝会接管，请迅令韩江治河处刻日结束，预备交代，俟敝会所委之员方瑞麟到汕，即将经管公款文卷印信公物移交接管案。

（议决）照办。

八、民政厅呈，据汕头市长呈缴港务局长李静尘履历等情，转请察核委任案。

（议决）照委。

九、建设厅呈复，关于台赤公路取销前拟四项权宜办法，决照原线兴筑一案，系顺从多数民意，以便易于筹款缘由，请察核示遵案。

（议决）照办，并饬县会同公路处严为执行。

十、范厅长、邓厅长、林市长会复审查民厅呈缴广东省警官学校开办临时费预算书及经常岁出预算书，签具意见，请公决案。

（议决）照行。

十一、建设厅提议，查邓慕韩现奉中央派赴南洋群岛搜集革命史料并宣慰华侨，拟请省府予以名义，酌给旅费大洋一千元以资津贴案。

（议决）照给助。

十二、建设厅提议，筹办罗浮、鼎湖两模范林场，及德庆林场，连同罗浮、鼎湖两林场计划书章程及预算表，请公决案。

（议决）照办。

十三、（略）

十四、兼秘书长孙希文呈请给假三星期，处务由李秘书立民代行，俾旋里经营先兄葬事，并恳转呈国府另行简员接充广东县长考试典试委员会案。

（议决）准假十五天，典试委员不必辞。

广东省政府第五届委员会
第二十三次议事录

十月十五日　星期二

出席者　范其务　林翼中　许崇清　金曾澄　邓彦华

列席者　罗文庄　陶履谦

主　席　许崇清（代）

纪　录　李立民（代）

报告事项

一、国府令，准中央政治会议咨复，前准函送行政院请核减中山县训委会预算等三案，经付审查，并议一、二两案均照审查意见通过，检送修正中山县训委会组织大纲请公布，至中山县经费拨付支俸备案各节，并请转饬遵照等由，仰遵照办理。

二、国府令发修正教育部组织法，仰知照，并饬属一体知照。

三、行政院令知，奉国府令，为中央执委会秘书处函开，奉发军官学校特党执委会呈为转请国府饬将各省火药库妥择地点一案，奉批通饬照办等因，仰转饬所属遵照。

四、行政院令，奉国府令，据立法院呈，为该院委员朱和中提议禁烟先禁种，拟建议通令产烟区严禁一案，奉饬通令严禁等因，仰该府遵照，并饬属一体遵照。

五、中央执委会秘书处函，据广东省执委会呈请七、八两月份追加为国币三万八千四百八十元，自九月份起追加国币为三万九千三百元，经财务会议议决照准在案，请查照办理。

六、内政部咨，派陈希豪为本部视察各省政治专员，不日出发，请贵府指导协助，予以视察便利。

七、禁烟委员会咨达关于中央直辖各省关监督署等机关公务员沾染嗜好，应由本省高级地方政府负责检举调验，呈请核示一案，已奉国务会议决议准予照办，请查照饬属一体遵照。

临时报告

陈主席函告出席省党部训练部联席会议，请许厅长暂代二十三次主席。

林委员云陔函告出席省党部训练部联席会议，请假一天。

曾委员蹇函告因患牙痛不克出席会议。

讨论事项

一、财政厅呈，查汕头出口纸镪捐，原系核准拨充东路公路分处筑路费用，现既据该公路分处称只收过东区善后公署拨过一万四千元，比对尚存东区善后公署一万九千四百五十三元零八仙，该款究应如何追还以资拨付筑路费之处，请核示遵案。

（议决）尚存东区善后公署款一万九千四百五十三元零八仙作为战事损失，筑路费另由财厅筹拨。

二、（略）

三、财政厅呈，本省各厅高等法院及所属机关，其各月经费支付预算收支计算书据等，应否送由中央审计院审查，请核定通行照办，俾有遵循案。

（议决）自十八年度起，照送财厅转财部转审计院。

四、蒋师长光鼐呈为据承建东区善后委员公署生泰营造公司呈请补发添建天桥工料费毫洋四千元等情，转请察核准予补给，以恤商艰案。

（议决）由财政厅补给。

五、广州市市长呈，据市立师范学校委员会呈请将惠济东仓仓址拨给该校为附少〔小〕扩充校舍等情，似可照准，请核指遵案。

（议决）仓址照拨为该市师范学校附小校舍。

六、广东省赈务会呈将惠济义仓应隶职会收管缘由，请核准由职会收管案。

（议决）除东仓仓址已拨给市立师范附小作校舍外，其余产业准由该会收管。

七、卸钦廉雷交涉员古国铣呈请派员驻广州湾法租界当地，俾华洋缪辖获速办理案。

（议决）不派。

八、建设厅提议，请令饬财厅转饬中行支付江锡武联益号存款案。

（议决）准发还。

九、（略）

广东省政府第五届委员会
第二十四次议事录

十月十八日　星期五

出席者　陈铭枢　金曾澄　邓彦华　曾　骞　林云陔　范其务
　　　　林翼中　许崇清
列席者　罗文庄　陶履谦
主　席　陈铭枢
纪　录　李立民（代）

报告事项

一、国府令发县组织法施行法，仰知照，并饬属一体知照。

二、国府令发区自治施行法，仰知照，并饬属一体知照。

三、国府令发修正中山县训政实施委员会组织大纲，仰知照，并饬属一体知照。

四、行政院令，据禁烟委员会请通令于本年秋季从严查禁各地种植烟苗等情，仰遵照，饬属依照履勘烟苗章程认真查禁。

五、行政院令，据财政部呈请，嗣后除国用教育赈灾军用等物品仍照规定章程办理外，所有各机关购运各项物品，均一律不予免税等情，自应照准，仰即遵照。

六、国府文官处真日电告中央最近政情三项：（一）批准中波友好通商条约。（二）公布国军剿匪暂行条例。（三）明令通缉陈公博、王法勤、柏文蔚、朱霁青、白云梯、王乐平、顾孟余、陈树人、潘云超、郭春涛。

七、内政部齐电知县组织法施行法应先办理事项二项，请查照分别督催办理。

八、中山县训政实施会函，将郑委员提议请定巩固自卫训练、自治及发展交通为训政初期先办事业案议决办法，请查照备案。

九、高等法院呈，将派定代行高等法院刑庭审判长推事暨检察官各员名单，请核通令各县以后如有反革命案件，应办交各该管地方法院审理。

十、建设厅呈复航空处拟筑接驳中山公路之支路，似应并由广州市政府负责筹筑。

十一、广东治河委员会函，请转行建设厅，将黄埔商埠连同前黄埔商埠公司及督办署所有文卷、公款、器具等物，列册移交本会接管，以便进行。

十二、大衾麻疯医院呈请拨巨款扩达疯院以维善举。

讨论事项

一、财政厅呈复拟定给价收回旧将军署地业办法四项，是否可行，请核议指遵案。

（议决）照办。

二、财政厅呈，中山淇澳乡业户钟衍衍一等，因佃耕新涨沙田与龙惠浓、李有秋发生纠纷一案，冯前任原定办法难根本解决，似应仍照古前督办所拟办法执行，录案请察核指遵案。

（议决）照拟办理。

三、教育厅呈，据省立第二师范学校呈称，校舍颓废，仪器不完，请转核准拨款修葺等情，查所称各节尚属实情，所请拨款一万三千九百八十元以为择要修建及购置等费之用，似应照准，连同原缴预算书价单图则等，请核饬财厅如数拨给案。

（议决）照给。

四、建设厅呈报对于潮汕航商若再抗缴季饷，妨碍国税，拟请准由潮梅航政分局分别停止航行，严为拟处案。

（议决）由建厅再酌减若干，严令遵缴。

五、建设厅呈，据西村士敏土厂建筑工程处呈，拟议增加收用土地各节，应否准予照办，连同厂图，请核示遵案。

（议决）照办。

六、行政院令，据铁道部呈，据美国自动电器公司代表函称，于民国十五年八月与广州特别市政府订立在广州装置自动电话机合同，距十七年该市府又与中国电气股份有限公司订立合同，致受损失，请求维持等情，仰查明具复案。

（议决）由市厅复。

七、财政厅呈报奉发修正各县行政经费预算表，并各县分等表下厅，自应遵办，惟查实施日期未奉核定，请赐核定，以便通令各县遵照起支，俾昭划一案。

（议决）从十九年一月起实行新增经费表。

八、全国运动大会会长戴传贤等齐电请资助运动大会经费案。

（议决）俟军事终止时再议。

九、广东新军庚戌首义同志纪念会呈恳转请国府规定一月三日为广东新军庚戌首义纪念日，并著定纪念仪式，通令全国一体纪念案。

（议决）另案呈请中央党部、国府定该日为纪念日，并请表彰抚恤该役首义之倪映典、赵声等。

十、秘书处签呈，查惠济义仓现经第二十三次会议议决由账〔账〕

务会收管，惟本府前经委任陈伟陶为该仓整理专员，经据呈报到差在案。查收管与整理性质不同，现该专员是否归账〔账〕务会指挥监督，未有明文规定，将来办理，虑感困难，究应如何办理之处，请公决案。

（议决）整理专员由账〔账〕务会指挥监督。

十一、秘书处签复，奉饬审查建设厅呈订测勘矿区暂行规则，谨具意见书，请察核案。

（议决）照该厅原拟测勘矿区暂行规则施行。

十二、广东戏剧研究所呈具管弦乐队办法，连同经常临时两项预算表，请核示遵案。

（议决）照办。

十三、教忠学校呈请转令市工务局：（一）将市图书馆建筑地址照案移与崇圣祠后墙相接，以免割用操场运动场太多。（二）请拨西园学舍地址，补建校舍，并补给偿费。（三）保留校门。（四）俟该校补建校舍后，方将翰墨池原有校舍拆通作图书馆通路案。

（议决）由建设厅会同教忠学校、市工务局履勘办理。

十四、建设厅提议，抽收钨矿捐拨充发展矿业及组织矿业调查团经费，以宏矿业，连同拟订抽收钨矿捐简章，请公决案。

（议决）照办。

十五、建设厅提议，查新式士敏土厂预算内，有派员赴欧考察旅费一项，现拟就原定预算，于派员赴欧考查士敏土厂时，附带考查农业改良之往绩，都市与农村平均发展之经营，与土地分配之制度，为吾国物质建设之借镜，附表一纸，请公决案。

（议决）照准。

十六、建设厅提议，查本厅主任秘书黄元彬，对于本省建设事务多所擘划，经验学问，尚有心得，拟请派赴欧美考察新式士敏土厂，及附带考察农业改良，经济聚散，及土地分配等事项，请公决案。

（议决）照准。

广东省政府第五届委员会
第二十五次议事录

十月二十二日　星期二

出席者　陈铭枢　范其务　金曾澄　林翼中　许崇清　林云陔
　　　　　曾　塞　邓彦华
列席者　罗文庄　陶履谦
主　席　陈铭枢
纪　录　李立民（代）

报告事项

一、国府令，奉中央执委会函，据宣传部请转通令全国，从民国十九年一月一日起，凡商家账目、民间契约，及一切文书簿据等，一律须用国历上之日期，并不得附用阴历，方有法律上之效力一案，经决议由政府酌办等因，仰饬所属一体遵照办理。

二、行政院令，本院拟将各县县长比照市长为荐任职，已咨准立法院议决，暂比照办理，仰知照。

三、行政院庚电，准文官处函，奉国府令定本年十月十日为县组织法施行日期，仰并饬属知照。

四、民政厅呈，据警官学校筹备主任欧阳驹呈报筹备成立情形，并拟具章程连同关防印模，请核等情，转呈察核备案。

讨论事项

一、财政厅呈，拟将所收蚕茧厘税先行豁免，每年收入虽减少六万余元，在商人得藉此改善丝业，增加出口国货，是否可行，请核令遵案。

（议决）照办。

二、民政厅呈，奉令议拟举办保甲清查户口一案，兹拟具广东暂行保甲办法十四条，并附户口调查表式二种，人事登记表十一种，暨连坐结、注意录、门牌等式，请察核指遵案。

（议决）暂行。

三、广东治河委员会函，请转函财厅查照原案将治河费按月继续匀支过会，其欠拨历年经费，仍按月附带补发案。

（议决）照准。

四、民政厅呈，拟订广东省保卫团抚恤规程案十条，请察核示遵案。

（议决）照准。

五、广东中央银行函，准女界慰劳讨赤受伤武装同志会函，请将会储存款支付银毫，实有困难，究应如何办理，请核示遵案。

（议决）先给二万元。

六、第八路总指挥部函请仍将广东省各主要航空站建筑机场暂行条例草案会同公布施行案。

（议决）照会布。

七、民政厅提议，查广东警官学校筹备事宜，经已就绪，亟应正式成立，以利进行，校长一职，拟请以该校筹备主任欧阳驹充任，请公决案。

（议决）照准。

八、（略）

广东省政府第五届委员会
第二十六次议事录

十月二十五日　星期五

出席者　陈铭枢　范其务　金曾澄　林翼中　邓彦华　曾　塞
　　　　许崇清　林云陔
列席者　陶履谦　罗文庄
主　席　陈铭枢
纪　录　李立民（代）

报告事项

一、国府令定本年十一月十日为乡镇自治施行法，及区自治施行法施行日期，仰知照，并饬属一体知照。

二、国府令饬严禁种烟，仰遵照办理，并饬属一体遵办具报。

三、财、内政部会咨，准送民、财两厅拟订县政府经费支发办法，及县财政整理办法竟〔意〕见书，查与部订办法无甚出入，自应准予变通办理，请查照。

四、广州市市长呈，据土地局呈请通令市内各机关及团体一律照章登记等情，转请察核办理指遵。

五、广东中央银行呈缴收回残毁兑换券暂行规则，请核指遵。

讨论事项

一、建设厅提议，查职厅拟办罗浮鼎湖德庆等县林场，业经前次会议通过在案，除罗浮、鼎湖两林场组织及预算已造送外，兹将德庆林场组织章程预算表，请公决案。

（议决）照修正通过。

二、财政部咨，据广东卷烟统税局长电请定十一月一日为实行遵照中央规定统税条例征收之期，应予照准，请查照饬属协助案。

（议决）照办。

三、财政厅呈复，奉令关于各县市党部经费，省党部呈奉中央饬由库支一案，现拟由厅县分担各半数缘由，请核示遵案。

（议决）应由省库发给，从十二月起。

四、教育厅呈，据省立第三师范呈请转令县将曲江县出口猪牛捐照案分拨外，其赢余作十分开，四成拨归职校等情，似应照准，连同抄件请核转执行案。

（议决）照原案办理，毋庸变更。

五、汕头市长呈请将汕头税验契仍照原案划归职府管理，并将应扣一成办公费每年约三四万元拨充市行政费缘由，请核令财厅准予照办案。

（议决）照准。

六、财政厅呈报省库十八年度收支大略情形，恳非万不得已不再予追加，连同每月预算收支简明表，请核议施行案。

（议决）各厅查照。

七、建设厅呈请以第四科科长王仁度调充南路公路处长，递遗科长缺以技士朱次銮兼代，连同履历，请核加委案。

（议决）照委。

八、台山县长呈报关于台山全属汽车案，前奉钧府核准组织管委会暂行管理，查原定管理时间，系以五十天为期，期满交由正式股东接管，现计至本月二十日期满，经召集股东会议，惟奉建厅电饬延期召集，而接管行车事宜，未蒙指示，在该管委会结束停止行车后，究应如何办理之处，请核指遵案。

（议决）限本年底清理田亩股票完毕，临时管理委员会延至此限为止。

九、建设厅提议，查本省建筑公路收用土地暂行章程第八条内载：凡经公路购用之地，所有该地钱粮及因地而生之他项负担，均归收用机关承继等语。办法尚未适当，拟请将此项被割用田地，由收用机关会县呈报职厅核明转呈钧府后，准将应缴钱粮及因地而发生之他项负担，概予豁免，以昭平允案。

（议决）照准。

十、铁道部长孙科敬电，请援例月给老同志谭发君生活费百元，以示崇报案。

（议决）照准。

广东省政府第五届委员会
第二十七次议事录

十月二十九日　星期二

出席者　陈铭枢　林翼中　金曾澄　邓彦华　曾謇　许崇清
列席者　陶履谦　罗文庄
主　席　陈铭枢
纪　录　李立民（代）

报告事项

一、国府令，准中央政治会议咨复，对于行政院签注，刘委员纪文等所提，请确定中央与地方政府权限案内税收、土地、交通、公用、公安五项，业经议决办法，请分别办理等由，除各案分别另案办理外，其税收一项，仰即遵照中央地方之税收，按照十七年令发之划分国家地方收入支出标准案，切实执行。

二、国府令发国军剿匪暂行条例，仰知照，并饬属一体知照。（查该条例第二条，规定各省政府从速将各该省之治安情形，及向为土匪渊薮之区域，先行详报编遣委员会，以凭划分区域，酌配驻军，施行清剿。）

三、行政院令，关于本府呈据民厅请设立汕头市，将江门、海口、九江、梅菉四市一律改局一案，经内政部核议，汕头设市，应俟修正市组织法颁布后再行决定，至江门等四市设立市政局，详查现行市组织法，并无此种名称之规定，拟请一并缓议等语，经本院行政会议决议照部议办理，仰并转饬民政厅遵照。又内政部咨同前由。

四、卫生部咨送卫生行政初期实施方案，请查照饬属一体遵办。

五、财政厅呈报拟本年十月份本省各机关应领经费等款，除收地名券之区应以十足地名券支付外，其收银八纸二各处，应以银八纸二支付，请察核通令遵照。

六、统计事务处呈缴修订本省司法统计方案，请察核，如属可行，乞转高等法院照案办理，依期汇报。

讨论事项

一、财政厅呈复，关于本厅呈拟田亩陈报办法一案，奉饬照罗院长等审查意见书详议呈核，兹就审查意见归纳四点论，职厅仍主张先办陈报，加具理由数种，请核指遵案。

（议决）田亩陈报，须能实行清丈为准，俟清丈计划决定施行前六个月内，先行举办陈报。

二、财政厅呈，奉令饬拟复铁道部咨请饬厅自行设法筹还广三铁路西濠口码头产价及月息，将码头交回该路一案，案经钧府议决，似未便有所变更，究应如何咨复之处，请核指遵案。

（议决）照原决议案咨复，并令知财厅。

三、建设厅呈，据江门市长呈，拟援照商业区堤路办法，将该市内沿河南北海边坦地划分码头位置投变等情，职厅无案可稽，连同市区域图请核令饬遵案。

（议决）由民厅派员履勘，确查呈复。

四、建设厅呈续选古桂芬为职厅甘蔗设计技正，取具该员履历，请核加委案。

（议决）照准。

五、财政厅呈复遵令查议廖显润与汤义福互争山坦一案缘由，连同案卷图说等缴请察核指遵案。

（议决）照拟办理。

六、建设厅呈，奉令核复关于广东大埔八属嘉属各会馆代表呈请蠲免治河盐捐附加一案，经饬据韩江治河处呈称，筹款困难，兹为统筹兼顾起见，似可将桥下附加盐捐先行停收，桥上附加盐捐，俟期满时停收；至就地另筹他款一节，现在既难办理，似应俟桥上盐捐期满停止时，再行照办，仍候核令饬遵案。

（议决）照议办理。

七、建设厅提议，现据台山县呈称，奉令办理撤销台山全属公路批商投承一案，关于清理丁股及田股两项，手续繁难，田股票因种类不同，分别调查，殊费时日，拟请斟酌情形，划一价格，以便清发股票等情，应如何定价之处，请公决策。

（议决）定价每井十元。

八、（略）

广东省政府第五届委员会
第二十八次议事录

十月三十一日　星期四

出席者　陈铭枢　林翼中　金曾澄　邓彦华　曾　蹇　范其务
　　　　　许崇清

列席者　罗文庄　陶履谦

主　席　陈铭枢

纪　录　李立民（代）

报告事项

一、国府文官处巧日电告中央最近政情六项：（一）安徽省政府委员兼主席方振武辞职照准，另有任用，遗缺调河南省政府委员石友三继任。（二）任命王家烈、杜运输、谭星阁为贵州省政府委员，任命杜运输兼贵州农矿厅厅长。（三）任命刘士毅为江西省政府委员。（四）公布工会法。（五）公布首都警察厅组织法。（六）公布浙江省建设公债条例，暨还本付息表，及山西省民国十八年赈灾短期公债条例，暨还本付息表。

二、广东卷烟统税局呈报，由本年十一月一日起实行改办统税办法，请备案。

讨论事项

一、（略）

二、广东省党部执委会函，据海口市执委呈报，琼崖实业专员公署拟将前海口对日经济绝交会存余国货基金拨建物品陈列所一节，核与中央明令抵触，请转饬该署免予动用案。

（议决）查该款议拨物品陈列所，系在中央指定该款用途之前，须询该专员已否动工，呈复再核。

三、建设厅呈拟各县兴筑县道考成规则，请核指遵案。

（议决）照修正通过。

四、建设厅呈，据南路公路处电称，高雷各公司等抗缴牌费各节，现经职厅拟议办法，请核令遵案。

（议决）照办。

五、建设厅呈拟将钱粮附加路款拨充完成南路省道干线临时工程处经费缘由，连同组织办法请核备案案。

（议决）照办。

六、中山县训政实施委员会函，查国府公布修正敝会组织大纲，规定中山县行政及建设事业经费，由国省库每月拨付三万元等因，细玩条文并未声明拨付广东通用毫洋字样，按诸国府收支通例，自应以大洋为本位，请查照饬财厅将支付敝县七、八、九月份经费四万五千元，以大洋伸算补拨案。

（议决）照本省支付行政费从未有照大洋伸算之事函复查照。

七、广东中央银行呈，据杨必达等函称，故父杨西岩奔走革命，功在党国，殁后丧葬无资，请转省府核准变通将前存款八千余元先行发还等情，应否准予变通准先开付以念勋劳，请核指遵案。

（议决）交财厅审查，如系私人存款合于发还办法所规定者应予发还。

八、（略）

九、主席提议，汕头市政府公安局长张我东调充本府参议，遗缺拟委员黄固充任案。

（议决）通过。

十、建设厅提议修正矿业调查团组织进行办法，以便容易切实筹办，拟具意见书及办法，请公决案。

（议决）照准。

十一、党员谢英伯呈为内奸外冠〔寇〕，危害党国，请派赴南洋欧美宣传文化，匡正舆论，以利训政进行案。

（议决）查中央曾有明令各省不得派员向华侨宣传或宣慰等事，若贵同志自行前往，可资助三千元。

广东省政府第五届委员会
第二十九次议事录

十一月五日　星期二

出席者　许崇清　范其务　金曾澄　林翼中　邓彦华　曾　蹇
列席者　罗文庄　陶履谦
主　席　许崇清（代）
纪　录　李立民（代）

报告事项

一、行政院令发工会法一件，仰知照，并饬属一体知照。又冬日电，奉国府令，定本年十一月一日为工会法施行日期。

二、民政厅呈，据广东省警官学校筹备主任欧阳驹呈缴考试委员会组织及办事章程考绩等表，转请察核备案。

三、建设厅呈报遵令将开办抽收钨矿捐日期，连同拟订缉私充赏办法一扣，征收证式样五十张，请察核转行财厅及各关卡遵照。

讨论事项

一、民政厅呈，据海口市长呈，准该市法天主堂长老函，拟提毗连坟地为扩充育婴堂及举办其他各种慈善事业之用等情，案关外人租用土地，未便率准，合将情形及酌拟办法连同原缴地图请核指遵案。

（议决）租期以二十五年为限，补价收买，照建筑时经工务局核定之价格，按年递减百分之二。

二、广州市市长呈复，遵查小北门口同仁里尾鱼塘菜地被人捏报公产一案，饬据财局转据旗民公会呈称，无从查复情形，应如何办理，请核令遵案。

（议决）发还。

三、广东中央银行呈复，关于汕头总商会呈请分别兑还各庄号收存汕中行纸币一案情形，连同抄录号码册一本，请核示遵案。

（议决）准予兑还。

四、广东中央银行呈复，关于公安局以纸币存入，提出存款则请给毫银一案，似应酌定截止日期，庶资调剂，而示限制案。

（议决）既前者免议，嗣后在收银八纸二期内，每月准提发银毫四万元。

广东省政府第五届委员会
第三十次议事录

十一月八日　星期五

出席者　陈铭枢　范其务　金曾澄　林翼中　邓彦华　曾　謇
　　　　许崇清
列席者　罗文庄　陶履谦
主　席　陈铭枢

纪　录　李立民（代）

报告事项

一、行政院令，据农矿部长提议，维持两广地质调查所经费一案，经本院会议决议，由两广应办中央矿产税项下指拨在案，除分令广西省府外，仰即遵照办理。

二、行政院令发首都警察厅组织法一份，仰知照，并饬属一体知照。

三、司法行政部、禁烟委员会、内政部会咨送禁烟罚金充奖规则一份，请查照，并转饬所属一体知照。

四、广州市市长呈，为遵例赴京，补受任命，请假三星期，府事交由秘书黎藻鉴、土地局长何启澧代拆代行。

五、建设厅呈复遵令拟具取缔赣钨矿运粤出口章程，并江西钨矿运照式样，请核备案，令行财厅转饬各关卡照办。

讨论事项

一、财政厅呈复汕头筵捐已饬归并洋布匹头厘征局兼办，所有佛山筵席捐拟仍委员设局办理，俾专责成，当否，请核准备案案。

（议决）照办。

二、财政厅呈复关于前三铁路购料委员会存入中行毫洋四千五百元，内除商人按票银三千元核准发还外，尚余存款一千五百元作为支余经费，拨解库收，请察核议决饬遵案。

（议决）照厅议办理。

三、民政厅呈，据第七区巡察呈复调查乐昌县民张洪让等被诬运枪一案经过详情，及拟议办法，请核示遵案。

（议决）饬县照案查追发还。

四、建设厅提议改组广东航政局，及增设第五科办理航政事宜，连同预算表三纸，请公决案。

（议决）照准。

五、建设厅提议在农业改良试验区设置抽水机，藉作农村模范，附具计划书，请饬筹赈处查照原案，将未拨之款补拨过厅，俾资办理案。

（议决）由筹赈处将未付之二万元内再拨七千五百元，加上原有之五千元，俾与人民合作进行。

六、建设厅提议筹办全省实业展览会，以资观摩，而宏实业，连同拟订筹备委员会大纲，及拟聘各界人员组织清单，请公决案。

（议决）照拟筹备。

七、（略）

八、民政厅提议，第一区巡察白学初因病辞职照准，遗缺拟请以本厅第四科科长李孝敏调充，所遗第四科长职，拟委区鼎新接充案。

（议决）照准。

广东省政府第五届委员会
第三十一次议事录

十一月十三〔五〕日　星期五

出席者　陈铭枢　范其务　金曾澄　林翼中
　　　　　邓彦华　曾　骞　许崇清　孙希文
列席者　罗文庄　陶履谦
主　席　陈铭枢
纪　录　孙希文

报告事项

一、国府文官处东日电告中央政情五项：（一）任命张难先为考试院铨叙部部长，仇鳌为副部长，林云陔为广州特别市市长。（二）任命黄孟忠为江西省府委员，吴剑学、曾典球为湖南省政府委员。（三）察哈尔省政府委员萨穆端隆鲁普另有任用，免去本职，遗缺以杭锦壶继任。（四）公布考绩法及军队教育会①。（五）规定本年十一月一日为工会法施行日期。又冬日电报政情三项：（一）公布票据法，审计院组织法，兵工厂组织法暨编制系统表，公务员任用条例，现任公务员甄别审查暂行条例，陆军官佐考绩条例，交通部电政公债条例暨还本付息表，南京特别市特种建设公债条例暨还本付息表。（二）改广州市为特别

───────────

①　"会"疑为"法"。

60

市。（三）任命江屏藩为福建省政府委员。

二、行政院令发公务员任用条例，仰知照，并饬属一体知照。

三、行政院令发陆军官佐考绩条例，仰知照，并饬属知照。

四、行政院令发修正军事参议院组织法条文及编制系统表，仰知照，并饬属知照。

五、行政院令，奉国府令行确定中央与地方政府权限一案，除第五项另案办理外，所有第三、第四两项自应通饬遵办，仰即查照，并转饬遵照。

六、行政院令，据该省财政厅呈为拟办营业税，请准变通市组织法，并请立法院备案一案，经饬据财部核复，应俟裁厘后再行举办，至变通市组织法，核与命令不能变更法律之原则不符，并仰转饬知照。

七、财政部咨派陈玉冲为广东禁烟局局长，请查照。

八、财政厅呈报遵令定于十九年一月一日豁免蚕茧厘税。

九、高等法院呈复，秦望山同志请保女生欧阳慰依奉钧会议决交法院再查一案，查被告人既有犯罪嫌疑，似难遽准保释，拟仍送由广州市公安局继续执行，连同案卷请核指遵。

讨论事项

一、广东交涉员折呈，对于外交部定裁撤交涉署善后办法，缕陈意见，敬请采择案。

（议决）转呈国府。

二、广东省党部执委会函，据组织部提议，请函省政府令行各县市长自本年七月份起，至十一月止，依照核定等级表，在地方款项下支拨一案，经敝会议决照办在案，录案连同等级表请查照通饬支拨案。

（议决）令各县市按照向例支付各县市党部十一月以前经费，新经费等级表从十二月起照由财厅支拨。

三、（略）

四、财政厅长、广州市市长、高等法院院长会呈，关于卢××等与周××等固〔因〕争承开平县官坦一案，业由该案主席邀同各委员审查完竣，连同本案卷宗并议决书，请鉴核指遵案。

（议决）照议办理。

五、广州市公安局呈，拟具整理警政计划大纲及草案图表等，请鉴核施行案。

（议决）交邓厅长、林委员、曾委员审查。

六、财政厅呈拟将广东省监察委员会存入中行旧账，照数拨库入收备抵缘由，请核议令遵案。

（议决）照办。

七、财政厅呈拟将卸五邑劝销公债票委员杨道义存入中行账款拨入库备抵缘由，请议决饬遵案。

（议决）照办。

八、广东总工会执委会呈，请照案令饬财厅拨助第三次全省代表大会经费五千元案。

（议决）拨助二千元。

九、财政厅呈，准特派公署函，奉部令广东省党部经费每月大洋一万六千元，监察委员会经费每月大洋一千六百元，及省党部领发各团体补助费毫银六千五百五十元，自本年度起，改归省库支付，请由十一月份起，案〔按〕月照发，并将县署支过七月至十月四个月经费如数拨还归垫等由，应否照数以毫银拨付，以昭划一，抑仍以大洋支付之处，请核明令遵案。

（议决）党费遵中央规定，由国库照大洋计算发给，各团体补助费由省库照毫洋支给。

广东省政府第五届委员会
第三十二次议事录

十一月十九日 星期二

出席者 陈铭枢 范其务 金曾澄 邓彦华 曾骞 许崇清
　　　　林翼中 孙希文
列席者 罗文庄 陶履谦
主　席 陈铭枢
纪　录 孙希文

62

报告事项

一、国府文官处齐日电告中央最近政情四项：（一）改组广西省政府，除吕焕炎业经任命为该省政府委员并指定为主席外，任命梁史、蒋继伊、雷沛鸿、杨腾辉、林伯棠、杨鼎中、吕沧隐、杨愿公、伍蕃为委员，并任命梁史兼民政厅长，蒋继伊兼财政厅长，雷沛鸿兼教育厅长，吕焕炎兼建设厅长。（二）驻古巴特命全权公使廖恩焘免职，遗缺以凌冰继任。（三）公布渔业法、渔会法，及麻醉药品管理条例。（四）惩治盗匪暂行条例施行期间自十八年十一月十八日起再延长六个月。

二、行政院令抄发现任公务员甄别审查条例，仰即知照，并饬属一体知照。

三、行政院令抄发兵工厂组织法一件，附编制系统表一纸，仰知照，并饬属一体知照。

四、行政院令，奉国府令，规定自本年十一月一日为县保卫团法施行日期等因，抄发原条文，仰知照，并饬属一体知照。

五、行政院令，奉国府转奉中央执委会函，请通令全国军政机关对于党员犯罪案件，无论罪情轻重，均应依法定程序办理，经司法机关之审判，违法者即严予处分等因，仰即遵照，并饬属一体遵照。

六、行政院令，准文官处函，关于立法院呈送首都警察厅组织一案，因首都公安机关直隶内政部，与各地公安局机关性质不同，故改称首都警察厅，各地公安机关，应仍称公安局，不得援例改称等由，仰遵照，并饬属一体遵照。

七、内政部函送发给旅外侨民国籍证明书规则，请转发所属各机关遵照办理。

八、内政部咨，请转饬民政厅赶办区长训练所，造就区长人才，以资应用，并将办理情形随时报部考查。

九、内政部咨送风俗调查表，请查照转饬遵办。

十、财政厅呈缴规定各县新政费预算施行后办法，请核准备案。

讨论事项

一、建设厅呈复，奉饬将陈星阁不复〔服〕汕头堤工处分岩石海坦处理拟复一案，经饬据汕头市长拟具限制办法前来，似应将该坦发还陈星阁管业，并拟将办法删改，请核夺指遵案。

（议决）照建厅改定办理。

二、（略）

三、民政厅呈，据广东省警官学校呈，拟请将总务部主任月俸仍照支三百元，暨请仍准照额设置副官三员各缘由，转请察核示遵案。

（议决）总务主任应比训育主任等级稍低，仍照原定给薪；副官可照设。

四、汕头市市长呈复遵将英商刘炳佳承领汕头坦地一案查明实存面积及交涉办理情形，请核可否准予照办，俾结悬案之处，候指遵案。

（议决）该坦地准刘炳佳承领，至加认之大洋七千元，应分给贫民篷寮拆迁费。

五、（略）

（议决）缓办。①

六、广东旅京同乡会函请筹拨建筑莫愁湖公园之粤军烈士墓费，附具图案及预算，请早筹汇赐案。

（议决）财政厅照预算拨款修筑。

七、民政厅呈，查英德县长秦培芬因公病故，核与国府公布官吏恤金条例相符，可否按其在职时俸给十分之一给以遗族恤金每月三十元，并于其最后在职时两月俸给之限度内酌给一次恤金六百元，以示抚恤之处，请公决案。

（议决）交罗院长审查。

八、主席提议，广东中央银行行长邹敏初辞职，遗缺由财政部宋部长介绍林天吉接充，应予委任案。

（议决）照委。

九、建设厅提议，拟提全省花捐附加路费兴筑三花公路，仍请省库拨回缘由，连同地图请公决案。

（议决）由省库拨五千元筑该路可也。

十、（略）

十一、金委员、罗院长会复遵查财政厅呈复，核结台山县民余材士与陈文荣因承南头山山坦互控一案情形，拟具意见请公决案。

---

① 原文如此。

（议决）照厅议办理。

广东省政府第五届委员会
第三十三次议事录

十一月二十二日 星期五

出席者　陈铭枢　范其务　金曾澄　林翼中　许崇清　曾　蹇
　　　　孙希文　林云陔
列席者　罗文庄　陶履谦
主　席　陈铭枢
纪　录　孙希文

报告事项

一、行政院令，奉国府交办该省政府呈为陈明粤省与各省情形不同，难按八成减支薪俸，请予变通办理一案，经奉指令应予照准，仰知照。

二、行政院令发票据法一份，仰知照，并饬属一体知照。

三、行政院令发考绩法一份，仰遵照，并饬属一体遵照。

四、建设厅呈缴修正建筑公路收用土地暂行章程，请核备案。

五、广东省赈务会呈拟惠济义仓产业收管办法五条，请核示遵。

六、台山县都斛区丰江乡自治会陈崇美呈，为台赤公路都赤段因更改路线问题，奉钧府议决将四项办法原案根本取销，不服依法上诉，经呈行政院取回收条，缴请核饬厅县停止执行。

讨论事项

一、广州市长呈复，奉令清理官产，系属财部职掌，地方政府不得擅发执照一案，查本市市产性质与官产及荒黑等地不同，若改发部照，不免发生疑虑，请转财部仍旧由市局发给执照，以免纷歧案。广东财政厅呈，关于清理官产，系属财政部职掌，地方政府不得擅发执照一案，现奉部令，广州市内之骑楼地畸畛地及官街濠涌码头海坦旗地以及各冈地等产权，尚未确定属于官产范围，似应仍照官产章程处理，是前日所谓市产，今日应作官产办理，由职厅接管，当否，请核分饬遵照案。

（议决）交金委员、罗院长将各种地性质应归何机关分别清楚拟复转部。

二、江门市长呈请令由粤海关监督迅派干员驰莅江门将关于拆割常关地段一案主持办理案。

（议决）照办。

三、广州市公安局呈，准中山纪念堂纪念碑建委会函请布告收购第三期民房，查与原案不符，连同原图，请核应否查案转知取销，或仍从缓议，候第一、二期办理完竣，再行酌办，抑应如何办理之处，候令祗遵案。

（议决）交林市长、邓厅长会同查勘议复。

广东省政府第五届委员会
第三十四次议事录

十一月二十六日　星期二

出席者　陈铭枢　金曾澄　邓彦华　曾　蹇　许崇清　孙希文
　　　　范其务　林翼中　林云陔

列席者　罗文庄　陶履谦

主　席　陈铭枢

纪　录　孙希文

报告事项

一、国府文官处删日电告中央最近政情二项：（一）公布民法债编，铁道部修正组织法，铁道部收回广东粤汉铁路公债条例还本付息表。（二）改任龙云、胡瑛、金汉鼎、张维翰、张邦翰、周钟岳、卢汉、朱旭、张抵春、唐继麟、孙渡、甘嘉铭、龚自知为云南省政府委员。

二、内政部咨，奉国府令，规定十一月一日为县保卫团法施行日期等因，检送县保卫团法一份，请查照。

三、外交部元电，国际联合会所派远东鸦片调查团，前因与我国主将〔张〕不合，经拒绝其来华，现据驻法高公使来电，该调查团业已出发，本部之意，如仅系经过，可勿过问，若列入调查范围，当然不能承认，希于到境时加以注意，并报部。

四、军政部函请转饬各监狱将寄押军事人犯造册送核，并逢月底造册填表送部，以凭审查。

五、民政厅呈报订定潮梅各属分区联防暂行办法，颁发各县长遵守，检同办法请核备案。

六、财政厅呈复，关于广东中央银行行长呈称，军官学校旧账存款应否通融拨还，请核示一案，查军校支票，只余两张，其李源支票一纸，既经支付，所余周作霖一纸，存款一万四千四百余元，似应遵照政治分会议决案一并发还。

讨论事项

一、民政厅呈，奉发蒋师长函关于据张团长条陈制止械斗办法一案，饬采纳施行等因，兹拟将广东惩办械斗暂行办法分别增修，附具意见，及所拟修正条文，请核施行案。

（议决）交罗院长审查。

二、民政厅呈复，遵令饬据第十四区巡察余俊生呈复，会同海、遂两县县长代表勘查河头墟情形，暨会商解决各项办法，转请察核示遵案。

（议决）河头墟划归遂溪县。

三、财政厅长、广州市长、高等法院院长会呈，关于黎××与吴××争承清平××巷庙产一案，前奉钧会议决全案发交官市产审查委员会审查黎辑轩声明不服有无理由，议决处理办理，呈候核夺等因，遵由该案主席邀同各委员审查完竣，连同本案卷宗并议决书，缴请察核示遵案。

（议决）照审查结果办理。

四、建设厅呈报韶评〔坪〕公路建筑费，奉部令碍难再由粤汉铁路继续补助，惟有仰给省库每月加拨一万元，否则工作延期，修筑愈难，应如何办理之处，请核指遵案。

（议决）再电部请准拨。

五、建设厅呈复遵令核议财厅呈请撤销本厅智利硝专卖局一案情形，当否，请核指遵案。

（议决）照饬财厅。

六、民政厅提议，遂溪县长刘鄂撤任，遗缺拟委王英儒代理案。

（议决）照委。

七、罗院长呈复奉发审查民政厅提议请恤故英德县县长秦埕芬一案，拟具意见，请钧裁案。

（议决）饬该故县长家属依式填报呈府咨内政部。

八、民政厅提议，查饶平县长黄安富在黄冈剿匪毙命，核与官吏恤金条例规定相符，可否援例按其最后在职时俸给十分之一给以遗族恤金每月三十元外，并于其最后在职时两个月俸给之限度内，给以遗族一次恤金六百元，以励忠奋之处，抄同履历及清册，请公决案。

（议决）照咨内政部。

九、教育厅长提议建筑公共运动场，拟具第一期建筑预算书及图说，请公决案。

（议决）开投即办。

广东省政府第五届委员会
第三十五次议事录

十一月二十九日　星期五

出席者　陈铭枢　范其务　金曾澄　林翼中　邓彦华　许崇清
　　　　孙希文　曾　蹇
列席者　罗文庄　陶履谦
主　席　陈铭枢
纪　录　孙希文

报告事项

一、行政院令发麻醉药品管理条例，仰知照，并饬属一体知照。

讨论事项

一、广东财政特派员函复关于指拨两广地质调查所维持费四千元一案，查本省矿产税并未划归国库范围，无凭指拨。又准财厅函请自本年七月份起，按月照原额七千五百元以八成现金如数由国库支付一节，核与函开额数互有出入，究应以何为准，请并案转行财厅改由矿产税项下拨支案。又国立中山大学函请关于两广地质调查所经费，每月最低预算七千元，除由两广应解中央矿产税项下指拨四千元外，所欠三千元照案由两广财政厅分别拨支，并请饬财厅将本年七月份起至十月份止四个月经费，先行垫拨，检同预算请查照办理案。

（议决）矿税四千元由建厅拨，不足之数，再请示中央。

二、行政院秘书处函关于广东台山县丰江乡自治会陈崇美呈为兴筑台赤公路将告垂成，忽遭推翻，请调卷查明维持原案一案，奉谕交广东省政府查案妥办等因，抄同原呈请查照案。

（议决）仍照原案办理。

三、（略）

四、广东中央银行行长呈为前中行所发旧券陆续收回甚多，类多残旧，难再发出，拟提出八百万元截角销毁，以免堆积，当否，请核示案。

（议决）准销毁，即依手续执行可也。

五、建设厅呈复饬据工业试验所呈缴绿〔氯〕气漂白粉及苟性钠制造场计划书转请察核指遵案。

（议决）准从十九年三月起照原案筹办。

六、广东裁兵协会函请每月拨给经费二百元案。

（议决）照准。

七、汕头市长呈遵令将沙田局所提意见审查议拟情形，连同业权清委会施行细则，及拟定清理期限复请察核令遵案。

（议决）交罗院长再审查。

广东省政府第五届委员会
第三十六次议事录

十二月三日　星期二

出席者　许崇清　范其务　金曾澄　林翼中　邓彦华　林云陔
　　　　孙希文　曾　骞
列席者　罗文庄　陶履谦
主　席　许崇清（代）
纪　录　孙希文

报告事项

一、国府令，据呈请定一月三日为广东新军庚戌首义纪念，并明令表彰暨抚恤死难诸先烈一案，现经中央执委会议决规定，广东于每年一月三日举行新军庚戌首义纪念在案，仰遵照，并饬属一体遵照。

二、国府文官处养日电告中央最近政情二项：（一）中央执委会选任朱培德、唐生智为国民政府委员。（二）公布民法汇编，及修正处理逆产条例。

讨论事项

一、民政厅呈，据汕头市长呈复，遵令修正娱乐场院附加市政经费章程，请准批商试办，期满另行开投等情，应否照准，请核令遵案。

（议决）准予加一征收，并饬呈明用途。

二、民政厅呈，据汕头市长呈缴修正林桂复堂洋楼开彩章程，请核示等情，究应如何办理，转请察核指遵案。

（议决）报效二万元准予开彩。

三、蒋师长光鼐呈，拟将韩江警卫大队扩充成营，月需经费七千六百元，请行财厅准予援照前案仍由地方交通税收入项内拨支，缴呈预算请核指遵案。

（议决）准照拨，自十一月份起至十九年二月底为止。

四、民政厅提议，此次县长考试及格之陈观海、岑衍璟、罗湘元、陈达民等四名，经典试委员会核定派职厅学习，照委任第三级支薪在案，现计四名每月共应支五百六十元，请令行财厅将职厅十八年度预算照数追加，以便发给案。

（议决）照追加。

五、民政厅提议，曲江县长梁镜尧辞职照准，遗缺拟请以曾枢试署，检同履历请公决案。

（议决）照委。

六、民政厅提议，文昌县长王雨若因病恳请辞职，应予照准，遗缺拟请以澄迈县长文尚绸调署，递遗澄迈县长缺，请以李誉德试署；蕉岭县长叶宝崙因病辞职，遗缺拟请以陈槎试署；罗定县长黄槐庭调省，遗缺拟请以周颐试署案。

（议决）照委。

广东省政府第五届委员会
第三十七次议事录

十二月六日　星期五

出席者　陈铭枢　金曾澄　邓彦华　曾　骞　林云陔　孙希文
　　　　　范其务　林翼中　许崇清
列席者　罗文庄　陶履谦
主　席　陈铭枢
纪　录　孙希文

报告事项

一、行政院令发军队教育令及附则附表等，仰知照，并饬所属一体知照。

二、行政院令发修正国军编遣委员会海军编遣办事处人员编制表，仰知照，并饬属一体知照。

三、内政部咨送制定各省完成县组织进行期限表，附具填载方法，请照填送部。

四、行政院令发司法院特许私立法政学校设立规程，司法院监督国立大学法律科规程各一份，仰知照，并饬属知照。

五、铁道部长江电复，关于由粤路补助韶坪公路建筑费一案，查原定自三月起至七月底止，现已期满，该项费用月需不过万元，当可由省库支出，且粤路韶州乐昌段急待兴筑，该路余款已扫数拨充该段工程，实无余力补助等语。

讨论事项

一、广东省党部执委会函，本会月来为协助讨逆鼓励士气起见，加倍工作，费用不敷，查前党务训练所毕业费七千七百三十余元，经由财厅发给支付证，尚未具领，现经议决，请省府转饬财厅照银八纸二支付，希查照案。

（议决）照该月份各机关领款例发给。

二、财政厅呈复，关于本省各厅高等法院及所属机关各月经费支付预算及收支计算，奉饬自十八年度起，照送财厅转财部转审计院一案，现按诸法令手续成例，及各省情形，似均难转送审核，嗣后应否一律改由钧府审查，或援江苏、湖南成例，组设审计委员会审核，抑仍照旧由各机关呈府发厅审查之处，请再加核议施行案。

（议决）仍旧由省府发厅审查，并催请中央速设审计分院。

三、广东交涉员呈，查外交部通令裁撤各省交涉署善后办法一案，现在转瞬即届年终，所有职署筹备移交手续，以及结束日期，尚有应行讨论之点，理合撮要拟具节略，敬候公决案。

（议决）电中央请示。

四、建设厅提议，关于宝深公路路线争执一案，谨将委派职厅技士等前赴该路切实查勘情形，请核究应采用何线，以求尽善，而息纷争之处，敬候公决案。

（议决）定由上埗岭经蔡屋围至深圳墟一线。

五、中华航空协进会第二特别区分会呈造具十一月份支付预算书，请核指遵案。

（议决）从十九年一月起，每月给二千元，饬照此数自行核减预算。

广东省政府第五届委员会
第三十八次议事录

十二月十日　星期二

出席者　许崇清　范其务　金曾澄　曾　蹇　林云陔　林翼中
　　　　　孙希文

列席者　罗文庄　陶履谦

主　席　许崇清（代）

纪　录　孙希文

报告事项

一、国府文官处艳日电告中央政情二项：（一）公布人民团体设立程序及反省院条例。（二）蒙藏委员会委员陈继淹免职，遗缺以克兴额继任。

二、行政院令，据上海特别市府呈，为改革商家旧习结账日期办法一案，经交工商部议后〔复〕，核与中央法令商事习惯尚无不合，并呈奉国府照准，仰遵照办理转饬所属一体遵照。

讨论事项

一、财政厅呈报办理始兴县利兴华兴公司矿商冯纪桓被太平关扣留钨砂一案经过情形，请核指遵案。

（议决）令财、建两厅会同办理。

二、林委员云陔转呈执信学校校长杨道仪函求由惠济义仓项下酌拨津贴案。

（议决）交赈务会酌拨。

三、广州市长呈报组织自来水评价委员会经过情形，及拟定偿还自来水股本办法，请察核备案案。

（议决）照备案。

广东省政府第五届委员会
第三十九次议事录

十二月十四日　星期六

出席者　陈铭枢　范其务　金曾澄　林翼中　邓彦华　孙希文
　　　　曾　骞　许崇清
列席者　陶履谦　罗文庄
主　席　陈铭枢
纪　录　孙希文

讨论事项

一、慰劳作战官兵案。

（议决）暂定慰劳费十万元，由邓厅长主任计划分配：甲、受伤官兵犒物四万元；乙、普通官兵犒银六万元。

二、抚恤战地炎〔灾〕民案。

（议决）（一）由邓厅长、林委员、金委员，详拟调查办理计划。（二）暂定抚恤费为三十万元，由赈务会拨款。（三）联合各团体筹募赈灾捐款，由许厅长、范厅长、林市长、曾委员筹办。

广东省政府第五届委员会
第四十次议事录

十二月十七日　星期二

出席者　陈铭枢　金曾澄　邓彦华　曾　骞　孙希文　范其务
　　　　林翼中　许崇清　林云陔
列席者　罗文庄　陶履谦
主　席　陈铭枢

纪　录　孙希文

报告事项

一、行政院令抄发修正处理逆产条例，仰知照，并饬属一体知照。

二、行政院令发民法第二编债编一份，仰知照，并饬属一体知照。

三、行政院令，关于中山县训政实施会呈报该会第二次会议情形，并将该会秘书处组织条例请核一案，查该委员会所呈秘书处组织条例，均尚妥协，惟"条例"二字应改为"规程"，业代修正备案，仰即知照。

四、财政厅呈将毫币改铸厂停铸缘由，报请察核备案。

五、外交部支日电复广东交涉署裁撤后应照善后办法第三条规定，移交广州特别市府接办，至该署结束须时，拟即咨请财部加发一月份经费，请转饬遵照。

讨论事项

一、建设厅呈请委任廖桐史为职厅主任秘书，何剑甫为秘书，取具履历，呈核加委案。

（议决）照准。

二、建设厅呈请委任谢子刚为职厅第五科科长，林若时为技正，何治伟为省河航政局局长，取具履历，呈核加委案。

（议决）照委。

三、金委员曾澄、罗院长文庄会呈复，关于财政部令知清理官产系属财政部职掌，地方政府不得擅发执照一案，奉饬将各种地性质应归何机关分别清楚拟复等因，遵经会同议拟，谨备具意见书，请鉴核案。

（议决）交财政厅审议复部。

四、建设厅提议，奉部令饬以民国十九年一月一日为度量衡法施行日期，全国推行程序，采分期分区办法，广东省列为第一期，于民国二十年底完成划一等因，惟施行新制，对于关税钱粮税契等有密切关系，拟请分令海关监督、财政厅、市政府各派委员一人，会同职厅详加讨论，当否，请公决案。

（议决）照议办理。

五、邓厅长、林委员、曾委员会后〔复〕，奉饬审查广州市公安局整理警政计划大纲一案，查改良计划注重改良警察之待遇，划一警区之章制，与现行法令亦相符合，似可准予备案。

（议决）照行。

六、（略）

七、财政厅呈拟议省库与中行来往借拨付存各款，除已还本息外，其未还之款，两不计息，当否，请核令中行遵照案。

（议决）照办。

八、（略）

九、许厅长、范厅长、曾委员提议，奉派筹议征募战地人民罹灾抚恤金事项，兹经会同磋议议定办法四项，请裁夺施行案。

（议决）照办。

广东省政府第五届委员会
第四十一次议事录

十二月二十日　星期五

出席者　陈铭枢　金曾澄　邓彦华　曾　骞　孙希文　范其务
　　　　　林翼中　许崇清
列席者　罗文庄　陶履谦
主　席　陈铭枢
纪　录　孙希文

报告事项

一、行政院令，奉国府令，各省政府各特别市政府对于行政事务有所禀承，均应先呈行政院，以明系统等因，仰即遵照。

二、行政院令，据呈该省府四厅预定十八年七、八、九三个月行政计划一案，查建设厅计划关于整理全省电气事业一项，与交通部组织法电政司职掌，及二中全会议决案，各市之公用事业如电话电灯电车自来水等归各市政府监理各节均有关系。又关于整理粤汉铁路一项，与铁道部七、八月工作报告完成粤汉铁路之工作，及国民政府明令将粤汉铁路收归国有各节，均有关系，应即查照办理，以便〔免〕抵触；其余尚

76

无不合，已列报告，仰知照。

三、行政院令，抄发人民团体设立程序案一份，仰知照，并饬属一体知照。

四、行政院令发及〔反〕省院条例一份，仰知照，并饬属知照。

五、行政院令发民法第三编物权一份，仰知照，并饬属知照。

六、内政部咨送清除盗匪成绩考查表一份，请转饬遵办。

讨论事项

一、财政厅呈，据潮州十属防务等项东泰公司呈报中山公园彩票影响饷源等情，似应将潮梅各项彩票一律禁止，其已举办者限期结束，以卫饷源，当否，请核指遵案。又呈据该公司呈报汕头中山公园彩票影响十五字义会收入，请减日饷三百元等项，请迅饬汕市长转饬将彩票克日结束案。

（议决）嗣后各地方县市政府非得财厅特许，不得发行各项彩票；至汕市之建设彩票，应如何限期结束，仰财厅酌办可也。

二、教育厅呈，据驻日留学生经理员呈请自十一月份起拨汇留日学费改发日金四千元，以免因汇水起跌影响学费数额等情，应否准予改发之处，请核指遵案。

（议决）照准。

广东省政府第五届委员会
第四十二次议事录

十二月二十四日　星期二

出席者　陈铭枢　范其务　金曾澄　邓彦华　曾　蹇　林云陔
　　　　孙希文　林翼中　许崇清
列席者　罗文庄　陶履谦
主　席　陈铭枢
纪　录　孙希文

报告事项

一、国府文官处元日电告中央最近政情三项：（一）山东省政府委员阎政德，委员兼建设厅长孔繁霨免去本兼各职，所遗建设厅长以工商厅长陈鸾书调充，递遗工商厅长以陈名豫继。（二）任命张维翰兼云南民政厅长，卢汉兼云南财政厅长，龚自知兼云南教育厅长，张醒翰兼云南建设厅长，缪嘉铭兼云南农矿厅长。（三）劳资争议处理法试行期间，自十八年十二月九日起，再延长三个月。

二、内政部咨，为取缔华人假托外人名义永租地亩一案，经与外交部会商办法，呈奉行政院准如议办理，请查照饬属切实遵办。

三、财政厅呈报，准汪前厅长函，以厅存第二次债票约四十万元，系前年以公款照市价在市面收回以期减少债款一案，经谕知员司点明实存三十七万一千一百元，理合抄录票数及奖等表，请备案。

四、代理广东中央银行行长林天吉、卸行长邹敏初会呈报分别接收库存各项款币及公债票金库券清楚情形，连同表册请核备案。

讨论事项

一、财政厅呈为各县新增经费拟请通令各县遵照展至十九年三月份起方始实行，请核指遵案。

（议决）照准。

二、建设厅呈，据东路公路分处转据潮汕护堤公路办事处呈，为所办护堤公路，其性质与普通公路不同，请准维持永远享有营业通车权利原案等情，拟请略为变通，请准予该护堤公路专利五十年，应否如拟办理之处，请核指遵案。

（议决）照议办理。

三、（略）

四、（略）

广东省政府第五届委员会
第四十三次议事录

十二月二十七日　星期五

出席者　陈铭枢　范其务　金曾澄　邓彦华　曾　蹇　林云陔
　　　　　孙希文　林翼中　许崇清

列席者　罗文庄

主　席　陈铭枢

纪　录　孙希文

报告事项

一、国府文官处号日电告中央最近政情三项：（一）特任戴传贤兼考试院考选委员会委员长，并任命邵元冲为副委员长，刘芦隐、焦易堂、余井塘、桂崇基、陈立夫为委员。（二）公布司法民营公权事业监督条例，教育部华侨教育设计委员会组织条例，民国十九年建设委员会电气事业短期公债条例，及长期公债条例，暨各还本付息表。（三）明令奖励讨伐桂系及张逆有功之海陆空军诸将士。

二、行政院令发监督寺庙条例，仰知照，并饬属知照。

三、财政厅呈报拟定各县印税白契暂时补充办法二条，除分饬各属遵照外，请核备案。

讨论事项

一、台山县长电呈，关于职属民办公路交还股东接管一案，现为期已迫，各股东方面，有主张分路行车及统一行车两说，请由钧府核定，并指令开办日期，派员监视，以昭慎重案。

（议决）应统一行车，以前定之两个月期满即开办，由建厅派员监视。

二、广州市长呈复，遵令饬据工务局查核教忠学校所请将市立图书馆图则照原案规划，以免割用运动场操场太多一案，认为事实难行，检同地址图呈复，请核饬该校知照案。又建厅呈复同前由。

（议决）由市政府给补偿费一千元，余照市府呈复办理。

三、代理广东中央银行行长林天吉、副行长区国强呈复，关于财厅呈拟省库与中行来往借拨付存各款，除已还本息外，其未还之款，两不计息，奉议决照办一案，谨分项依据事实详陈，连同历届纯益及分配奖金数目表，请鉴核指遵案。

（议决）月息减为四厘，奖金不得过百分之五。

四、主席提议，美洲同志谭成麟年老无依，拟援例津贴，俾资赡养案。

（议决）照谭发例按月给资赡养终身。

五、主席提议，拟由本府派曾骞前赴日本考察经济制度，及社会救济事业办理实况，旅费由省库拨给大洋五千元，请公决案。

（议决）照准。

广东省政府第五届委员会
第四十四次议事录

十二月三十一日　星期二

出席者　陈铭枢　范其务　金曾澄　林翼中　邓彦华　许崇清
　　　　　曾　骞　孙希文　林云陔
列席者　罗文庄　陶履谦
主　席　陈铭枢
纪　录　孙希文

讨论事项

一、东莞县各界维持学产会等呈，为邑中牛测沙学田历彼〔被〕奸佃王应昌等霸占，改判不公，恳请复议维持前判，以维学产案。又民政厅呈，据东莞各界维持学产委员会呈，为学产彼〔被〕占，复判不公一案，可否准予复议维持前判之处，请核指遵案。

（议决）交范、曾、金三委员审查呈复。

二、利源手车公司商人周道平状，为承办手车并无违章加勒，市府遽将承案撤销，复加罚款，恳饬停止执行，提案审查，将原处分撤销，以维血本案。

（议决）交市府秉公办理。

三、建设、财政厅会呈，遵令派员会勘开平县关××等与司徒××等争承赤坎对河石坝溢坦，暨关××控司徒姓强筑坝头填占公河两案情形，请察核指遵案。

（议决）照议办理。

四、民政厅提议，第十六区巡察吴凤声因病恳请辞职，应予照准，遗缺拟请以县佐考试甲等及格人员黎藻銮接充，请公决案。

（议决）照准。

五、建设厅提议，查广增公路为东路省道第二干线，亟应从速建筑，兹由职厅通盘筹划，拟定甲乙两项办法，附具预算表、路线图，请核饬省库按月拨助案。

（议决）照乙项建筑，限三个月内完成，款分三个月由省库拨。

六、孙委员提议，查本省附设统计讲习所，办理毕业，经已月余，现值军事敉平，各项行政统计，亟需举办，兹拟将本届毕业学生择外属之冲要县市，及本市内未设有办理统计人员之机关，酌量委荐，前往工作，以期贯彻本省统计策划，附具分配表，请公决案。

（议决）照办。

广东省政府第五届委员会
第四十五次议事录

民国十九年一月十日　星期五

出席者　　陈铭枢　范其务　金曾澄　邓彦华　曾　蹇　许崇清
　　　　　孙希文　林云陔
列席者　　罗文庄
主　席　　陈铭枢
纪　录　　孙希文

报告事项

一、民政厅呈报第六区巡察黄遵庚与第十三区巡察李杞芳对调，请核备案。

二、民政厅呈报第八区巡察陈于敷辞职照准，遗缺委成炳南接充，请核备案。

讨论事项

一、汕头市长呈请照前议处理陈星阁领有岩石坦地限制办法第二第三两条施行，以符原案，而杜纷争案。

（议决）第二条应加一附书，"此坦地无论转售于何人，必须于民国二十四年以前填筑完竣，若期内不能填筑完竣，政府得依十八年以前原价格收买之"；第三条依市府原定十分之六归业主，及填筑商人十分之四归政府。

二、金、林委员拟具广东侨务会组织大纲，请公决案。

（议决）通过。

三、高等法院院长呈复奉饬审查汕市长将潮汕沙田局所陈意见拟议具复一案，附具意见，请鉴核办理案。

（议决）关于秘书处签拟之第二点，在清理田土经界诉讼简易暂行办法未公布以前，仍以省府为最终审理机关，公布后依暂行办法办理之。关于秘书处签拟之第三点，应如处拟加一但书。

四、承办展筑汕头西海岸堤工德益公司皓电，以汕头甲乙丙丁戊五段坦地，政府经准由英商刘炳佳承领，乞饬汕市府依照成案，将价一半分给商公司领取，至政府所得一半地价，全数搜还前堤工处所借过公司之经费，余欠则待秋收冬三段坦地卖出时清找，以恤商艰案。

（议决）交财政厅长审查。

五、民政厅呈，据警官学校呈为变更校址，预算不敷，请准在开办临时费修建项下，追加五千七百四十五元一毫六仙，拨给归垫支销等情，可否准予所请之处，请核指遵案。

（议决）交民、财两厅查核。

六、民政厅提议，查县行政经费新预算案，将届实施，实行后凡核准设局者，其增加经费已规定，得由地方款划拨补助，惟原案未声明补助之限度，兹由职厅拟定各县政府挪拨地方款补助政费标准一件，请公决施行案。

（议决）各县改课为局，何县应改设几局，仍由民政厅详晰规定，公布施行。

七、财政厅长提议，现为维持纸币起见，拟于本月十六日起暂将国税省税现收银八纸二者改收银六纸五，其六成之银，概收一元纸币，其收地名券者，仍照旧征收，当否，请公决案。

（议决）照办。

广东省政府第五届委员会
第四十六次议事录

一月十四日　星期二

出席者　陈铭枢　范其务　金曾澄　林翼中　邓彦华　许崇清
　　　　　曾　骞　林云陔

列席者　罗文庄

主　席　陈铭枢

纪　录　李立民（代）

报告事项

一、国府文官处沁日电告中央政情二项：（一）公布海商法、保障法，及工厂法。（二）任命王黎阁为驻西班牙代办。

讨论事项

一、建设厅呈复，奉令饬会市府查勘关于中山纪念堂收用第三期民房一案，合将派员会勘及拟补恤情形，请察核案。

（议决）照拟办理。

二、（略）

三、驻汕英领事函复将德记、怡和两洋行优先承领汕头西堤坦地意见提出，请核夺案。

（议决）交广州市政府议复。

四、民政厅提议，高明县长邹谋，毫无振作，应予免职，遗缺拟请以黄朝彦试署；饶平县长黄昌言应予免职，遗缺拟请以五华县长魏荣调署，递遗五华县缺，拟请以前梅菉市政局长陈蓼楚试署；兴宁县长伊光仪调省，遗缺拟请以龙川县县长丘瑞甲调署，递遗龙川县缺，拟请以古云琼试署；江门市政局长严博球辞职，应予照准，遗缺拟请以梁祖诰署理，请公决案。

（议决）照准。

五、略。

广东省政府第五届委员会
第四十七次议事录

一月十七日　星期五

出席者　陈铭枢　范其务　金曾澄　林翼中　邓彦华　许崇清
　　　　　曾骞　孙希文
列席者　罗文庄
主　席　陈铭枢
纪　录　孙希文

报告事项

一、行政院令发各省厘定县等办法一份，仰知照，并饬属一体知照。

二、行政院令发残废军人教养院条例一份，附编制表，仰知照，并饬属一体知照。

三、卫生部咨送卫生法规第一辑增订本一册，请查照饬属一体遵照。

四、内政部咨送颁发区钤记及乡镇间邻图记章程，乡镇公民宣誓登记规则，请查照，转令民政厅暨所属一体遵照办理。

讨论事项

一、铁道部咨复，关于广三路局西濠口码头一案，查明事实，请查照仍饬财政厅自行设法筹还该项码头产价及月息，该码头仍由路局管业，以重路产案。

（议决）仍交财厅议复。

二、广东省党部执委会函，据训练部呈转各县市训练部长联席会议议决，对于普宁县训练部提议，请省政府通令各县市警卫队应受本党训练一案，转请查照核办见复案。

（议决）各县警卫队应施以党义的训练，函省党部制定训练方案，责成各县长队长照方案实施训练，由党部定期派员测验。

三、仙逸学校董事会呈请拨大洋二万元建筑仙逸学校案。

（议决）俟国民政府助款汇到然后照拨。

四、许委员提议，拟请派本府参议郑兰积赴日研究政治经济，每月给与学费日金一百二十元，请公决案。

（议决）准派送四年，学费月给日金八十元。

五、民政厅提议，第六区巡察李杞芳免职，贵缺拟请周永光接充，检同履历，请公决案。

（议决）照准。

六、民政厅提议，拟将警卫研究班第二期毕业后即予裁撤，并由职厅派员会同警官学校妥为结束，当否，请公决案。

（议决）照结束，至该所学员由民厅设法派用。

广东省政府第五届委员会
第四十八次议事录

一月二十一日　星期二

出席者　陈铭枢　范其务　金曾澄　林翼中　邓彦华　许崇清
　　　　　孙希文
列席者　罗文庄
主　席　陈铭枢
纪　录　孙希文

报告事项

一、国府文官处灰日电告中央最近政情二项：（一）辽宁省政府委员兼主席翟文选辞职，照准，遗缺以臧式毅继任。（二）公布修正陆军军常服军礼服，及修正军队教育令。

二、财政厅呈报，拟凡于十九年二月底以前清纳十七年度以前旧欠者，除免滞纳罚金外，并准再按原额八折缴纳，全收中纸；又所收八成中纸，准县实解七成，其余一成留县充赏，以鼓励催收。又十八年度下半年度即十九年一月至六月底止，各县应解之粮款，一律限于十九年一月底以前征解半数，其余限二月底以前征足解库，并准全以中纸收缴，逾期即全收银毫，如系向收地名券之县，亦准以省行中纸缴纳，除通令并布告外，请核备案。

讨论事项

一、建设厅呈，准中央陆军军官学校军官研究班函，奉国府主席命派送土木工程科毕业学员四名到厅学习等由，经分派各公路处实习，拟规定每人每月薪水三十二元，津贴伙食一十二元，以六个月为期，合计每月共一百七十六元，请准追加，饬财厅由本月份起照拨案。

（议决）照准。

二、财政、建设、民政厅会呈复，台山县拟将县署地段分别投变改建市场重建新署一案情形，连同奉发原呈图案等，请核指遵案。

（议决）照议办理。

三、前国民革命军代军长兼十六师长邓彦华呈报将前垫过海汕公路建筑费五万元报效政府，以为个人稍尽地方建设之职责，并留作纪念，至该路将来一切收益费，应如何拨管之处，听候钧裁，乞赐备案。

（议决）海汕公路由建设厅直接管理，其路之收益费，拨作海丰县立中学经费，该中学得此项经费补助，应由教育厅监督其扩充整顿。

四、建设厅提议，拟请拨助东南两公路处及韶坪工程处经费缘由，连同该两处原缴预算书，及韶坪工程处监理费，核减预算书，提出会议，请公决案。

（议决）照准。

五、主席提议，通缉南路匪首邹武、吕春荣、叶大森、陈可章、黄济汉、姚秉枢等案。

（议决）咨总指挥部呈请中央通缉。

六、本府委员提议，拟将广德公司伍庚堂承领旧将军署地发还该民管业，另由建设厅市政府规划在竹丝岗、马盘岗一带辟地建筑省府合署案。

（议决）通过。

广东省政府第五届委员会
第四十九次议事录

一月二十四日　星期五

出席者　陈铭枢　金曾澄　邓彦华　曾　骞　孙希文　范其务
　　　　　林翼中　许崇清
列席者　罗文庄
主　席　陈铭枢
纪　录　孙希文

报告事项

一、广东财政特派员、广东财政厅长会呈报，会议拟定偿还军需库券本息应由国库完全负担缘由，请察核备案。

二、广东财政特派员，兼财政厅长呈报，拟自一月十六日以后，实行银六纸五办法，其毫银六成，案照概收一元纸币，惟离省较远地方，如无一元纸币者，应准征收毫银，于解缴时，再以毫银持赴广东中央银行，现兑一元纸币，解库入收，以符通案，至筹饷禁烟饷款，向系征收十足毫银，自本年一月十六日起，变更征收办法，以后应照案概以一元纸币十足征收解缴，不得收受毫银，以昭划一，请察核备案。

三、广东中央银行呈复，经派委黄伯诚为梧州支行主任，携带款币于本月十三日由省起程，约于十六日可以开始营业，并发行一元、五元、十元、五十元、一百元五种地名券，随时到该支行十足无限制兑现，请察核备案。

讨论事项

一、财政厅呈，准中山县训政实施委员会函，请将中山县全属东西沙田交回中山县人民自筹自卫，每年回解省库护耕费二十五万元，自十九年一月起实行一案，谨将应行愿〔顾〕虑各点，及拟具补苴办法数端，请核指遵案。又中山训政实施委员会函同前由。

（议决）缓议。

二、财政厅长、高等法院长、建设厅长会呈复核拟广东省省有荒地承领造林章程各缘由，连同规程一册，请核颁布施行案。

（议决）通过。

三、教育厅呈，据省立第一女子师范学校呈缴宿舍设备预算总单及店单，请转呈准照原案，明令财厅将职校宿舍设备费六千三百五十元，连同建筑费一万三千五百元如数发给等情，查所列宿舍各项设备，尚为事实上所必需，似应准予拨款，俾资置办案。

（议决）俟建筑完成后照拨。

四、教育厅长提议拟具广东编译馆计划，请公决案。

（议决）交财政厅筹计。

五、教育厅长提议，拟具广东省通志馆规程，连同预算书表等，请公决案。

（议决）通过。

六、民政厅长提议，拟具广东民政厅巡察及密查员奖惩章程草案，请公决案。

（议决）通过。

七、民政厅长提议，澄迈县长李誉德另有差委，遗缺拟请以李应南试署；又海口市政局长冯湛耀另候差委，遗缺拟请以冯仲皞试署；又普宁县长王×，于属内私种烟苗，漫无察觉，应予撤职查办，遗缺拟请以前海口市市长廖国器署理，请公决案。

（议决）照准。

广东省政府第五届委员会
第五十次议事录
一月二十八日　星期二

出席者　陈铭枢　范其务　金曾澄　林翼中　邓彦华　曾　蹇
　　　　孙希文　许崇清　林云陔

列席者　罗文庄

主　席　陈铭枢

纪　录　孙希文

报告事项

一、国府文官处篠日电告中央最近政情四项：（一）海关进口税自二月一日起改为六零点一八六六公厘纯金为单位之金本位征收。（二）自本年十月十日起，所有全国厘金及类似厘金之一切税捐一律裁撤。（三）公布民事调解法，民国十九年关税公债条例，及财政部整理山西金融公债条例。（四）广东省政府委员曾蹇辞职照准，遗缺以黄居素继任。

二、财政厅呈报，拟变通办法，由厅派委协助汕头市长办理保险事业，连同整理汕头市保险事业办法四条，请察核备案。

讨论事项

一、建设厅呈，据西村新士敏土厂建筑工程处请追加机器入口关税厘金预算等情，转请俯予追加，令行财厅转函中行如数增加借拨，以应支销案。

（议决）照追加。

二、国立中央大学函请酌筹补助建筑大礼堂经费数万元藉资兴起案。

（议决）补助毫币二万元，俟军事平定后筹汇。

三、建设厅长邓彦华、总部参谋处长杜益谦会呈复，审讯前从化县长李××虚报敌情一案经过情形，请察核案。

（议决）既据审明无通敌嫌疑，其报告不实，仅属办事疏忽，业经撤职，应免另予处罚。

四、主席提议整理广东中央银行原则，拟提呈中央政治会议请求议决办理案。

（议决）照呈。

五、许委员提议拟请聘任饶芙裳为广东省通志馆副馆长，温丹铭为总纂兼编纂案。

（议决）照准。

六、民政厅长提议拟具修正广东省政府民政厅巡察管辖区域表，暨编制员额经费预算表，请公决案。

（议决）照准。

七、民政厅长提议，台山县长钟喜焯沥请辞职，情词恳切，应予照准，遗缺拟请以李海云署理案。

（议决）照准。

八、主席提议委任钟喜焯为省政府秘书处秘书案。

（议决）照准。

广东省政府第五届委员会
第五十一次议事录

一月三十一日　星期五

出席者　陈铭枢　金曾澄　邓彦华　林云陔　孙希文　林翼中
　　　　范其务　曾　蹇　许崇清
列席者　罗文庄
主　席　陈铭枢
纪　录　孙希文

报告事项

一、财政部函，查本年一月三十一日为民国十八年裁兵公债第二号息票开始付款之期，所有付息事宜，委托各地中央、中国、交通三银行经理，送上该项付息布告，请查照。

二、内政部咨，奉行政院令发各级监察委员会稽核同级政府施政方针，及政绩通则等因，抄送该项通则，请查照转饬所属一体遵照。

讨论事项

一、范厅长、曾委员、金委员会复审查东莞县各界维持学产会等呈，为邑中牛测沙学田被奸佃王应昌等霸占，改判不公，恳请复议维持前判一案，拟具意见书，请核办理案。

（议决）照拟办理。

广东省政府第五届委员会
第五十二次议事录

二月七日　星期五

出席者　陈铭枢　范其务　金曾澄　林翼中　邓彦华　曾　塞
　　　　　　许崇清　孙希文　林云陔
列席者　罗文庄
主　席　陈铭枢
纪　录　孙希文

报告事项

一、行政院令查各省新任人员应遵案来京向国府报到，接受任命，仰遵照办理。

二、行政院令发工厂法一份，仰知照，并饬所属一体知照。

三、广东高等法院呈报，奉司法院令派员分驻各地方法院审理反革命案件一案，除南韶高雷钦廉各属距该省省会较远应准照前案办理外，其余肇、罗、惠州各属距省不远，无派员莅审之必要等因，除分令暨函请民厅令行各地方法院所辖区域内各县，以后如有反革命案件，仍径解来院讯办外，请鉴核备案。

四、广东中央银行呈报，据海口支行养日电称，于本月二十一晚被送军破库，劫掠一空情形，请核备案。又呈报海口支行被逆军强取劫掠一空，现在军事平定，已饬复业，惟以前发出各种地名券等，应从新清查，分别整理，在整理期间，一律停止兑现，除通告外，请核备案。

五、国府文官处电告中央最近政情六项：（一）中央选任宋子文为本府委员兼行政院副院长。（二）安徽省政府委员兼主席石友三另有任用，遗缺以王金钰继任。（三）广东省政府主席陈铭枢辞民政厅长兼职照准，遗缺调教育厅长许崇清接充，递遗教育厅长，以委员金曾澄兼任。（四）任命邓彦华、范其务、林云陔为广东治河委员会委员。（五）改组赈灾委员会为赈务委员会，并将组织条例修正公布，并任命许世英等为委员，指定许世英、王震、刘镇华、汪守珍、朱庆澜为常务委员，并以许世英为主席。（六）公布会计师条例，及水陆地图审查条例。

讨论事项

一、财政厅长呈报，关于内政部咨请取缔华人假托外人名义永租地亩一案，拟将职前在汕市厅任内呈定办法，及近函交涉员转呈外交部将教会租买屋地核示之件，呈核提议，发交审查，分别通令知照，咨呈备案案。

（议决）罗院长、孙秘书长修正呈报中央。

二、革命纪念会函请每月拨款二千元以资建筑黄花岗七十二烈士坟园，连同绘定坟园图迹，及纪念碑图说，请核明准予如数拨付案。

（议决）由林市长、邓厅长会同林直勉、胡毅生两同志会勘工程，决定营造修理图案，及需要款项数目。

三、民政厅呈复，奉饬派员勘查江门市长请将该市区沿河南北坦地划分码头投变整理一案，谨将派员查勘各缘由，连同计划书图式等，缴请察核指遵案。

（议决）江门市长所请不准，由建设厅会同治河工程师履勘再行决定。

四、民政厅提议，新兴县长李柏存辞职照准，遗缺拟请以龙炎试署；琼东县长颜恭叔免职，遗缺拟请以岳跃龙试署，请公决案。

（议决）照准。

五、财政厅提议，拟将国省税款经前次呈准征收银六纸五者酌量变通，银六成改收现金，纸五成改收一元纸币，其全收一元纸币者，改收全数现金，向收通用地名券地方及无纸币地方，全收地名券或银毫，并加收加零五军费，其余新旧钱粮税契官产垦荒商业牌照沙捐护沙清佃沙田登记，仍旧概全收未兑现纸币，支出方面军费则支现金七成为出发部队之用，三成一元纸币为留粤部队之用，党政学各费概支一元中纸，是否可行，请公决案。

（议决）照办。

广东省政府第五届委员会
第五十三次议事录

二月十二〔一〕日　星期二

出席者　陈铭枢　曾　蹇　范其务　孙希文　金曾澄　许崇清
　　　　　林云陔
列席者　罗文庄
主　席　陈铭枢
纪　录　孙希文
报告事项

一、国府文官处世日电告中央最近政情五项：（一）批准中希通好条约。（二）公布修正省政府组织【法】，修正海军部组织法，驻外使领馆组织条倒〔例〕，外交官领事官等表，及国际联合会中国全权代表办事处组织条例。（三）本府参军长何成浚辞职照准，遗缺以贺耀祖继任。（四）特派王正廷为商订中捷友好通商条约全权代表。（五）首都警察厅厅长姚琮免职，遗缺以吴思豫继任。

二、行政院令抄发国民政府军用运输护照规则，国民政府军用运输护照规则施行细则，国民政府硝磺类专运护照规则，银行运送钞币免验护照规则，稽核智利硝暂行办法，各一份，仰知照，并转饬所属一体知照。

三、行政院令抄发搬运阵亡官兵灵柩暂行规则一份，仰知照，并转饬所属一体知照。

四、行政院令发民事调解一份，仰知照，并饬属一体知照。

五、行政院令发保险法一份，仰知照，并饬属一体知照。

六、内政部咨送各地方仓储管理规则，调查照转饬所属一体遵照。

七、内政部咨送一九二三年九月十二日国际禁止淫刊公约汉译条文，又禁止淫刊会议藏事文件，请查照饬属遵照，嗣后如遇有海淫物品，除由外国输入者应检三份过部以凭办理外，其余一概收没销毁，并将贩卖转运陈列制造之人拘送法庭，依法究办。

八、民政厅呈，将派定各区巡察员名列表，请察核前〔备〕案。

九、财政厅长兼财政特派员呈报拟定收回银业行多搭二成公债办法，及加印军需券各缘由，请察核准予备案。

十、中央银行呈，据海口支行电报被逆军破库劫掠及会同查点各情形，转请察核。

讨论事项

一、民政厅呈，关于番、从两县人民争狮前市一案，经饬派巡察会县依照标准驰赴会勘呈复，谨将职厅核拟各节，复请察核指遵案。

（议决）如拟办理。

二、广东戏剧研究所呈缴原拟经常费预算书及改拟经常费预算书，请核赐准增加案。

（议决）照准。

三、台山县长呈复查明台山县民黄广捷等状控陈文洽等毁路一案，似应仍照民政厅及西区善后署核准原案办理，连同现勘图说一纸呈核，当否，请钧裁案。

（议决）照拟办理。

四、财政厅呈为拟定钱粮改征地税以前县地方款附加办法，连同丁米改征比较表，及乡镇田亩捐章程，请核提议颁布，俾得酌定施行日起，通令周知案。

（议决）试办。

五、金委员、林委员、罗院长会复审查财厅所拟办理田亩陈报各种章则，大旨尚属不差，惟其中有与法权及行使治权规律抵触者，有与去年呈准之工作计划书所定之办法不符者，所有意见，已揭明于各条签注中，似宜斟酌修改。是否有当，仍候公决案。

（议决）除第七条审查意见毋庸置议外，余均有充足理由，发交财政厅照审查意见修改后，即公布施行。

六、民政厅提议，奉饬厘定本省各县等第一案，兹依照奉发厘定办法，根据各县面积、人口、富力三项为标准，将本省各县等第重加厘订，检同修正县等表提出，敬候公决案。

（议决）照拟，并呈行政院咨内政部备案。

七、民政厅提议，南雄县长王名烈调省，遗缺拟请梅翊强试署；曲江县县长曾枢调省，遗缺拟请以邓柱燊试署；和平县县长李肇统调省，遗缺拟请以前①宁县长梁宝箴调署，递遗前②宁县缺，拟请以吴圣泉试署，请公决案。

（议决）照准。

广东省政府第五届委员会
第五十五次议事录③

二月十八日　星期二

出席者　陈铭枢　范其务　金曾澄　黄居素　林云陔　邓彦华　　　许崇清

列席者　罗文庄

主　席　陈铭枢

纪　录　李立民（代）

报告事项

一、国府文官处虞日电告中央最近政情四项：（一）改组湖北省政府，任命何成浚等为湖北省政府委员，指定何成浚为主席，并任命吴醒亚兼民政厅厅长，张贯时兼财政厅厅长，黄建中兼教育厅厅长，黄昌谷兼建设厅厅长。（二）安徽省政府委员兼民政厅厅长吴醒亚另有任用，

---

① 此字有误。

② 此字有误。

③ 馆藏缺第五十四次议事录。

免去本兼任职。（三）河南省政府委员兼教育厅厅长李敖齐辞职照准，任命张鸿烈兼河南教育厅厅长。（四）公布民法债编施行法，及民法物权编施行法，并现定本年五月五日为民法债编及物权编施行日期。

二、行政院令发水陆地图审查条例，仰知照，并转饬所属一体知照。

三、行政院令，奉国府令，县长考试暂行条例业经制定公布，该条例有效期间以本年三月底为止等因，抄发原条文，仰知照，并饬属一体遵照。又内政部咨，奉国府令，所有民国十七年十月该部公布之县长考试暂行条例，应即废止，以部令行之，等因，请查照。

四、广东中央银行呈报梅菉支行因乱迁避广州湾情形，请察核备案。

五、财政厅呈，如各县新增经费预算，前经呈奉议决展至十九年三月份起，方始实行，现在期限将届，而军事延长，倘照实行，各县固无款可解，似宜再加展限，拟俟军事结束后，方再实行，请核明照办，通行各县一体遵照。

六、行政院令发国府修正省政府组织法一份，仰知照，并饬属一体知照。又国府令查省政府组织法，现经明令修正公布，其第四条第五项规定现任军职者不得兼省政府主席或委员，本府嗣后选任省政府主席或委员，概依规定办理，仰知照。

讨论事项

一、财政厅厅长、特别市市长、高等法院院长会呈，关于李道然与李仲明等因争承山坦涉讼上诉一案，业由该案主席邀同各委员审查完竣，连同本案卷宗并议决书缴请鉴核指遵案。

（议决）如判办理。

二、黄委员提议，拟具充足中行准备金完全恢复兑现办法九项，请公决案。

（议决）通过。

广东省政府第五届委员会
第五十六次议事录

二月二十二日　星期六

出席者　陈铭枢　范其务　金曾澄　邓彦华　许崇清　黄居素

列席者　罗文庄

主　席　陈铭枢

纪　录　李立民（代）

报告事项

一、行政院令发海军部组织法一份，仰知照，并饬属一体知照。

二、广东中央银行呈，据北海支行呈报，将所有银券账表文卷等要件，悉数运下广金舰迁省寄存本行银库等情，除一俟军事平定，即饬前往复业外，转报察核备案。

三、国府文官处寒日电告中央最近政情八项：（一）修政〔正〕公布建设委员会组织法。（二）核准全国陆地测量十年计划，并公布陆地测量总局组织大纲，各省陆地测量局组织大纲，中央陆地测量学校条例，各区陆地测量学校条例，陆地测量标准条例，及施行细则。（三）定本年七月一日为渔业法渔会法施行日期。（四）核定国币新模。（五）通令禁售清史稿。（六）特派莫德惠为中苏会议全权代表，解决中东铁路善后问题。（七）改任王向荣为河南财政厅厅长。（八）任命李煜瀛为国立北平师范大学校长，在未到校以前，派李蒸为代理校长。

讨论事项

一、广东留日陆军士官学校第二十二期学生邝友五等呈请津贴学费案。

（议决）交教育、财政两厅长拟复。

二、财政厅呈拟饬未预征各县于三月一日起开征十九年度钱粮，及收概现毫垫解各办法，如违呈请撤办，开列清单，请准通令遵照案。

（议决）照办。

三、财政厅提议，拟自开始改征加一毫银之翌日，即二月二十日起，由署厅分令国省两库，所有每日支出各款，应以昨日税收之十成银数为限，其他另案筹借及加收一成款，别账存储，无论如何，不得挪动，并由钧府将此规定分别咨令军政党各机关查照，当否，请公决案。

（议决）照办。

四、财政厅提议，现在军事期内，拟国省两库自本年二月起支发，各机关经费仍照案搭发，军需库券二成，请公决案。

（议决）照准。

五、财政厅提议，拟具整理金融借租办法，连同借租简章，请公决案。

（议决）照办。

六、民政厅长提议，本厅秘书杨赫坤已调省政府任用，遗缺拟请调教育厅秘书陈仲伟接充；本厅秘书李沧萍辞职照准，遗缺拟请调教育厅督学余超接充；本厅科长章锡禾另候任用，遗缺拟请委黎时雍接充；科长区鼎新辞职照准，遗缺拟请委朱公准接充；本厅总务主任古云琼已委署龙川县县长，遗缺拟请调教育厅总务主任许丹叔接充，请公决案。

（议决）照准。

广东省政府第五届委员会
第五十七次议事录

二月二十五日　星期二

出席者　陈铭枢　范其务　金曾澄　邓彦华　黄居素　许崇清
列席者　罗文庄
主　席　陈铭枢
纪　录　孙希文

报告事项

一、财政部咨，奉行政院令，关于建设材料，应否免税一案，经议定除教育仪器赈灾物品及军械弹药仍照规定章程办理外，所有中央地方政府机关购运各项建设机器材料，无论属于创办或属于扩充整理，一律照章完税，其已经呈准免税，定有限期者，即以限满为止，不再续免，等因，请查照。

讨论事项

一、潮梅地方法院呈，拟在汕头市建筑南提〔堤〕所有征收项下优先提拨大洋五万元为建筑潮梅地方法院监狱费用缘由，请核指遵案。

（议决）议属可行，仰会同许市长备文具报。

二、财政厅呈复关于侨兴公司存入中行款项核与清理办法，似可认为私人存款，由中行设法偿还，请议决饬遵案。

（议决）照请偿还。

三、教育厅呈请，拟以刘蓉森为职厅主任秘书，温仲良、黄希声为秘书，邓章兴为第一科科长，黄佐为第二科科长，赵策六为总务主任，取具履历，请核加委案。

（议决）照准。

四、建设厅提议，关于要明公路一案，现据李务本堂呈称，新线毁田筑路，不如就百年原有基围加筑之稳固，且原线只毁禾田二十余亩，新线则毁禾田将达百亩之多，情愿自行备款，照原线培筑，将新线拆去，务期通行无碍等情，查所称不无理由，惟该新线现已筑成通车，复行改筑，颇需时日，未先〔免〕妨碍交通，究应如何办理之处，请公决案。

（议决）仍照旧线兴筑，俟筑成时再将新线撤废，在新线未撤前，被毁禾田，准酌免粮税。

五、建设厅提议，关于军政党学各机关人员，一律改穿土布制服。饬厅采选国货一案，兹经选定黄埔织造厂白麻帆土布二种，合为夏季制服之用，其余利民、南兴等厂所出白土布，亦尚合用，除女职员制服遵照部定一切办理外，其常服拟仍采用国货，似不必拘论颜色，礼服仍遵部令用正蓝色丝，或布质长衫，缎及纱黑马褂（冬日用缎，夏日用纱），惟全采用素底，当否，连同制服式样，请公决案。

（议决）照办，公务人员自四月一日起一律着用。

广东省政府第五届委员会
第五十八次议事录

二月二十八日　星期五

出席者　陈铭枢　范其务　金曾澄　林翼中　邓彦华　许崇清
　　　　黄居素
列席者　罗文庄
主　席　陈铭枢
纪　录　李立民（代）

报告事项

一、行政院令抄发社会团体组织程序一份，仰知照，并饬属一体知照。

二、行政院令，奉国府明令，定本年五月五日起为民法债编及民法物权编施行日期，抄发该施行法条文各一份，仰知照，并饬属一体知照。

三、行政院令，奉国府令将中山县训政实施委员会组织大纲第二条条文修正，删去"中山县人中"五字，委员九人改为委员十五人，并添派林森、陈铭枢、张惠长、陈庆云、欧阳驹、黄居素为委员等因，抄发修正条文一份，仰知照，并饬属知照。

四、中山县训政实施委员会函请辟唐家环〔湾〕为无税商港，除呈国府及分函财政工商两部外，连同该筹办委员会组织章程一份，请查照备案，并随时协助及指导。

五、国府文官处马日电告中央最近政情四项：（一）制定中华民国十九年度试办预算章程，及划分国地收支标准。（二）任命王宠惠为广东治河委员会委员。（三）份〔任〕命王之觉为安徽省政府委员兼民政厅厅长。（四）派伍公使朝枢为赴海牙编纂国际法会议全权代表。

讨论事项

一、东莞明伦堂沙田经理局整理委员会呈，接委员蒋光鼐函请辞职，拟请以叶宝崙补充属会委员，连同履历，请核准委任案。

（议决）照委。

二、广东高等法院呈复，奉饬审查关于蒋师长据张团长条陈制止械斗办法一案，遵经将奉发办法逐条悉心审查，其中有似应增删者，经再加修改，并将理由详注，理合缮具清折，请提会公决案。

（议决）照修正呈报施行。

三、（略）

四、民政听〔厅〕提议，开建县长陆吉甫免职，遗缺拟请委吴履泰试署；赤溪县长陈翰华辞职，遗缺拟请以台山县长李海云暂行兼署，请公决案。

（议决）照委。

五、主席提议，广东中央银行行长林天吉奉财部调京任用，遗缺拟以副行长区国强充任，请公决案。

（议决）通过。

广东省政府第五届委员会
第五十九次议事录

三月四日　星期二

出席者　陈铭枢　范其务　金曾澄　邓彦华　黄居素　许崇清
列席者　罗文庄
主　席　陈铭枢
纪　录　李立民（代）

报告事项

一、行政院令抄发禁烟考绩条例，公务员调验规则，禁烟法施行规则各一份，仰遵照，并饬属一体遵照。

二、内政部咨复，准咨请将前应县长考试口试不及格之连宝城、刘伟崧二员，仍以县佐备案一案，查贵省举行县长考试，原系依据十七年十月四日公布之县长考试暂行条例办理，此项条例并无县长考试口试不及格人员即以县佐治人员任用之规定，至于县佐治人员应如何铨定资格，请俟考试院实行铨叙时，另案办理，请查照。

三、财政厅呈复关于田亩陈报各种章则，奉饬照金委员、罗院长审查意见改定，再行呈复公布等因，遵将指饬各节逐条修正，缴同各项章则，请公市〔布〕施行。

四、行政院令，奉中央执行委员会决议，查立法院制定之新商会法及工商同业公会法，既经政府明令公布，此后商人团体之组织，自应遵照新颁法令办理，所有十七年颁布之商民协会组织条例着即撤销，各地商民协会应即限期结束等因，仰知照，并饬属一体知照。

五、广东中央银行呈为遵照议案择定适中地点，增设兑换所五处，均于三月一日起分派人员前往开办，专兑一元纸币，以便商民就近零星兑现，请察核。

讨论事项

一、中国国民党中央执委会函，查本党老同志潘达微，热心革命，逝后遗骸未葬，经中央抚恤委员会决议，除由中央发给葬费一千元，并准葬黄花公园外，仍请广东省政府从优给拨葬费在案，除革命纪念会外，请查照办理案。

（议决）给葬费一千元。

二、教育厅呈，据全省体育协进会呈请增加运动员旅费五千一百八十七元，连同预算书，转请令行财厅迅赐给领案。

（议决）照准。

三、中山县训政实施委员会主席唐绍仪，委员钟荣光、蔡昌、马应彪、欧阳驹、陈庆云、黄居素、陈铭枢等，函请令县编练县兵五大队，招募服装开办等费一次过毫银约二万四千元，每月经临费约二万五千元，又设置巡船四艘，购置费约十二万元，经常费每月约五千元，均请饬令财厅在所收该县护沙费内拨给，至县兵及巡船所需枪械，拟由贵府转呈陆海空军总司令部拨发案。

（议决）照准。

广东省政府第五届委员会
第六十次议事录

三月七日　星期五

出席者　陈铭枢　范其务　邓彦华　黄居素　金曾澄　许崇清
列席者　罗文庄
主　席　陈铭枢
纪　录　李立民（代）

报告事项

一、国府文官处俭日电告中央最近政情九项：（一）批准第十一次国际劳工大会所通过之最低工资公约。（二）商会法第四十二条修正为"本法施行前已成立之商会联合会应于本法施行后一年内依本法改组之"。（三）公布军人反省院条例。（四）公布铁路员工服务条例。（五）军政部政务次长兼代部长朱绶光呈请辞去本兼各职，朱绶光准辞代理军政部长兼职，特任何应钦兼任军政部。（六）安徽省政府委员兼主席王金钰辞职照准，遗缺以马福祥继任。（七）青岛特别市市长以葛敬恩继任。（八）辽宁省政府委员兼教育厅长王毓桂因病出缺，遗缺任命吴家象接充。（九）任命夏斗寅兼武汉警备司令。

二、行政院令抄发华侨教育本〔会〕议议决统一及发展华侨教育案全文，仰遵照办理。

讨论事项

一、行政院令，关于该府组织侨务会一案，核与中央侨务会职权抵触，查福建省前设有侨务委员会，经中央决议改为华侨招待所在案，该府与福建事同一律，自应查照成案办理，仰遵照将办理情形具报，并拟具招待所章呈核案。

（议决）名称照改，由金、邓两委员重行修正大纲。

二、建设厅呈具第二科科长李郁焜履历，请核赐加委案。

（议决）照准。

三、广东省党部执委会函，据乐会县执委会呈称，县长翁××附逆有据，恳县省府撤职惩办等情，连同原呈布告，请查照核办案。

（议决）撤职查办。

广东省政府第五届委员会
第六十一次议事录

三月十一日　星期二

出席者　陈铭枢　范其务　金曾澄　邓彦华　黄居素　许崇清
列席者　罗文庄
主　席　陈铭枢
纪　录　李立民（代）

报告事项

一、内政部咨为江苏省党务整理委员会呈请中央转行令饬军政机关办理本省反动案件，先密咨属会侦查一案，奉令饬各省市遇有反动案件，同时密报中央转饬当地最高党部协同办理等因，抄同原件，请查照饬属一体遵照。

二、财政厅呈，拟将全省屠牛牛皮税，照全省各属划区招商投承开办，连同征收章程施行细则及处罚违章细则，请察核备案。

讨论事项

一、汕头市长呈请准将省立岭东商业学校校产南堤界内南便海坦，仍由职府代为填筑，所有填筑费用，由该校认还，填成之地，按井计算，交还领回管业，当否候令祗遵案。

（议决）岭东学校，应依照汕市府计划填筑，但须在全堤完成之日以前完竣，逾限准照汕市府所请执行，其他业户不得援例。

二、财政厅呈，准市财局函，奉市府令，准益民公司李崇汉等缴年饷十万元续办果类入市税，自本年五月二十一日起，由局征收承办，期间暂定一年等由，查果类入市税，与省陈鲜果咸货行召〔台〕费合并征收，经呈奉钧府核准办理有案，兹准前由，所有入市税与召〔台〕

费办至本年五月二十日期满止之后，应否划开分别各办，抑应如何办理之处，请核指遵案。又财政厅呈，据前办省陈鲜果咸货行召〔台〕费全义堂代表李月生等呈为汤声冒认行商瞒承，及捐商杨若菊、李崇汉等向市财局呈准搀承，恳准将此项省陈鲜果咸货台炮经费，并果类入市税，批回本行全义堂承办，并愿仍认饷大洋一十万元，另加五专款，照各行台费，由本行承办例案，以三年为期，一切抽收均照现章办理等情，应如何办理之处，请核指遵案。

（议决）查生果入市税及台炮经费，均属苛细病商，应即克日取销，并咨市政府照办。

三、民政厅提议，阳山县长莫杏巢，调署翁源县长，所遗阳山县缺，以翁源县长陈景博调署，请公决案。

（议决）照准。

四、民政厅提议查民政厅第十二区巡察吴履泰，奉委开建县长，所遗第十二区巡察缺，拟请委林世珍接充，请公决案。

（议决）照准。

广东省政府第五届委员会
第六十二次议事录

三月十四日　星期五

出席者　陈铭枢　邓彦华　金曾澄　许崇清　黄居素
列席者　罗文庄
主　席　陈铭枢
纪　录　李立民（代）

报告事项

一、财政厅长呈报，奉第五十三次会议面饬将田亩捐章程第十二条及第十七条、第二十五条酌加修改等因，遵即再加修正，第十二条末句"未有收入以前得由该乡内富户借用之"改为"未有收入以前由该办理人先行筹垫"；第十七条将末节"但由该乡公意认为无庸增加者免予增收"删去；又第二十五条于末尾加入"此项罚金原由业主典主纳捐者，应由业主典主负担，原由佃户或代理人代纳捐者，应由佃户或代理人负担"，请核备案。

二、国府文官处虞日电告中央最近政情三项：（一）公布首都干路系统图。（二）令行政院通饬各省县市保存旧有档案。（三）以湖北建设厅黄日华暂代湖北教育厅长，所有〔遗〕建设厅长职务，以湖北省委员介石①暂代。

讨论事项

一、财政厅呈复遵令分别筹议广东编译馆缘由，拟具编译馆组织章程预算，连同印刷局现存机器种类比较表等，请核议饬遵案。

（议决）交金、许两委员重拟。

二、（略）

三、全国体育协进会呈为第九届远东运动会定于五月二十四日至三十一日在日本举行，请襄助洋三万元，以成盛举案。

（议决）本省在军事时期，财政拮据，无款援助。

四、民、财政厅会呈复奉饬查核警官学校因变更校址预算不敷，请准在临时修建项下追加五千七百四十五元一毫六仙拨给归垫支销一案，遵经派员会同查勘估拟具复，尚属实情，似可准予照支，请察核指遵案。

（议决）照准。

五、民政厅提议，廉江县长潘绍桱调省，另候任用，遗缺拟请以黄铿试署；高要县长覃元超调省，遗缺拟请委张纶试署，请公决案。

（议决）照准。

---

① "介石"二字疑误。

广东省政府第五届委员会
第六十三次议事录

三月十八日　星期二

出席者 陈铭枢　范其务　金曾澄　邓彦华　黄居素　许崇清
　　　　孙希文

列席者 罗文庄

主　席 陈铭枢

纪　录 孙希文

报告事项

一、行政院令，查考选委员会现在对于高等考试各项关系法规，业经从事拟订，除江苏、浙江、江西三省现经呈准国府举行外，以后各省不得再有该项考试，统候本院举行高等考试，以资选用，仰遵照。

二、行政院令发中华民国十九年度试办预算章程及附件共一册，仰遵照，并饬所属一体遵照。

三、行政院令发军人及省院条例一份，仰知照，并饬属一体知照。

四、广东财政特派员兼财政厅长呈将拟定收回广州银业行金融借款多搭二成金融公债办法，请核备案。

讨论事项

一、建设厅呈，拟改调方视察仲吾接充水产试验场场长，递遗视察一职，拟委潘绍宪接充，取具履历，请核加委案。

（议决）照准。

二、琼崖实业专员黄强呈请准予辞职，并恳将此次署内职员格外准给恩饷两月，以示矜恤案。

（议决）辞职照准，实业专员公署裁撤，职员有被抢掠特殊情形，应准发恩俸两月。

三、（略）

四、民政厅提议，吴川县长曾昭声辞职，拟予照准，遗缺请以萧惠长试署；陵水县长周云青辞职，拟予照准，遗缺请以黄少怀试署；兼赤溪县长李海云辞不就兼职，拟予照准，遗缺请以陈卓民试署，请公决案。

（议决）照准。

广东省政府第五届委员会
第六十四次议事录

三月二十一日　星期五

出席者　陈铭枢　范其务　金曾澄　邓彦华　孙希文　黄居素　许崇清

列席者　罗文庄

主　席　陈铭枢

纪　录　孙希文

报告事项

一、行政院令，国府文官处函，关于南京特别市执委会呈请令饬凡以前交代未清及贪污劣迹昭著者，不得任用为公务人员一案，奉谕分函五院，请转饬查照等由，抄发原呈，仰即遵照办理。

二、行政院令，关于行政官署违法处分，应向何种机关提起行政诉讼一案，奉国府令，据文官处签呈，以旧诉愿法之中央及地方最高级行政官署应先确定，拟具办法二项呈核，经提出国务会议核定等因，仰知照，并饬属一体知照。

三、财政厅呈，据毫币改铸厂呈报该厂现在改铸低旧各毫，将来难免亏折情形，转请核明备案指遵。

四、审计院咨送审计院关于监督预算执行之审计工作报告十册，请转发所属机关查照备考。

五、民政厅呈，据警官学校呈，拟于预算范围内撙节弥补总务部主任薪俸，尚属可行，除令复准予备案外，请察核。

讨论事项

一、蒋师长光鼐呈请仍由省库赓续拨款补助韩江警卫营经费，以维交通案。

（议决）准由省库按月支拨三千六百元。

二、建设厅呈为职厅对于钧府解释公路规程第三十九条第二项之规定，未甚明晰，请详为指示案。

（议决）公路规程第三十九条。交建设厅修正后呈送复议。

三、秘书处签呈，关于修正惩办械斗暂行办法，请复议案。

（议决）修正案取销，仍通用原条例。

四、教育厅提议，据广东省立〈业〉工业专【门】学校呈请在十九年度预算未实行以前，准予按月加拨临时整理费四千六百二十四元等情，查核所拟整理各节，尚属要图，应否照准，连同原书表提出，请公决案。

（议决）交财政、教育两厅审核增加，并将增加数目呈报备案。

五、教育厅呈，据省立工业专门学校呈，拟增设公路、电信电话、毛毡、玻璃珐琅四种速成科，以造就初级工业人才等情，拟具提议书，连同原缴意见书，请公决案。

（议决）交建设厅长审核。

六、民政厅提议，新会县县长黄维玉辞职，拟予照准，遗缺请以清远县长霍坚调署；递遗清远县缺，请以蹇秉渊试署，请公决案。

（议决）照准。

广东省政府第五届委员会
第六十五次议事录

三月二十八日　星期五

出席者　陈铭枢　范其务　邓彦华　许崇清　孙希文
列席者　罗文庄
主　席　陈铭枢

纪 录 孙希文

报告事项

一、内政部咨送乡镇闾邻选举暂行规则，请查照饬遵。

二、内政部咨送内政部审核取得国籍人解除限制规则，请查照饬属办理，并将办理情形见示。

三、国府文官处寒日电告中央最近政情六〔五〕项：（一）改组江苏省政府，任命叶楚伧等为江苏省政府委员，并任命叶楚伧为主席，胡朴安为民政厅长，陈其采为财政厅长，陈和铣为教育厅长，孙鸿哲为建设厅长，何玉书为农矿厅长。（二）改组安徽省政府，除业已任命马福祥为委员兼主席，王之觉为委员兼民政厅长，并任命孙绳武等为委员，以孙绳武兼任财政厅长，程天放兼任教育厅长，李范一兼任建设厅长。（三）特派王正建为议订修回威海卫租借地专约，及与本案有关系事项协定全权代表。（四）公布修正劳资争议处理法，修正考选委员会组织法，民国十九年交通部电政公债条例及还本付息表，邮运航空处条例，及首都卫戍司令部组织条例。（五）定六月一日为交易所法施行日期。

四、工商部咨送交易所法施行细则，请查照饬属一体知照。

讨论事项

一、民政厅呈，据巡察朱云阶及新任惠来县长李本清先后查明卸惠来县长陈××被控各案情形，应如何处分之处，请核示遵案。

（议决）该县长办事糊涂粗率，惟查各控案尚无充分证据，业经去职，应从宽免予处分。

二、汕头市市长呈请准将汕头西堤马路宽度，查照方前任规定连骑楼在内，定为宽度八十尺，并免加辟二十尺之通路，以恤民艰案。

（议决）仰将该市马路计划全国〔图〕缴来再核议。

三、财政厅呈复，关于太平关扣留华兴公司矿商冯纪桓钨砂一案，职厅所拟与建厅意见未能一致，无从会核办理，合将本案调查所得情形，暨拟议办法，抄同附件，请察核指遵案。

（议决）此项钨砂既未经南雄关口发现，自不能确指为私运，惟手续不备，又与始兴县署教育经费存根不符，显系有漏报情事，应照其漏报之捐额处以十倍之罚金，拨充始兴县教育经费，其用途支配，着始兴县长酌定后呈府核准。

四、民政厅提议，乐会县长翁××奉议决撤职查办，遗缺请以陈阜民试署案。

（议决）照准。

广东省政府第五届委员会
第六十六次议事录

四月一日　星期二

出席者　陈铭枢　范其务　林翼中　邓彦华　孙希文　许崇清
列席者　罗文庄
主　席　陈铭枢
纪　录　孙希文

报告事项

一、国府文官处马日电告中央最近政情四项：（一）通令励行节约运动。（二）通令限制官吏兼职。（三）公布诉愿法陆海空军审判法，中央防疫处组织条例。（四）任命钮永建代理内政部长。

讨论事项

一、财政厅长呈复遵令核议教育厅转呈汕市长拟将汕头崎崅葱陇湘福堂逆产地段另行公布开投一案情形，请核指遵案。

（议决）仍维持范任原案为建筑市中小学校之用，原领价由市厅发还。

二、梅县等亦〔六〕属县民代表饶芙裳等联呈，为共匪猖獗，地方残破，谨拟联剿办法，恳赐采纳，分别严令施行案。

（议决）令梅县等六县县长转饬城乡各团，按数在原有警团中拣选精壮团兵，携带枪枝，限期集中县城，听候派员训练，枪枝不足时，由地方自行集款备价向政府具领。

三、建设厅提议，拟请由省库拨还东路公路处前借治河处两个半月经费缘由，连月借款收支表提出，请公决案。

（议决）由财厅于六个月内按月分还。

四、建设厅提议，拟由钧府转呈国府，将现有之理船厅根本撤销，一面由职厅酌量情形，设置港务局，或理船局，或将航政局归并，以一事权，当否，请公决案。

（议决）照陈请。

五、建设厅提议，拟请饬行省库分四期拨款建筑由增城县至酥醪观公路桥涵工程缘由，附具预算表连同路线图水平图提出，请公决案。

（议决）通过。军事结束后分六个月拨款。

广东省政府第五届委员会
第六十七次议事录

四月四日　星期五

出席者　陈铭枢　范其务　林翼中　邓彦华　黄居素　许崇清
　　　　　孙希文

列席者　罗文庄

主　席　陈铭枢

纪　录　孙希文

报告事项

一、行政院令发南京市行政警察章程一份，仰知照，并饬属一体知照。

二、行政院令发首都卫戍司令部组织条例，附编制表各一份，仰知照，并饬属一体知照。

三、内政部咨，为官吏请恤事项，已归铨叙部主管，嗣后各省官吏请恤，除民政厅以下各文官及警察官吏仍由本部核转外，其余各厅，应由省政府，咨请主管各部转送铨叙部核办，请查照分饬知照。

四、内政部咨送警长警士服务规程一份，请查照饬属遵照。

五、财政厅呈报取销佛山土布行坐厘缘由，请察核指遵。

六、财政厅呈报，奉令生果入市税及台炮经费均属等〔苛〕细病商，应即克日取销等因，惟查省陈鲜果咸货行台费并办果类入市税承办期间，计至本年五月二十日，即届一年之期，相差不过两月，似应俟至合益公司承办期满日取销，俾免发还按饷，应否之处，请核指遵。

七、建设厅呈报，拟将职厅后座改为物质陈列所，陈列磺质物及征集农产林产水产以及蚕丝各种标本，建筑洋楼三层，共需工料费毫洋一万零八百五十元，拟在职厅征存钨矿捐项下开支，请察核备案。

八、建设厅呈报，暂在厅内收入钨矿捐项下代垫水产试验场手缲网渔船二艘船价毫洋五万七千三百四十元二毫八仙，俟中纸价格复原，然后由该场归还，连同清单一纸，请察核备案。

讨论事项

一、（略）

二、财政厅长、高等法院院长、特别市市长会呈，关于朱立浓等与余俊中等因争承山场一案，业由该案主席邀同各委员开会审查完竣，连同本案宗卷并议决书，缴请鉴核指遵案。

（议决）照准。

三、财政厅厅长、高等法院院长、特别市市长会呈，关于四届赠医局伦×等与何×因承领广州市十八甫南约第×号铺地不服市财局处分上诉一案，业由该案主席邀同各委员开会审查完竣，连同本案卷宗并决议书，缴请鉴核指遵案。

（议决）照准。

四、财政厅长、高等法院院长、特别市市长会呈，关于××公司与××公司讼争×××厂前西便海坦一案，业由该案主席邀同各委员开会审查完竣，连同本案卷宗并议决书，缴请鉴核指遵案。

（议决）照准。

五、财政厅呈，准广东税制整理委员会函送广东省人造丝专税征收章程草案等由，转请察核令准施行案。

（议决）照准。

六、汕头市长许锡清电呈，职府秘书长苏廷铨因病离职，遗缺拟委黄维玉接充，现代秘书长兼参事陈宗圻拟调充社会局长，参事缺拟委工务局长邹元昌调充，工务局长缺拟委李静尘接充，恳核赐加委案。

（议决）照准。

七、本府委员兼秘书长孙希文呈报此次本府派委前任东江铲烟经过情形，暨该委等奉令督铲遽尔科罚擅行支配用途，实有未合，应如何处分之处，请公决案。

（议决）参议陈××、科长云××撤职，严令各县已收之款报告确数，听候处置，未收者不准再收，揭阳县长毛×严令申斥，并记过一次，仍严令各县认真督铲，由巡察员密查，以后各该县境内发现烟苗，惟各该县长是问。

广东省政府第五届委员会
第六十八次议事录

四月八日　星期二

出席者　陈铭枢　范其务　孙希文　邓彦华　许崇清　黄居素
主　席　陈铭枢
纪　录　孙希文
报告事项

一、国府文官处俭日电告中央最近政情三项：（一）公布电气事业条例。（二）公布民国十九年卷烟税库券条例，及还本付息表。（三）任命陈李良为第一舰队司令，陈绍宽为第二舰队司令，陈训泳为练习舰队司令，曾以鼎为鱼雷游击队司令。

二、行政院令发民国十九年交通部电政公债条例附还本付息表各一份，仰知照，并饬属一体知照。

三、行政院令，奉国府明令公布，定本年六月一日为交易所法施行日期，仰知照，并饬属一体知照。

四、内政部咨送取缔经营迷信物品业办法一份，请查照。

五、行政院令发管理注射器注射针暂行规则一份，仰知照，并饬属一体知照。

六、行政院令，奉国府令，广东惩办盗匪条例，准再延期六个月等因，仰知照。

七、军政部咨送修正发给旅居中国外人自卫枪枝执照暂行条例一份，请查照通行各县市政府暨转达各国驻在领事知照。

八、广东省党部执委会函，机〔对〕于各县市警卫队应受本党训练一案，现经饬据训练部制定此项训练方案，提出敞会议决照办在案，相应抄送一份，请查照通饬遵照办理。

讨论事项

一、虎门要塞司令呈请拨款修葺职属要塞辖境内虎门寨，关忠节祠，及长洲牛山台，祥镇军祠，连同工料估价单，请核指遵案。

（议决）照拨款修葺。

二、全国商联会陷电，转据汕头总商会报告商办汕潮普揭长途电话，忽奉部电，谓违法私设，应归部办等因，恳饬汕市府保护，以明系统案。又行政院令，据交通部呈复，广州市办电话，遵照中央政治会议确定中央地方权限案内关于交通者之解释，自可由广州市政府径咨本部立案，至民营电话应由本部监督，与电灯电力之由建委会监督者不同，请并转饬遵办一案，仰即遵照案。

（议决）照秘书处签拟，电交通部请收回成命，并电汕市府知照。

三、主席提议，查本省大军出发讨逆，各地土匪乘机蠢动，现拟由省府组织保安队四大队，总额六千人，先成立两队，分驻东北两江训练，先购步枪四千枝，机关枪十二挺，需款六十余万元，即由省库筹拨，事机急迫，特先将购械案提出，请公决案。

（议决）照办。

四、民政厅提议，高明县长黄××经奉议决撤职，遗缺拟请委饶子康试署案。

（议决）照委。

五、民政厅提议，拟请以茂名县长沈耀祖调署英德县长，原英德县长姚世俨调署茂名县长，请公决案。

（议决）照准。

广东省政府第五届委员会
第六十九次议事录

四月十一日　星期五

出席者　陈铭枢　范其务　邓彦华　许崇清

列席者　罗文庄

主　席　陈铭枢

纪　录　李立民（代）

报告事项

一、行政院令发训政时期民众训练方案一件，仰知照，并饬属一体知照。

二、行政院令，转奉第三届中央执委会第三次全会议决，第二次全会关于政治各项决议案，其中有已着手进行尚未完成者，有尚未着手进行者，国民政府应督促各该主管机关切实负责，依期执行，其未能依期执行者，应说明理由，随时报告，等因，仰该府即便遵照办理，随时具报。

三、军政部咨送国府修正硝磺类及智利硝等项护照规则，暨护照格式一册，请查照自六月一日起一律填用，其旧照在本年五月三十一日以前自可填发，若至六月一日旧照仍有余存，即扫数送还，以便转呈缴销。

四、财政厅呈复，关于田亩陈报各种章则一案，遵令将"照章标管"句改为"照章处罚"，并将期限清单日期改定，定期本年四月一日先行成立职厅田亩陈报处，除通令各县遵照外，请察核备案。

讨论事项

一、财政厅呈，拟具广东省各机关建筑修葺及招商投承暨行章程，请核明颁行照办案。

（议决）照修正通过。

二、建设厅长呈复，奉令审核教厅转据省立工专学校呈请增设公路、电信电话、毛毡、玻璃珐琅四种速成科一案，拟具审核意见，请察核案。

（议决）照议办理。

三、略。

四、略。

五、财政厅呈，据荐委测量局长兼测量学校校长黄思基兼任清丈田亩技术员养成所正所长，职厅第一科科长邓国桢兼任该所副所长，连同该员等履历，请核赐委任案。

（议决）照委。

广东省政府第五届委员会
第七十次议事录

四月十五日　星期二

出席者　范其务　林翼中　邓彦华　许崇清　孙希文
列席者　罗文庄
主　席　许崇清（代）
纪　录　孙希文

报告事项

一、国府文官处支日电告中央最近政情四项：（一）任命李树椿为参谋次长。（二）公布武汉警备司令部组织条例暨暂行编制表。（三）明令褒恤梁忠甲、韩光第等。（四）下期全国运动大会定于明年在南京举行，经费五十万，并以林森、朱培德、何应钦为筹备委员。

二、行政院令，奉国府明令公布陆海空军审判法，抄发原条文，仰知照，并饬属一体知照。

三、行政院令，奉国府明令公布诉愿法，抄发原条文，仰知照，并饬属一体知照。

四、行政院令，奉国府明令公布中央防疫处组织条例，抄发原条文，仰知照，并饬属一体知照。

五、财政厅呈报毫币改铸厂购置生银情形，抄同合约四份，暨原缴订购生银表一份，请核赐备案。

六、财政厅呈将拟议规定各机关经临各费，如非即需，不得预先向库支领长期存贮，以杜流弊缘由，请核明通行照办。

讨论事项

一、财政厅长呈报，财政特派员公署自十八年三月份起至十九年三月份止，共由省库拨借过毫银二千四百四十一万零三百九十九元四毫八仙，前项借款，应否转呈中央如数以公债发还归垫，连同借款数目表，请核指遵。

（议决）呈行政院核示。

二、财政厅呈，准广东省税制整理委员会函送经征官甄用任免委用等各章程，暨部定征收税捐考成条例细则等各草案，转请核议示遵案。

（议决）交邓委员审查。

三、农矿部、广州农产物检查所呈，奉部令饬兼行开办病虫害检验等因，谨将开办情形，连同部定检验病虫害暂行办法、执照、通行证、检查证、检验单表等各样本，请饬民、建两厅转令各县政府市政局公安局协助进行案。

（议决）令复缓办，另将应缓办理由咨农矿部。

四、建设厅提议，查广番花公路桥梁涵洞，原由筹赈处借拨十万元兴筑，由马前任领存，惟该项存款，悉属纸币，现在市价低折，万难交付，经呈钧府转饬财厅准予兑换现洋三万元，但财厅未允通融，兹谨将该路工程实情，暨换发毫银急不及待缘由，列请公决施行案。

（议决）令饬中央银行换发一元纸币。

五、民政厅提议，始兴县长周啸岩拟予免职，遗缺拟请委林猷钊试署；梅县县长吴钦禅调省，遗缺拟请委江璇试署，请公决案。

（议决）照委。

广东省政府第五届委员会
第七十一次议事录

四月十八日　星期五

出席者　陈铭枢　范其务　林翼中　邓彦华　孙希文　许崇清
　　　　　黄居素　林云陔

列席者　罗文庄

主　席　陈铭枢

纪　录　孙希文

报告事项

一、行政院令，奉国府明令公布民国十九年卷烟税库券条例及还本付息表，抄发原条文，仰知照，并饬属一体知照。

二、行政院令，奉国府明令公布邮运航空处组织条例，抄发原条文，仰知照，并饬属一体知照。

三、略。

四、民政厅呈，奉内政部令饬迅速制安〔定〕巡视程序，切实巡视，并督饬各县遵办等因，除呈复并分饬外，连同巡视程序缴请察核。

五、中山县训政实施委员会函知黄委员提议，拟将现在县署投变，另择地点建筑县政府行政台署一案，经议决通过，函县照办，请查照备案。

讨论事项

一、中山县训政实施委员会函知敝会黄委员提议，县库收支相抵，不敷甚巨，应如何筹拨，以资救济一案，经议决：（一）县政府每月增加特别费五千元。（二）一次过在本县沙田自卫费内每亩附加三毫补充行政建设费在案。录案连同原提议书送请查照备案案。

（议决）函训政委员会再行说明。

二、仙逸学校董事会呈请准由省库每月加拨该校经费一千元，仍援前案在中山县解省项下拨给案。

（议决）准增五百元。

三、（略）

四、民政厅提议，电白县长王光玮调省，遗缺拟请委黄白试署，请公决案。

（议决）照准。

广东省政府第五届委员会
第七十二次议事录

四月二十二日　星期二

出席者　陈铭枢　范其务　林翼中　邓彦华　林云陔　许崇清
　　　　孙希文
列席者　罗文庄
主　席　陈铭枢
纪　录　孙希文

报告事项

一、行政院令，奉国府明令公布电气事业条例，抄法〔发〕原条文，仰知照，并饬属一体知照。

二、行政院令发诉愿案件送达书类办法，及送达证书式样各一件，仰遵照，并饬属一体遵照。

三、国府文官处真日电告中央最近政情五项：（一）特任刘瑞恒为卫生部长，任胡若愚为卫生部政务次长。（二）内政部政务次长樊象离辞职照准，遗缺以吴铁城继任，又内政部常任次长王朝俊免职，遗缺调外交部常任次长张我华继任，递遗外交部常任次长缺，以王家桢继任。（三）调任南京特别市市长刘纪文为江海关监督，所遗南京特别市市长缺，调司法行政部长魏道明继任，递遗司法行政部部长，着朱履和代理。（四）贵州省政府委员兼民政厅长李仲公，委员兼建设厅长杜忱，委员兼教育厅长叶纪元辞职，均照准，任命黄道彬为贵州省政府委员兼民政厅长。（五）公布现任总务员甄别审查条例施行细则。

四、国府文官处函知，关于贵府呈准中山县训政实施委员会函请设立县兵五大队，经决议照准在案，至所需枪械，请转陆海空军总司令部如数拨发一案，奉谕缓办等因，请查照。

五、农矿部咨送种牡畜检查规则，附书式及表，请查照饬属一体遵照。

讨论事项

一、汕头市长呈缴西堤马路计划图，请核准将马路宽度查照方前任规定，连骑楼在内定为宽度八十尺，并免加辟横贯坦地中间之二十尺通路，以恤民艰案。

（议决）西堤马路，准改宽度为八十尺，惟二十尺之横路，必须照图开筑。

二、开平县长呈为楼沙公路更改路线一案，拟请派员勘查确定，以息纷争案。

（议决）令建设厅再派委员前往查勘。

三、中山纪念堂纪念碑建筑管委会函请迅令广州市公安局早日布告照案执行收购第三期民房，免碍施工案。

（议决）照办。

广东省政府第五届委员会
第七十三次议事录

四月二十五日　星期五

出席者　陈铭枢　范其务　林翼中　邓彦华　孙希文　许崇清
　　　　　林云陔
列席者　罗文庄
主　席　陈铭枢
纪　录　孙希文

报告事项

一、行政院令，据财政、工商两部会呈，请通令全国遵照中央裁厘，明令不得任意增设税捐等情，经议决照部议通饬，仰即遵照嗣后不得再行增设苛捐杂税，其以前设有类似厘金税捐，在裁厘未实行前，应如何限制取销另筹抵补，由各主管官厅详查拟办，呈转核备。

二、国府文官处巧日电告中央最近政情二项：（一）任命陈廷纲、刘民杰为贵州省政府委员，并任命陈廷纲兼教育厅长，窦居仁兼建设厅长。（二）任命吴凯声为国际联合会全权代表办事处处长，兼驻瑞士代办。

三、行政院令，奉国府令饬申禁遏籴，仰即通饬所属一体遵办。

讨论事项

一、邓委员报告，奉交审查财政厅呈转广东省税制整委会拟订广东省经征官甄任等各章则，兹经审查完竣，合将管见所及，分别报告，请核应否交回该会再议之处，敬候公决案。

（议决）交回财厅税制委员会照审查意见各点详细复议。

二、建设厅长提议，现据水产试验场呈报准备接收定造手缲网鱼船添配人员及扩充渔捞制造养殖等部增加预算各缘由，查所列预算经费，确为事实上所必需，似可准予追加，谨将该场前定及现定预算表各一份，付请公决案。

（议决）照准。

三、建设厅呈复奉交修正公路规程第三十九条后呈送复议一案，经饬由技正陈国机详复，连同修正条文图说各一纸，请核指遵案。

（议决）照厅修正条文通过。

四、建厅呈拟将公路规程第七条及第十一条分别补充增加缘由，请核指遵案。

（议决）如厅议修正。

五、建设厅提议，拟请饬库拨助完成增龙番从花从等路经费缘由，检同筹备完成增龙等路会议录，敬候公决案。

（议决）从五月份起分八个月照拨。

六、建设厅提议，筹设生丝检查所，实行检验粤省出口生丝，保证其对外信用，以挽救丝业失败案。

（议决）通过照办。

七、本府顾问黄强函报，现择定河南士敏土厂为省政府保安队筹备处址，处内月支经费计需毫洋二千九百零九元，检同编制表请核议施行案。

（议决）照办。

八、陆军大学校粤籍学员李安定等呈请令行财政厅按月每人每月津贴一百元案。

（议决）令财政厅俟该生等毕业时各给一次考察费二百元，所请每月津贴不准。

广东省政府第五届委员会
第七十四次议事录

四月二十九日　星期二

出席者　陈铭枢　范其务　林翼中　邓彦华　许崇清　孙希文
列席者　罗文庄
主　席　陈铭枢
纪　录　孙希文

报告事项

一、建设厅呈报在征存钨矿捐项下移支过八千三百余元，开列清单，请核备案。

二、财政厅长呈报，拟订广东全省沙田改征地税先从宝安试办，同时并豁免钱粮护沙各费缘由，连同审定宝安局属沙田地价每年应行实征底册，暨广东省沙田改征地税试办章程，请核备案，公布施行。

三、广东中央银行呈报遵令裁汰冗员樽节经费情形，连同原日及现改广东中央银行章程条文统系表等，缴请察核指遵。

讨论事项

一、广东财政厅长、广州特别市长、高等法院院长会呈，关于李×等与李××等讼争龙边村×××山场一案，业由该案主席邀同各委员开会审查完竣，连同本案卷宗并议决书等缴请鉴核指遵案。

（议决）照议。

二、教育、财政厅会呈奉饬审核省立工专学校呈请增加临时整理费一案，兹经会同核明，请核指遵案。

（议决）第一项编印讲义费自四月份起照支，第六七八项自五月份起支，余照厅议。

三、建设厅呈请在钨矿捐收入项下提拨五厘以为津贴征收查验人员及印刷征收用品之需案。

（议决）照准。

四、建设厅呈，据农业试验区呈请加拨兴办冼村水利经费不敷数六千三百二十二元五角等情，可否准在省库核发或再由筹赈委员会拨用之处，连同原缴地图估价单，请核指遵案。

（议决）准由赈务委员会支拨。

五、广东省赈务会呈，准公安局函，关于扣捐薪俸抚恤战地灾民一案，拟援照军事机关免予扣捐等由，职会未敢擅，拟请核指遵案。

（议决）准予免扣。

六、远东运动会会长王正廷养电，请协助运动会费一万元案。

（议决）令财厅即汇毫洋万元。

七、广东省赈务会呈报，近日市上米价暴涨，居民恐慌，职会为维持民食起见，经召集特别会议，议决平粜办法五项，谨将各案胪陈，请核指遵案。

（议决）准。

八、民政厅长提议，现据第十区巡察报告前赴海陆丰两县巡察，目击该地所遭共乱，及查明该两县等剿匪先后经过情形，拟请分别奖励抚恤，当否，敬候公决案。

（议决）（一）陆丰县长唐健，海丰剿匪主任钟秀南，蔡绅腾辉，剿匪异常得力，均传令嘉奖。（二）伤亡官兵令民、财两厅会核抚恤。（三）咨总指挥部迅发海陆两县子弹各二万发。（四）防军剿匪得力，咨总部核奖。（五）海陆丰两县各增发平粜米二千包。

广东省政府第五届委员会
第七十五次议事录

五月二日　星期五

出席者　陈铭枢　范其务　林翼中　邓彦华　林云陔　许崇清
　　　　孙希文

列席者　罗文庄

主　席　陈铭枢

纪　录　孙希文

报告事项

一、行政院令，奉国府令饬废止前广州政治分会所颁铁路员工服务条例等因，仰遵照，并饬属知照。

二、行政院令发现任公务员甄别审查条例施行细则附表及说明书各一份，仰知照，并饬属一体知照。

三、行政院令抄发建设委员会呈统一水利行政以一事权而利进行案一份，仰遵照办理。

四、财政部咨请切实查禁普通商店及未经呈请核准之银行兼营储蓄。

五、广东财政特派员兼财政厅长呈，拟将存余军需库券自本年四月份国省库应支经费除各学校一律免搭外，其省内外各机关，照案继续搭发二成，各县市不论由十八年十二月或本年一月份起，照案扣足库券五个月，照月额二成解库搭发，其依照派额领销各券，应照领额如数将款解库，如未领券者，仍应迅速缴款领券推销，至所领各券，如不能依额销清，所余应于五个月后各月继续搭发，至销清为止，不准将未销各券缴还至碍结束，请核备案。

六、财政厅呈复，遵令拟议筹还美国五金公司借款办法，请核准函复美领转饬知照。

七、财政厅呈报，关于黄委员居素提议，拟依照中山训委会请将护沙自卫事宜，交回地方自办，拟具办法四项，经钧会议决照准饬遵一案，遵经即与中山县长商定交接详细办法八条，请察核。

讨论事项

一、财政厅呈具职厅主任秘书暨秘书科长各员名单履历，请核准先行分别任命，以资办公案。

（议决）照任命，俟各机关汇报，再行分别呈荐。

二、建设厅长提议，将森林局改组为农林局，并拟追加经费，设附属机关，实行改良全省农业案。

（议决）照修正通过，从七月起实行。

三、建设厅呈复，饬据曲江县长查明北区平民工艺厂情形，应否准予规复，由职厅派员前往切实整理，广招艺徒，分类实习，该厂经费由财厅按月核拨，抑应如何办理之处，请核示遵案。

（议决）缓予规复。

四、广州特别市党部执委会函，为计划筹办直辖党报一所，以增厚党的宣传力量，检送筹办党报第□期计划大纲，请查照于创办之初三个月，按月补助五百元，俾成美举案。

（议决）令财厅照拨。

五、广东省政府保安队筹备处主任黄强呈，据干部教导队主任呈报开办预算案，共计毫洋五万五千元，又每月经常预算案毫洋二万六千八百六十六元一毫，请查核等情，查所列各费，尚属实在，检同各预算案一册，请核议施行案。

（议决）令财厅照拨。

六、民政厅长提议，本所主任秘书林式增奉调钧府参议，所有主任秘书职务，拟请委秘书陈仲伟代理，递遗秘书职务，拟请调科长黎时雍代理，递遗科长职务，请委李干军代理，请公决案。

（议决）照准。

七、本府委员兼秘书长提议，本府秘书处第三科科长云××奉令撤职，遗缺拟请以该科股长陆微庐升充，请俯准任命案。

（议决）照准。

广东省政府第五届委员会
第七十六次议事录

五月六日　星期二

出席者　陈铭枢　范其务　林冀中　邓彦华　林云陔　许崇清
　　　　　孙希文

列席者　罗文庄

主　席　陈铭枢

纪　录　孙希文

报告事项

一、国府文官处有日电告中央最近政情三项：（一）江西省政府委员刘芦隐呈请辞职，照准。（二）任命杨振声为国立青岛大学校长。（三）派朱懋政、吴凯声为出席十四次国际劳工大会代表。

二、建设厅呈缴广东全省公路乘车免费半费暂行章程，请核施行。转函第八路总指挥部转饬各军事机关查照。

三、财政厅呈为提倡国货维持工业起见，拟于本年六月一日起将省城纽扣行及省佛纸把行台费实行取销。

讨论事项

一、广东财政厅长、广州特别市长、高等法院院长会呈，关于陈××与×××堂因争承潮安县××寺后池塘，不服广东财政厅变更处分上诉一案，业由该案主席，邀同各委员审查完竣，连同本案卷宗，并议决书，缴请鉴核指遵案。

（议决）照议。

二、广东省赈务会呈请将财厅是次所提交之十九万元款项，拨入前存赈款项下抵数，以后所收薪捐牌照捐等项，仍拟照原案统归职会汇收，以裕赈款而备急需案。

（议决）照准。

三、建设厅长提议，现据广东全省改良蚕丝局呈，分别造具十九度大小预算书，及职员俸给表两种各一份，增加预算说明书，及奖励办法各一份，请核转前来，究应准予采用何种办法，敬候公决案。

（议决）准照较小之预算编入十九年度预算案，其奖励办法，照修正案办理。

四、民政厅呈议，饬据汕头市长查明郭黎氏状请发还被封变铺一案情形，所请照案驳斥以维原案之处，应否照准，请核指遵案。

（议决）维持原案，郭黎氏状请驳斥。

五、遵〔农〕矿部江电请将广州农产物检查所兼办病虫害检验案重提会议，撤销缓办原议，俾利进行案。

（议决）撤销前议决案，令建设厅派员参加，以便随时协助，令知该所，并电农矿部。

广东省政府第五届委员会
第七十七次议事录

五月九日　星期五

出席者　许崇清　范其务　金曾澄　邓彦华　林翼中　孙希文
　　　　　林云陔

列席者　罗文庄

主　席　许崇清（代）

纪　录　孙希文

报告事项

一、国府文官处文日电告中央最近政情三项：（一）公布商标法及海军测量标①条例。（二）令行政院征集各部及京沪苏浙皖各方工商意见，对于国民失业问题请求救济。（三）任命吴敬恒、李石曾、刘纪文为首都建设委员会委员。

二、财政部咨复，关于本府前据大埔八属嘉属各会馆代表请蠲免治

———————————

①　疑漏字。

河盐捐附加，饬据转〔韩〕江治河处呈称，筹款困难，请将桥下附加盐捐先行停收，桥上附加盐捐俟期满时停收，至就地另筹他款一节，现在既难办理，似应俟桥上盐捐期满停止时再行照办，经第二十七次议决照议办理一案，现奉国府令，应予一律照案征收两年等因，请查照。

三、建设厅呈缴创办广东酒精工厂计划书大要，及奖励人民投资简章，请核备案示遵。

讨论事项

一、教育厅呈，据省立图书馆呈，为职馆向未建筑围墙，现因旧法领事馆后段改为动植公园，经将西便围墙拆卸，为管理周密起见，拟在图书馆地址内建筑围墙，工程费二千一百六十三元，请核转等情，查核所陈各节，亦尚核实，似应照准，连同原预算书及估价单，缴请核行财厅拨给案。

（议决）发还教育厅修正再呈会。

（议决）照前政治分会议决案办理等情，连同原缴预算书转请核行财厅照拨案。①

（议决）预算书照修正通过。②

四、民政厅提议，廉江县长黄铿调省，遗缺拟请以潘绍棪复任，请公决案。

（议决）照准。

广东省政府第五届委员会
第七十八次议事录

五月十三日　星期二

出席者　陈铭枢　邓彦华　金曾澄　林翼中　林云陔　许崇清

---

① 原文缺第二项正文。

② 原文缺第三项正文。经查，原文为"教育厅呈，据全省体育协进会呈，请拨助出发远东运动员旅费"。

孙希文

列席者 罗文庄

主　席 陈铭枢

纪　录 孙希文

报告事项

一、行政院令，制定军法官及军人监狱职员任用标准，军人监狱看守士兵录用标准公布之，抄发原条文，仰知照，并饬属一体知照。

二、行政院令，转据南京市总商会呈，请撤销皖省帆运米捐局，及各省市自由增加附捐额超过半数，并新设卡巡一案，抄发原件，仰遵照前令办理。

三、卫生部咨送管理成药规则，请查照转饬所属遵理〔照〕办理。

四、禁烟委员会咨送检查舟车飞机私运鸦片办法，请查照饬属遵照。

五、财政厅呈复，奉饬拨汇全国运动大会经费一万元一案，查前准该会分电到厅，请将捐款迅予拨汇，当以现在军需紧急，此项捐款，实无余款可拨电复在案，合将先经电复情形，请察核。

六、财政厅呈报北海地名券业经停止兑现，所有钦廉属向各机关自愿改收银毫，惟该属税款，前经通令准以北海地名券缴纳，现如改征毫银，自应酌定期限，以示限制，凡在五月十五日以前将应缴税款解省者，仍准以北海地名券缴纳，自五月十六日起一律改征银毫，以符定案，除分令遵照外，请核备案。

讨论事项

一、建设厅呈请转请国府拨发英国退还庚款一部，指定与〔兴〕办吾粤翁江水力电厂缘由，抄录计划书经费概算表及收支预算表，请核转施行案。

（议决）先电呈国府报告计划，请求准拨款项；再由本省派员测量编制详细计划预算，呈请批准。

二、财政厅呈复，奉饬查议海口分行被逆军劫掠行款一案，查该行被劫去行款数目若干，职厅未据报有案，无凭查核，惟该行系省立银行性质，被劫各款，自应划入该行损失账内，呈报钧府核销，未便归政府账内承销，藉清界限，当否，请核指遵案。

（议决）照议办理。

三、（略）

四、财政厅呈报，十九年度预算行将编竣，请先行派定审查委员，俟职厅提出即行审核，以期迅捷案。

（议决）派金委员、邓委员、林委员翼中、罗院长会同范厅长审查。

五、民政厅提议，梅菉市政局长吴梓储调省，遗缺拟请以陈翰华试署；新委阳山县长陈景博调省，另候任用，遗缺拟请以胡检修试署；万宁县长吴圣泉调省，遗缺拟请以昌江县长周思兼调署；递遗昌江县缺，拟请以洪星南试署，请公决以案。

（议决）照准。

六、主席提议派邓彦华、林云陔、林直勉、胡毅、杨锡中、林克明、冯钢伯为修筑黄花岗委员会委员，指定林直勉召集会议，请公决案。

（议决）通过。

广东省政府第五届委员会
第七十九次议事录

五月十六日　星期五

出席者　陈铭枢　金曾澄　邓彦华　林翼中　林云陔　许崇清
　　　　孙希文
列席者　罗文庄
主　席　陈铭枢
纪　录　孙希文

报告事项

一、行政院令知，该省政府对于电话事业，统由交通部办理，议决关于权限问题，呈请核示一案，已令行交通部核议具复，仰候复到再行饬遵。

二、国府文官处佳日电告中央最近政情三项：（一）开辟唐家环〔湾〕为无税口岸，定名如〔为〕中山港。（二）任命熊式辉为江浙皖三省剿匪总指挥。（三）公布航空学校条例。

三、财政厅呈报，前设国库结束未完专账，现在已无此项收支数目，应即取销，停止入账，请察核备案。

讨论事项

一、建设厅呈拟修订各县公路局组织规程，及各县筑路委员会组织规程，请核备案案。

（议决）照修正通过。

二、工商部咨，据本部广州商品检验局长呈报筹划牲畜正划产品及生丝两项检验情形，业已令准如拟办理，请查照饬令关系各厅局遵照，俾利进行案。

（议决）生丝检查所已由本省筹设，咨部请饬该检验局不另检查生丝。

三、仲恺农工学校呈请添拨冷藏库建设费一千八百三十一元零九仙，以充缴纳机械材料入口关税案。

（议决）仍由该校自行筹垫，以省手续。

四、略。

五、教育厅长提议，查收回东较场建筑广东公共运动场，前经财、教两厅派员组织委员会办理，并经该会各委员会勘完竣，将收回地段以红线作界，绘制图案，兹按照该地段范围，分配各项运动应用场所，绘具草图，并拟定进行办法数则，请公决案。

（议决）照办。

广东省政府第五届委员会
第八十次议事录

五月二十〈一〉日　星期二

出席者　陈铭枢　金曾澄　林云陔　黄居素　孙希文　范其务
　　　　　林翼中　许崇清

列席者　罗文庄

主　席　陈铭枢

纪　录　孙希文

报告事项

一、内政部咨，奉行政院令，准司法院咨，据最高法院解答内地外国教会租用土地房屋暂行章程第六条承租权疑义一案，饬转行知照等因，请查照。

二、广东省政府保安队筹备处呈缴该处组织大纲，暨办事细则，请鉴核示遵。

三、振①务委员会函送修正各省振务会组织章程一份，请查照。

讨论事项

一、河南石涌口厂东街坊众代表陶国祥等联呈，为全街店户惨被仲恺农工学校恃势强迫迁拆，贫民无地安身，恳秉公处理，饬下教育厅毋再祖护，免酿巨祸案。

（议决）交民厅、教厅查核办理再呈报候决；在办法未定前，由教厅饬农工学校暂缓勒迁。

二、民政厅长提议，新委昌江县长洪星南，拟请调任万宁县；新委万宁县长周思兼，拟请着仍留昌江县原任，请公决案。

（议决）照办。

---

① 原文如此。

广东省政府第五届委员会
第八十一次议事录

五月二十三日　星期五

出席者　许崇清　范其务　金曾澄　邓彦华　林翼中　黄居素
　　　　林云陔　孙希文

列席者　罗文庄

主　席　许崇清（代）

纪　录　孙希文

报告事项

一、行政院令，奉国府明令废止奖励工业品暂行条例等因，仰知照，并饬属一体知照。

二、禁烟委员会咨送医院兼理戒烟事宜简则，暨市县立戒烟所章程，请查照办理，并饬属遵照。

三、禁烟委员会咨送禁烟纪念日纪念办法一份，请查照转饬遵照届期举行。

四、国府文官处铣日电告中央最近政情二项：（一）惩治盗匪暂行条例施行期间自十九年五月十八日起再延长六个月。（二）公布市组织法。

讨论事项

一、财政厅呈，奉部令，省党部经费由十八年度起，改由职厅支付，前由财政特派员公署发过若干，并饬拨还归垫等因，应否照办，至该项经费原案，系以大洋支付，现如改由省库拨支，应否照核定额数以毫洋支付，抑照大洋伸合毫洋支付之处，请核指遵案。

（议决）财政特派员署已支付若干，应行拨还；现由该厅支付，应照核定额以毫洋支付。

二、广东总工会执委会呈请准予令行财政厅照案按月补助经费六百元以维工运案。

134

（议决）不准。

三、广东省保安队筹备处主任黄强呈送保安队一大队薪饷公费及开办服装费预算表，请核示遵案。

（议决）交邓、范两厅长审查。

四、建设厅提议，查广番花公路奉准兴筑原案，系由前筹赈处拨款十万元以为补助该路建筑桥涵工程，去年因张桂逆军联同犯粤，职厅奉令限十五日内赶速完成该路，总计全路工程共用去毫银一十一万一千二百五十八元一毫九仙，收支比较不敷一万余元，业由职厅设法先行垫支，呈报有案，此款应如何由省库拨给归垫之处，请公决案。

（议决）交财政厅照拨。

广东省政府第五届委员会
第八十二次议事录
五月二十七日　星期二

出席者　范其务　许崇清　金曾澄　林翼中　邓彦华　孙希文
列席者　罗文庄
主　席　许崇清（代）
纪　录　孙希文

报告事项

一、行政院令，奉国府明令，公报海军测量标条例，抄发原条文，仰知照，并饬属一体知照。

二、行政院令，奉国府明令公布商标法，抄发原条文，仰知照，并饬属一体知照。

三、财政厅、民政厅、高等法院会呈，拟具清理田土经界诉讼简易暂行办法，请核转。

四、六八路陆海空军讨桂凯旋，参加北伐，本府特赠犒劳费每师毫银一万元，已令财政厅照拨。

五、国府文官处敬日电中央最近政情二项：（一）令行政院督同赈灾委员会妥筹此次归德战役受灾地方恤偿损失办法，切实办理。

（二）公布矿业法，西【医】条例，宣誓条例，及浙江省杭州市自来水公债条例，暨还本付息表。

讨论事项

一、建设厅呈请拨款建筑独洲濠滘容奇等处灯塔水表，及将蛇涌口外海观音闸等处各障碍拆卸，以利航行案。

（议决）照通过。

二、教育厅呈，据省立图书馆呈，为职馆向未建筑围墙，现因旧法领事馆后段改为动植物公园，经将两便围墙拆卸，为管理周密起见，拟在图书馆地址内建管筑墙，工程费二千一百九十八元，请核转等情，查核所陈各节，亦尚核实，似应照准，连同预算书及将价单图式等，缴请核行财厅拨给案。

（议决）交财厅照拨。

广东省政府第五届委员会
第八十三次议事录

五月三十日　星期五

出席者　　陈铭枢　范其务　金曾澄　邓彦华　林翼中　许崇清
　　　　　　孙希文　林云陔

列席者　　罗文庄

主　席　　陈铭枢

纪　录　　孙希文

报告事项

一、外交部函知，本部经呈准添设驻芝加哥总领事馆，印度清津望加锡等处领事馆，纽连米市加利等处副领事馆，并遴派馆员，以资办理，请查照。

二、农矿部咨复，准江电敬悉，贵府议决撤销前议决缓办广东农产物检查所兼办病虫害检验一案，令建设厅派员参加，仰见维持农政之盛意，除令该所知照外请查照。

三、广州特别市政府函送公立孤儿教育院现在办理概况表册、新计划意见书、组织大纲、董事会章程、系统表、预算表等各一份，请查收备核。

四、民政厅呈，据汕头市长呈报修正中医士考试暂行规则等情，查核所缴规则修正各点，尚无不合，连同原规则一份，转呈察核备案。

五、行政院勘电，据工商部提案，请明令粤省将生丝检查所移交本部广州商品检验局并办等情，经本院七一次会议公同讨论，金谓部省设立局所，同为国际贸易信用，保护国内工商利益起见，旨趣原无二致，行政事权，首贵统一，重复分歧，有损国信，省设机关应并入部设机关办理，以维通案，并经议决说明理由，电令广东省政府照办在案，除饬秘书处录案转函工商部外，希即转饬遵照。

讨论事项

一、派赴欧美考查新式土敏土厂并附带考查改良农业任务专员黄元彬函陈考查中欧北欧诸国大概情形，并请提会追加预算港币三千五百元，俾赴南美亲视重农诸国之规模，以为改良吾国农业及发展粗工业之借镜案。

（议决）照准。

二、建设厅呈复，奉令核明琼州农林试验场呈拟增加开办费建筑物品价单表等，经发交森林局审核分别签注，尚属妥协，似可照办，连同原表，请核行财政厅查照，并饬该场长遵照案。

（议决）照准。

三、建设厅长提议，查韶坪公路乐九段基路面涵洞护墙，亟待修理，前经省府核准月拨一万元，共八个月，除领得四个月外，尚有四个月未拨，而奉准将粤汉路应拨之一万元由省府拨发，亦未蒙发给，该路关系军行，修筑又不容缓，谨拟具意见书，连同工程预算表提出，请由省库依期将款拨足，俾限期修竣，用利军行案。

（议决）限期一年修竣，建筑费按月分摊。

广东省政府第五届委员会
第八十四次议事录

六月三日　星期二

出席者　陈铭枢　范其务　金曾澄　邓彦华　孙希文　许崇清
列席者　罗文庄
主　席　陈铭枢
纪　录　孙希文
报告事项

一、行政院令，公布办理赈务人员奖恤章程，抄发原条文，仰知照，并饬属一体知照。

二、行政院令，奉国府修正国民政府军用运输护照规则，抄发原条文，仰知照，并饬属一体知照。

三、军政部函送军政部营房保管章程一份，请查照饬属一体知照。

四、财政厅呈报，为整理外属官产垦荒护坟起见，凡顺德台山新会开平两阳清远廉江等县垦荒官产专员，限自本月底一律裁撤，并同时废止专员会县办理垦荒官产简章，自六月一日起，垦荒官产即由县政府按月照向办例章呈厅核准收款，由厅给发照证，至护坟一项，在未颁新章以前，暂行停止，原订官有山垴保护坟场简章，亦同时作废，请核备案。

讨论事项

一、（略）

二、建设厅呈拟修正广东省钨矿捐缉私充赏办法，请核指遵案。

（议决）修正通过施行。

三、（略）

四、广东省党部执委会函复，关于敝会经费，请查照中央规定加二五大洋补水拨给，饬行财厅照拨案。

（议决）照大洋支付。

五、广东省党部执委会函，据暹罗总支部整委会常委吴士超同志到会陈述意见：（一）请在汕头筹设暹侨党义师范学校，由省府令汕市府拨一公地为校址，开办费及基金向华侨筹捐，常年费则省库及汕市府酌加补助。（二）请于汕头厦门海口各该地方分设海外同志招待所等语，经敝会议决，咨省政府办理在案，请查照办理见复案。

（议决）（第一项）华侨子弟来学，各学校均可按照程度收容，不必另设专校。（第二项）缓办。

六、民政厅长提议，巡察林猷钊奉委始兴县长，所遗巡察缺，拟请委吴钦禅充任案。

（议决）照准。

七、民政厅长提议，文昌县长文尚绸辞职，照准，遗缺拟请委李鼎试署案。

（议决）照准。

八、教育厅长提议，拟具广东省建筑公共运动委员会组织大纲草案提出，请公决案。

（议决）照行。

九、委员邓彦华、金曾澄提议，关于修正广东侨务会改为华侨招待所组织大纲一案，现委员等会同审查，将原案各条文之与中央侨务委员会职权稍有抵触者，酌量修正提出，请公决案。

（议决）缓议。

广东省政府第五届委员会
第八十五次议事录

六月六日 星期五

出席者 许崇清　范其务　金曾澄　邓彦华　孙希文
列席者 罗文庄
主　席 许崇清（代）
纪　录 孙希文

报告事项

一、禁烟委员会咨送禁烟考绩条例公务员调验规则，及禁烟法施行规则各一份，请查照饬属一体遵照。

二、建设厅呈复，奉发修正各县公路局暨建筑公路委员会粗〔组〕织规程，尚有讹误，请分别修正发还，以便通饬遵办。

三、财政厅呈，为各县支出军事囚粮一款，支付手续纷繁，有亟应改善办法，以求预算之确切，划清国省两库拨垫之缪辖，拟议改善办法八条，列折请核指遵，以便通令各县遵照。

讨论事项

一、民政厅呈复，饬据第八区巡察查明连平县长陈定策呈报禁种烟苗履勘肃清情形，系属敷衍虚饰，拟将该县长记过一次，以示惩戒，当否，请核示遵案。

（议决）记大过一次。

二、建设厅呈复，关于陆沙公路收回官办一案，现据南路公路处呈称，似无收回官办之必要等情，查所称各节，不无理由，应否收归官办，抑如何办理之处，请核指遵案。

（议决）（一）令旧商另择别路。（二）搭公司车由公路处规定较低价格。（三）由旧商自备汽车，照纳牌照费。

三、汕头市长江电呈，为流氓詹天眼此次鼓动罢市，奉令逮捕，拟查照惩治土豪劣绅条例，处以六年徒刑，并褫夺其公权，如何之处，仍候示遵案。

（议决）詹天眼解省交法院办理。

四、汕头市长呈报，职府市政会议议决，电灯付〔附〕加取销，所有市库不足之额，应由本年七月份起，加收房捐百分之三，以资弥补，请核指遵案。

（议决）令各市造报年度收入支出计算书，并按月造报收入支出预决书，汕头市电灯付〔附〕加取销后，应否加征房捐，俟年度收支计算呈报后再核。

五、民政厅长提议，合浦县长宁可风调省，遗缺拟请以普宁县长廖国器调署，递遗普宁县缺，拟请以王敬试署，请公决案。

（议决）照委。

广东省政府第五届委员会
第八十六次议事录

六月十日　星期二

出席者　陈铭枢　范其务　金曾澄　邓彦华　许崇清　孙希文　林云陔

列席者　罗文庄

主　席　陈铭枢

纪　录　孙希文

报告事项

一、行政院令，奉国府明令公布市组织法，抄发原条文，仰知照，并饬属一体知照。

二、行政院令，奉国府令发各县市邮电检查办法八条，饬转各省政府遵照办理等因，抄发原办法，仰遵照，并饬属一体遵照办理。

三、两广盐运使署函送清理旧有场地办法禀请书及说明各一份，又民国三年颁发施行制盐特许条例细则薄券说明书一册，请查照转行琼崖所属各县从速遵照，认真办理，分别报考，并请将此项办理制盐条例成绩列入县政考成，以重功令。

四、财政厅呈，据陈村咸货台费承商呈，请援案撤销等情，查该行年饷大洋二百元，另加五专款，伸合毫洋三百七十五元，为数无多，所请撤销，应否照准，请核指遵。

五、财政厅呈，据佛山纽扣行状请援照省城纽扣行例，将该行厘饷撤销等情，应否照准，请核指遵。

六、财政厅呈，奉令将拨过战地难民抚恤费拨入上年赈款抵数，自应遵办，惟拨建厅之十一万元原案，系由战地难民抚恤款内拨付，似应照案一并拨入抵数，以清款目，当否，请核指遵。

七、财政特派员、财政厅厅长会呈报关于军需库券第一期抽签偿还办法日期及售出号码表，请核备案。

八、国府文官处三十日电告中央最近政情二项：（一）公布工会法施行法，及古物保存法。（二）公布省市县勘界条例，及铁道军运条例。

讨论事项

一、东莞明伦堂沙田局整委会代理委员长陈达材呈，以身兼军职，势难兼顾，恳准辞职，另委贤能接充，或于委员中择一委充，俾会务进行，不致中断案。

（议决）准如所请，委王铎声接代。

二、广东省政府保安队筹备处呈缴教导队政治训练处公费宣传费预算表，请核议施行案。

（议决）连公费准每月二百元。

三、财政厅呈，为广州银号领有商业牌照者计有四百七十七家，其中资本充足正当营业者不过数十家，余皆资本短少，既不能按揭息借汇兑，所藉以为生活，只买空卖空及其他不正当营业，足以扰乱金融，为正本清源计，拟具取缔银号提案，请核议施行案。

（议决）修正通过。

四、本府秘书处呈为撙节经费起见，拟将职处统计处限六月底裁撤，改为统计股，属第三科，连同该股组织大要及预算表，请核指遵案。

（议决）照办。

五、财政厅呈，拟将派驻广州士敏土厂管理员由六月一日起裁撤，嗣后该厂房产，即责令借住之机关负保管责任，当否，请核饬遵案。

（议决）由七月一日起裁撤。

六、民政厅长提议，丰顺县长林先立调省，遗缺拟请委何逎英试署案。

（议决）照准。

七、民政厅长提议，巡察李孝敏着另候任用，遗缺拟请委邓士采充任案。

（议决）照准。

八、金委员提议，现因救济本市米荒起见，拟请省府咨请第八路总指挥部令行梧州军事机关准五百万斤米石陆续出口，交由广州平粜会举办平粜案。

（议决）照办。

广东省政府第五届委员会
第八十七次议事录

六月十三日　星期五

出席者　陈铭枢　范其务　金曾澄　邓彦华　许崇清　孙希文
　　　　　林云陔
列席者　罗文庄
主　席　陈铭枢
纪　录　孙希文

报告事项

一、行政院令，奉国府令，广东法官学校改组为国立广东法科学院，直隶于司法行政部，经费由广东省司法收入项下补助等因，仰遵照办理具报。

二、国府文官处函知，贵府呈据建厅请拨发英庚还款一部兴办翁江水力电厂转请核准一案，奉谕查案交行政院转交建设委员会并案核办等因，请查照。

三、略。

四、广东财政特派员、广东财政厅厅长会呈报库存军券五月份已无存券可搭，所有各机关经费，自应照案由本年五月份起，概以毫银十足支付，至各县市府经费，除照定案搭足五个月，应以二成缴厅换领军券搭发外，其照派额领销券额，如不能销清，则余券仍照前案继续搭发，至搭清为止，不准缴回，并不得援照本案自五月份起以十足毫银支付，请察核指遵。

五、（略）

讨论事项

一、建设厅呈，据水产试验场呈缴修正该场组织大纲及服务规程，大体尚无不合，似可准照办理，请察核备案案。

（议决）通过。

二、（略）

三、汕头市长呈，遵令覆测培基堂庆承堂等坦地情形，连同详细图说，缴请迅予核定办法，以结悬案案。

（议决）交财政、建设两厅审查。

四、（略）

五、民政厅长提议，潮阳县长黄宗宪调省，遗缺拟请委吴钦禅试署，请公决案。

（议决）照准。

广东省政府第五届委员会
第八十八次议事录

六月十七日　星期二

出席者　陈铭枢　范其务　金曾澄　邓彦华　许崇清　黄居素
　　　　孙希文　林云陔
列席者　罗文庄
主　席　陈铭枢
纪　录　孙希文

报告事项

一、国府文官处鱼日电告中央最近政情三项：（一）公布修正行政院组织法第一第五第七第八各条。（二）公布修正农矿部组织法。(三)公布民国十九年浙江省赈灾公债条例暨还本付息表。

二、财政特署财厅会呈，为变更发给军需库券利息，以五个月为期，请察核备案。

三、内政部咨，为嗣后各省制定县政府所属各局组织规程应遵照行政院指令各节，分别拟订，请饬属知照。部原呈及院指令附呈。

四、行政院令发西医条例，仰饬属知照。

144

五、财政特派员公署财政厅会呈，为变更抽选军需库券号码末尾二字办法，会呈察核备案。

讨论事项

一、广东财政厅长、广州特别市长、高等法院院长会呈，开〔关〕于黄××与黄××等争承山坦一案，业由该案主席邀同各委员开会审查完竣，连同本案卷宗并议决书，缴请鉴核指遵案。

（议决）照议办理。

二、（略）

三、民政厅呈，据警官学校呈拟暑假领导学生参观县市警政办法，并造具预算，请迅赐核准拨款，俾得准备巡行等情，转呈核示案。

（议决）照准。

广东省政府第五届委员会
第八十九次议事录

六月二十日　星期五

出席者　陈铭枢　范其务　金曾澄　邓彦华　许崇清　林云陔
　　　　　孙希文

列席者　罗文庄

主　席　陈铭枢

纪　录　孙希文

报告事项

一、财政特派员兼财政厅长呈，为据广州银业公会请核示还款日期等情，准七月十五日发还多搭公债本息，以军券支付，并酌改办法，请核备案。

二、行政院令，为奉国府令，明令公布浙江省杭州市自来水公债条例，训令知照，饬属知照由。

三、行政院令发矿业法，仰饬属知照。

讨论事项

一、建设厅呈，为拟就奖励沿海航业及奖励公海渔船暂行规程草案各一扣，请核示遵案。

（议决）照行。

二、教育厅呈，据省立第五师范学校请补助经费，转请核示案。

（议决）准由省库补助。

三、建设厅呈为可否由厅拟订一等测候所组织预算，并咨第八路总部拨款开办，请核令遵案。

（议决）咨总指挥部办理。

四、建设厅提议，请拨给二千元与南华模范林场，以为建筑该处办事处之用案。

（议决）照准。

五、建设厅提议，请拨给旅费转发留学美国伊诺大学农科硕士林崇真参加英京伦敦剑侨植物大会案。

（议决）照准。

六、建设厅提议，请追加广增公路增城段内工程预算，连同尚未拨足之款，一并拨给，请公决案。

（议决）照准。

七、民政厅提议，澄迈县长李应南拟调省，遗缺请以邱泽试署，请公决案。

（议决）照准。

八、许委员、金委员提议整顿财政厅印刷局办法，及扩充营业范围计划，拟请仍发交财厅妥拟呈核案。

（议决）如拟办理。

九、教育厅长提议，聘任许崇清、陈国机、陈策、范其务、丘纪祥、邓彦华、郭颂棠、金曾澄、林云陔为建筑公共运动场委员会委员案。

（议决）照准。

广东省政府第五届委员会
第九十次议事录

六月二十四日　星期二

出席者　陈铭枢　范其务　金曾澄　邓彦华　许崇清　孙希文
列席者　罗文庄
主　席　陈铭枢
纪　录　孙希文

报告事项

一、财政厅呈缴该厅清丈田亩技术员养成所全期教育总计划表，学术科时间分配表，请察核备案。

二、财政厅呈报，关于军需库券抽签还本应需各费，拟援照公债历次开奖成案办理，由厅饬库按月临时动支抽签经费五百元，实报实销，请核准备案。

三、军政部咨知，奉国府核准，本部拟定伤亡官兵抚恤金统筹及划拨办法，抄附原呈，请查照转饬所属一体知照。

讨论事项

一、审查预算委员金曾澄等会呈复审查十九年度预算情形，连同原发预算书分册审查意见书会议录等件，缴请核定施行案。

（议决）通过。

二、民政厅提议，海康县长姚之荣奉委第八路总指挥部行营咨议，遗缺拟请以李晖南试署案。

（议决）照准。

三、民政厅提议，巡察吴钦禅奉委潮阳县长，遗缺拟请以彭绍纲充任，又巡察麦韶着另候任用，遗缺拟请以陈观海充任案。

（议决）照准。

广东省政府第五届委员会
第九十一次议事录

六月二十七日　星期五

出席者　陈铭枢　范其务　孙希文　邓彦华　许崇清　金曾澄
　　　　林云陔　黄居素
列席者　罗文庄
主　席　陈铭枢
纪　录　孙希文

报告事项

一、国府文官处元日电告中央最近政情二项：（一）核定民事调解法施行规则，并规定民国二十年一月一日为民事调解法施行日期。（二）核定长途汽车条例。又哿电告政情三项：（一）明令褒恤广西省政府吕故主席焕炎。（二）青岛特别市市长葛敬思辞职照准，遗缺以胡若愚继任。（三）卢××撤职剿办。

二、行政院令，奉国府明令公布古物保存法，抄发该法，仰知照，并饬属一体知照。

三、行政院令，奉国府明令公布铁道军运条例，抄发该条例，仰知照，并饬属一体知照。

四、禁烟委员会咨知，依照禁烟法施行规则第十六条，凡烟民自首情愿入院戒除，或戒绝在发觉前者，均得免予惩处之规定，经本会议决，咨请各省政府及特别市政府布告周知，请照查办理饬属遵照。

五、建设厅函复将修正广东航政暂行章程草案签注各条，另单详为解释，请照查核办。

讨论事项

一、民政厅呈，据封川县呈送该县第三区校董会议拟具办理查封匪产规条，至从前各区善后公署及各机关所定关于查封匪产之章制则例，此后应否废止，抑仍然适用，请核示等情，转请察核指遵案。

148

（议决）由民政厅另订章则，统一施行，其从前各区所订章则，一律废止。

二、财政厅呈，准税制委员会函送财部征收考成条例广东经征官委用章程修正案，转请察核指遵案。

（议决）照修正案通过。

三、建设厅呈复遵令传保讯究中山长途电话领照纠纷一案情形，此案应否由李荫庭即李森领照承办，抑如该县所请，将原案注销，另拟办法，或应如何办理之处，请核指遵案。

（议决）承案撤销，由建设厅另拟办法。

四、民政厅长提议，饶平县长陈蓼楚辞职，拟照准，遗缺拟请委陈冬青试署；博罗县长朱晋经调省，遗缺拟请委郎丙文试署案。

（议决）照准。

广东省政府第五届委员会
第九十二次议事录

七月一日　星期二

出席者　陈铭枢　范其务　金曾澄　邓彦华　林翼中　许崇清　孙希文

列席者　罗文庄

主　席　陈铭枢

纪　录　孙希文

报告事项

一、行政院令，奉国府令，关于首都建设委员会呈请通令首都各机关，凡征收土地，对于民地，应依照土地征收法规定程序办理，对于官地，亦应照给地价，移充首都建设经费一案，经国务会议决议照办在案，仰遵照，并饬属一体遵照。

二、行政院令，奉国府明令公布民国十九年浙江省赈灾公债条例等因，抄发该条例及附表，仰知照，并饬属一体知照。

三、行政院令，据建设委员会呈请通饬各省市政府，嗣后关于征收民营电厂各项税捐事宜，须先呈经钧院核准备案，以示限制等情，核与本院三六次会议民营公用事业请求保障案内第三项相符，仰即遵照，并饬属一体遵照。

四、内政部咨送区乡镇现任自治人员训练章程，请查照转饬遵照。

五、行政院令复，据呈请取销果类入市税一案，饬据财部核复，拟酌予市府展限四个月，限满即行取销，不再展缓等情，经准如所拟办理在案，仰知照。

六、行政院令，奉国府修正农矿部组织法，抄发修正条文，仰知照，并饬属一体知照。

七、审查预算委员会委员金曾澄等呈为各县市党部事少费多，经议决应呈省政府转请中央尽量核减在案，检同各县市党部经费等级表，请核转。

讨论事项

一、建设厅呈，奉部令筹办昆虫局，为节省经费起见，现拟在农林局增设昆虫股，及研究所，计需增加经常费二千零二十六元，临时费一万一千九百三十元，连同该局及附属机关组织预算，并增加经临费比较表，请核指遵案。

（议决）准从建设预备费项下支，俟二十年预算案进加。

二、略。

三、教育厅长提议，拟在本年暑假期，开办暑期学校一所，令省内公私立中等学校选派教职员入校补习各种学科，及实用方法，以期本省中等教育之改进，拟具简章及预算书，提出请公决案。

（议决）准从教育预备费项下支出。

四、民政厅长提议，南雄县长梅翙强辞职，拟照准，遗缺拟请以吴文潼试署案。

（议决）照准。

广东省政府第五届委员会
第九十三次议事录

七月四日　星期五

出席者　陈铭枢　范其务　金曾澄　邓彦华　林翼中　许崇清
　　　　　孙希文　林云陔

列席者　罗文庄

主　席　陈铭枢

纪　录　孙希文

报告事项

一、财政厅呈报，现值大军出发湖南，饷糈万急，库款奇绌，经向商人广信银号商借毫洋一十万元，以未兑现中纸二十五万元为抵押品，订明由十九年八月一日起，每日偿还毫洋二千元情形，请察核备案。又呈报因库存现金不敷用，经再向广信银号商借毫银一十万元，以中纸二十万元为抵押品，请核备案。

讨论事项

一、崖县县长呈，将准备移交盐田经费及呈请核示时雍学校经费拨支办法，并盐课应否并征各缘由，请核指遵案。

（议决）盐田经费即遵案移交，盐课仍由县署征收，县兵及时雍学校款项无着，十九年度准由钱粮项下划拨二千元补助。

二、教育厅呈，据省立第一女子师范学校呈缴改建宿舍图则价单，请准予增加底价等情，连同原缴图则价单转请核行财厅派员会同复勘，重拟底价，招商投承案。

（议决）准先建筑二层，增加建筑费由教育预备费项下开支。

广东省政府第五届委员会
第九十四次议事录

七月八日　星期二

出席者　陈铭枢　范其务　金曾澄　邓彦华　林翼中　许崇清
　　　　黄居素　孙希文

列席者　罗文庄

主　席　陈铭枢

纪　录　孙希文

报告事项

一、财政厅呈，拟将田亩陈报前定办法大纲所定一亩以下田亩收费变通办法（原办法系不及一亩者概以一亩计算，现改拟分两级办理，即田地不及一亩而在半亩以上仍收二毫不及半亩者只收一毫），呈核令准公布施行。

二、财政厅呈缴清丈田亩技术员养成所经临费预算表，请核备案。

三、财政部函知十八年裁兵公债第三次抽签还本日期及付款日期地点。

四、国府文官处电告中央最近政情四项：（一）任命林超南代理广西高等法院院长。（二）公布修正县组织法第六第七第十四第四十三，区自治施行法第十七第十九第二十第二十六第三十八第六十四第六十五，乡镇自治施行法第十四第十七等〔第〕二十一第六十二各条文。（三）明令褒恤已故党员田桐。（四）传令嘉奖讨伐张桂残逆得胜各军。

讨论事项

一、民政厅提议，请于暑假后特准警官学校添招学生一百名，以宏造就案。

（议决）暂不添招。

二、广东省赈务会呈，拟将惠济义仓所有仓田产业，每年缴纳沙捐护沙等费，概行豁免，则对于整理仓务及办理赈务均有裨益，当否乞令

152

遵案。

（议决）照准。

三、范委员其务提议，拟请由省府委任梁若谷兼任韩江护商队长，归省府指挥调遣，经费亦直接拨给，当否，请公决案。

（议决）照准，并饬保安队派员点验枪枝人数，规定编制，再确定经费。

四、民政厅提议，佛冈县长陈聘寰病故，遗缺拟请以考选县长陈达民试署；蕉岭县长陈槎调省，遗缺拟请以南澳县长陈介民调署；递遗南澳县缺，拟请以考选县长罗湘元试署，请公决案。

（议决）照准。

广东省政府第五届委员会
第九十五次议事录

七月十一日　星期五

出席者　陈铭枢　范其务　金曾澄　邓彦华　林翼中　黄居素
　　　　　　许崇清　孙希文
列席者　罗文庄
主　席　陈铭枢
纪　录　孙希文

报告事项

一、国府文官处感日电告中央最近政情二项：（一）公布土地法，票据法施行法，及海军服装条例。（二）规定行政年度，以是年七月一日起至次年六月三十日止，为当年之一个年度。

二、行政院令公布长途汽车公司条例，抄发原条文，仰知照，并饬属一体知照。

三、财政厅呈报前广州西税厂承商王德广存入中行旧账，拟议发还原由，请核明饬遵。

讨论事项

一、财政厅长、特别市长、高等法院院长会呈，关于李××等与陈××等互争山坦一案，业由该案主席邀同各委员审查完竣，连同本案卷宗，并议决书，缴请鉴核指遵案。

（议决）照议。

二、教育厅呈，据省教育会呈缴全省中小学校教育品展览会预算书，列支会费二千元，尚为事实所必需，似应准予照给，转请核行财厅拨给案。

（议决）从教育预备费项下支。

三、民政厅长提议，汕头市长许锡清辞职照准，遗缺拟请以高要县长张纶调署；递遗高要县缺，拟请以广宁县长陈同昶调署；递遗广宁县缺，拟请以林启濂试署案。

（议决）照准。

广东省政府第五届委员会
第九十六次议事录

七月十五日　星期二

出席者　陈铭枢　范其务　金曾澄　邓彦华　林云陔　许崇清
　　　　黄居素　林翼中

列席者　罗文庄

主　席　陈铭枢

纪　录　李立民（代）

报告事项

一、行政院令，奉国府令，将南京上海汉口北平青岛天津广州各特别市政府改定名称为市，所有从前任命各该特别市市长之案，应依照新制订定之市组织法即予取销，另行简任。又奉令开，任命林云陔为广州市市长各等因，仰知照。

二、行政院令，奉国府令，据内政部呈，拟具各市改组办法一案，各该特别市业已明令公布，改定名称为市，并将各市长分别任命在案，至广州市应改隶广东省政府管辖等因，仰知照。

三、民政厅呈报，工会督察员一职，经奉议决裁撤，已饬自本年七月一日起，一律销差，惟各该员等供职日久，办事尚属勤慎，现奉裁撤，拟请在职厅积存项下酌给半月薪俸，以资津贴，可否之处，请核指遵。

四、财政部阳电复，准三十日电请交涉在港九龙界内设分关一案，查此案前经令行总税务司与港督妥商办法，俾中国在港设关征税，及取缔走私，早日实行在案，兹准前因，经即再令该总税务司参酌办理，如仍无结果，当即自行设法防缉，以保税收。

五、中山港开港典礼筹备委员会呈报，中山港开港典礼，因时间迫速，筹备不及，经会议议决改期八月三日举行，请核转国府备案。

讨论事项

一、财政厅长呈，拟发行民国十九年广东省整理金融库券一千五百万元，附具章程，请列议案表决施行案。

（议决）照发行，章程修正通过。

二、民政厅长提议，遂溪县长王英儒调省，遗缺拟请委陈世钦试署案。

（议决）照准。

三、民政厅长提议，连阳化瑶局李成希调省，遗缺拟请以陈骏试署案。

（议决）照准。

广东省政府第五届委员会
第九十七次议事录

七月十八日　星期五

出席者　陈铭枢　范其务　金曾澄　林翼中　林云陔　许崇清
　　　　　邓彦华
列席者　罗文庄
主　席　陈铭枢

纪　录　李立民（代）

报告事项

一、广东财政特派员、财政厅厅长会呈，奉财部指令，军需库券还本取款以八个月为期，未免过促，应照本部各种债券还本办法，改以三年为限等由，请察核备案。

二、财政厅呈，关于职厅垫过第三独立旅兵站费一案，奉钧府令饬呈请财部拨还归垫，兹奉财部令复，经转函总部经理处不允拨还，所有该省垫拨各款，应由该省自行设法办理，所请由部拨款一节，未便照准各等因，请察核备案。

三、广东高等法院呈报遵令筹设反省院情形，请鉴核指遵。

四、中山县训委会函知，黄委员居素提议，建筑县政府行政合署一案，县本会特别会议议决，县政府行政合署建筑费总额定为毫洋五十万元，第一期建筑费定为二十万元，由投变旧署所得产价拨充在案，录案请查照备案。

讨论事项

一、（略）

二、（略）

三、广州中山纪念堂纪念碑建筑管委会函，以敝会建筑工程经费，亟待支付之款甚巨，经常委会议决，函请贵府令行中央银行息借毫银十万元，即日拨送过会，以济需要，请查照办理案。

（议决）准照办理，令财厅尽两月内拨还。

四、建设厅呈，据西村士敏土厂建筑工程处呈请再于厂址附近增加土地五亩余，至收用地价倘有不敷，仍请由意外费及建筑货仓两项拨补，查核尚属实情，应否准予照办之处，请核指遵案。

（议决）照准。

五、财政厅呈报，各县垫解钱粮拨交中行整理金融一案，查经已照额解足者有从化等十九县，解未及额者有南海等十五县，全未遵解者有中山等十八县，除解未及额者应请再催迅筹解足外，至垫解足额及全未筹解分文者，究应如何分别奖叙惩戒之处，列具成绩表，请核饬通令遵行案。

（议决）令复会同民厅核议分别奖惩。

六、广东省保安队筹备处主任呈，据教导队主任呈，以原定夫役不敷配用，恳请续项增加，以资完善案。

（议决）照准。

七、（略）

八、广东省保安队筹备处呈，据教导队呈，拟增设通信司号各一队，按照需要编制预算开办费计一万二千八百余元，经常费每月二千七百余元等情，似应照准增设，连同预算案及编制表，转请察核指遵案。

（议决）司号队不设，通信队编制及预算交邓厅长审查。

广东省政府第五届委员会
第九十八次议事录

七月二十二日　星期二

出席者　陈铭枢　范其务　金曾澄　邓彦华　林翼中　许崇清
　　　　　林云陔

列席者　罗文庄

主　席　陈铭枢

纪　录　李立民（代）

报告事项

一、财政厅呈将委派各县田亩陈报处主任人名县份列册，请察核备案。

二、广东中央银行行长呈报，江门支行被江门工商银行倒欠一万七千元，请行厅转饬江门市政局将该分行行址及移交款币点交职行江门支行收管，以备抵偿，并扣留该行经理及司库人，勒限克期清理。

三、内政部咨，准军政部咨送调查在乡军人规则，检同原送规则，转请饬属查照办理。

四、行政院令，奉国府明令公布票据法施行法，抄发原条文，仰知照，并饬属一体知照。

五、行政院令，奉国府明令公布土地法抄发原条文，仰知照，并饬属一体知照。

六、行政院令复，该府呈据建设厅提议转请撤销理船厅一案，兹据外交、交通、工商、财政四部会复称，在此海关代管期内，未便由粤省单独变更，致涉纷歧，应自中央主管机关对于各省航政筹有划一整理办法，再行饬遵，该省所请应暂从缓议等情，应准如所议办理，仰知照，并饬属知照。

讨论事项

一、秘书处签呈，关于建厅呈拟定轮机暂行规程及船舶检验暂行规则请核备案一案，奉委员会第八十四次议决交秘书处审查签呈会议等因，查关于建厅提议收回航权撤销理船厅一案，现奉行政院令，据外、财、工、交四部会复着暂从缓议有案，该厅所拟规则有无与理船厅原章出入之处，无从悬揣，且既经理船厅检验过，流弊当已减少，似可毋庸另行规定，当否，敬候公决案。

（议决）仍照向章办理。

二、建设厅呈，拟订广东省县立苗圃规程、苗圃办法大纲，请核准施行案。

（议决）照准。

三、财政厅呈，拟具民国十九年广东整理金融库券发行细则及还本付息表，请核施行案。

（议决）通过。

四、（略）

五、建设厅呈，据农林局案呈，拟将广东荒地造林规程第十五条修改，至山林税率升科办法一节，关系发展森林事业至为重要，并请令饬财厅会同职厅酌量厘定，当否，仍候指遵案。

（议决）如呈办理，令财政厅知照。

六、广东中央银行呈报遵令将王德广户存款如数发还情形，及为办理清理中央银行旧账存款办法迅速起见，拟请变更奉行办法缘由，抄列清折，请核指遵案。

（议决）照准。

七、民政厅长提议，【灵】山县长黄国梁辞职照准，遗缺拟请以余俊生试署案。

（议决）照准。

广东省政府第五届委员会
第九十九次议事录

七月二十五日　星期五

出席者　陈铭枢　邓彦华　金曾澄　林翼中　许崇清
列席者　罗文庄
主　席　陈铭枢
纪　录　李立民（代）

报告事项

一、国府文官处真日电告中央最近政情三项：（一）特派伍朝枢、蒋作宾、高鲁为出席国际联盟会本届大会代表。（二）修正妇女团体组织大纲第五条之范围以外为政治运动，凡为政治运动之妇女团体，须经中国国民党中央执行委员会之核准。（三）修正工商同业工会法施行细则第八条为：本法第七条之会员代表，每一公司行号得推派一人至二人，以经理人或主体人为限，但至最近一年间平均店员人数在十五人以上者，得增派代表一人，由各该公司行号之店员互推之。又巧日电告政情二项：（一）公布乡镇墟自治职员选举及罢免法。（二）第十三师三十八旅旅长灵本棠及其所属官兵，守曲埠〔阜〕有功，特予明令颁给褒状。

二、财政厅呈复议批拨支广东法学院经费办法，抄同高等法院原送预算书，请核明分别呈报咨行办理。

三、财政厅呈复遵令该议筹还美国五金公司借款办法，拟仍照免息还本办法，特按月多还一万元，合共毫银二万元，至本银清还为止，如奉俯准，请函美领转饬知照。

四、财政厅呈报向广信银号商借毫银五万元汇拨陵工经费情形，请核备案。

讨论事项

一、财政厅呈复饬据委员会同中山县中顺西海沙田局长履勘叶逊予等互争中山县九洲等处蠔坦一案情形，拟具解决办法两种，究应如何核结之处，检具原缴图说一纸，请核批遵案。

（议决）照第一项办法判结。

二、（略）

三、广东财政特派员兼财政厅长呈拟将军需库券确定八月十日前实行结束，并订定处分欠缴券款办法六项，请核明通行照办案。

（议决）令复会同民厅分别拟办。

四、广州市党部执委会函，据宣传部提议增加广州日报经费，并分函广东省政府自八月后仍照旧按月拨助五百元等情，经议决自七月份起，本会拨助一千元，至函广东省政府继续补助，准照办在案，请查照办理见复案。

（议决）令财厅继续按月拨助三百元。

五、邓委员提议，奉交审查保安队筹备处呈请增设通信队编制及预算等因，当经详细审核完竣，另表提出，请公决施行案。

（议决）照审查结果通过。

广东省政府第五届委员会
第一百次议事录

七月二十九日　星期二

出席者　陈铭枢　金曾澄　邓彦华　林翼中　林云陔　黄居素
　　　　许崇清
列席者　罗文庄　黄其琮
主　席　陈铭枢
纪　录　李立民（代）

报告事项

一、财政厅呈报变通限期沙田业户缴验旧照缘由，请察核备案。

二、财政厅呈将广东税制整理委员会议决熟牛皮抽收办法及核办情形，请察核。

三、广东财政特派员兼财政厅长呈，以此次偿还银业行多搭二成债款，虽以军需库券支付，惟此项库券系在原定发行总额之外再行呈请加印，自与劝销者不同，至所给利息自应依照原章办理，不论久近，概以六厘计算，以示区别，请察核备案。

四、广东财政特派员兼财政厅长呈将军需库券第一期第二个月抽签还本末尾号码开列，请察核备案。

五、略。

讨论事项

一、建设厅呈报，中央陆军军官学校咨送军官研究班土木工程毕业学员钟国达等四员，分发职厅实习六个月，现届期满，拟将陈复东、张飞霞、邓礼治等三员，提升留用，该员等每月支薪水七十五元，合计二百二十五元，请准由七月份起追加预算，并转饬财厅知照给发案。

（议决）先由该厅就预备费项下支给，按月列数呈府行财厅照拨，俟有科员缺额再递补。

二、教育厅呈，拟委饶士彝为省立岭东商业学校校长，检同该员履历，请核议通过，由职厅照章委任案。

（议决）照准。

三、财政厅呈复，奉财部令，关于市产八项，兹由部分别核定，凡由市政机关出资收买，确有案据可凭者，应即认为市产，听其处分，至前由省公署令准拨用者，只能准其继续使用，不得处分，将来用途废止或变更之时，仍应收归国有，以符定案等因，兹拟于八月一日遵照部令，知会广州市府移交接管办理，当否，请核饬遵案。

（议决）交市政府议复。

四、建设厅长提议，前奉钧府议决拟将职厅农林局迁往白云山一案，业饬该局长到勘，据称该处绝对不适办公之用，查东山皮革厂，原系职厅管业，地方宽敞，除一部拨归工业试验所外，其余房舍拟收回，将农林局原定建筑经费酌为修理，即可敷办公之用，应否变通俯予核准之处，请公决案。

（议决）照准，并由厅函请黄埔军官学校饬令该筹办高级班迁开。

五、民政厅长提议，徐闻县长黄至同调省，遗缺请以黄德兴试署案。

（议决）照准。

六、邓委员提议，日前飓风为灾，中山港开港典礼礼棚及马路，均受损坏，厅〔应〕展期举行，请公决案。

（议决）中山港开港典礼展期举行，候筹备就绪，再决定行礼日期公布。

七、广东中央银行呈为吸收未兑现纸币起见，拟请自八月一日起至十月底止，凡未兑现纸币到行存贮者，给回利息，并准任便到提，其以前毫券存款，一律暂缓提取，以杜巧改开有息户口，当否，请核准由职行公布施行案。

（议决）中央银行即开收未兑现纸币，存款分活期定期（三个月一期）两种，活期存款按日计算，每纸币千元利息一毫，三个月定期周息四厘半，至定期存款并得由中行委托其他银行办理，利息均以毫银发给。

广东省政府第五届委员会
第一百零一次议事录

八月五日　星期二

出席者　陈铭枢　金曾澄　邓彦华　林翼中　许崇清　林云陔
列席者　罗文庄　黄其琮
主　席　陈铭枢
纪　录　李立民（代）

报告事项

一、国府文官处有日电告中央最近政情二项：（一）明令表彰沈缦云。（二）重颁革命纪念日简明表。

二、军政部咨送营产管理规前〔则〕，请查照饬属一体知照。

三、财政部函，为本年七月三十一日为民国十八年裁兵公债第三号

162

息票开始付款之期，所有付息事宜委托各地中央中国交通三银行经理，除登报布告外，检同付息报告，请查照。

四、财政厅呈报修改民国十九年广东整理金融库券发行细则第七〔四〕条第三、五、七项条文字句，请察核备案。

五、广东高等法院呈复，奉令撤销官市产审查委员会，所有现存未结各案卷宗，应否汇同送请钧府改照诉愿法程序另行派员审查，抑应如何办理之处，请核指遵。

六、建设厅呈缴农林局正副局长、技正等履历，请核赐加给委任。

七、广东中央银行呈报遵照议决案，由行通告自八月一日开始吸收未兑现纸币缘由，惟关于以前毫券存款一项，应仍请核明原案，准将此项存款暂缓提支，如其中确有特别情形者，另由行随时专案呈明办理，当否，请核令遵。

八、教育厅呈，拟将十九年度七、八两月份各校增班经费指拨为各该校增班开办费，及添置图书仪器之用，附表请核准令遵。

九、广东省保安队筹备处呈，拟继续编募第二大队，需费二万一千元，请核准饬行财厅照数发给。

讨论事项

一、财政厅呈，拟具各县乡村无契房屋补税减征办法，及县委办事细则各一份，请核准予备案案。

（议决）交民厅长、建厅长、罗院长审查。

二、财政厅呈将补税上盖章程摘要，及拟具酌派临时督催专员办事细则各一份，请核准予备案案。

（议决）并第一案审查。

三、广东省保安队呈请令行财政厅饬库发给第一、二、三营制造枪架费共银七百八十元案。

（议决）照准。

四、财政厅呈，拟具募销广东整理金融库券惩戒规则，请核明分行办理案。

（议决）照修正通过。

五、民政厅长提议，兴宁县长丘瑞甲辞职照准，遗缺拟请以何振试署案。

（议决）照准。

广东省政府第五届委员会
第一百零二次议事录

八月八日 星期五

出席者 陈铭枢 金曾澄 邓彦华 林翼中 林云陔 许崇清
列席者 罗文庄
主 席 陈铭枢
纪 录 李立民（代）

报告事项

一、国府文官处东日电告中央最近政情三项：（一）公布江苏省建设公债条例暨还本付息表，及陆军礼节条例。（二）明令褒恤赵铁桥。（三）明令褒恤王芝祥。

二、行政院令，奉国府明令公布乡镇坊自治职员选举及罢免法，抄发该法条文，仰知照，并饬属一体知照。

三、内政部咨，奉行政院令，准文官处函，关于中国佛教会常委太虚等呈请令饬各省政府迅予停免征收经忏捐一案，奉谕交行政院转饬照办等因，抄送原呈一件，请查照转饬一体遵照。

四、财政厅呈请通饬各县市一切收入均应于本年八月起搭销整理金融库券二成，俟券发到日开始搭销，所收之款月底解厅，不得截留。

五、财政厅呈将办理搭销整理金融库券及呈请取销加收一成办法各缘由，请察核指遵。

讨论事项

一、建设厅呈为各县市权度检定办公费，拟仍照职厅前议将该县市收入检定费全数拨充该县市度量衡检定办事经费，较为两全，当否，请核指遵案。

（议决）除广州市外，其余各县市照建厅所拟试办。

二、广东高等法院呈送广东反省院支付预算书，请饬财厅自本年八月一日起依额发给案。

（议决）照准。

三、民政、财政厅会呈，拟议修正各县地方财政管理章程草案，请核议施行案。

（议决）照修正通过。

四、教育厅长提议，拟开办小学教员补习函授学校一所，修业以一年为期，连同简章预算，并聘任教员助教细则等提出，请公决案。

（议决）准照办理，简章发回，依所提出意见修正，预算通过，聘任教员助教细则修正通过。

广东省政府第五届委员会
第一百零三次议事录

八月十二日　星期二

出席者　陈铭枢　范其务　金曾澄　邓彦华　林翼中　许崇清
　　　　　林云陔

列席者　罗文庄

主　席　陈铭枢

纪　录　李立民（代）

报告事项

一、工商部咨，奉行政院令，对于外国公司注册，除有限制者外，应依据相互原则，以对方国家允否吾国同类公司在彼国注册为先决条件等因，请查照，并饬属一体遵照。

二、财政厅呈报，拟定七月三十一日止，将征收金融借租一案结束，以后不再征收，自八月十日起开始照租额一个月派销整理金融库券，其在结束以前未缴借租各户，应照租额加倍认销库券，仍由住客代认抵租，以示区别。

三、财政厅呈，拟定广东整理金融库券解款须知，请察核备案。

四、财政厅呈报，税款搭销二成库券，除向收加一各款照加二搭销外，其不收加一各款，均免搭销，以符向办，请核备案，分行知照。

五、财政部咨复，准送财厅请取缔银号办法一案，查尚有应行修正者数节，请查照饬厅妥为修正，期臻完善。

讨论事项

一、财政、教育厅会呈，拟定广东省津贴留学省外专科以上学校学生规程，请核指遵案。

（议决）由教育厅呈请教育部，将核准立案各专门以上学校分别国立省立公立私立及所分科系，按照本省需要，培植人才，择校酌定名额，以年级最高、成绩最优者，挨次递补，令复照此意旨另拟规程。

二、公安局呈，为工商银行广州支行停业，债项缪辏，有关公款，本案若交司法机关处置，恐旷日持久，而由商人团体自行组织债权委员会主持清理，又不足以昭慎重，究应如何办理，以资救济之处，请核指遵案。

（议决）交法院负责清理，以三个月为限，得由总商会及债权人举出代表参加。

三、建设厅长提议，拟于农林局内增设农业化学股，及暂由钨矿捐拨给经费缘由，连同计划大纲及经临预算表提出，请公决案。

（议决）照准。

四、建设厅长提议，拟办农村信用合作社及暂由职厅拨款贷给缘由，连同计划书提出，请公决案。

（议决）照准。

五、民政厅长提议，和平县长梁宝箴辞职照准，遗缺拟请以考选县长岑衍璟试署案。

（议决）照准。

广东省政府第五届委员会
第一百零四次议事录

八月十五日　星期五

出席者　陈铭枢　范其务　金曾澄　邓彦华　林翼中　林云陔
　　　　　黄居素
列席者　罗文庄
主　席　陈铭枢
纪　录　李立民（代）

报告事项

一、建设厅呈复遵令核议公路乘车免费半费办法各缘由，连同修正规程，请核施行转函第八路总部饬属查照。

二、国府文官处庚日电告中央最近政情二项：（一）所有湘鄂赣剿匪事宜，特派行营主任何应钦负责办理，各该省驻军概归该主任节制指挥。（二）公布工商同业公会法第十四条十五条十六条修正条文。

讨论事项

一、建设厅呈，据农林局案呈，拟修改模范林场组织章程草案暨预算案等情，查核大致尚无不合，似属可行，请核备案施行案。

（议决）照原预算章程，并照修正通过。

二、民政厅提议，查巡察章程施行以来，业将一载，巡察区域中经变更由十八区缩为十五区，一区所辖有至十县者，其中规定间有不能不酌为修改之处，谨将修改缘由，检同原章连表提请公决施行案。

（议决）通过。

广东省政府第五届委员会
第一百零五次议事录

八月十九日　星期二

出席者　陈铭枢　范其务　邓彦华　许崇清　金曾澄　林翼中
　　　　　黄居素　林云陔

列席者　罗文庄

主　席　陈铭枢

纪　录　李立民（代）

报告事项

一、行政院令抄发修正人民团体组织方案一份，仰知照，并饬属一体知照。

二、农矿部咨送进出口及转口食粮查验登记章程，暨报告单式样，请察酌地方情形，组织查验登记机关。

三、农矿部咨，抄送镇江县执委会呈送该县代表大会决议农业费事业费成数请通令实施一案原件，请于编制十九年度预算时，斟酌前项成数，妥为规定，俾早实施。

四、财政厅呈报，准财特署函，关于党立贫民生产医院每月补助二百元，由十九年度起，改由省库支付，以免纷更等由，请察核补入十九年度预算，以便照案支付。

五、财政厅呈缴金融库券样本五种，请察阅备案。

讨论事项

一、内政部咨，准广州特别市来咨，关于仓储款项移交广东全省赈务会接管，核与规则不合，请查照转行该府仍遵照各地方仓储管理规则广设仓储，以重仓政案。

（议决）叙前案咨覆。

二、广东中央银行呈复，关于江门工商银行全体债权人本立堂关松如堂等电请勿准中行所请，将工商款币行址点交江门中行接收一案，查

168

此案前既奉钧府核准点交，似应请仍照案执行，以重公款案。

（议决）并交法院办理。

三、财政厅呈复，关于中央请变更清理旧账奉行办法一案，审查仍未完善，为清理迅速起见，拟关于私人存款准由中行审查，惟核明发还者应先列报财厅，至属解库公款，或以个人名义存款，而查其人在机关服务者，仍归财厅审查，以昭慎重，请该明饬遵案。

（议决）照准。

四、建设厅呈缴收用草芳土地建筑省府合署面积图，应否照外线收用，抑照原定内线收用之处，请核夺指遵案。

（议决）依图上所指示由建厅再行划定据覆。

五、建设厅长提议追加兴办冼村水利经费预算一万四千二百一十二元五角缘由，当否，请公决案。

（议决）照准。

六、建设厅长提议拟请关于职厅建筑工程费准免搭发库券缘由，请公决施行案。

（议决）照准。

七、民政厅长提议，澄海县长朱葆华辞职照准，遗缺拟请以儋县县长陈剑虹调署；递遗儋县缺，拟请以张军试署；连平县长陈定策拟调省，遗缺拟请委庄劲民试署；新委徐闻县长黄德兴辞不就职，该缺拟请另委张光试署案。

（议决）照准。

广东省政府第五届委员会
第一百零六次议事录

八月二十二日　星期五

出席者　陈铭枢　范其务　金曾澄　邓彦华　林翼中　许崇清
　　　　　黄居素　林云陔

列席者　罗文庄

主　席　陈铭枢

纪　录　李立民（代）

报告事项

一、行政院令，据财部呈请转饬各省严厉制止再有征收货物附加税情事，凡对货物征收任何捐税，非经该部核准，一概不得起征等情，仰该府即便遵照。

二、内政部咨，奉国府修正县组织法，区自治施行法，乡镇自治施行法，检同修正各条文，请查照饬属一体遵照。

三、财政厅呈，据广州市筵席捐德安公司呈明筵席捐搭销金融库券困难各节，尚属实情，所请免予搭销库券二成，自应照准，至前因维持金融加收一成之款，应即照旧征收，以免偏废，请核赐备案。

四、国府文官处删日电报中央最近政情及其他重要事项四项：（一）寒晨克复济南，阎逆全军崩溃，陇海来犯之冯逆全部，亦被我军击溃。（二）批准国际邮政公约。（三）明令由国库项下拨十万元恤长沙共祸被难民众。（四）公布民国十九年关税短期库券条例。

讨论事项

一、罗院长、孙秘书长会呈，奉前修正财厅拟具外国人及教会租买屋地税契办法呈报中央一案，谨将修正条文会复察核指遵案。

（议决）照修正呈报中央。

二、财政厅呈复，建设厅拟留用中央军校毕业学员请追加预算一案，查该项薪水为数无多，似应即在该厅增加经费项下腾挪支给，毋庸追加由厅拨还，以免牵动预算成案，请核明饬遵案。

（议决）照原议决案办理。

三、（略）

广东省政府第五届委员会
第一百零七次议事录

八月二十六日　星期二

出席者　陈铭枢　范其务　金曾澄　邓彦华　林翼中　林云陔
　　　　　许崇清
列席者　罗文庄
主　席　陈铭枢
纪　录　李立民（代）

报告事项

一、行政院令发革命纪念日简明表、革命纪念日史略，及宣传要点，仰遵照，并饬属一体知照。

二、行政院令，奉国府明令制定江苏省建设公债条例，暨还本付息表公布，通饬施行等因，抄发原条文及附表，仰知照，并饬属一体知照。

三、行政院令，奉蒋主席函开，查中央前因整理各项要政，所发公债库券，多半责令财部方面向上海各埠募集，省市担负殊微，兹特规定一部分由各省市分任募集，应派广东省担任募集十九年关税短期库券一百万元等因，附发条例发行简章募集办法暨还本付息表，仰即遵照。

四、财、民政厅会呈，奉议决饬分别拟办订定处分各县欠缴军需库券券款办法一案，职民厅查内政部前颁修正县长奖惩条例第三条规定，有免职处分，现拟将财厅原呈第三项"撤任"字样改为"免职"，期与中央法令吻合，又结束期限定为八月十日，未免促迫，并拟延至八月底止，其余对于财厅原拟处分各办法，意见相同，理合会同呈复察核指遵。

五、广东财政特派员兼厅长呈缴军需库券第一期第三个月中签末尾两码清单，请察核备案。

六、财政厅呈报发行广东整理金融库券搭缴未兑现纸币期限，拟一律推展半个月缘由，请察核备案。

七、财政厅呈报在总预算内预备金项下动拨支过制印金融库券工料价银缘由，抄录订立合同一份，请察核备案。

八、财政厅呈，奉部令，将中山港内之内地厘金捐及其他之田赋钱粮等项，应否与关税一并豁免经过各情形，报请察核。

九、粤海关监督呈报，黄埔军校前因扩充校址，收用黄埔分关办公房屋及地段，现准函，在长洲下庄买受土名新基塱地送回海关建筑新关，除转税务司派员点收，并由署在契内加盖关防，暨转市土地局登记外，请核备案。

讨论事项

一、民政、教育厅会呈复，奉令会同核办河南尾石涌口厂东街坊众代表陶国祥等请愿为仲恺农工学校逼勒搬迁，乞维持一案，派员前往查办各情形，连同调查表，请核指遵案。

（议决）如呈办理，惟拆迁时期应延长两个月，至十二月底为限，若该民等就近迁至厂东街东沙地建屋，该地地主不得照原日地租再另加值。

广东省政府第五届委员会
第一百零八次议事录

八月二十九日　星期五

出席者　陈铭枢　金曾澄　林翼中　许崇清　林云陔　黄居素
列席者　罗文庄
主　席　陈铭枢
纪　录　李立民（代）

报告事项

一、国府文官处庚日电告中央最近政情二项：（一）所有行营派主任何应钦负责办理，各该省驻军概归该主任节制指挥。（二）公布工商同业公会法第十四条、十六条修正条文。

二、行政院令，奉国府明令公布陆军礼节条例，抄发原条文，仰知照，并饬属一体知照。

三、行政院令，抄发妇女团体组织大纲施行细则，妇女团体组织法规定之运用各一件，仰即转行一体知照。

四、内政部咨送中央执委会通过人民团体组织方案之修正案一件，请查照转饬所属一体知照。

五、工商部咨，本部呈为中央新定五月五日为纪念日，各工厂商店应否一律放假并给工资一案，现奉行政院令，转奉中央执委会核定，各工厂商店应一律放假，至给工资一节，应援照第七十次常会规定办理等因，请查照，并转饬所属一体知照。

六、训练总监部函送十九年度保送赴日投考陆军士官学生暂行变通办法，请查照。

七、民政厅呈复，奉令关于汕头应否设市，遵照部咨，妥为议复等因，查汕头在全国通商商埠，暂居第七位，不特为粤省重要商埠，且为中国南部内外交通一大枢纽，其财力达六十四万元，固宜设市独立于县治之外，但人口核与组织法规定未尽相符，究应放却事实抛弃市制，抑应注重事实以期地方发展，或酌予修改市组织法之处，请转内政部核夺。

八、广东会计司公会呈请核饬高等法院转令选派属会会计司充任工商银行广州分行清算人或破产管财人，以符法例。

讨论事项

一、财政厅呈复，奉令饬据台山县长呈复，关于陈××与叶××等争承山坦一案详查档案，委无叶××当日在实业局承领之文件图说，陈××攻击叶姓挟同舞弊，不无理由，钟前县暨专员对于本案议处之主张，自属平允等情，查官市产审查委员会撤销后，奉令遇有此类案件，应提出钧府委员会临时派员审查，理合将此案办理情形，请核派员审查案。

（议决）交罗院长、林市长、范厅长派员审查。

广东省政府第五届委员会
第一百零九次议事录

九月二日　星期二

出席者　陈铭枢　范其务　金曾澄　邓彦华　林翼中　许崇清
　　　　　孙希文　林云陔

列席者　罗文庄

主　席　陈铭枢

纪　录　孙希文

报告事项

一、行政院令，据财政部呈为十八年度现已终结，所有决算编制，拟恳仍照十七年度决算章程继续施行等情，经呈奉国府指令照准，仰该府即便遵照办理，并饬属一体遵照。

二、工商部咨送修正商会法施行细则及工商同业公会法施行细则，请查照转饬所属一体遵照办理。

三、财政厅呈将自十八年九月份起至十九年六月份止共拨付中行代偿短期库券基金数目，请察核备案。

四、整理广州电力公司委员会呈转咨第八路总指挥部派出宪兵官长二员宪兵四名来会，随时会警协同员司分派市区挨户调查。

五、整理广州电力公司委员会呈报会议议决在整理期内董事局职员减薪情形，请备案。

讨论事项

一、财政厅呈，拟具统一省政府公报办法草案，请提会议决施行案。

（议决）照拟试办一个月，每十日出版一次，各厅送稿办法，由秘书处拟定之。

二、整理广州电力公司委员会呈缴职会调查时期经费表，设计整理两时期经费表，整理分配时期及组织大纲请核指遵案。

（议决）通过。

三、广东各界提倡国货促进会呈请按月拨助本会常费二百元案。

（议决）询明用途再定。

四、建设厅提议，据农林局案呈，拟请将农业承垦发放事务划归职厅办理各节，是否有当，敬候公决案。

（议决）交民、财两厅审查。

五、民政厅长提议，增城县长李源和辞职照准，遗缺拟请以兴宁县长何振调署；递遗兴宁县缺，拟请以巡察曾传经调署，请公决案。

（议决）照准。

广东省政府第五届委员会
第一百一十次议事录

九月五日　星期五

出席者　陈铭枢　范其务　金曾澄　邓彦华　林翼中　许崇清　孙希文

列席者　罗文庄

主　席　陈铭枢

纪　录　孙希文

报告事项

一、行政院令发指导人民团体改组办法，及人民团体组织指导员任用规则各一份，仰知照，并饬属一体知照。

二、行政院令，公布查验外人入境护照规则，查验外人入境护照规则施行细则，抄发原条文暨入境护照查验表，仰知照，并饬属一体知照。

三、民、财政厅会呈，奉令会核各县垫解钱粮分别成绩奖惩一案，查本案已解足额之各县，拟依照内政部颁行修正各县长奖惩条例第二条第五项之规定，予以嘉奖；其尚未解过之各县，除南澳等县未便遽予惩处，拟一律催促筹解外，其余中山等十县，现在逾限已久，并未筹解分文，拟依照奖惩条例第三条第六项之规定，一律予以申诫。

四、广东高等法院呈报奉令清理工商银行广州分行倒闭一案，现为进行迅速起见，将前定办法略予变更，由职院分别函聘派委人员组织委员会，负责清理，合将清委会成立日期，暨点收情形，抄同原缴清册，请鉴核备案。

五、教育厅呈，奉部令继续办理中小学实验课程标准等因，合将职厅十九年度继续办理中小学课程研究会经费支付预算书，缴请核行财厅自本年七月份起照拨。

讨论事项

一、教育厅呈，据省立第二师范学校呈请拨款三千元开辟农场为学生实习之用等情，自应照准拨给，该款拟在职厅十九年度临时预备费项下拨支，除令复外，请核指遵案。

（议决）照准。

二、教育厅呈，拟委陈志云为省立第六中学校校长，检同履历请提会通过后，由厅发给委任案。

（议决）照准。

三、建设厅长提议，拟请在农林局增设土壤调查所，暨暂由钨矿捐项下拨给经费缘由，连同计划书预算表提出，请公决案。

（议决）照办。

四、民政厅长提议，定安县长陈照秋调省，遗缺拟请以黄世治试署案。

（议决）照准。

五、金委员曾澄、许委员崇清、邓委员彦华提议，拟请令行财厅拨款一万八千一百九十八元七毫六分，以便清结仲元图书馆建筑管理等费，连同仲元图书馆董事会原呈清折规程提出，请公决案。

（议决）照给欠数结束，俟有的款购图书再行开馆。

176

广东省政府第五届委员会
第一百一十一次议事录①

九月九日　星期二

出席者　陈铭枢　范其务　金曾澄　邓彦华　林翼中　林云陔
　　　　　许崇清　孙希文

列席者　罗文庄

主　席　陈铭枢

纪　录　孙希文

报告事项

一、国府文官处艳日电告中央最近政情八项：（一）批准修正国际法庭规约，暨美国加入国际法庭规约两议定书。（二）公布度量衡器具营业条例。（三）通令各机关于十九年度预算草案未核定前，只能照十八年度核定预算定额开支，否则应由出纳官吏负赔偿责任。（四）明令交行政院转饬财政部拨款三万元转交山东省政府抚恤泰安战役被灾民众。（五）山东省政府委员兼民政厅长朱熙另有任用，免去本兼各职，遗缺以李树春继任。（六）湖北建设厅厅长黄昌谷辞职照准，遗缺以方达智继任。（八）② 代理招商局总管理处总办兼代行专员职权陈希曾辞职照准，遗缺改派李仲公暂行代理。

二、行政院令，奉国府令，定自民国二十年一月一日为公务员任用条例施行日期等因，仰知照，并饬所属一体知照。

三、广东高等法院呈报奉令并案办理江门工商分行倒闭一案，拟仿照前定清理广州工商分行债项办法，由职院分别函聘派委人员克日组织委员会，共同负责清理，以期迅速，请鉴核备案。

四、财政厅呈报前于民国十年六月间，因库储支绌，军需待发，及

---

① 本次议事录原文缺"讨论事项"内容。

② 原文缺第七项。

造币分厂规复鼓铸双毫，需款紧急，由省政府与源益公司商订借款一百五十万元，计共收该公司代表傅益之借款七十五万元，代表张宏泰借款七十五万元，以广东全省厘金为此项借款之抵押品，并先后交过广东省立银行毫券一百一十万元，一并作按在案，兹据该代表傅益之以部分占借之七十五万元本息如数清领，并将按品请核明收还前来，自应准予照收，以清手续，至代表张宏泰占借之七十五万元，俟债款完结时，再行核办外，请核准备案。

五、广东中央银行呈报现在职行已兑现之纸币，久已到处流通，市面行使，至称便利，各临时兑换所每日兑出数目，为数极少，似无继续存在必要，拟请一律撤销，以归简便，请核指遵。

广东省政府第五届委员会
第一百一十二次议事录

九月十二日　星期五

出席者　陈铭枢　金曾澄　林翼中　黄居素　孙希文　范其务
　　　　邓彦华　许崇清　林云陔

列席者　罗文庄

主　席　陈铭枢

纪　录　孙希文

报告事项

一、行政院令，前据广州市政府呈送所属直辖各机关十九年度收支预算书请予审核备案一案，经交财政部财政组审查，据复称，广州市现已改属于广东省政府，所有该市预算按试办预算章程之规定，似应由广东财政厅审核汇转，不必由中央径为核定等语，复经送请中央政治会议决议照审查意见办理在案，仰即转饬该市政知照。

二、农矿部咨，为渔业法施行规则及渔会法施行规则，业经本部制定呈准以部令公布在案，检同该项法规印本，请查照转饬所属一体遵照。

三、铨叙部咨送修正官吏恤金条例施行细则及附件，请查照转饬所属遵照。

四、财政厅呈报遵令自八月底实行结束军需库券，并自九月一日起，凡有补领此项库券或应予搭发者，概代以现在发行之金融库券给发，请核准备案。

五、建设厅呈报换发蚕丝改良局关防情形，连同原缴修正组织大纲办事细则各一份，请察核备案。

讨论事项

一、教育厅呈报成立广东省注音符号推行委员会日期，为切实推行起见，请通令所属各机关各设立注音传习处，至该会每年经常费及宣传周费共六千三百元，拟在平民教育经费项下提拨，并请先将举行宣传周费暨九月份经费共八百元如数照拨案。

（议决）照办。

二、建设厅呈请将广东省暂行森林法规全部明令公布撤销案。

（议决）照办，并呈报国府备案。

三、建设厅长提议，现据英属加拿大政府驻华商务副专使李德福介绍坎拿大非利沙比利斯公司优先承办翁江水力电厂工程，其所拟办法是否可行，敬候公决案。

（议决）照准。

四、（略）

广东省政府第五届委员会
第一百一十三次议事录

九月十六日　星期二

出席者　陈铭枢　范其务　金曾澄　邓彦华　林翼中　林云陔
　　　　　　许崇清　孙希文
列席者　罗文庄
主　席　陈铭枢

179

纪　录　孙希文

报告事项

一、国府文官处征日电告中央最近政情四项：（一）改组安徽省政府，任命陈调元、朱熙、袁家普、陈鸾书、程天放、于恩波、卫国珺为委员，并任命陈调元兼安徽省政府主席，朱熙兼民政厅长，袁家普兼财政厅长，陈鸾书兼建设厅长，程天放兼教育厅长。（二）改组山东省政府，任命韩复榘、李树春、何思源、王向荣、张鸿烈、马鸿逵、刘珍年、张钺、王芳亭为委员，并任命转复榘兼山东省政府主席，李树春兼民政厅长，何思源兼教育厅长，王向荣兼财政厅长，张鸿烈兼建设厅长，王芳亭兼农矿厅长。　（三）特任马福祥为蒙藏委员会委员长。（四）拨款三万元抚恤亳县战役被灾民众。又养日电告政情三项：（一）规定民国二十年一月一日为公务员任用条例施行日期。（二）任命周纬为立法院委员。（三）自我军克济南后，津浦陇海逆军节节败退，现在追击中，平汉我军亦挺进。

二、行政院令，奉中央政治会议决议，我国现正进行撤销领事裁判权，对于外国在华法庭，政府自未便承认，近查各机关遇有对外合同发生纠辖，如进行司法手续，不得向各国在华法庭起诉，即或须向其本国法庭进行法律手续时，亦应由原订合同经手人或机关呈请主管院部核准后，以原经手人代表原订合同机关，或径以该机关名义起诉，不得以国民政府代表或中华民国代表名义起诉，等因，仰遵照，并饬所属一体遵照。

三、工商部咨送人民团体改组办法，及人民团体组织指导员任用规则，请查照转饬所属一体知照。

四、内政部咨送乡镇坊自治职员选举及罢免法，请查照转饬所属一体知照。

五、建设厅呈报已将职厅组织法酌加修改，检呈修正组织法一份，请察核指遵。

六、教育厅呈，据海丰县呈复，奉议决将海汕公路收益费拨作县立中学校经费一案，查该项收益费，并无余款等情，请察核。

讨论事项

一、立法院胡院长函，以老同志何晓柳先生逝世后，其长子承天，现留学日本，学款无法维持，请饬财、教两厅依照郑兰积先例，每月拨日金八十元，俾竟所学案。

（议决）准子补助每月八十元，由教育厅函留日学生监督调查何承天学籍学程，拟定补助年限，呈请核准。

二、建设厅呈复，关于省府合署一案，兹谨依照划定该处地势，另行绘具图说，请察核，至将来征收土地，属市财局办理，似应由市府全权规划，建筑时再由职厅参加意见，当否，乞指遵案。

（议决）（一）令市政府照划定范围收用土地。（二）令建厅计划建筑征求图案。

三、（略）

广东省政府第五届委员会
第一百一十四次议事录

九月十九日　星期五

出席者　陈铭枢　范其务　金曾澄　林翼中　许崇清　林云陔
　　　　　孙希文　邓彦华

列席者　罗文庄

主　席　陈铭枢

纪　录　孙希文

报告事项

一、行政院令，奉国府训令，各机关于十九年度预算案未核定前，只能照十八年度核定预算定额开支，其有未经核准超出定额之一切开支，无论其款项来源系属于本机关收入项下，或存储项下，均非正当，依审计法及会计则例，出纳官吏应负赔偿责任等因，仰遵照，并饬属一体遵照。

二、国府文官处文日电告中央最近政情四项：（一）任命王之觉为蒙藏委员会副委员长，孙绳武为委员。（二）国立中山大学校长戴传贤辞职照准，遗职以副校长朱家骅升任。（三）湖南省政府委员陈嘉佑免

181

职，听候查办。（四）公布驻外武官条例。

讨论事项

一、财政厅呈，准广州市府函，关于征收地税不能拨还番禺县核收一案，兹拟核定已未改征地税应完钱粮及留县解库办法，请提会议决施行案。

（议决）李紫气等土地既经向市府缴纳地税，不再向县缴纳钱粮，毋庸由市府拨还番禺县。

二、财政厅呈缴广东财政厅所属税务局组织章程草案，请核指遵案。

（议决）交许厅长、林委员、罗院长审查。

三、建设厅呈缴生丝检查所更正原订修正十九年度预算表及七、八两月份预算书，请核准更正，并饬财厅照数拨给案。

（议决）如呈核准更正，并令财厅。

四、教育厅呈拟具省立岭东商业学校校产整理委员会组织章程，请核准施行案。

（议决）照准。

五、金委员提议，谨将九月十八日仲元图书馆筹备处议决案抄录提出，请核议施行案。

（议决）令财厅十月份起按月发三百元，拨仲元图书馆董事会。

六、民政厅长提议，陵水县长黄少怀辞职照准，遗缺拟请以王器试署案。

（议决）照准。

七、整理广州电力公司委员会，拟由职会各委员推举常务委员三人，常川驻在公司，代行该公司总副经理职权，所有公司一切任免财政营业工程事项，均代处理，以一年为期，期满交还公司各缘由，请核指遵案。

（议决）照准。

八、许、金厅长，范、罗院长会同报告审查办理田亩陈报一案情形，检同会议录及财厅答辩书，请察核案。

（议决）通过。并令民政厅严令各县长认真协办田亩陈报事宜，毋得玩忽，及饬各巡察考察各县办理陈报情形，随时报告；咨省党部通饬各县党部宣传田亩陈报对政府人民之利益。

广东省政府第五届委员会
第一百一十五次议事录

九月二十三日　星期二

出席者　陈铭枢　林云陔　林翼中　邓彦华　范其务　孙希文
　　　　　许崇清　金曾澄
列席者　罗文庄
主　席　陈铭枢
纪　录　李立民

报告事项

一、行政院令，奉国府明令公布度量衡器具营业条例等因，抄发原条文，仰知照，并饬所属一体知照。

二、行政院令，奉国府训令，准中央执委会秘书处函，请通令各机关以后对于建筑办公房屋，自可援用士〔土〕地征收法征收土地，不得以建筑职员宿舍名义，收用人民土地等由，应即照办，饬院遵办等因，抄发原件，仰遵照，并饬属一体遵照。

三、行政院令，关于财部呈称，各机关所送十九年度预算支出数目，较十八年度核定数多有增加，现在国家财政困难，应否酌量减缩，请核施行一案，奉中央政治会议议决，采紧缩政策等因，仰知照，并饬属一体知照。

四、财政部函，为本部前拟十九年度预算救济办法施行细目请核示一案，现经中央政治会议议决准如所拟办理在案，抄录施行细目，请查照。

五、财政厅呈，据惠州十属花筵捐裕成公司呈，为海丰县教育局至今未将花筵捐交回商办，恳准将被撤办饷款如数扣抵等情，除令复该商并令该县长负责制止外，请将该县长吴仁光予以惩处。

六、建设厅呈，据水产试验场长呈，拟在手缲网渔船每月渔获物收益项上提取十分之一拨充奖金，查系为奖励办事得力船员船夫起见、似可准照办理，请察核备案。

七、广州市长呈报，奉令继续办理省港长途电话及派员往港签订合同各缘由，连同补具合同副本二份，请核转备案。

讨论事项

一、财政、建设厅会呈复修改广东省荒地承领造林规程第十五条各缘由，请核颁布施行案。

（议决）照颁布施行。

二、财政厅呈，拟临时由厅增设金融库券催收员，划全省二十九区，分别遴派驰赴指定区域催促各经募机关切实募解，此项经费为数非巨，拟恳准在此次收入券款项下提支，实报实销，当否，连同拟具简章并表，请核指遵案。

（议决）照办。

三、广东高等法院呈，据清理工商银行江门分行债项委员会呈称，江门中央银行支行未允将工商分行数部及行地移交，职会无从清理等情，转请饬令中行迅将江门工商分行地址部据银物等项一并移交该会清算。再江门工商分行所倒欠中行一万七千元，系经中行呈准将行址存款查封备抵，应否与其他债权人平均摊还，抑如何办理之处，请一并核示指遵案。

（议决）饬中行即移交清理债项委员会；至中行被欠数，应与其他债权人平均摊还。

四、（略）

五、教育厅呈，据留美学生黄剑农呈请津贴美金一千元，俾竟所学等情，查核所缴证明书，具见该生才堪造就，可否援照特派生之例，准予一次过在留学各国学生学费经常费项下拨支，俾宏造就之处，候指遵案。

（议决）照准。

六、本府委员兼广州市市长提议，为发展职府建设新区工作起见，拟请确定市税，及将房捐牌照两项，作为省库暂时借入市库之款，当否，敬候公决案。

（议决）照办。

广东省政府第五届委员会
第一百一十六次议事录

九月二十六日　星期五

出席者　陈铭枢　范其务　金曾澄　邓彦华　林云陔　许崇清
　　　　　林翼中　孙希文

列席者　罗文庄

主　席　陈铭枢

纪　录　李立民

报告事项

一、国府文官处皓日电告中央最近政情五项：（一）兼国立北京大学校长蔡元培辞职，照准，遗缺以陈大齐代理。（二）兼国立交通大学校长孙科呈辞兼职，照准，遗缺以黎照寰继任。（三）兼国立劳动大学校长易培基免去校长兼职。（四）派张群、李仲公、陈希曾、郭樊、黄汉侨、李国杰、王延松为国民政府整理招商局委员会委员，指定张群为委员长，并派李仲公为招商局总管理处专员。（五）明令拨款振恤南洋婆罗洲坤甸火灾被难侨民。

二、财政部咨复，关于处分太平关扣留冯纪桓私运钨砂一案，此案既由本部决定，将原案撤销，依法未便再维持原案，请查照本部原决定书，重行处分。

三、工商部咨，为本部提议，请将商会及工商同业公会改组之期一并展期六个月一案，现奉行政院令："应无庸议"等因。请查照迅予转饬所属一体遵照。

四、工商部咨，奉国务会议决议："着将商会法施行细则原第四十一条删去"等因。请查照转饬所属一体遵照。

五、工商部咨送度量衡器具营业条例，请查照，并转饬所属一体知照。

六、广东财政特派员兼财政厅长呈报，军需库券第一期第四个月抽选末尾两码，开列清单，请察核备案。

七、财政厅呈复，奉令已饬行中顺东海与中顺西海两沙田局查明该局所管关于中山县沙田数目，即日造具清册，限于十月一日移交中山县政府接收，请鉴核备案。

讨论事项

一、民政厅呈，据第三区巡察呈复会勘赤水墟界址情形，谨将职厅核拟本案缘由，连同审查意见书及开平县县图影片，黄巡察所绘略图，缴请察核指遵案。

（议决）照办。

二、建设厅长提议，职厅公路测量队薪旅费，向系在全省丁米附加项下，由财厅拨支，嗣因测量队增加，不敷支用，曾呈奉令饬仍在钱粮附加路费项下支给；惟测量队经费甚巨，若照原案办理，须由财厅将征存钱粮附费悉数拨付，方能分别归垫应支，否则势不能不在花附费挪用。究应如何办理之处，连同职任支过数目清单提出，请公决案。

（议决）九月份以前，令财厅核实全数照拨；九月份以后，建厅应另订预算，呈候令饬财厅照拨。

三、建设厅长提议，职厅前为赶速完成南路省道干线起见，筹设四工程处，分段进行，每月经费向由钱粮附加项下支拨；现钱粮附加款项用罄，迫于九月底一律裁撤。惟各段工程势难停止，拟变通每处酌留人员监理，经费由花附项下拨支，暂以五个月为限，是否可行，敬候公决案。

（议决）并第二案办理。

四、广州市政府呈具邝××与×××堂争执×××路××祠产业提起志〔诉〕愿书一案答辩书，暨检齐府局各原卷，缴请察核施行案。

（议决）交范厅长、罗院长审查。

五、民政厅长提议，第七区巡察曾传经奉委兴宁县，所遗巡察缺，拟请委梁麟充任案。

（议决）照准。

六、民政厅提议，化县县长林炜耀调省，遗缺拟请以前增城县长李源和试署案。

（议决）照准。

七、秘书长李立民呈，据秘书处第二科科长莫瑞瑛呈请辞职，遗缺拟以黄维玉接充，请核示案。

（议决）照准。

广东省政府第五届委员会
第一百一十七次议事录

九月三十日　星期二

出席者　陈铭枢　金曾澄　林云陔　孙希文　范其务　邓彦华
　　　　　许崇清
列席者　罗文庄
主　席　陈铭枢
纪　录　李立民

报告事项

一、内政部咨送各县颁发区钤记及乡间邻图记章程，请查照，并转饬所属一体遵照。

二、内政部咨送各市颁发区钤记及坊间邻图记章程，请查照，并转饬所属一体遵照。

三、第八路总指挥部函，奉国府指令，广东惩办盗匪暂行条例，准自九月十八日起再延期六个月等因，请查照，并转饬所属一体遵照。

四、财政厅呈缴毫币改铸厂第二届造币溢利收支数目表一份，单据簿四本，及第一届造币收支报销表一份、单据簿一本，请核明指遵。

五、财政厅呈报，关于教育临时费，拟请仍照预算原案逐起临时核定支拨，以期便利，请核转教厅知照。

讨论事项

一、建设厅呈报，办理汕潮揭普电话公司等，呈控汕丰潮揭电话公司攘夺营业一案经过情形，连同图表，请核转交通部核办案。

（议决）仰建厅再核具复。

二、财政厅呈，准财政特派员函复，联义海外交通部每月补助费五

187

百元，应改归省库支付等由，查十九年度省库岁出预算，未有该部补助费列入，应否准照办理并追加预算之处，请核明饬遵案。

（议决）仍由该厅照案呈复财部。

三、财政厅呈复，关于处分陈龙氏承领溪乾官地一案，遵令提出答辩书，连同案卷，缴请察核指遵案。

（议决）交林市长、罗院长审查。

四、民政厅长提议，电白县长黄×贪劣骫法，经撤职看管，遗缺拟请委曾仲宣试署案。

（议决）照准。

广东省政府第五届委员会
第一百一十八次议事录

十月三日　星期五

出席者　陈铭枢　范其务　金曾澄　邓彦华　林云陔　许崇清
列席者　罗文庄
主　席　陈铭枢
纪　录　李立民

报告事项

一、行政院令，据内政部呈复核议江苏省县土地局组织规程一案，所请通饬各省从速设立地方行政人员训练所，务须依照第三届中央执委第二全会决议案，于十九年内初期训练完毕一节，经议决，应如部拟办理，仰即遵办。

二、工商部咨送会计师条例施行细则，请查照转饬所属一体知照。

三、福建省政府咨复，准咨请饬韶安县将鱼埕租划归南澳县收管一案，经饬据该县呈称，此项租税，系拨充该县地方教育之用，由前清迄民国，业已征收二百余载，南澳县人士，素无异言，自应依照成案办理，若遽予变更，诚恐影响地方教育，无以维持等情，请查照办理。

四、财政厅呈，关于卸高雷区戒烟药料管理局长赖干弼呈报，任内被逆军勒缴饷款，暨被占期内损失，请准核抵一案，迭饬廉江县长潘绍棻搁置日久，始行查复，办事疲缓，贻误要公，应如何议处之处，请核令遵。

五、民政厅、财政厅、建设厅、赈务会会呈，关于台山县第六区党部提议，为各地米荒将成，请政府通令救济，以维民食一案，奉令查明妥拟，遵由职财厅函粤海关监督转托税务司查复，民国十七八年粤省八关，只汕头运出米一千余担，其余各关无米出口，该县区党部提案停给护照禁米出洋一节，拟请毋庸置议，除禁止闭粜高招市价由职民厅通饬遵照外，请察核。

讨论事项

一、国立中山大学函，据农科主任函，请转广东省政府核明转行市政府查照，拨给白云山迄北之石鼓岭等一带荒山，约共面积二万三千三百三十九亩，为广东第一模范林场扩充场地之用等由，检同图说，请查照核饬番禺拨给应用案。

（议决）交市政府及番禺县会查呈复。

二、国府文官处筱电，准侨务会函请转电开平县，将因赤九公路纠纷案被县拘押谢璧岩、谢维增二人释放等由，奉主席谕电广东省政府饬即先行释放等因，请查照办理案。又建设厅呈复，关于开平赤九公路纠纷一案，奉令饬另派委员详查，绘图呈候核判等因。查此案业经饬据邝技正查复，职厅详加审核，现筑路线确与原日实测路线相符，并经将原图呈缴察核，按图而字〔索〕，情势了然，如须再查，请钧府径派妥员办理案。

（议决）令派本府技士会厅派员前往复勘。

三、秘书处签呈，现为力求秘书处与各厅办事联络起见，谨签拟数点，以供采择，当否，请察核施行案。

（议决）照行。

四、主席提议，中央银行行长欧国强另候任用，遗缺拟以财政厅长兼任，并以沈载和为副行长，请公决案。

（议决）通过。

广东省政府第五届委员会
第一百一十九次议事录

十月七日　星期二

出席者　陈铭枢　范其务　邓彦华　林云陔　金曾澄　许崇清
列席者　罗文庄
主　席　陈铭枢
纪　录　李立民

报告事项

一、国府文官处宥日电告中央最近政情三项：（一）行政院谭院长因病逝世，颁发明令，特予国葬。（二）行政院院长职务，依法以宋副院长子文代理。（三）派王家桢为接收威海卫专员，徐祖善为威海卫管理专员。

二、整理广州电力公司委员会呈报，推定常委接代公司总副经理职权，暨拟拨经费各缘由，请核准备案。

讨论事项

一、广东省政府保安队筹备处呈，据教导队呈送续办第二期并开办司号队增加经常预算案书表，暨拟将第二期训练期间展至六个月等情，转请察核指遵案。

（议决）除预算案内列担架排薪饷二百二十二元、月刊费三百五十元、临时费一千元不准外，余均照准；并饬依式编造第二期预算书呈核。

二、中国国民党广州特别市执委会函请增加补助广州日报经费每月七百元，合原补助共一千元，以五个月为限，五个月后减半补助案。

（议决）照原案拨。

三、财政厅呈，关于潮阳县民吴鳌山不服本厅批准发给郑祖荫登记确定证处分，提起诉愿一案，谨依法提出答辩书，连同案卷，缴请察核示遵案。

（议决）交罗院长、林市长审查。

四、建设厅长提议，准广东治河委员会函，请关于该会开采高要县大鼎山及清远县界牌坑等处石矿，请将应缴注册费官地偿金等豁免等由。查矿业注册费，系应缴部之款，呈文费及官地偿金，则应解交省库，此等款项，关系国库省库收入，应否豁免，请公决案。

（议决）呈文费及官地偿金照免，注册费照所请转部。

五、民政厅长提议，新委知〔和〕平县长岑衍璟，拟着另候任用，该县缺拟请以林国棠试署案。

（议决）照准。

广东省政府第五届委员会
谈话会决定案①

十月十七日　星期五

出席者　许崇清　范其务　金曾澄
列席者　罗文庄
主　席　许崇清（代）
纪　录　李立民

报告事项

一、国府文官处江日电告中央最近政情及其他重要事项五项：（一）公布国葬法及海陆空军惩罚法。（二）江西省政府委员兼财政厅长陈家栋辞职照准，财政厅长遗缺以黄伯忠继任。（三）参谋部次长李树春辞职照准，遗缺以葛敬恩继任。（四）中英于十月一日在京互换交收威海卫专约及协定批准书。（五）我陇海平汉各路讨逆军，连日克复官亭、扶沟、尉民、兰封、杞县、陈留、朱仙镇、龙门等要地，冯逆残部向开封西北溃窜，我军正在大举截击围剿中，洛阳、郑汴即可收复，

---

①　原件的第一百一十九次与第一百二十次议事录之间插载了 5 次本届委员会谈话会决定案，在时间上和前后两次议事录并不重叠，故予辑入。

战事将告结束。

二、行政院令，奉国府明令公布整理招商局暂行条例，抄发原条文，仰知照，并饬属一体知照。

三、工商部咨，关于浙江省党部训练部呈请解释区镇商会与县市商会是否并立一案，经中央常委谈话会决定：（一）各特别市各县及各市同一区域内以设立一商会为原则，非万不得已时不许区镇独立成立商会。（二）区镇商会与县市商会不相隶属等因。请查照转饬遵办。

四、工商部咨，奉行政院令，准中央训练部函，据浙江省党部训练部呈为洋商登记事宜，转请规定办法等情，查洋商加入商会，于法抵触，应予不许等由，抄发原附各件，饬部知照等因，请查照转饬遵办。

五、财政厅呈，查国民政府监督地方财政暂行法第四条，有关于省及特别市地方募集公债应呈行政院交由财政部核复，转送立法院议决后分别令行之规定，是本省发行整理金融库券，似应遵照办理，以符法例，合将原定章程细则及还本付息表，库券样本，请转立法院议决追认。

六、财政厅呈报将修改广东省屠牛税牛皮税征收章程缘由，连同修正章程及施行细则，请察核备案指遵。

讨论事项

一、财政厅呈复，拟请饬转广州电力公司援照委任机关成案，每月经费搭销金融库券二成，以五个月为限，当否，请核指遵案。

（决定）仍准暂免领销。

二、秘书处签呈，查统一公报一案，前经会议议决试办一个月，并定由十月份起办理在案。惟查各厅编送稿件，数量颇多，已接教厅函请每期检送四百本，财厅每期需用九百本，其他各厅所需册数，尚难臆测；职处前领公报印刷费，现在决不敷用，拟请核议令行财厅每月增加职处公报费若干元，并准酌添雇员，俾应支销，当否，请核准施行案。

（决定）每月由财厅增加印刷费三千元，雇员薪水一百二十元。

三、财政厅长兼中央银行行长范其务提议，本月二十日先行将黄隆生、周斯铭洋文签发五元、十元券无限制兑现，并准缴纳税款；其他各券，亦于最短期内分次筹兑，以维金融案。

（决定）准照办理，并令复财厅、中行布告周知。

四、民政厅长提议，海口市政局长冯仲皥辞职照准，遗缺拟请委陈柏试署案。

（决定）照准。

广东省政府第五届委员会
谈话会决定案

十月二十四日　星期五

出席者　许崇清　金曾澄　范其务
主　席　许崇清（代）
纪　录　李立民

报告事项

一、行政院令，奉国府令，劳工仲裁会条例着即废止等因，仰知照，并转饬所属一体知照。

二、行政院令，奉国府明令公布威海卫管理公署组织条例，抄发原条例，仰知照，并转饬所属一体知照。

三、民政厅、高等法院会呈，奉令会同拟具广东省查禁红丸办法草案一帙，请核定施行。

四、行政院令，据内政部、建设委员会会呈，拟于国内各处遍设雨量测验站，以资兴办水利，事属可行，除指令照准，并分令遵照外，检发全国雨量测验说明书，仰即遵照转饬各县政府遵照办理。

五、建设厅呈，据农林局案呈，拟将土壤调查所技佐名额五人缩为四人，即以节存之一百元并在特别费项下拨二十元合为一百二十元，津贴陆启光、陈显国两技士，于原定预算无甚出入，事尚可行，除照准外，请核备案。

六、广州市长呈报设立林场办事处，及拨给广东建设厅苗圃地址，筹设贫民教养院，收用禾田荒地经过情形，补缴图则一份，请核备案。

七、广东中央银行呈报职行自开收未兑现纸币定期活期有息存款以来，商民到行存贮者为数寥寥，现值大局敉平，此项有息毫券存款，经定期本月十六日起停止收入，至定期存款系以三个月为一期，拟仍分别付息，至存满三个月止，以维信用。

讨论事项

一、财政厅呈，拟具办理田亩陈报人员考绩条例，请察核公布施行案。

（决定）改暂行章程，公布施行。

广东省政府第五届委员会
谈话会决定案

十月三十一日　星期五

出席者　许崇清　范其务　金曾澄

列席者　罗文庄

主　席　许崇清（代）

纪　录　李立民

报告事项

一、国府文官处铣日电告中央最近政情三项：（一）公布国葬仪式及救灾准备办法。（二）任命王树常为河北省政府委员兼主席。（三）任命刘峙、张钫、刘茂恩、万舞、刘耀波、刘积强、张斐然、李敬斋为河南省政府委员，并任命刘峙兼主席，张钫兼民政厅长，万舞兼财政厅长，张斐然兼建设厅长，李敬斋兼教育厅长。

二、行政院令，公布旅行业注册暂行章程，抄发原条文，仰知照，并饬所属一体知照。

三、行政院令，奉国府明令公布国葬法，抄发原条文，仰知照，并饬属一体知照。

四、行政院令，奉国府用令公布陆海空军惩罚法，抄发原条文，仰知照，并饬属一体知照。

五、行政院令发人民团体理事监事就职宣誓规则一份，仰知照，并饬属一体知照。

194

六、行政院令，据建设委员会呈，请通令各省市政府转饬所属对于公用路灯及公共娱乐场所之灯价，酌量地方情形，分别规定公允办法，以维电业等情，除照转外，仰即转饬所属一体遵照办理。

七、内政部咨送市公民宣誓登记规则，请查照，并转饬遵照。

八、江苏省政府咨复，关于办理田亩陈报情形一案，经令民厅饬据土地局造具调查登记之实施计划清册，转报到府，检同原件送请查照备考。

九、广东中央银行呈报定期换发新券，收回前中央银行所发旧券办法两项，请察核备案。

十、财政厅呈请以后关于各厅请求将收入之款自行拨用之案，发交职厅核议，以便通盘筹划，俾免短竭库收。

讨论事项

一、教育厅呈，拟委邓水华为省立第三中学校校长，检同履历，请提会通过后，由职厅发给委任，以符定章案。

（决定）照委。

广东省政府第五届委员会
谈话会决定案

十一月四日　星期二

出席者　许崇清　金曾澄　林翼中　范其务
列席者　罗文庄
主　席　许崇清（代）
纪　录　李立民
报告事项

一、国府文官处敬日电告中央最近政情五项：（一）公布团体协约法。（二）县长考试暂行条例有效期间，延长至本年十二月底。（三）任命杨虎城为陕西省政府主席。（四）铁道部次长黎照寰辞职照准，遗缺以黄汉樑继任。（五）立法院委员周览辞职照准，遗缺以冯兆异继任。

二、行政院令，奉国府明令公布法官初试暂行条例，抄发原条文，仰知照，并转饬所属一体知照。

三、考试院令发法官初试典试委员会典试规则，仰并转饬所属一体知照。

四、内政部咨送区丁制服章程，请查照转饬所属一体遵照。

五、财政厅呈将令委广东麦粉特税兼办广东人造丝专税驻关办事处卡员名地址开征日期表，报请核准备案。

六、民政厅呈复奉令饬议关于职厅巡察员之设置，及应如何更正名称一节，查巡察一职，似可遵照修正省政府组织法规定，改为视察员，以符原制；至密查员之设，原系遇有密查事件，始行派遣，又多以巡察充任，实非常设专员，似可无庸裁撤，请察核办理。

七、教育厅呈，据广东驻日留学生经理员呈复，何承天现在明治大学高等专攻科研究法律，已与该生面洽补费，拟以三年为期等情，似可照准，该生月给学费日金八十元，拟请即由十九年十月份起给，当否，仍候指遵。

讨论事项

一、秘书处签呈，拟请仍照第一○九次议决案继续办理统一公报缘由，请核示遵案。

（决定）继续办理。

广东省政府第五届委员会
谈话会决定案

十一月十一日　星期二

出席者　许崇清　范其务　林翼中　金曾澄
列席者　罗文庄
主　席　许崇清（代）
纪　录　李立民

报告事项

一、国府文官处世日电告中央最近政情三项：（一）任命王玉科、姚铉、张见庵、林成秀、常炳彝、何玉芳、严智怡、陈宝秀为河北省政府委员，并任命王玉科兼民政厅长，姚铉兼财政厅长，张见庵兼教育厅长，林成秀兼建设厅长，常炳彝兼农矿厅长，何玉芳兼工商厅长。（二）公布民国十九年善后短期库券条例，及电影检查法。（三）定本年十二月一日为矿业法施行日期。

二、行政院令，奉国府明令公布国葬法，抄发原条文，仰知照，并饬属一体知照。

三、行政院令，奉国府主席交办中央秘书处函，以南京市执委会呈，请令各机关将会计款项尽数存入中央银行，并将收支表每日呈送主管机关一案，抄发原函，仰遵照办理，并饬属一体遵照。

四、行政院令发学生自治会组织大纲施行细则一份，仰分别转饬遵照。

五、行政院令，据工商、农矿两部会呈，恳准展缓技师换证限期六个月，通令全国遵照等情，查所请尚无不合，应准如所请办理，仰知照，并转饬所属一体知照。

六、内政部咨送公务员办理内政统计暂行考成规则，请查照，并转饬所属市政府遵照。

七、广东财政特派员兼财政厅长呈缴军需库券第二期售出号码表，及还本日期，并更定偿还办法，请核备案。

八、广州市政府呈复，据公用局拟具修订广州市长途汽车载客罚则前来，请察核备案。

讨论事项

一、民政厅、高等法院、建设厅会呈，奉令会核清远县呈拟拆卸城墙，利用砖价，以为修筑监狱马路等项一案，遵将会核饬遵情形，呈复察核，应否照准三水县前案办理，将拆得城砖全数拨充地方上建筑之用，仍候指遵案。

（决定）如呈办理。

广东省政府第五届委员会
第一百二十次议事录

十一月十八日　星期二

出席者　许崇清　邓彦华　金曾澄　林翼中　范其务
列席者　罗文庄
主　席　许崇清（代）
纪　录　李立民

报告事项

一、国府文官处阳日电告中央最近政情二项：（一）特任张之江为江苏绥靖督办，李鸣钟为豫鄂皖边区绥靖督办，刘镇华为豫陕晋边区绥靖督办。（二）任命马邻翼为蒙藏委员会委员。

二、行政院令，奉国府明令公布救灾准备金法，抄发原条文，仰知照，并转饬所属一体知照。

三、行政院令，奉国府明令公布团体协约法，抄发原条文，仰知照，并转饬所属一体知照。

四、行政院令，转据振务委员会孙委员等呈，为振灾委员会移送广东应得振灾公债券三十五万元，领到后，灾情已过，经与粤省陈主席及振务委员会金主席磋商分配办法，经议定，拨十万元为广东大衾麻疯医院扩充费，以十五万元为补助广东治河工费，尚余十万元尽数拨充总理故乡纪念建筑费用等情，自应准予照办，仰即知照。

五、农矿部咨，奉行政院令，准中央执委会训练部函开，查人民组织方案第一节，关于职业团体之规定，原属举例性质，渔民依法组组〔织〕渔会，自应与农会、工会、商会、工商同业公会等一体，依照是项方案所规定手续办理等由，仰部转饬，并通行各省市一体知照等因，请查照饬属知照。

六、财政厅呈，准广东省会公安局函，关于发还整理金融借租一案，由局发还，有窒碍情形等由，经与广东中行商定，仍由中行负责办理，惟偿还办法既经变更，其偿还期自应酌延数日，以便整理，请察核备案。

讨论事项

一、（略）

二、财、民政厅会呈复，奉令审查建设厅提议请将农业承垦发放事务划归该厅办理一案缘由，请核指遵案。

（议决）照办。

三、建设厅呈，转据番禺第四区冼村乡办事所长呈，以地瘠民贫，不能全数负担水利经费，除摊还一万八千元外，其余追加之一万四千二百一十二元五角，拟请政府补助等情，似可照准，请饬令财厅照案加拨案。

（议决）行财厅照拨，仍由该乡分年摊还，令复建厅拟具办法，饬遵具报。

四、民政厅呈，据警官学校呈为印刷职校概览费二千六百四十八元三毫，购备指纹机费九百二十三元零二仙七文，应请临时拨支等情，查此项概览及指纹机购备费，该校以前均未列入预算，应否准予临时追加照拨之处，请核示遵案。

（议决）行财厅照拨，嗣后关于请拨经费，须先呈奉核准。

五、（略）

六、财政厅呈报节省职厅公报印刷费，及裁减编辑职员薪额，解回省库核收，其各厅之编辑人员暨印刷费，拟请饬令同时裁减；至钧府现行公报，请规定价目，由各厅认定，按期领回分发，向来收费者仍照旧收费，逐月将各费等汇解省库，当否，请核指遵案。

（议决）照办，分行民、教、建三厅将各费酌量核减。

广东省政府第五届委员会
第一百二十一次议事录

十一月二十一日　星期五

出席者　金曾澄　邓彦华　林翼中　许崇清　林云陔　黄居素
　　　　　范其务

列席者　罗文庄

主　席　许崇清（代）

纪　录　李立民

报告事项

一、谨将本府委员会十月十七日、二十四日、三十一日、十一月四日、十一日各次会议改开谈话会，决定各案，分次汇编，补请核予追认。（照追认）

二、内政部咨，奉行政院指令，照准新疆省政府所请将柯平等五分县改升县治，将托克逊等六分县暂行改设设①治局等因，请查照转饬所属一体知照。

三、第八路总指挥部函，据航空处长呈，为酌拨员机试办两广民用航空，拟具纲则，请核转等情；查所呈各节，尚属可行，除指复照办并呈报国府外，希查照备案。

四、建设厅呈复，关于陆沙车路公司与盐行因争执运盐路线纠纷一案，据南路公路处长呈，将会同钦县、灵山两县长召集双方会议调处经过情形请核前来，查核议决办法尚属持平，应否准予照办，请核指遵。

讨论事项

一、民政厅呈复，关于各属查封匪产案件，似应援照各项条例办理，毋庸由职厅另订章则，致与国民政府治权行使之规律第二项之规定抵触，当否，请核指遵案。

---

① 原文此处有误。

（议决）交罗院长审议。

二、（略）

三、财政厅呈为收回东较场改建公共运动场一案，谨将关于收地偿价应请示各点条列，当否，请核指遵案。

（议决）照厅拟办理。

四、财政厅呈为查照议决成案，续订各县清丈登记各种章则，请核分别公布备案指遵案。

（议决）照准公布。

广东省政府第五届委员会
第一百二十二次议事录

十一月二十五日　星期二

出席者　许崇清　林翼中　金曾澄　邓彦华　范其务

列席者　罗文庄

主　席　许崇清（代）

纪　录　李立民

报告事项

一、行政院令，奉国府明令公布电影检查法，抄发原条文，仰知照，并转饬所属一体知照。

二、内政部咨，奉行政院令，准司法院咨复，解释监督寺庙条例疑义一案，请查照转饬所属一体知照。

讨论事项

一、国府令，据中山县训委会呈中山港区图说请予备案，又行政院呈据财政部电称，中山港进出口货物暂按关章办理各一案，经决议令广东省政府中山县训委会协同税务司勘定港区范围，限两月内呈核，在未核定前，暂照关章办理，仰遵办案。

（议决）遵办。

二、民政厅呈，据汕市府转报林桂馥堂请展期开彩，以现金给奖，

201

恳将洋楼开彩原案取销等情，查所请各节，迹近赌博，似应将原案根本撤销，请核指遵案。

（议决）如呈办理。

三、（略）

四、（略）

广东省政府第五届委员会
第一百二十三次议事录

十一月二十八日　星期五

出席者　许崇清　范其务　金曾澄　邓彦华　林翼中　林云陔
列席者　罗文庄
主　席　许崇清（代）
纪　录　李立民

报告事项

一、行政院令，奉国府训令，定自本年十二月一日为矿业法施行日期等因，仰知照，并转饬所属一体知照。

二、行政院令发堤防造林及限制倾斜地垦植办法，仰知照，并转饬所属一体知照。

三、内政部咨，奉行政院令复，照本部所拟办法，将原属山东省文登县管辖之威海卫城划归威海卫管理公署管辖区域，名称定为"威海卫行政区"，经呈奉国府令准如所议办理等因，请查照转饬所属一体知照。

四、国府文官处有【日】电，请迅将清乡条例施行之始末、运用该条例之利弊如何，对于该条例应否继续延长施行期间之意见三点，详细查复，以便转陈核办。

五、蒋主席中正敬日电达奉选兼任行政院长，已于十一月二十四日宣誓就职。

讨论事项

一、广州市政府呈报，饬据市立动植物园复称，属园拟将三眼灶等四处山地划入园场，于各处原有坟墓，一律仍予保存，不过在坟墓空隙植以树木，并非勒迁等情，似可准予所请，当否，候核指遵案。

（议决）照准，仍由该市府另划公地，以备新葬之用。

二、广东高等法院呈，请令行财厅对于国立广东法科学院所遗留前法官学校专门部辛壬两班补助费，每月一千零三十元，继续拨付至二十年八月份止案。

（议决）令财厅继续照案拨付。

三、民政厅呈复，遵令饬据巡察查明龙门县防逆费用属实各情形，应否准予核销，缴回奉发原表，请核令遵案。

（议决）准予核销半数。

四、（略）

五、（略）

广东省政府第五届委员会
第一百二十四次议事录

十二月二日　星期二

出席者　陈铭枢　邓彦华　许崇清　金曾澄　林翼中　林云陔　黄居素

列席者　罗文庄

主　席　陈铭枢

纪　录　李立民

报告事项

一、国府文官处马日电告中央最近政情七项：（一）公布国民政府主计处组织法、襄试法、监试法、海商法、施行法及考试复核条例。（二）定民国二十年一月一日为海商法及商标法施行日期，本年十一月二十五日为铁道军运条例施行日期。（三）惩治盗匪暂行条例施行期间，自本年十一月十八日起，延长六个月。（四）中央选任本府蒋主席兼行政院院长，于右任为本府委员兼监察院院长。（五）改组陕西省政府，任命李志刚、李协、李百龄、李范一、胡逸民、井岳秀、王一山为委员，并以主席杨虎城兼民政厅长，李志刚兼财政厅长，李协兼建设厅长，李范一兼教育厅长。（六）任命马鸿宾为甘肃省政府委员，兼代理主席。（七）任命洪维国为长芦盐运使，韩麟生为津海关监督，荆有宕为河北财政特派员。

二、内政部咨，奉国府核准陆海空军副司令张学良请将河北省政府暂行移设天津等因，请查照，转饬所属一体知照。

三、民政厅呈复，饬据巡察查明前化县县长林炜耀被控贪污横暴一案情形，拟请免予置议，当否，候令祗遵。

讨论事项

一、广东高等法院呈复，关于中山县呈请令饬该县登记局移交土地局接管一案，查案似未便遽予照办，请核指遵案。

（议决）中山县既设有土地局，应遵照土地法由土地局登记，至法院登记局应移交中山县土地局接管；各县土地登记，俟地政机关成立后，并应遵照办理。

二、建设厅长提议，据农林局潮安模范林场请拨款二千五百元建筑办事处等情，应否照拨之处，请公决案。

（议决）令财厅拨二千元，全部建筑费切实核减，以此数为限。

广东省政府第五届委员会
第一百二十五次议事录

十二月五日　星期五

出席者　陈铭枢　范其务　金曾澄　邓彦华　林翼中　许崇清
　　　　　　林云陔　黄居素
列席者　罗文庄
主　席　陈铭枢

纪　录　李立民

报告事项

一、国府文官处勘日电告中央最近政情五项：（一）国府于本日依据修正组织法，改开第一次国民政府会议。（二）公布船舶法及船舶登记法。（三）特派王宠惠、张学良、王正廷、孔祥熙、孙科、王伯群、宋子文为整理内外债委员会委员，并以王宠惠为委员长。（四）调任朱家骅为国立中央大学校长，金曾澄为国立中山大学校长。（五）简派驻义代办蒋履福为签订中波友好通商航海条约全权代表。

二、陆海空军总司令部令，为剿灭共匪，加紧督促，早竟全功起见，特颁布剿共赏罚令五条，仰遵照，并将奉到日期具报。

三、工商部咨送糖品进口检验规程，请查照，并饬所属机关知照。

讨论事项

一、高等法院、民政厅会呈，报告关于财厅呈缴税务局组织章程草案一案审查意见，请察核办理案。

（议决）照财厅原呈税务局组织章程修正通过。

二、（略）

三、建设厅长提议，请饬省库援助增博公路博罗段桥涵建筑费三万元，俾该路段得以早日完成案。

（议决）照准。

四、中山县县长呈为发展中山港区市政起见，拟根据土地法先行将港区全部土地分别区段种类，公平估价，俾需用时征收使用，请核准指遵案。

（议决）如呈办理。

五、广东省会公安局长呈为本市频年因特别要需，库收奇绌，征收租捐，政府原属万不得已之举，现默察本市经济状况，暨舆论要求，拟请明令嗣后永远停止抽收租捐，以示体恤，而顺舆情，请核施行案。

（议决）如呈布告永远停征，并行财厅遵照。

六、主席提议，请津贴留英学生缪培基、留美学生邓亚魂学费各大洋五千元案。

（议决）通过，令财厅照拨。

广东省政府第五届委员会
第一百二十六次议事录

十二月九日　星期二

出席者　陈铭枢　范其务　金曾澄　邓彦华　林翼中　许崇清
　　　　林云陔

列席者　罗文庄

主　席　陈铭枢

纪　录　李立民

报告事项

国府文官处鱼日电告中央最近政情六项：（一）特任刘尚清为内政部长，王正廷为外交部长，宋子文为财政部长，何应钦为军政部长，杨树庄为海军部长，高鲁为教育部长，王伯群为交通部长，孙科为铁道部长，孔祥熙为实业部长。（二）铨叙部长张难先另有任用，以钮永建继任。（三）禁烟委员会委员长张之江另有任用，免去本职，遗缺以刘瑞恒继任。（四）任命蒋梦麟为国立北京大学校长。（五）国立北平师范大学校长李煜瀛辞县〔职〕，照准，遗缺以易培基继任。（六）改组浙江省政府，任命张难先、周骏彦、石瑛、陈布雷、蒋伯诚、方策、王澂莹、张乃燕、叶琢堂为委员，并任命张难先兼主席，并兼民政厅长，周骏彦兼财政厅长，石瑛兼建设厅长，陈布雷兼教育厅长，财政厅长未到任前，以王澂莹代理。

二、财政厅呈请转呈行政院暨咨财部，准将财部前在粤发行各项公债，仍归部清还，由整理内外债委员会汇案并办。

讨论事项

一、教育厅呈，准广州市政府函，关于惠济东仓存放书版之两廒，请饬广雅印行所迅予搬迁等由，查前项书版搬迁困难，可否准予转饬照旧保留，抑拨款另建屋宇度〔庋〕藏之处，候示遵案。

（议决）在未觅得适宜度〔庋〕藏处所以前，暂仍存放原处。

206

二、广东省会公安局呈，据保安总队长曾则生造具出发中、顺、番剿匪支出什费表等，计共一万零九十元二角，转请准予报销，将款核发归垫案。

（议决）交财政厅核复。

三、（略）

四、建设厅长提议，遵令审核侨业公司胡俊、广州全属矿商同业公会徐军雁等先后呈，拟专营本省钨矿对外贸易一案，谨将拟议情形连同修正合办规约，提请公决案。

（议决）再修正通过。

五、建设厅长提议，拟请追加新式士敏土厂补充机器毫币四十五万元，即饬财厅转知广东中央银行如数增加借拨案。

（议决）由范厅长与邓厅长切实商借。

六、民政厅长提议，新会县长霍×撤职，遗缺拟请以开平县长沈秉强调署，递遗开平县缺，拟请以前任南雄县长梅翊强试署；花县县长曾友文调省，遗缺拟请以考选县长李誉德试署案。

（议决）照准。

广东省政府第五届委员会
第一百二十七次议事录

十二月十二日　星期五

出席者　陈铭枢　范其务　金曾澄　邓彦华　林翼中　许崇清
　　　　林云陔
列席者　罗文庄
主　席　陈铭枢
纪　录　李立民

报告事项

一、行政院令，奉国府转奉第三届中央执委会第四次全体会议修正国民政府组织法等因，抄发原附修正案，仰知照，并饬所属一体知照。

二、行政院令，奉国府明令公布国民政府主计处组织法，抄发原条文，仰知照，并饬所属一体知照。

三、行政院令，奉国府明令公布监试法，抄发原条文，仰知照，并饬所属一体知照。

四、行政院令，奉国府明令公布襄试法，抄发原条文，仰知照，并饬所属一体知照。

五、行政院令，奉国府明令定自本年十一月二十五日为铁道军运条例施行日期等因，仰知照，并饬所属一体知照。

六、农矿部咨送渔业登记规则及施行细则，请查照，并转饬所属遵照。

七、广东中央银行行长呈请准沈董事载和辞去董事兼职，并另遴委董事二人，以符原额，而便开会。

讨论事项

一、广州市国货展览会呈请拨助经费一千元案。

（议决）照准。

二、教育厅长提议，请增加广东省公共运动场建筑费六万三千五百四十元案。

（议决）照准。

三、财政厅长兼中央银行行长范其务提议，拟将所有未兑现五元纸币，于本月十六日起无限制兑现，并请函各铁路海关邮局十足通用案。

（议决）通过。

广东省政府第五届委员会
第一百二十八次议事录

十二月十六日　星期二

出席者　陈铭枢　范其务　金曾澄　林翼中　邓彦华　林云陔
列席者　罗文庄
主　席　陈铭枢

纪　录　钟喜焯（代）

报告事项

一、行政院令，奉国府明令公布海商法施行法，抄发原条文，仰知照，并饬所属一体知照。

二、行政院令，奉国府明令定自民国二十年一月一日起为海商法施行日期，仰知照，并饬所属一体知照。

三、行政院令，奉国府明令定自民国二十年一月一日起为商标法施行日期，仰知照，并饬所属一体知照。

四、内政部咨，抄送中央宣传部关于日报及通讯社登记与立案事件订定办法三项，请查照办理。

五、外交部冬日邮电，此后各国遣派或更调主管领事，未经本部先期知照，勿予正式接待；如有领事自行备文知照，应予拒绝收受；请查照，并转饬所属遵照。

讨论事项

一、建设厅呈为前就教厅划地建筑农林局址用去兴筑各费，计共一万零七百八十元，现该局续奉拨用东山皮革厂为局址，拟请令行财厅先行将前项用去之款如数拨还，移作现在各项工程之用案。

（议决）照准。

二、秘书处签呈，查广东惩办械斗暂行办法第十条规定，有"由该区善后委员核明转呈"字样，现各区善后委员经已裁撤，应否将条文内"由该区善后委员核明转呈"字句改为"由民政厅核明转呈"，及将同条末节删去之处，请核夺施行案。

（议决）照修正通过。

三、主席提议救济失业华侨办法案。

（议决）（一）广州设职业介绍所一所，由省府派出黄顾问会同建设厅、广州市社会局及海外同志社办理，并由建设厅召集会议筹设，另在汕头设职业介绍分所，由张市长会同华侨团体办理。（二）筹设募捐队，由建设厅召集广州市社会局、赈务会、海外同志社、总商会及其他较大华侨团体、慈善机关等派员组织之。（三）电请中央拨款救济，并请派员赴南洋设法救济，及切实保护。（四）嗣后关于出国华侨，由省会公安局详细审查出国原因，核发护照。

广东省政府第五届委员会
第一百二十九次议事录

十二月十九日　星期五

出席者　陈铭枢　范其务　金曾澄　林翼中　孙希文　林云陔
列席者　罗文庄
主　席　陈铭枢
纪　录　钟喜焯（代）

报告事项

一、国府文官处文日电告中央最近政情六项：（一）公布民事诉讼法、民法亲属编及民法继承编。（二）公布出版法、交通部航政局组织法及工厂法施行条例。（三）规定工厂法及其施行条例，自民国二十年二月一日起施行。（四）兼考选委员会委员长戴传贤辞委员长兼职，照准，遗缺以副委员长邵元冲继任，递遗副委员长一缺，以王用宾继任。（五）教育部政务次长刘大白辞职，照准，遗缺以李书华继任，教育部常任次长朱经农免职，遗缺调浙江省政府委员兼教育厅长陈布雷继任，递遗浙江省政府委员兼教育厅长一缺，以张道藩继任。（六）现任立法委员任期届满，改任吕志伊等为立法院委员。

二、行政院令，奉国府训令，定二十年一月一日实行裁撤厘金，及类似厘金之交通附加捐等，各省不得以任何理由请求展期等因，仰遵照办理具报。

三、行政院令，国府明令惩治盗匪暂行条例施行期间，着自十九年十一月十八日起再延长六个月等因，仰知照，并饬所属一体遵照。

四、行政院令，奉国府明令公布考试复核条例等因，抄发原条例，仰知照，并饬所属一体知照。

五、财政厅呈报奉发救灾准备基金法第二条，规定省政府每年应由经常预算收入总额内支出百分之二为省救灾准备金等语，如照本省十九年度岁入预算计，应支出准备基金甚巨，现在军事尚未结束，似难实行，拟俟军事结束后，编入二十年度预算内，再行审核办理，当否，请核指遵。

六、财政厅呈将办理新税率次第实行情形，暨各县应征钱粮原额税率，及留县解库额数编列成册，请察核备案。

讨论事项

一、主席提议，查省府组织保安队四大队，现将招募足额，亟应组织正式机关，并厘正名称，兹拟组织"广东省保安处"，为该队统辖机关，俟名称规定后，即饬该筹备处拟具编制预算等表，呈府核定施行，当否，候公决案。

（议决）照案通过。

二、主席提议，广东省保安处处长拟委欧阳驹充任案。

（议决）通过。

三、财政厅呈，拟推展募销金融库券两月，并酌定分期偿还办法，请公决施行案。

（议决）照通过。

广东省政府第五届委员会
第一百三十次议事录

十二月二十三日　星期二

出席者　陈铭枢　金曾澄　邓彦华　林翼中　许崇清　林云陔
　　　　　孙希文　范其务

列席者　罗文庄

主　席　陈铭枢

纪　录　李立民

报告事项

一、行政院令，奉国府令，关于四中全会通过之刷新中央政治方案乙项第六款，为限期实行各级考试，厉行铨叙甄别之各种法令，并规定各机关每三月造送职员进退表，及职员名额薪额详细表，分别呈送上级机关审核，各机关如有蒙报职员资格，或任用定额以外人员，应予其主管长官以处分，除分令考试院外，饬遵办等因，抄发原案，仰遵照办理，并饬所属一体遵照。

二、行政院令，奉国府令，关于四中全会通过之刷新中央政治方案乙项第八款，为限期成立主计处，直隶于国府，凡中央各机关，一律限于十二月底以前，地方政府限于二十年以前，造齐本会计年度之机关预算，及其主管范围内之预算，呈请国民政府核定，此后各机关之收支计算书，及附属单据，必须依法造送，呈请审核，违者分别申诫，或撤惩其主管长官；经审核而查有不符法令手续之支出或舞弊浮冒之证据者，由审计机关呈请监察院办理之；除行知监察院及审计院外，饬遵办等因，抄发原案，仰遵照办理，并饬所属一体遵照。

三、行政院令，奉国府令，关于四中全会通过之刷新中央政治方案乙项第十款内开，规定中央政务官不得兼任地方行政一节，饬遵照，等因，仰遵照，并饬所属一体遵照。

四、工商部咨送整理海员工会纲领，请查照办理，分别订立规则见复，以便施行。

五、禁烟委员会咨送二成戒烟经费支销办法一份，请查照转饬遵照办理。

六、民政厅长许崇清、秘书长李立民、委员黄居素呈复会勘中山港区界线情形，检同图说及说明书，请鉴核指遵。

讨论事项

一、财政厅呈为筹设不动产买卖典案经理局，拟具章程及施行细则，请核赐议决饬遵案。

（议决）交秘书处审查。

二、建设厅呈请令饬中央银行将琼崖赈余存款三十五万元拨交职厅直接管理，以便拨充收买琼崖全属公路之用案。

（议决）照办，令中行拨回，海口测港费须在内扣出。

三、略。

四、建设厅长提议，拟组织东江韩江农林演讲队，共需经费四千七百一十一元，请钧府拨给四千元，其余由农林局水源林调查费积存项下补足，连同预算书及图记，提请公决案。

（议决）照准。

五、建设厅长提议，拟购买美国呦特标拿筑路机械工厂第二项机车两架，第六项机车一架，以为建筑本省各公路之用案。

（议决）照购，在该厅二十年上半年筑路费两百万预算项下开支。

广东省政府第五届委员会
第一百三十一次议事录

十二月二十六日　星期五

出席者　陈铭枢　孙希文　林云陔　许崇清　邓彦华　金曾澄
　　　　　范其务　黄居素
列席者　罗文庄
主　席　陈铭枢
纪　录　李立民

报告事项

一、国府文官处皓日电告中央最近政情五项：（一）中央选任张作相、王树翰为本府委员。（二）任命龚学遂为江西省政府委员兼建设厅长。（三）任命齐真如为河南省政府委员。（四）内政部部长刘尚清未到任以前，以常任次长张我华代理部务。（五）公葬田桐，交湖北省政府办理。

二、行政院令，奉国府令，四中全会通过刷新中央政治方案丙项第七款第二节，关于军事善后之费用，应另行筹集专款，不妨碍通常政费军费之预算，但此一年期内其他积极方面之建设，应分先后缓急，不宜同时兼举，如各部因建设事业而需发行公债时，应提请政治会议审核，必需保证确实，需要急迫，及不影响公债信用，不增加国库负担，方得核准发行，并由财政部统一发行，饬院转饬遵照等因，抄发原案，仰即遵照。

三、行政院令，奉国府令，现由第一次国民政府会议决议，监察院改限于民国二十年一月成立等因，仰知照，并转饬知照。

四、行政院令，奉国府令，嗣后各级官吏绝对不得兼任商业机关之职务，与投机市场之交易，如敢故违，定予撤惩等因，仰即转饬所属一体遵照。

五、广东中央银行呈报，据广东丝业银行请求贷款与各丝商，即以丝商运销欧美各种生丝为抵押品，仍由该银行负责代办贷款，总额最多以三百万为限，并拟订约稿送行，经董事会议决，照时价丝价七成按借在案，抄录原约，请核备案。

讨论事项

一、财政厅呈具修正广东省征收火柴内地消费税章程草案及施行细则，请核备案指遵案。

（议决）照修正，章程、细则公布施行。

二、民政厅呈复，奉令准外交部咨请关于我国工人被雇为外轮水手，于其受雇情形，被雇条件，严格审查一案，现经饬据海员广东支会呈缴该会与各轮船公司所订现行合约前来，请核指遵案。

（议决）照审查，要点交民厅草拟暂行规程。

三、建设厅呈，据生丝检查所呈拟租用沙面屈臣氏货仓为所址等情，转请察核指遵案。

（议决）照办。

四、执信学校校董会呈，为筹建礼堂及执信先生纪念碑，预计需款十五万元，请钧府补助半数七万五千元，俾得次第完成案。

（议决）俟省库充裕时照拨。

五、民政厅长提议，澄海县长陈××撤职查办，遗缺拟请以前任灵山县长黄国樑试署；龙川县长古云琼调省，遗缺拟请以本府前任第三科长云大琦试署案。

（议决）照准。

广东省政府第五届委员会
第一百三十二次议事录

十二月三十日　星期二

出席者　陈铭枢　范其务　金曾澄　邓彦华　许崇清　林云陔
　　　　　孙希文
列席者　罗文庄
主　席　陈铭枢
纪　录　李立民

报告事项

一、行政院令，关于总理纪念周条例第四条规定纪念周之秩序，其第五项为演说或政治报告，兹奉中央执委会议决议，将此项节目改订为讲读总理遗教或工作报告等因，仰即转饬所属一体遵照。

二、行政院令，准国府文官处函，关于工厂每年停工日期，及日工星期日休假给资办法，现经中央执委会第一一五次常会决议，修正为"工厂每年停工日期，应依革命纪念日纪念式之规定为：一月一日，三月十二日，三月二十九日，七月九日，十月十日，十一月十二日，并增加五一劳动节一日，共计七日；至日工（工人工资以日计算者）星期日休假给资办法，应按照依法有效之团体协约或工作约办理"等由，仰即查照，并转饬所属一体知照。

三、行政院令，奉国府令，前据该院呈，据广东省政府呈为人民不服广州市政府之处分时，是否可径向省府提起诉愿，抑应向主管厅诉愿一案，经交司法院核复，行政院原呈所拟援照诉愿法第三条规定，向省政府提起诉愿，办法尚属允当，等情，饬院知照等因，仰即知照。

四、行政院令，奉国府令，嗣后全国军政各机关，务尊系统，恪守职权，督饬所属切实负责，不得再有泄沓偷惰割裂纷歧之恶习。服务人员如尚习于宴安，放弃责任，除依法从严惩戒外，并予该管长官以失察失职之处分，其有舞法营私侵公冒利者，尤为罪在不赦，一经察觉，定按非常程序，尽法惩治等因，仰即转饬所属一体遵照。

五、行政院令，奉国府交办关于张学良同志建议注重体育发扬民族精神一案，查原案内所建议与内政教育工商范围及各地政府事务有关，除分令外，抄发原件，仰遵照切实办理。

六、行政院令，抄发修正整理内外债委员会章程第二条条文，仰知照，并转饬所属一体知照。

七、财政厅呈报因饷糈紧急，库储支绌，特援照上年成案，提前征收各当按大小押预饷一年，限期缴纳办法各条开列，请核备案。

八、财政厅呈报护沙队调省缩编，及收容梁挹峰部经过情形，连同各队编制饷章表，请核赐备案。

讨论事项

一、建设厅呈，据侨商陈星阁呈为汕头西堤与对海角石海坦地价悬殊，利益迥别，恳准转呈另案办理，维持三十二次原议决案，抑或从纯利上酌量减抽等情，查所称不无理由，请核指遵案。

（议决）准从纯利上减抽，先将地价及历年复利四厘并此次填筑费除去，余款准由本人得回六成纯利，以四成纯利为政府收益。

二、（略）

三、（略）

四、（略）

五、建设厅长提议，为赶筑公路，款项困难，请饬中央银行将职厅前存路款之未兑现中行纸币改用现毫预先支付案。

（议决）照准。

六、整理广州电力公司委员会主席委员邓彦华提议，请准电力公司暂由用电户附股，拟具章程，请公决案。

（议决）照办，章程修正通过。

七、财政厅呈，奉部电饬举办火柴出厂统税，将火柴销费税撤销等因，应如何办理之处，请核示遵案。

（议决）火柴销费税照办，税率每件大洋两元。

八、财政厅呈，准广东卷烟税局函，请将关于士敏土、火柴两项税收案卷移交接收办理等由，应否将案移送，候指遵案。

（议决）咨财部请仍由省库征收。

九、民政厅长提议，恩平县长庄陶如辞职照准，遗缺拟请以现任民政厅秘书余超调署；饶平县长陈冬青停职查办，遗缺拟请以刘一昆试署；海康县长李晖南调省，遗缺拟请以宝安县长胡钰调署；递遗宝安县缺，拟请以沈岩试署；河源县长张尔超辞职照准，遗缺拟请以巡察邓祖望试署；罗定县长周颐辞职照准，遗缺拟请以顺德县长林鸿飞调署；递遗顺德县缺，拟请以前任民政厅主任秘书林式增试署；阳江县长吴俊调省，另候任用，遗缺拟请以阳春县长李伯振调署；递遗阳春县缺，议请以孔昭度试署案。

（议决）照准。

广东省政府第五届委员会
第一百三十三次议事录

民国二十年一月六日　星期一〔二〕

出席者　陈铭枢　金曾澄　邓彦华　孙希文　许崇清　黄居素
列席者　罗文庄
主　席　陈铭枢
纪　录　李立民
报告事项

一、国府文官处卅日电告中央最近政情六项：（一）公布政治犯大赦条例。（二）公布农会法。（三）定民国二十年元旦明令受勋。（四）现任公务员甄别审查条例之施行，展期至民国二十年六月底截止，公务员任用条例展期至民国二十年七月一日施行。（五）撤销赈务会。（六）明令抚恤林支宇及林葆怿。

二、行政院令，奉国府令，凡属原有盐觔附加税捐省份，均限于民国二十年三月一日一律划归财政部统一核收，以便分别减免，自此次划归后，各该地方不得再征盐斤附税，至于查议，等因，仰即遵照。

三、实业部篠日邮电，查未入公会之同业，应遵守行规一案，经本部拟具意见，呈奉院令可行，抄附原呈，请转饬各主管厅局、各商会，及同业公会一体知照。

四、建设厅呈复，遵令核明整理广州电力公司委员会呈，拟补充电气事业人检查窃电及追偿电费规则条文三项，似可准予照办，但此案系奉行政院核准施行，拟先转呈行政院审核办理，当否，仍候指遵。

五、广东财政特派员公署函将黄埔军校保管委员会修正预算书逐项附具按语，送请转呈蒋总司令准将该会经费预算减至最低限度，以昭核实。

六、财政厅呈为酌拟变更支配清丈沙田测量队经费预算，请核准备案。

讨论事项

一、财、民政厅呈复，遵令会同审议广州总商会请撤销长堤码头税一案，拟具意见，请察夺案。

（议决）转呈。

二、广东省救济失业回国华侨委员会呈请指拨现款十万元，办理救济失业回国华侨案。又呈具广东省救济失业回国华侨委员会组织章程，请核指遵案。

（议决）由赈务会及造币厂盈余各拨五万元，其赈务会之五万元，由财厅在赈款内拨支；章程通过；总务股由民厅派员兼任，筹款股由赈务会派员兼任，调查股由市府及海外同志社派员兼任，设计股由建设厅派员兼任，交际股由黄顾问担任。以上所派各员不另支薪。

三、广东中央银行呈报商准财厅以琼崖各属派销金融库券，维持海口支行，结算流通暂停兑现之地名券，其整理办法，经提交董事会议决，分甲乙两种，经商会调查存店，又经支行登记封存者，为甲种，均以地名券一元换领库券一元，此外无论已否经支行登记封存及商会调查，均为乙种，以地名券三元换库券二元在案，录案请核指遵案。

（议决）照准。

广东省政府第五届委员会
第一百三十四次议事录

一月九日　星期五

出席者　陈铭枢　林翼中　许崇清　金曾澄　范其务　邓彦华
　　　　　黄居素
列席者　罗文庄
主　席　陈铭枢
纪　录　李立民

报告事项

一、行政院令，关于北宁铁路机车设备短期公债条例一案，奉国民政府会议决议，条例通过，交行政院公布，债券发行手续由行政院转饬铁道、财政两部协商办理，等因；抄发原条文暨表，及原附抄呈、抄函，仰知照，并转饬所属一体知照。

二、行政院令，奉国府明令公布船舶法，抄发原法，令仰知照，并转饬所属一体知照。

三、行政院令，奉国府明令公布船舶登记法，抄发原条文，仰知照，并转饬所属一体知照。

四、行政院长兼理教育部长蒋中正养日邮电，奉国府令，教育部新任部长高鲁未到任以前，由行政院长蒋中正兼理教育部部长职务等因，遵于十二月二十二日视事。

五、行政院令，关于四中全会通过之刷新中央政治方案丙项第四款内开：关于铲共剿匪，中央应视为最要急务，党政军民各以全力切实合作，期于三个月至六个月内办理完竣，就于必要之地区，并得设置临时之总揽指挥机关，其办法由中央政治会议决定之等语。兹奉中央政治会议议决：（一）在清剿匪共之区域，得由陆海空军总司令设置行营指挥一切部队。（二）在清剿匪共之区域，由中央党部训令各省党部，关于政务应接受陆海空军总司令行营之指挥。（三）在清剿匪共之区域，由中央党部训令各省党部，关于党务应接受陆海空军总司令行营之处理等因。仰即遵照办理具报。

六、行政院令，前据该省政府呈据民政厅请设立汕头市一案，经令行内政部议复，提出本院第一次国务会议议决：暂准设市，隶属省政府。除照案呈请国府鉴核施行外，仰即遵照。

七、内政部咨，奉行政院令，为本部前以河北省政府业奉令准移设天津，依市组织法之规定，北平市应改隶于行政院，天津市应改隶于河北省政府一案，经呈奉国府提出国务会议决议，依法分别改隶在案，仰转饬遵照等因。除分行外，请查照，并转饬所属一体知照。

八、禁烟委员会咨送水陆公安机关考查烟犯办法，请查照转饬一体遵照办理。

九、财政部函知民国十八年裁兵公债第四次还本，照章定于二十年一月十日在上海银行公会举行抽签，凡抽中各债票，定于一月三十一日起，由各地中央、中国、交通三银行开始付款，请查照。

十、财政厅呈复，奉令关于实行裁撤厘金一案，昨经职厅将所属各厘厂概行裁撤，分令遵办在案，请察核。

讨论事项

一、教育厅呈，据省立图书馆呈复，奉令饬将收用文德里三巷民房查明拨给产价一案经过情形，应否准予令行财政厅照拨给领之处，候令指遵案。

（议决）照给。

二、财政厅呈请饬建厅将花捐钱粮附加路款收入数目报销，嗣后仍交还本厅征收，其增设测量经费，应另编预算，呈候核定，再行支付案。又建设厅提议，准财厅函，关于花捐附加及钱粮附加路款支拨办法，暨增加测量队及南路四工程处经费，应行更改一案，所提各种理由，多与原案不符，谨分别查明，连同测量队及四工程处预算表等，提请公决案。

（议决）花捐附加交回财厅征收，所有督修测量各费，由财厅按款拨付。

三、略。

四、（略）

五、民政厅呈，据汕头市长呈复，关于撤销林桂馥堂洋楼开彩一案办理困难情形，请准照前呈所拟变通办理等情，转请察核指遵案。

（议决）照准。

六、民政厅长提议，揭阳县长毛琦辞职，照准，遗缺拟请以鹤山县长方德华调署；递遗鹤山县缺，拟请以省府秘书方孝岳试署；普宁县长王敬辞职，照准，遗缺拟请以前任丰顺县长张叔廉试署；南雄县长吴文潼另候委用，遗缺拟请以丰顺县长何迺英调署；递遗丰顺县缺，拟请以皮嗣襄试署；感恩县长黄汉英辞职，照准，遗缺拟请以翁寿昌试署；昌江县长同斯兼辞职，照准，遗缺拟请以吴伯炯试署；五华县长魏荣辞职，照准，遗缺拟请以钟耀焜试署案。

（议决）照准。

广东省政府第五届委员会
第一百三十五次议事录

一月十三日　星期二

出席者　陈铭枢　金曾澄　邓彦华　孙希文　许崇清　范其务
　　　　　林云陔　黄居素

列席者　罗文庄

主　席　陈铭枢

纪　录　李立民

报告事项

一、行政院令，据财政部呈，为实行裁厘伊始，流弊必须预防，良以多数税棍潜势未消，一旦无所附丽，必至勾结当地插巡流痞，对于过往商货，中途劫持敲诈，一般货客船户，自卫能力本形薄弱，不克横遭荼毒，重增苦痛，实于革除秕政前途大有妨碍，恳令行各省饬县负责督同公安警队随时严密查拿，尽法严惩，等情，仰即遵照饬属一体严密查禁。

二、行政院令，奉国府明令公布出版法，抄发原条文，仰知照，并饬属一体知照。

三、行政院令，奉国府明令公布工厂法施行条例，抄发原条例，仰知照，并饬属一体知照。

四、行政院令，奉国府明令公布交通部航政局组织法，抄发原条文，仰知照，并饬属一体知照。

五、禁烟委员会咨送中央及各省市调验所规程，请查照办理。

六、广东财政特派员兼财政厅长呈报继续偿还第三期军需库券券额，及加印库券换回银业行金融借款多搭二成金融公债支付本息日期，连同号码单，请核备案。

七、财政厅呈复，奉令实行裁厘，收抵不敷甚巨，职厅前由十八年三月起至十九年十一月，共借与财特署交给军费之三千六百七十四万三千八百六十元零八毫，请呈行政院转令财部即予偿还，以维省库。

讨论事项

一、建设厅呈复，奉令将北路省道第三干线原改两线图说及工程概算书表缴核等因，查原改两线各长四百余里，若须实地测勘，非经四五月工作不易测竣，故未派员实测，应如何办理之处，候令祇遵案。

（议决）照办。

二、（略）

三、财政厅呈请将查验民产抵押外款一案明令撤销，免滋日后缪辖案。

（议决）照取销。

四、民政厅长提议，本厅秘书余超奉委试署恩平县长，所遗秘书一缺，拟请以前本厅第二科科长张孝箴补充，请公决案。

（议决）照准。

五、民政厅长提议，吴川县长萧惠良调省，遗缺拟请以黄武试署案。

（议决）照准。

六、主席提议，拟请每月拨足黄埔军校保管经费五千元案。

（议决）函财特署照拨四千元，补呈总司令部，并行知黄埔保管委员会。

广东省政府第五届委员会
第一百三十六次议事录

一月十六日　星期五

出席者　陈铭枢　范其务　金曾澄　邓彦华　林云陔　许崇清
　　　　　　孙希文　黄居素

列席者　罗文庄

主　席　陈铭枢

纪　录　李立民

报告事项

一、国府文官处佳日电告中央最近政情五项：（一）公布国民会议代表选举法，及民国二十年卷烟库券条例。（二）任命刘翼飞、伍庸、文光、高惜冰、赵兴德、穆楚克栋、鲁布、杭锦寿为察哈尔省政府委员，并任命刘翼飞兼主席，伍庸兼民政厅长，文光兼财政厅长，高惜冰兼教育厅长，赵兴德兼建设厅长。（三）任命马麒代理青海省政府主席。（四）驻法公使高鲁另有任用，免去本职，遗缺以钱永铭接充。（五）特派邵元冲为考试复核委员会委员长。

二、军政部函送军人监狱组织大纲、中央军人监狱编制表、各省军人监狱编制表、军人监狱规则、军人监狱处务规则，请查照，并饬属一体知照。

三、财政厅呈复，奉令据汕头商会转据汕头市抽纱公会呈请豁免抽纱原科之赤麻厘金一案，业经分令豁免在案。又本年一月一日，已将汕头进口洋布匹头厘费裁撤，改办广东省织物类特种消费税，汕头分局在新章未颁发以前，暂照旧厘率征收，合并陈明。

四、财政厅呈复，奉饬核复公安局保安队往中顺剿匪支出船租煤炭电油什费等项，请准报销，将款核发归垫一案，拟仍由该局在原有收入项下拨支，以免牵动预算。

讨论事项

一、广东高等法院呈，据清理江门工商分行债项委员会呈，请核示对于江门中央支行抵押契约应否优先受偿一案，转请鉴核指遵案。

（议决）令中央银行查明该支行抵押行址是否属实，并调验契约，呈复核夺。

二、建设厅呈，据西村士敏土厂建筑工程处呈，拟将没收大利公司充公，材料投变。款项以五成为各职员津贴，以五成解厅拨充奖金等情，转请察核指遵案。

（议决）该公司所缴保证金一千元，罚充归公，其用途由该厅支配，至购存各物发还。

三、财政厅呈拟将广东省立第二中学校产投变缘由，当否，请核指遵案。

（议决）照办。

四、整理广州电力公司委员会呈，拟将修正广州电力公司带收用电户附股章程第七条改为："电力合约每四度收附股一毫，不及四度者不计。"请核备案案。

（议决）照修改备案。

五、民人谢良牧呈为前向财厅承领河南石涌口红旗杆地业，近奉公安局派员将民地划给厂东街各住户，并限令拆迁，恳请取销前议决案，另觅官地指给案。

（议决）交市政府另拟办法呈复。

六、建设厅长提议，经营惠州西湖，设立管理局，及筹设西湖苗圃，以维名胜，而兴林业，检同各计划书章程预算，提请公决案。

（议决）照准，交该厅办理。

七、委员邓彦华提议，移民开垦雷州及琼崖荒地，发展农林事业，救济失业归国华侨案。

（议决）侯侯、邓两委员调查后，计划办法，转报到府再议。

广东省政府第五届委员会
第一百三十七次议事录

一月二十日　星期二

出席者　范其务　金曾澄　邓彦华　许崇清　孙希文　林云陔
　　　　　林翼中
列席者　罗文庄
主　席　许崇清（代）
纪　录　李立民

报告事项

一、行政院令，嗣后各机关来往款项汇兑，应一律交由中央银行办理，不得违误。若阳奉阴违，一经查觉，定予该机关主管长官以严厉处分。如事实上确有窒碍，准于二十年一月十日以前，陈明理由，呈候核办。仰遵照，并转饬所属一体遵照。

二、财政厅呈，关于广东清佃收支，似应仍旧归诸省库，请核复财部暂勿变更，以免窒碍。

三、财政厅呈，准广东中央银行函，拟将拨存加一专款抵补军事损失，殊属正当，自应照办，请核备案。

四、财政厅呈请派员莅厅监视截角焚毁余存未发金融公债债票，以免弃置于库。

讨论事项

一、建设厅长提议，拟分四期完成省道各干线，并请饬库于本年内拨款，将第一期应办各路，着手兴筑，连同预算表，提请公决案。

（议决）工程处组织预算照准，第一期东路第二干线，西路第二干线，南路第四干线，南韶公路，合灵公路，令财厅于本年内拨款兴筑；各路土方路基，由各县照章征工兴筑，其桥梁涵洞及山石过多不能征工地段，另造具详细预算，提会再议。

二、主席提议，据兼中央银行行长范其务面恳辞职，照准，遗缺拟以副行长沈载和调充；递遗副行长缺，拟以该行董事杨建平调充，并以黄委员居素补充董事，请公决案。

（议决）通过。

三、民政厅长提议，东莞县长冯焯勋辞职，照准，遗缺拟请以陈达材试署，请公决案。

（议决）照准。

广东省政府第五届委员会
第一百三十八次议事录

一月二十三日　星期五

出席者　许崇清　金曾澄　邓彦华　林翼中　孙希文　林云陔
列席者　罗文庄
主　席　许崇清（代）
纪　录　李立民

报告事项

一、国府文官处电告中央最近政情五项：（一）公布实业部组织法。（二）清乡条例施行期间延长至本年六月底止。（三）交通部政务次长李仲公另有任用，免去本职，遗缺以俞飞鹏继任。（四）军政部常任次长陈仪调任军政部政务次长，递遗常任次长一缺，以曾浩森继任。（五）黑龙江省政府委员兼教育厅长高家骧另有任用，免去本兼各职，遗缺以郑林皋继任。

二、考试院令知，定自本年二月一日起，至四月底止，为考试复核期限，仰并饬属一体知照。

三、实业部咨送商标法施行细则，请查照转饬所属一体遵照。

四、广东中央银行呈报，拟于旧普通券截角销毁完竣后，即将汕头旧地名大洋券，及未发行之汕头新地名大洋券，逐日依照原定时间，继续销毁，请核备案。

五、行政院令，据财政部呈送各省征收营业税大纲及补充办法，均属可行，抄发原件，仰即遵照办理。

六、行政院令，奉国府明令公布民国二十年卷烟税库券条例，抄发原条例及表，仰知照，并饬属一体知照。

七、财政厅呈，为粤省裁厘改办特税，收入减少，请转呈行政院令财政部照案拨补，以顾地方。

八、财政厅呈复，奉令准将金融库券收回海口地名券，已饬海口分库就近将券拨交分行备用，合将遵办情形请察核。

讨论事项

一、建设厅呈，据建设协进会转呈，侨业公司胡俊陈请再行修改广东官商专营钨矿对外贸易合办规约等情，转请察核，俯予照准案。

（议决）照修改通过，饬补具规约全文备查。

二、教育厅呈，据省立第一女子中学校校长吕兰芳呈请辞职，经予照准，遗缺查有叶素志堪以接充，检同履历，提请议决后，由厅发给委任案。

（议决）照准。

广东省政府第五届委员会
第一百三十九次议事录

一月二十七日　星期二

出席者　陈铭枢　金曾澄　许崇清　孙希文　林云陔
列席者　罗文庄
主　席　陈铭枢
纪　录　李立民

报告事项

一、行政院令，奉国府明令公布国民会议代表选举法，抄发原条文，仰知照，并饬所属一体知照。

二、行政院令，奉国府明令公布军事机关制发执照证明书规则，抄发原条文，仰知照，并饬所属一体知照。

三、行政院令，奉国府明令公布考试法施行细则，抄发原条文，仰知照，并饬所属一体知照。

四、行政院令，奉国府明令公布典试规程，抄发原条文，仰知照，并饬所属一体知照。

五、行政院令，奉国府明令公布总理陵园管理委员会组织条例，抄发该条例，仰知照，并饬所属一体知照。

六、行政院篠电，总理陵园全部建筑费，现经中央常会议决，广东担任二十六万元，由省库支出，于二年内分期缴清，并经国民政府会议议决，以每年五月一日、十一月一日为缴款期，合行电令遵照具报。

七、财政厅呈报酌改征收典店预饷办法，请核准备案。

八、行政院咸电，奉国府转行中执会函，规定人民团体限期改组或重新组织办法三项：（一）各种人民团体改组期限，除农会俟农会法公布后另为规定，商会应依照国民政府国务会议决议，照修正商会法第六、第七两条办理，暨法令另有规定外，工会及社会团体，统限于民国二十年一月底一律改组完竣。（二）各种人民团体法定改组期限已满，而尚未改组完竣者，应依照人民团体组织方案，及各该团体有关系之法令，一律重新组织。（三）各种人民团体之重新组织者，限于民国二十年二月十五日以前一律正式组织成立，由院转饬遵行。等因。合电饬遵。

讨论事项

一、广东中央银行呈为展拓业务起见，拟酌做不动产抵押放款，并将职行条例第十一条第一项条文修正，请核准指遵案。

（议决）照准备案。

二、广州市政府呈，据工务局呈拟将旧英领事署辟为公园等情，查该局所拟，系为利便市民游息起见，似尚可行，转请察核指遵案。

（议决）准照办理。

三、陈主席、金厅长、许厅长提议，拟设立广东艺术院一所，内部暂设戏剧、音乐、造形美术三院，即以广东戏剧研究所原有之戏剧学校、音乐学校管弦乐队等经费略事增益，即可成立，每月约需三千元，俟将来各部分发展，再行扩充，分设文学院、造形美术院、戏剧院、音乐院四院，如荷赞同，请即派员筹备案。

（议决）通过，派金厅长、许厅长、欧阳所长予倩为该院筹备员。

四、汕头香师长翰屏皓马两电，拟于梅、蕉、平、埔县城附近建筑砲楼，并架设四县联络电话，以固边圉，其材料费约共需三万元，请设法拨助案。

（议决）由省库即拨一万五千元，其不足之数由香师长另筹。

广东省政府第五届委员会
第一百四十次议事录

一月三十日　星期五

出席者　陈铭枢　金曾澄　林云陔　许崇清　孙希文
列席者　罗文庄
主　席　陈铭枢
纪　录　李立民

报告事项

一、国府文官处梗日电告中央最近政情三项：（一）公布国民会议代表选举法施行法、民法亲属编施行法、民法继承编施行法及教育会法。（二）筹设国民会议选举总事务所，以戴传贤为主任。（三）承认巴拿马新政府。

二、行政院令，奉国府明令公布农会法，抄发原条文，仰知照，并转饬所属一体知照。

三、财政部函，本年一月三十一日为民国十八年裁兵公债第四号息票开始付款之期，所有付息事宜，委托各地中央、中国、交通三银行经理，检送该项付息布告，请查照。

四、财政厅呈报将各县田亩陈报处结束改组田土清丈登记处，拟具办法及经费表，请察核备案。

五、行政院令，奉国府明令公布民国十九年中华民国海关进口税税则，抄发原税则，仰知照，并转饬所属一体知照。

六、行政院令，奉国府令，据司法院核复第八路陈总指挥请将修正广东惩办盗匪条例补充条例第一条第三款于"抢劫财物"之下，加入"或掳人营利者"等字样一案，尚属可行等情，应予照办，抄发上年核准备案之原条例及陈总指挥原呈，着转饬遵等因，仰即遵照。

七、内政部咨，河北省政府请在遵化县属之兴隆山地方增设兴隆县治一案，现奉行政院令准照办等因，请查照转饬所属一体知照。

八、广东高等法院院长、首席检察官电呈，关于琼崖法院兼理重要反革命案件，经遵饬移送驻琼海军陆战队第一团部接收，惟此项因粮，拟请钧府酌定办法，由该团自赴上级机关请领，或饬财厅指定琼崖财政机关就近拨支，其以前由琼法院垫支之款，亦请由该团领还归垫。

讨论事项

一、保安队筹备处呈，拟由职处积存余款项下，拨款继续兴建惠州北门外兵房，绘具图说并报告书，请核准备案。

（议决）交欧阳处长拟办。

二、广东省保安处呈，拟具职处组织暂行章程，连同官佐编制表，请核公布施行案。

（议决）照修正通过。

三、广东省保安处呈，查前筹备处奉发保安队编制名称，均有应请改善之处，兹谨逐项说明，列具请〔清〕册，连同原定及拟修改编制表，请核指遵案。

（议决）照准。

四、广东省保安处呈，拟由二月一日起成立特务一营，并分别组设通讯队病院等，请按月拨给职处经临两费毫洋二十万零一百五十三元六毫，连同预算表，请核行财厅照数给领案。

（议决）照准。

五、金厅长、许厅长提议，拟请以原拨培英中学建校之河南白蚬冈地址，改拨为建筑广东艺术院之用，另择他地给还该校案。

（议决）令市政府照拨。

六、（略）

广东省政府第五届委员会
第一百四十一次议事录

二月三日　星期二

出席者　陈铭枢　金曾澄　许崇清　孙希文　林云陔

列席者　罗文庄

主　席　陈铭枢

纪　录　李立民

报告事项

一、行政院令，奉国府明令公布民事诉讼法第一编至第五编第三章，抄发原条文，仰知照，并转饬所属一体知照。

二、行政院令，奉国府明令公布民法第四编亲属，及民法第五编继承，抄发原条文，仰知照，并转饬所属一体知照。

三、行政院令发试办预算章程补充办法四条，仰遵照办理，并转饬所属一体遵照。

四、财政厅呈复，查陆丰县烟酒屠附加费，系属征收事项，现由该县党部自收自用，殊于财政统一大相违悖，似应交还县署征收，以资整理，请核饬遵。

五、财政厅呈报金融库券第一期售出号码及抽签偿还办法日期，暨拟援照军需库券及历次公债成案，按月在省库收支项下临时动支经费五百元，实报实销缘由，连同号码表，请核指遵。

六、行政院令发修正中山县训政实施委员会组织大纲，仰知照，并转饬所属一体知照。

讨论事项

一、（略）

二、（略）

三、财政厅呈，关于联义海外交通部每月补助五百元一案，现奉财部核饬，应仍由厅照案办理，应否准予支援并追加预算，请核饬遵案。

（议决）应仍由特派员公署照案拨支。

四、建设厅呈报派矿业调查团开采帽峰山金矿情形，并拟在钨矿捐项下拨给经费一千元，检同报告书，请核备案。

（议决）照准。

五、民政厅长提议，依国民政府修正中山县训政实施委员会组织大纲第六条之规定，应请任命中山县训政实施委员会主席唐绍仪为中山县县长，理合提请公决案。

（议决）照任用。

广东省政府第五届委员会
第一百四十二次议事录

二月六日　星期五

出席者　陈铭枢　孙希文　许崇清　林云陔　金曾澄
列席者　罗文庄　黄其琮　廖桐史
主　席　陈铭枢
纪　录　李立民

报告事项

一、行政院令，奉国府令，转据考选委员会呈请通令各省自二十年起，所有各省呈请举行考试，应即一律停止，其各项考试，概由考选委员会按照需要，随时呈请考试院核夺施行等情，应予照准，饬院转行知照等因，仰知照，并饬属一体知照。

二、行政院令，奉国府令，据禁烟委员会呈为福建省政府请转呈通令全国一致切实奉行公务员调验规则，并定烟瘾未断之人，一律不准服务公职等情，应予照准，饬院转行遵照等因，仰遵照，并饬属一体遵照。

三、国府文官处函，准行政院函，为奉交广东省政府呈拟外国人及教会租买屋地税契办法等案，经交内政、外交、财政三部会同核复，意见尚属妥适，请转陈核办一案，奉谕查案转知广东省政府等因，请查照。

四、内政部咨送内政部核发候补荐任警察官证书规则，请查照。

五、国府文官处陷日电告中央最近政情四项：（一）公布危害民国紧急治罪法、导淮委员会组织法、农会法施行法，及棉纱火柴水泥统税条例。（二）改定自民国二十年八月一日为工厂法及工厂法施行条例日期。（三）任命郑洪年为实业部政务次长，穆湖玥为常务次长。（四）任命商震、张济新、常秉彝、冯司直、仇曾贻、张维清、郭宝清、李尉人、胡颐龄为山西省政府委员，并任命商震为主席兼民政厅长，张济新兼财政厅长，常秉彝兼农矿、工商两厅厅长，冯司直兼教育厅厅长，仇曾贻兼建设厅厅长。

讨论事项

一、建设厅呈复关于建筑省府合署一案，查市府所呈估定收用各地段价格表，尚属适合，惟发给产价，收用地段，系属市府范围，似应仍由市府转饬财政局办理，将来建筑计划，则由职厅设计，以归划一，请察核案。

（议决）照办。

二、财政厅呈为发行金融库券一案，现查存券无多，拟具变通办法五项，是否可行，请察核指遵案。

（议决）照准。

三、教育厅长提议，拟设立广东省立民众教育院一所，检同组织系统图规程课程预算书等，请公决案。

（议决）先派员筹备，附件发交计划。

四、民政厅长提议，廉江县长潘绍棪调省，遗缺拟请以米星如试署；云浮县长彭世枋调省，遗缺拟请以孙甄陶试署；阳山县长胡检修调省，遗缺拟请以康祝年试署案。

（议决）照准。

五、民政厅长提议，请委廖化机为民政厅视察案。

（议决）照委。

广东省政府第五届委员会
第一百四十三次议事录

二月十日　星期二

出席者　陈铭枢　金曾澄　许崇清　孙希文
列席者　黄其琮　廖桐史　罗文庄
主　席　陈铭枢
纪　录　李立民

报告事项

一、行政院令，奉国府明令公布阵中要务令，检发原文，仰知照，并转饬所属一体知照。

二、行政院令，奉国府明令公布实业部组织法，抄发原条文，仰知照，并转饬所属一体知照。

三、行政院世日电知工厂法及工厂法施行条例，原定自民国二十年二月一日起施行，现奉国府明令改定为自同年八月一日起施行。

四、考试院令发高等考试普通行政人员考试条例，仰知照。

五、考试院令发高等考试财务行政人员考试条例等十五种，仰知照，并转饬所属一体知照。

六、考试院令发应考人专门资格审查规则，仰知照，并转饬所属一体知照。

七、考试院令发检定考试规程，仰知照，并转饬所属一体知照。

八、监察院长于右任冬日电知于二月二日在国民政府宣誓就职。

九、财政部咨，奉行政院令，据广东省府转陈请示取缔万国储蓄会，仰核明径复等因，查该会系前北平财部核准设立，复经本部准予注册，如无他项违法行为，似不应在取缔之列，请查照转知。

十、实业部咨，关于公司商号商标等注册事宜，仍由本部主管，由本年二月一日起，所有以上各项注册，一律免予附收教育费，请查照转饬一体知照。

讨论事项

一、教育厅呈，准驻法使馆函，转请发给留法巴黎大学，博士院生符孔遴津贴等由，兹拟每学期给予该生津贴毫银一千元，以两学期为限，当否，请核示遵案。

（议决）照准。

二、秘书处签呈，查关于高等法院呈请核示邓本殷在琼所发管业执照是否认为有效一案，奉第七十八次会议议决，令海口市政局布告，凡持有邓本殷所发印契执照者，须向该地官厅换领新契，不另收税，惟酌定手续费少许等因；当时邓本殷盘踞琼崖，此项印收执照，不无滥发情事，如果认为有效，流弊必多，诚恐将来纠纷不已，办理困难，拟请复议决定，俾便转复法院遵办案。

（议决）交财厅拟复。

广东省政府第五届委员会
第一百四十四次议事录

二月十三日　星期五

出席者　陈铭枢　金曾澄　许崇清　孙希文　林云陔
列席者　黄其琼　廖桐史　罗文庄
主　席　陈铭枢
纪　录　李立民

报告事项

一、行政院令，奉国府明令公布国民会议代表选举法施行法，抄发原条文，仰知照，并转饬所属一体知照。

二、内政部咨，准贵州省政府咨，请以罗甸县属之"邕羊"等地名称，改为"边阳"等名，尚属妥协，除备案外，请查照转饬所属一体知照。

三、陆海空军总司令部令，在国防计划未经规划完定以前，所有沿海沿湖及长江两岸各城垣，均应保留，不得拆卸，藉固国防，仰即转饬遵照。

四、建设厅呈报，近因金价起跌无常，职厅及代所属机关定购各物，将来货物到时，各项价格支付与原定预算自有不符，倘有不敷，届时再将实数呈请追加，谨列表请核备案。

五、建设厅呈报拟将罗浮山公路路线展筑至梅花观止缘由，请核备案。

讨论事项

一、广东省保安处呈为第三团故排长梁锡显因公殒命，应否援照陆海空军平时抚恤暂行条例规定，给予一次抚恤金一百四十元，遗族每年抚恤金八十元之处，连同死亡证明书，请核指遵案。

（议决）照陆海空军抚恤条例由省库支。

二、建设厅呈复，遵令筹设北江长途电话，拟将前定计划略为变更，另议计划两种，请核饬令财厅照核定数目拨支过厅办理案。

（议决）由厅规定干支各线，经过各县境内，分责各县架设，另拟计划，绘具图说，呈候核饬遵办。

三、建设厅呈，拟在钨矿捐项下暂行借拨五千元为惠州西湖管理局开办经费，请核指遵案。

（议决）准照借拨，但钨矿捐须速报缴财厅，俾得稽核。

四、民政厅长提议，查江门、海口、海〔梅〕菉三市政局组织，核与县组织法均有未合，似应裁撤。其江门市政局原管地域，拟划归新会县，海口市政局原管地域，拟划归琼山县，梅菉市政局原管地域，拟划归茂名县，由各该县暂设警察区维持各该地方治安，所有市政事宜，仍由各该县继续办理；至原有税收应酌予裁减，以轻负担。当否，请公决案。

（议决）照裁撤，至各该警区经费由该厅规定办理。

五、民政厅长提议，四会县长刘承武辞职照准，遗缺拟请以江门市政局长梁祖诰调署案。

（议决）照准。

广东省政府第五届委员会
第一百四十五次议事录

二月十七日　星期二

出席者　陈铭枢　金曾澄　林云陔　孙希文　许崇清
列席者　黄其琮　罗文庄　廖桐史
主　席　陈铭枢
纪　录　李立民

报告事项

一、行政院令，奉国府明令公布民法继承编施行法，抄发原条文，仰知照，并转饬所属一体知照。

二、行政院令，奉国府明令公布民法亲属编施行法，抄发原条义，仰知照，并转饬所属一体知照。

三、行政院令，奉国府明令公布教育会法，抄发该法原条文，仰知照，并转饬所属一体知照。

四、考试院令发特种考试监所看守考试条例，仰知照，并转饬所属一体知照。

五、实业部咨，奉行政院转发中央执委会训练部函，关于各地职工会呈请另订店员组织之单行法规一案，以在工商同业公会法施行细则第十条规定，店员亦有参加工商同业公会之机会，无另设店员职工会之必要，店员之于店东，即偶有纠纷，亦可援用民法之规定，以求解决，等因，抄送原函，请查照转饬所属各工商团体一体知照。又咨送修正工商同业公会法施行细则第十条条文（本法第七条之会员代表，每一公司行号得派一人至二人，以经理人或主体人为限，其最近一年间平均店员人数，每超过十人时，应增派代表一人，由各该公司行号之店员互推之，但至多不得逾三人），请查照转饬所属各商会及工商同业公会一体知照。

六、国府文官处鱼日电告中央最近政情六项：（一）公布民事诉讼法第五编第四章人事诉讼程序、倾销货物税、工厂检查法，及民国二十年湖北善后公债条例。（二）改组导淮委员会，特派蒋中正为委员长，黄郛为副委员长，庄崧甫等为委员；并指定庄崧甫、陈其采、陈立夫、吴忠信、杨永泰为常务委员，在副委员长黄郛未到任以前，特派常务委员庄崧甫代理。（三）特派孙科为国民会议选举总事务所副主任。（四）国立北平大学校长李煜瀛辞职照准，遗缺以沈尹默继任；又国立北平师范大学校长易培基辞职照准，遗缺以徐炳昶继任。（五）湖北省政府委员黄昌谷免职，遗缺以陈光祖继任。（六）任命王章祐为两淮盐运使，张焌为山东盐运使。

七、财政厅呈将开办舶来皮革税经过情形，暨核办广州市牛皮鞋业同业公会呈请将新税率取销一案请核，并恳将开办舶来皮革税抽率办法准予备案。

八、财政厅呈将金融库券第一期第一个月抽签偿还本息入选末尾两码开列清单，请察核备案。

九、广东省保安处呈将该处病院编制表内误字更正，请察核备案。

十、本府书记莫雨玑呈报奉令派赴中央银行监视截角销毁该行旧普通券，暨汕头地名大洋券，及未发行新券经过情形，连同报告表，请察核备案。

十一、广州市政府呈，以本市自来水，自委员管理以来，种种建设，需款浩繁，拟向中央银行筹借二十万元，将来就营业收入分期偿还，开列预算表，请核转如数拨借，俾资应用。

十二、中山县县长黄居素呈报因病留省疗养，在唐县长未接任前，职务拟交由秘书王集吾代拆代行，请核准备案。

十三、秘书处报告关于查禁四邑红丸一案，拟请令民厅严饬四县克日将红丸来源，运销途径，吸食人数，地方土劣庇运庇售者姓名，秘密查报，按法严惩，并责成各区视察督同各该县长订限禁绝，以免流祸。

讨论事项

一、（略）

二、兼广东省通志馆馆长许崇清呈请准予辞去兼职案。

（议决）该馆经费暂停支给，由民政厅派员保管，并由财政厅照预算案规定，专款存储，候另筹办。

238

三、（略）

四、教育厅长提议，奉教育部令，规定各省教育厅应一律设置掌理社会教育之专科，现拟将本厅组织法酌为修改，增置掌理社会教育之专科，并将总务主任裁撤，改置科长，全厅分为一、二、三、四数科，从新分酌各科掌理事务，检同原定及修正组织法草案提出，请公决案。

（议决）照修正草案通过。

五、国立中山大学函为创设经济调查处，检送简章及工作计划，请拨款补助以利进行案。

（议决）每月补助二百元，暂以半年为限。

广东省政府第五届委员会
第一百四十六次议事录

二月二十日　星期五

出席者　陈铭枢　金曾澄　林云陔　孙希文　黄居素　许崇清
列席者　廖桐史　罗文庄　黄其琮
主　席　陈铭枢
纪　录　李立民

报告事项

一、行政院令，奉国府令，转据考选委员会呈请定于本年四月一日起至六月底止，为检定考试日期，七月十五日为高等考试开始举行日期，应予照准等因，仰知照，并转饬所属一体知照。

二、行政院令，据交通部呈，拟就上海、汉口、广州、天津、哈尔滨五重要港埠，先行分设五航政局，各就地域范围，分定管辖区域。即以上海局兼辖江、浙、皖各埠，汉口局兼辖湘、鄂、赣、川各埠，广州局兼辖闽、粤、桂各埠，天津局兼辖直、鲁、辽东沿海各埠，哈尔滨局兼辖松、黑两江各埠。至其他各埠，应俟五局成立后，再视事务繁简、航业盛衰，随时酌议呈核等情。查所拟尚无不合，应准照办，仰知照，并转饬所属一体知照。

三、行政院令发电影检查法施行规则暨电影检查委员会组织章程，仰知照，并转饬所属一体知照。

四、考试院令发应考人体格检验规则，仰知照，并转饬所属一体知照。

五、财政厅厅长、高等法院院长会呈，奉令审查××堂邝××与×××堂因×××路××祠产业争议一案，经派员依照诉愿程序会同审查完竣，代拟决定书稿，连同本案卷宗，缴呈前来，请核指遵。

六、财政厅呈报海康、紫金、广宁、河源、乐昌、翁源、连县、惠来、钦县、仁化等县此次推销金融库券得力，应否即予各记大功一次，请核指遵。

讨论事项

一、民政厅呈，据第八区巡察查复惠属联防卫商队组织收支保护各情形，转请察核办理案。

（议决）交保安处酌核办理。

二、财政厅呈，查前中央银行系属财部管辖，政府所欠行款，亦多财部经手，与现时中行业经改组，基金由省库提拨者不同，所有从前中行旧账，似应仍由前中行自行清理，并将清理原案暨政府欠行数目，详查报部，由部拨款另案清理。当否，请核饬中行遵办案。

（议决）照办。

三、第八路总指挥部函请转令建厅即将北江军路暨沿路一带长途电话提前敷设，俾剿匪工作得早完成案。又建设厅呈缴拟建广东省北江长途电话分派各县负担经费草案，及计划图，请核定办理案。

（议决）由厅规定电话线经过各处，另定办法，分令各县筹办。

四、（略）

五、民政厅长提议，乐会县长陈阜民调省，遗缺拟请以前任平远县长陈英生试署案。

（议决）照准。

六、主席提议，派马思聪留学法国，研究音乐，以三年为限，准予资助一万元，先给五千元，一年后再给五千元案。

（议决）通过。

广东省政府第五届委员会
第一百四十七次议事录

二月二十四日　星期二

出席者　陈铭枢　金曾澄　范其务　邓彦华　林云陔　许崇清
　　　　孙希文
列席者　罗文庄
主　席　陈铭枢
纪　录　李立民

报告事项

一、国府文官处寒日电告中央最近政情六项：（一）公布修正建设委员会组织法、国民会议总事务所组织条例，及广西善后公署暂行组织大纲。（二）任命刘三等为监察院监察委员。（三）改组禁烟委员会，任命张学良等为委员。（四）特派黄绍雄为广西善后督办，伍廷飏为会办。（五）福建省政府主席准予辞去兼代民政厅长职务，任命委员郑宝菁兼民政厅长；又委员兼财政厅长李承翼辞职照准，遗缺以何公敢继任。（六）简派国民会议代表各省选举总监督：江苏胡朴安，浙江张难先，安徽朱熙，江西王伊西，广东许崇清，湖北吴醒亚，湖南曾伯问，山东李树春，山西商震，新疆李棨，河北王玉章，河南张钫，四川田颂尧，云南张维翰，贵州黄道彬，陕西杨虎城，辽宁陈文学，吉林章启榴，黑龙江刘廷选，热河邝克庄，察哈尔伍庸，甘肃马鸿宾，青海马麒。又号日电告中央政情五项：（一）公布公司法施行法、海军礼节条例、国民会议代表选举各省市事务所组织条例，及国民政府派遣地方自治指导员暂行办法。（二）民法亲属编及继承编定于本年五月五日起施行。（三）撤销审计院。（四）特任茹欲立为审计部部长。（五）明令褒恤故师长张辉瓒，并予公葬。

二、行政院令，奉国府明令公布护照条例，抄发原条文，及请领护照事项表，仰知照，并转饬所属一体知照。

三、行政院令，据军政部呈，拟订负伤官兵及死亡官兵遗族迁居领恤办法，请通令各省市政府一体施行等情，查所拟办法，尚属妥惬，抄发原件，仰即转饬所属一体遵照办理。

四、行政院令，据实业部呈称，绸缎为特殊国产，有保护必要，其用途亦属平民日用品，请通饬各省征收该项营业税率，不得过千分之二，以资维护等情。核与中央前次批饬救济丝织业之旨适相符合，应准照办，仰即遵照办理。

五、实业部咨送度量衡器具营业条例施行细则，请查照分饬主管机关一体遵照。

六、民政厅呈复，奉令饬据第五区巡察查复罗定县长周颐被控情形，应如何办理之处，抄同巡察原呈，请核夺令遵。

七、秘书处签呈，关于民政厅呈请核定各工会之主管范围明白饬遵一案，查该厅所请示三项，兹拟：（一）广州市乂安打椿工会侨港驻省洋务油添工会及广州丸散工会等，既有特别情形，拟以本府为主管官署，所有该项行政事宜，仍着民政厅主理，以一事权。（二）冠以"广东"二字之工会，除其区域系以全省为范围者，或在各属有分会者，应属本府主管外，其余各工会，虽冠以全省之名，而事实不然者，拟仍由该工会所在地之市县主管，并饬改正名称。（三）广州市内各工会，如只呈由社会局备案者，拟行广州市府转饬社会局遵照，所有工会立案，着分呈民厅备案，其先经呈由该局核准立案者，仍着补呈备案，以祛隔阂，而资联络。当否，请核示遵。

八、秘书处报告，查火柴水泥两税，前据财政厅呈府称，准广东卷烟统税局函请将两项税收案卷移交办理等情，经提出第一三二次会议议决，咨财部请仍由省库征收在案，未准咨复。昨接粤桂闽区统税局陷电称，奉财部统税署定二月一日实行开办，请查照前来。又准财部世电，并奉行政院令，奉国府公布棉纱火柴水泥统税条例，抄发原条文，饬知照，并转所属知照，等因。此案应如何办理之处，请核示。

讨论事项

一、（略）

二、东莞明伦堂沙田经理局整理委员会代理委员长王铎声呈请准予辞职，并请委任李明生接充案。

（议决）照准。

三、建设厅呈，为本届总理逝世纪念植树式造林运动大会，可否依照去年成案，由钧府照旧拨款五千元领用，先期筹备之处，请核指遵案。

（议决）照拨。

四、（略）

广东省政府第五届委员会
第一百四十八次议事录

二月二十七日　星期五

出席者　陈铭枢　范其务　金曾澄　许崇清　孙希文
列席者　廖桐史　罗文庄
主　席　陈铭枢
纪　录　李立民

报告事项

一、行政院令，奉国府令，国民政府主计处未成立以前，所有主计处组织法内规定应办事项，着由主计处筹备处先行负责办理等因，仰知照，并转饬所属一体知照。

二、行政院令，奉国府令，京内外各机关二十年度预算，应遵照十九年度试办预算章程补充办法，依限造送主计处筹备处审查编造，以重计政，等因，仰遵照办理，并转饬所属一体遵照。

三、行政院令，奉国府令，饬以后公务员叙俸，务须依照新旧俸给条例办理，不得超过法定级数；又考绩法未实施前，每年一人进级不得超过一次等因，仰即遵照办理。

四、行政院令，奉国府明令公布危害民国紧急治罪法，抄发原条文，仰知照，并转饬所属一体知照。

五、行政院令，奉国府明令公布工厂检查法，抄发原条文，仰知照，并转饬所属一体知照。

六、行政院令，奉国府明令公布倾销货物税法，抄发原条文，仰知照，并转饬所属一体知照。

七、实业部咨送造林运动宣传办法大纲一份，请查照筹备举行，并将办理情形咨复。

八、内政部咨，为内政会议议决，关于县地方教育建设警察各种经费，应归县财政局统一收支一案，抄送原提案，请查照饬遵。

九、财政厅呈，为广州市政府十九年度预算，似可援照公安局预算成例，暂准由该市自为收支，存案备查，俟办理二十年度时，再行汇编呈缴，并请饬将前三年度预决算或实收实支数目检送过厅参考，俾有标准，请核饬遵。

十、行政院文电，令知中央派定分区视察之各中央委员姓名，及担任区域：两广李文范，定本月二十日以前出发；又吴铁城、孔祥熙、朱家骅、李文范、何应钦、林森六委员，系兼任政治会议委员，照视察办法第四条之规定，于视察时得参加各该地之政府会议。又同日电知，奉中央颁布中央委员分区视察办法十条。又元日电知，奉中央颁布北方各省人民团体改组或组织指导办法八项。

十一、国民会议选举总事务所主任戴传贤、副主任孙科，巧日电知，奉国府令，经将总事务所组织成立，定于本月十七日开始办公，并启用关防。

十二、国立中央大学校长朱家骅邮电，为敝校大礼堂已奉国府指定为国民会议议场，限日完成，需款孔亟，贵省慨任之捐款二万元，请即转饬财厅提前拨汇。

讨论事项

一、广州市长、番禺县长会呈，奉令饬查关于中山大学函请将白云山迤北之石鼓岭等处一带荒山扩充模范林场一案，请将会同查勘情形呈复察核案。

（议决）照复中大。

二、财政厅呈复，关于高等法院请示邓本殷踞琼崖时所发官产印收执照，应否认为有效一案，查其踞琼时，与踞廉江时情形，事同一律，似应仍由职厅饬由主办机关，布告各原承人，限于本年六月底以前，一律补价换照，方得为管业的据，逾期无效，法院判案，似亦应以此为标准，当否，请核指遵案。

（议决）照办。

三、（略）

四、民政厅长提议，委署四会县县长梁祖诰拟调任本厅秘书，所遗四会县县长缺，拟以本厅第二科长李干军试署；递遗第二科长缺，拟以本厅秘书张孝箴调任，请公决案。

（议决）照准。

广东省政府第五届委员会
第一百四十九次议事录

三月三日　星期二

出席者　陈铭枢　范其务　金曾澄　邓彦华　林翼中　林云陔
　　　　许崇清　孙希文
列席者　罗文庄
主　席　陈铭枢
纪　录　李立民

报告事项

一、陆海空军总司令部令，制定剿匪部队开筑马路办法，及剿匪部队筑路暂行奖励章程，公布施行，仰查照办理，并转饬所属一体遵照。

二、行政院令，奉国府明令公布民事诉讼法第五编第四章人事诉讼程序，抄发原条文，仰知照，并转饬所属一体知照。

三、行政院令，奉国府明令公布民国二十年湖北省善后公债条例，及还本付息表，抄发原条文，仰知照，并转饬所属一体知照。

四、行政院令，准司法院咨开，查政治犯大赦条例第七条第一第二两项，规定委员会于核准赦免有疑义时，应呈司法行政部，或军政部核示等语，各省如遇有上述共党自首案件，应依照该条项，分别呈部核示等由，仰即遵照。

五、行政院令，为本兼院长提议，各省县长应慎重人选，依法呈荐任免一案，经国务会议交内政部审查报告，拟具办法三点，复经决议照办，抄发原报告，仰遵照办理。

六、行政院令发中国国民党出席国民会议代表选举施行程序，仰知照，并转饬所属一体知照。

七、行政院令发人民团体职员选举通则，仰知照，并转饬所属一体知照。

八、行政院令发农会法施行法，仰知照，并转饬所属一体知照。

九、实业部咨送度量衡器具检定费征收规程，请查照分饬主管机关一体遵行。

十、内政部咨奉国府核准裁撤开封、郑州两市政府等因，请查照，并饬所属一体知照。

十一、财政厅呈为各分库县市募销金券，兹定二月底截止，自三月一日起，不再向商民募销，请核备案。

十二、建设厅呈报购置新式挖泥机一具，及附属机一架，计机价连纳关税共洋五千六百六十五元二毫七仙，此款已在钨矿捐项下支给，请备案。

十三、教育厅呈，拟将叶培南每年三百元补助费取销转给与本市环市长途赛跑，两次皆列前茅之市立师范生赵辉，以昭激励，当否仍候指遵。

十四、广东省保安处呈为奉发修正职处组织暂行章程，第二条有保安处关于绥靖事宜，对各县政府得以命令行之之规定，职处业既组织成立，恐各属未及周知，恳通令民厅暨各县政府一体知照。再查"章程"二字，与民众团体所立之章程，似无分别，拟请改为"大纲"，当否，仍候指遵。

十五、国府文官处感日电告中央最近政情六项：（一）公布修正军事参议院组织法。（二）危害民国紧急治罪法，定自本年三月一日起施行。（三）改组四川省政府，任命刘文辉等为委员，并任命刘文辉为主席兼民政厅长，郭昌明兼财政厅长，向傅义兼建设厅长，张铮兼教育厅长。（四）派刘湘为四川善后督。（五）安徽省政府委员兼财政厅长袁家普辞职照准，所遗本兼各缺，以刘彭翊继。（六）北平市市长张荫梧免职，任命周大文为北平市市长，在未到任以前，由青岛市市长胡若愚暂行兼代。

讨论事项

一、教育、内政、实业部咨送省农业推广机关组织纲要,请查照转饬所属遵照案。

(议决)交建设厅查酌办理。

二、革命纪念会函请令行市厅将黄花岗先烈坟园补助费扫数交会,倘认前项补助费应拨归修筑黄花岗委员会,并恳另案办理,准由省库按月拨给一千元交会应支案。

(议决)黄花岗一切修筑事宜,由修筑委员会主持,修筑款项除原由电话附加拨付二万元外,不足之数由市政府担任。

三、(略)

四、建设厅长提议,此次出巡视察博响公路,路面桥涵,多未完善,经权在韶乐段行车月饷项下暂行拨借一万元,交东路公路处转发,俾速改良,理合提请公决,追认备案案。

(议决)照准。

五、建设厅长提议,拟变更改向美国企勒公司订购筑路机车缘由,并请转饬财厅将料价定金,先行拨付过厅,以资办理,连同价单提出,请公决案。

(议决)照准。

六、教育厅长提议,拟将中学校校长任免章程废止,并分别订定中小学校长资格,在教育部未颁布此项资格以前,暂行适用,当否,请公决案。

(议决)通过。

七、民政厅长提议,琼山县长李思辕调省,遗缺拟请以罗贡华试署案。

(议决)照准。

广东省政府第五届委员会
第一百五十次议事录

三月六日　星期五

出席者　陈铭枢　邓彦华　林云陔　孙希文　金曾澄　范其务
　　　　林翼中　许崇清
列席者　罗文庄
主　席　陈铭枢
纪　录　李立民

报告事项

一、行政院号电，嗣后各地军警捕获共匪，务即解交省府，遵上年国府训令，组织军法会审讯明，果系情节重大，即照上年国府密令，迅以军法从事，勿稍姑息，但不得有私行敲诈，留难贿纵情事，违者一经查觉，定予严惩不贷，仰转饬所属一体遵照。

二、行政院令，奉国府明令公布广西善后督办公署暂行组织大纲，抄发原大纲，仰知照，并转饬所属一体知照。

三、考试院令发普通考试警察行政人员考试条例，仰知照，并转饬所属一体知照。

四、海军部咨，为所辖海军学校，本年续招航海轮机生百名，仍由各省保送与考，每省可送十五名，于六月一日以前来部报到，检同海军学校规则摘要，暨考选简章，请查照办理。

五、赈务会、建设厅会呈核议陆丰县长所请将前奉核准指拨之赈款四万元照案拨筑县道，系为藉资挹注，利便交通起见，似可照准。

讨论事项

一、建设厅呈，据农林局会同治河会查勘大鼎山矿区情形，请核指遵案。

（议决）石矿区域所占地积，由建厅查勘亩数具报，照领价发还。

二、建设厅长提议，拟着血清制造所增加牛瘟血清，检同经临两费

248

预算表，请公决案。

（议决）照准。

三、民政厅长提议，视察黄××有渎职嫌疑，拟请先予免职，请公决案。

（议决）照准。

广东省政府第五届委员会
第一百五十一次议事录

三月十三日　星期五

出席者　陈铭枢　金曾澄　林云陔　孙希文　黄居素　范其务
　　　　　邓彦华　许崇清

列席者　罗文庄

主　席　陈铭枢

纪　录　李立民

报告事项

一、行政院令，奉国府明令公布国民会议选举总事务所组织条例，抄发原条例，仰知照，并转饬所属一体知照。

二、行政院令，奉国府令，据全国运动大会筹备委员会呈，拟定民国二十年十月十日起，至十月二十日止，为全国运动大会开会日期，在首都中央体育场举行等情，准予备案，仰院转饬遵照等因，仰即知照。

三、行政院令发民国二十年全国运动大会竞赛规程，仰即知照。

四、内政部咨，奉国府核准浙江省政府所请将宁波市政府取销，由鄞县县政府接管等因，请查照。

五、财政厅呈，将组设营业税筹备处情形，连同组织大纲，暨职员经费预算表，请核备案。

六、国府文官处鱼日电告中央最近政情六项：（一）国民政府委员兼立法院院长胡汉民请辞本兼各职，奉中央核准；并奉委任林森为立法院院长，邓元冲为国民政府委员兼立法院副院长。（二）特任张景惠为

249

军事参议院院长。（三）任命魏子京为驻秘鲁国特命全权公使；张履鳌为驻智利国特命全权公使。（四）热河省政府委员兼民政厅厅长邝克庄辞职照准，所遗本兼各缺，以张秉彝继任。（五）任命寇遐为陕西省政府委员。（六）公布危害民国紧急治罪法施行条例及民国二十年江浙丝业公债条例并还本付息表。

七、中央银行呈报挤兑风潮平息，并九日至十日兑换数目。

讨论事项

一、财政厅呈，拟订地价估计委员会章程，请核公布施行，便改征地税案。

（议决）照修正通过。

二、广东省立民众教育院筹备处呈，送具二、三月份预算书，请核行财厅如数发给案。

（议决）照准。

三、财政厅呈复，奉发高等法院民、建两厅审查职厅所拟乡村无契房屋补税减征办法各意见，饬另定办法呈核等因，兹拟酌予变通，所有城市乡村无契房屋，及上盖补税，仍照现行划一税契章程办理，惟将上盖补税价额改为每百元征收二元，其附加地方款免收，嗣后听从业户将上盖价值自由投税，当否，请核饬遵案。

（议决）照准，饬将原办法修正呈报。

四、建设厅长提议追加农林局昆虫研究所建筑费三千五百元，仪器费二千元，请公决案。

（议决）照准。

五、邓厅长函复审查广东省政府建筑设计委员会规程草案完竣，请提出会议公决案。

（议决）通过。

六、建筑厅长呈报计划建筑省府合署情形，连同会议录请核，是否可行，候令指遵案。

（议决）令复先设立建筑合署委员会，征求图案奖金定为头奖五千元，二奖三千元，三奖二千元。

七、建设厅长提议，请令财厅饬库先在省道四大干线第一期东路第二干线预算八十三万六千七百一十元内，速拨二万四千元过厅，俾转拨东路公路处建筑博河路响柏段之鸭公桥，缴同图表，请公决案。

（议决）照准。

八、民政厅长提议将曲江、琼山两县提升为一等县案。

（议决）通过。

广东省政府第五届委员会
第一百五十二次议事录

三月十七日　星期二

出席者　陈铭枢　金曾澄　林云陔　黄居素　孙希文　范其务
　　　　　邓彦华　许崇清

列席者　罗文庄

主　席　陈铭枢

纪　录　李立民

报告事项

一、行政院令，奉国府明令修改建设委员会组织法，抄发修正条文，仰知照，并转饬所属一体知照。

二、行政院令，奉中央执委会决议，撤销农民协会组织条例，此后各地农人团体，应依照农会法及农会法施行法一律改组或组织等因，仰转饬知照。

三、行政院令，据中央银行总裁呈请通令各省政府转饬主办机关，嗣后毋得再向职行有调查征税事情，以重公款，而符税则等情，仰即转饬遵照。

四、考试院令发高等考试警察行政人员考试条例，仰知照，并转饬所属一体知照。

五、广州市政府、广东财政厅会呈，奉令会同核议收用八旗墓地，交换安徽义地，展筑红花岗四烈士坟场一案情形，请察核。

六、财政厅呈复，奉四中全会议决，指定广东担任总理陵园建筑费二十六万元等因，惟查本省历年支过总理葬费，逾百万有奇，负担已属过重，现值裁厘，库款不敷，拟请转呈中央俯准，免再加解，以纾库力。

七、教育厅呈报修补广东留学生经理处事务规程第十四条条文，请核备案。

八、财政厅呈，将金融库券第一期第二个月入选末尾两码开列清单，请察核备案。

九、广州市政府呈复，遵令饬据本市自来水管理委员会向中央银行商订借款情形，抄录借约，请核备案。

十、汕头市市长呈为依据组织大纲第九条规定，取具职府科长以上人员履历，缴请察核加委。

十一、国府文官处元日电告中央最近政情四项：（一）于行政院下设置警察总监掌理全国警政。（二）特任吴铁城为警察总监。（三）特任鲍文樾为参谋本部参谋次长。（四）驻墨西哥国全权公使李禄超辞职照准，遗缺以熊崇智继任。

讨论事项

一、民政厅呈，据广东警官学校呈，造具添购第二期本科新生帐毡席等项临时支付预算书，计共价洋一千九百五十三元等情，转请核饬财厅如数拨给案。

（议决）照准。

二、建设厅呈缴整理惠州西湖有奖券规程，请核备案，令饬财厅知照案。

（议决）照准，每次发七万五千元，以两次为限。

三、建设厅长提议，据西村士敏土厂建筑工程处呈明，拟请追加新式士敏土厂预算缘由，抄同原缴预算各表，请核饬财厅转知中行照追加数目借拨案。

（议决）照准。

四、民政厅长提议，请明定施行各县新预算日期，并拟就试行新县制预备事项，及广东省各县公安局组织章程草案，广东省县保卫团法施行细则草案，提请公决案。

（议决）通过，各县新预算定自四月一日起实施。

五、民政厅长提议，拟具广东省区长训练所筹备处组织简章，暨预算纲要，请公决案。

（议决）照办。

广东省政府第五届委员会
第一百五十三次议事录

三月二十日　星期五

出席者　陈铭枢　范其务　金曾澄　邓彦华　林云陔　许崇清
　　　　　孙希文　黄居素

列席者　罗文庄

主　席　陈铭枢

纪　录　李立民

报告事项

一、行政院令，奉国府明令公布国民会议代表选举各省市事务所组织条例，抄发原条例，仰知照，并转饬所属一体知照。

二、行政院令，奉国府明令公布国民政府派遣地方自治指导员暂行办法，抄发原条文，仰知照，并转饬所属一体知照。

三、行政院令，奉国府明令公布，定自本年三月一日起，为危害民国紧急治罪法施行日期，仰知照，并转饬所属一体知照。

四、行政院令，奉国府明令，规定自本年五月五日起，为民法亲属编、继承编施行日期，仰知照，并转饬所属一体知照。

五、行政院令，奉国府明令，分别修正行政院外交部组织法第十三条，海军部组织法第十四条，财政部组织法第十九条，实业部组织法第十五条，教育部组织法第十六条，交通部组织法第十二条，铁道部组织法第十二条条文，抄发修正条文，仰知照，并转饬所属一体知照。

六、行政院令，奉中央执行委员会通过省党部特别市党部及县市党部指导农会组织办法六项，抄发原办法，仰知照，并转饬所属一体知照。

七、行政院令，奉国府令，据国民会议选举事务所呈，拟定各省事务所经费在国家收入项下开支，每月不得过一千元，各市经费每月不得过五百元，至制办票匦选票表册证书等项临时费用，应准实报实销，请核备案一案，应准照办，等因，仰即遵照办理。

八、行政院令，准中央执委会训练部函，呈准中央规定，凡自由职业团体之组织，应依照人民团体组织方案，及民法关于法人之规定办理，有特别法者并须依特别法办理，其发起人暂定为二十人，组织范围以县市为区域，但有特殊情形经省党部之核准，得以省为区域等由，仰遵照，并转饬所属一体遵照。

九、行政院令，本年内政会议铁道部提议修筑汽车路线，对于铁路线应居啣接或支分地位以资互助一案，查原案所称修筑汽车公路，宜力避与铁路线平行，于铁路与公路本身，互有裨益，自应准予转行，抄发原提案，仰即遵照办理。

十、考试院令发引水人考试条例，仰知照，并转饬所属一体知照。

十一、广九铁路管理局呈，奉铁道部支电，关于职路新购机车三辆一案，饬即查照原案手续，妥慎接收等因，请查照原案手续，向港政府接收发下，俾于五月一日实行，增加速率，以利交通。

讨论事项

一、（略）

二、（略）

三、广东省党部执委会训练部函，关于韶州饷盐轮竞纠纷一案，为谋兼顾全体盐商及船户利益起见，据请行厅饬县，迅即召集东西两河盐商，及盐商船户，共同讨论该项暂行规则呈夺，以息纷争案。

（议决）仍照原定细则施行，叙案函复。

四、建设厅长提议，农林局土壤调查所经购仪器药品，因金潮影响，超出预算三千八百余元，请准予追加，照案饬知财厅，即在钨矿捐项下拨给案。

（议决）照准。

五、建设厅长提议，拟向无锡工艺机器厂购置灌溉机器等，共大洋五万一千五百元，另关税运费约五千一百五十元，此款并拟先由省库借拨购置，一俟照价卖给农民后，即将原款缴回，当否，候公决案。

（议决）照准。

六、主席提议，裁撤民政厅视察，增设本府视察员，连同视察章程提出，请公决案。

（议决）通过，四月一日起实行。

七、民政厅长提议，陆丰县长唐健辞职照准，遗缺拟请以李伟光试署案。

（议决）照准。

广东省政府第五届委员会
第一百五十四次议事录

三月二十四日　星期二

出席者　陈铭枢　范其务　金曾澄　邓彦华　林翼中　许崇清
　　　　　孙希文　黄居素

列席者　罗文庄

主　席　陈铭枢

纪　录　李立民

报告事项

一、行政院令，奉国府明令修正公布军事参议院组织法暨附编制表，抄发修正条文，仰知照，并转饬所属一体知照。

二、行政院令，奉国府明令公布海军礼节条例，抄发原条例，仰知照，并转饬所属一体知照。

三、行政院令，奉国府明令公布海军服装条例，抄发原条例，仰知照，并转饬所属一体知照。

四、行政院令发省市党部指导教育会改组及组织办法，仰知照，并转饬所属一体知照。

五、行政院令发文化团体组织大纲施行细则，仰知照，并分别转饬遵照。

六、行政院令，奉国府训令，嗣后中央地方一切对于人民强制之征收，无论其称为税或捐或费或他种名目，一切事业企图，或契约订定之含有专卖独占特许，或其他特殊利益，性质无论其为官办商办，抑或华洋合办，非因执行法律而发生者，其设定及废止，均应先经中央政治会议决定原则，立法院审议内容，始得成立等因，仰遵照，并转饬所属一体遵照。

七、考试院令，制定河海航行员考试条例公布施行，抄发原条文，仰知照，并转饬所属一体知照。

八、实业、财政部咨，据中国国货银行呈为上年营业纯益不多，除商股周息仍照章发给六厘外，至官股拟请暂予免发等情，自应照准，请查照。

九、建设、财政两厅分呈，奉饬处分太平关扣留矿商冯纪桓私〔钨〕砂一案，现在两厅会议，主张难得相同，实属无法办理，谨将会议经过情形，复请核夺施行。

十、建设厅呈为关于中山县隆镇公司请制止县建设局准谿叠车路公司抢筑已呈准收用之鱼塘一案，据县复称，系根据训委会议决，该县筑路不受从前任何限制，及彼此路线均得平行办理，核与公路规程第三十九条抵触，究应如何办理之处，请核指遵。

讨论事项

一、实业部咨，为本部提议整理全国钨矿业办法一案，经奉国务会议决议通过，请查照转饬建设厅遵照案。

（议决）交建设厅遵照。

二、广州市政府呈复，关于仲凯〔恺〕农工学校收回厂东街铺地一案，查红旗杆地方，既系民业，现经饬据社会、财政两局会勘择得坦地二处，一在河南草芳围利贞船厂西便，面积约有一亩半；一在河南东沙地之东，兴昌船厂之西，面积约有二亩半，似系公有，尽可容纳一部分蛋民等情，查该地段尚属适合，似可照准办理，连同勘图，请核转饬查照案。

（议决）准照办理。

三、民政厅长提议，紫金县长刘倬环辞职照准，遗缺拟请以陈伟器试署案。

（议决）照准。

广东省政府第五届委员会
第一百五十五次议事录

三月二十七日　星期五

出席者　陈铭枢　范其务　邓彦华　孙希文　黄居素　金曾澄
　　　　林云陔　林翼中　许崇清
列席者　罗文庄
主　席　陈铭枢
纪　录　李立民

报告事项

一、中央执行委员会秘书处函，准革命纪念会函，请于总理故乡展筑陆烈士坟场，经奉批交广东省政府酌办，抄同原函，请查核办理。

二、财政厅长、中央银行会呈复，奉饬会核海口市商会请将叛军押存地名券六万元，照甲种办法办理一案，职等会同核明，该会所请，未便照准，请核指遵。

讨论事项

一、广东省立民众教育院筹备处呈将该处进行情形，连同计划书规程预算简章等，请核指遵案。

（议决）交教育厅审查。

二、（略）

三、民政厅长提议，查省政府组织法第八第十条，及第十四、十五各条之规定，拟请决定以后，除劳资及佃业之争议暨工会事项应归民政厅掌理外，其余凡农业渔业商业各团体事项及其行政事项，概由建设厅掌理之，当否，请公决案。

（议决）照办。

四、民政厅长提议，连山县长何冀州在任病故，遗缺拟请以何春帆试署，请公决案。

（议决）照准。

广东省政府第五届委员会
第一百五十六次议事录

三月三十一日　星期二

出席者　陈铭枢　范其务　金曾澄　邓彦华　林翼中　林云陔
　　　　　许崇清　孙希文

列席者　罗文庄

主　席　陈铭枢

纪　录　李立民

报告事项

一、行政院令，奉国府明令公布公司法施行法，抄发原条文，仰知照，并转饬所属一体知照。

二、行政院令，奉国府明令修改国民会议选举总事务所组织条例，抄发修改条文，仰知照，并转饬所属一体知照。

三、行政院令，奉国府训令，据考试院转报，拟定普通考试分区举办办法并定一至六各区均于本年九月十五日开始举行等情，应予照准等因，抄发原办法，仰遵照，并转饬所属一体遵照。

四、行政院令，奉国府训令，据考试院转呈请严令各机关对于甄别合格之现任公务员不得任意更调，无故撤换，如有因减缩事务，或变更组织而须裁员者，亦应分别各员成绩之优劣，资格之浅深，任职之久暂，以为去留之标准等情，准予照办等因，仰遵照办理，并转饬所属一体遵照。

五、财政厅呈报拟仍按月由厅造报总收支结算表外，对于省金库一部分数目之旬报表，自本年三月份起停止造报。

六、财政厅呈为各部会议核定删改外国人及教会税契办法一案，兹酌拟补充细则四条，以防流弊，与部令原无抵触，拟即通行照办理，合将各部会议核定删改条文录正，连同细则四条，呈请钧府察核，俯赐印刷分函各国领事，转饬该国商民教会遵照，并请分行广州市政府暨各县市一体遵办，再由厅将以前各章程契纸，分别修正通行，以资遵守。至北海痲疯院购地建筑一案，当日系由广州市政府呈请钧府核示，现应如何办理，仍请令行分别酌办。再外国籍民领有沙田海坦业权一案，容俟查案妥拟另呈。

讨论事项

一、（略）

二、财政厅呈为各县新增经费有连带关系者三事，拟作为原案补充条件，当否，请核议决定遵行案。

（议决）交民政厅执行。

三、（略）

四、广州市市长呈请核示本年份是否继续聘请砵打律师为驻港常年律师案。

（议决）照聘。

五、建设厅长提议，据汕市商会代表请由政府补助原日贫民工艺院经费五万元，又准香师长函请拨助赈款五万元为汕头华洋贫民工艺院基金，事虽不同，皆为救济贫民之举，应如何分别补助之处，请公决案。

（议决）准拨给两万元。

广东省政府第五届委员会
第一百五十七次议事录

四月三日　星期五

出席者　陈铭枢　范其务　金曾澄　邓彦华　林翼中　林云陔
　　　　　许崇清　孙希文　黄居素

列席者　罗文庄

主　席　陈铭枢

纪　录　李立民

报告事项

一、国府文官处感日电告中央最近政情六项：（一）明令豁免鱼税及渔业税。（二）通令各省市于裁厘之后，在中央未规定办法以前，不得自由抽税。（三）公布银行法，及民国二十年关税短期库券条例。（四）明令褒恤故师长杨胜海。（五）规定国民政府主计处组织法自本年四月一日起施行。（六）吉林省政府委员兼教育厅长王华林辞职照准，所遗本兼各职，以王世选继任。

二、行政院令，奉国府训令，据考试院呈拟考试经费负担原则六点，经转送中央政治会议决议通过等因，抄发原呈，仰即遵照办理。

三、行政院令，奉国府明令公布民国二十年江浙丝业公债条例，抄发原条文，仰知照，并转饬所属一体知照。

四、行政院令，奉中央政治会议决议通过指导整理北平市文化委员会简章，抄发原简章，仰知照，并转饬所属一体知照。

五、行政院令，奉国府明令公布危害民国紧急治罪法施行条例，抄发原条文，仰知照，并转饬所属一体知照。

六、建设厅长呈报此次出巡东路视察各情形，连同图表，请察核。

讨论事项

一、财政厅呈，据营业税筹备处拟订营业税征收章程草案暨说明书前来，请核转财部备案案。

（议决）转咨财政部。

二、建设厅长提议，拟请饬库在第一期内南韶公路预算项下，将节省工程费五万元移拨补助完成三花公路桥涵之用，当否，敬候公决案。

（议决）照准。

三、教育厅长提议，据省立第一女子中学校呈请将该校积存公款，拨充购买旧小北门外之民地一段，以为扩充校舍之用，其不敷之款二千一百三十三元三毛七仙，并请由省库补拨等情，应否照准，抄录该校原呈，提请公决案。

（议决）照准。

四、教育厅呈荐赵策六为本厅第一科科长，冯炳奎为第四科科长，附缴履历，请核加委案。

（议决）照准。

五、民政厅长提议，合浦县拟改列一等，罗定县拟改列二等，请公决案。

（议决）照准。

六、教育厅长报告审查省立民众教育实验学校规程草案等件，大致亦无不合，但有应修改者三点，请公决案。

（议决）民众教育实验学校规程照修改通过。

广东省政府第五届委员会
第一百五十八次议事录

四月七日　星期二

出席者　陈铭枢　范其务　金曾澄　林翼中　孙希文　林云陔
　　　　　　邓彦华　黄居素　许崇清

列席者　罗文庄

主　席　陈铭枢

纪　录　李立民

报告事项

一、行政院令，奉国府令，据国民会议选举总事务所呈，拟定各县办理此次选举经费，归国库支出，先由县政府垫付，呈报省事务所核转，并规定一等县至多不得过四百元，二等县不得过三百元，三等县不得过二百元等情，应予照准，等因，仰即转饬所属一体遵照。

二、行政院令，奉国府训令，规定各机关二十年度预算办法四项，饬遵照办理等因，仰遵照办理，并转饬所属一体遵照。

三、行政院令，奉中央政治会议决议，国产丝绸为日用品，所有税率，应各处一律等因，仰即遵照。

四、行政院令，奉国府明令修正民营公用事业监督条例第十四条条文，抄发修正条文，仰知照，并转饬所属一体知照。

五、考试院令发特种考试助产士考试条例，仰知照，并转饬所属一体知照。

六、财政部咨，将营业税之征税纳税两方解释办法五项，请查照转饬财政厅遵照办理。

七、财政部咨，据潮海关监督呈，以税务司函为陈有申堂（即陈星阁）侵占角石关产，请予维持等情，查此项海坦既为该关价购之产，且已管业使用历数十年之久，其产权早为该关所有，自未便任听他人侵占，请转饬汕市府遵照办理。

八、财政厅呈报，为另拟无契房屋补税办法，经呈奉议决照准，饬将原办法修正等因，遵将原定办法修正缘由，呈复察核备案。

九、国府文官处江日电告中央最近政情三项：（一）前裁厘会议议决，举办之特种消费税，因恐实施时成为变相之厘金，明令不予举办。（二）各省如对于裁厘命令阳奉阴违，或巧立名目征收类似厘金之税捐，明令责成监察院派员实地查明，呈候惩办。（三）公布修正内政部组织法，及内政部卫生署组织法。

讨论事项

一、第八路总指挥部函请令饬广东中央银行将前广东航空同志会存款毛银二万余元悉数交由航空处长黄光锐提支，俾充发展民航之用案。

（议决）照准。

二、财政厅呈为联义海外交通部每月补助费五百元，一再呈奉部饬，仍由厅查照前广州政治分会议决原案办理，应否由库支拨并追加预算，请核饬遵案。

（议决）照准。

三、建设厅呈为部颁度量衡器具检定费征收规程，对台秤二百市斤以下、杆秤二十市斤以下如何征收，未有明白规定，现拟凡台秤不满二百市斤者，照二百市斤计，杆秤不满二十市斤者，照二十市斤计。又查规程征费，均以铜元计算，现拟照小洋计算，铜元十枚折合小洋一角，其余类推，请核备案案。

（议决）以铜元十六枚为一毛；杆秤不满二十市斤者，台秤不满二百市斤者，部颁规程既无明白规定，酌免征费。

四、建设厅呈，据矿业调查团呈报第一步调查工作，已届期满，应进行第二步钻探工作，拟暂定一年为期，每月经常费除原有外，应增加机器监工助手等薪饷及临时旅费燃料杂支等项总计月需三千一百四十元，至实用若干，仍拟实报实销，等情，自应照准，连同预算表，请核备案案。

（议决）照准。

五、财政厅呈复，查明邓松本与真理学校互争马牙坦地一案情形，连同县局缴勘图片，请察夺示遵案。

（议决）交高等法院、财政厅会同核议。

六、民政厅长提议，博罗县长邓炳文调省，遗缺拟请以朱坚白试署案。

（议决）照准。

广东省政府第五届委员会
第一百五十九次议事录

四月十日　星期五

出席者　陈铭枢　金曾澄　黄居素　许崇清　林云陔　邓彦华
　　　　　孙希文　范其务　林翼中
列席者　罗文庄
主　席　陈铭枢
纪　录　李立民

报告事项

一、行政院令，奉国府明令公布特种考试法，抄发原条文，仰知照，并转饬所属一体知照。

二、行政院令，奉国府明令公布四川善后督办公署暂行组织大纲，抄发原大纲及附表，仰知照，并转饬所属一体知照。

讨论事项

一、（略）

二、财政厅呈，拟具广东财政厅取缔广州市银业暂行办法，请核示遵案。

（议决）照修正通过。

三、（略）

四、建设厅呈拟自二十年七月份起，将农林局农业化学股及土壤调查所经费，全数改由省库支给，请核饬财厅查核办理案。

（议决）照准。

五、广东中央银行呈请核准职行对于海口叛军提劫行款案内机关存款琼崖盐务局大洋一万零八百五十九元，广东印花税海口分局大洋五十元，琼崖实业专员公署本票大洋一万元解除偿还责任案。

（议决）准予备案。

六、（略）

七、广东全省第十二次运动大会呈请照案拨给补助费一万元案。

（议决）准拨。

八、财政厅呈缴广东省二十年度省地方岁入岁出概算书，及提要预算收支数目简总表，各机关第一级概算书等，请提出审查案。

（议决）先组织预算审查委员会审查。

九、建设厅长提议，拟派邓思永前往丹麦史密芝公司实地学习机器工程，邓世法学习化学工程，均以二年为期，需用川资旅费共金镑二百三十镑，请由省库发给，期满再请给资回国，候公决案。

（议决）准由士敏土厂款项开支。

十、建设厅长提议，拟设置沙田稻作试验场，开办经常两费共银四千六百九十二元，拟于二十年度新预算案成立时照数拨支，连日〔同〕计划大纲草案，提请公决案。

（议决）照准。

十一、民政厅长提议，陵水县长王器辞职照准，遗缺拟请以刘奋翘试署；新丰县长欧阳洗调省，遗缺拟请以李公明试署案。

（议决）照准。

广东省政府第五届委员会
第一百六十次议事录

四月十四日　星期二

出席者　范其务　金曾澄　林翼中　林云陔　许崇清

列席者　罗文庄

主　席　许崇清（代）

纪　录　李立民

报告事项

一、行政院令，奉国府修正省政府组织法，抄发修正条文，仰知照，并转饬所属一体知照。

二、行政院令，奉国民政府会议决议："凡未设建设厅省份，可暂缓设，其所司事务，应另指定兼代掌管机关，将来如有设立建设厅之必要时，须先呈准施行"等因，仰遵照办理。

三、陆海空军总司令部参谋处通报，奉总座条谕，前改称共匪为红匪之"红"字，尚有未妥，应一律改为"赤匪"等因，请查照。

四、国府文官处蒸日电告中央最近政情二项：（一）公布实业部林垦署组织法，暨陆空军军官佐士兵等级表及县保卫团法第四第六第九各条修正条文。（二）任命方本仁为军事参议院上将参议。

五、行政、司法院密令，拟定各省临时军法会审组织大纲，暨审判规则，经呈奉国府令准照办，抄发该大纲暨规则，仰即遵照。

六、内政部咨送长警补习所章程，请查照转饬所属遵照。

讨论事项

一、财政厅呈复核议蔡昌请将契税减轻一案缘由，请裁夺示遵案。

（议决）照厅拟发回修改，原章呈核。

二、财政厅呈缴田亩陈报处临时支付预算书，请核准由省库另支，在十九年度预备金项下拨用案。

（议决）照准。

三、建设厅呈请调职厅总务主任汪叔度充水产试验场场长，所遗总务主任缺，即以该场长方仲吾接充，取具履历，请核加委案。

（议决）照加委。

四、中央银行董事林云陔函请明令准予辞去该行董事一职，以范厅长其务接充案。

（议决）照准。

广东省政府第五届委员会
第一百六十一次议事录

四月十七日　星期五

出席者　许崇清　范其务　金曾澄　林翼中　林云陔　黄居素

列席者　罗文庄

主　席　许崇清（代）

纪　录　李立民

报告事项

一、行政院令，奉国府明令公布首都反省院组织条例，抄发原条文，仰知照，并转饬所属一体知照。

二、行政院令，奉国府明令公布管理英国退还庚款董事会章程，抄发原条文，仰知照，并转饬所属一体知照。

三、行政院令，关于福建省党部呈请令各地纂修省县志，于完竣时，送该地高级党部审查一案，经中央宣传部核复，各省市县政府凡纂修新志，须会同各该地高级党部及教育行政机关，聘请学识优长，兼富有时代思想者主编，至事后送请党部审查，则可不必，奉批照办在案，仰遵照，并转饬遵照。

四、行政院令发海员工会组织规则，民船船员工会组织规则，仰知照，并转饬所属一体知照。

五、内政部咨送文化团体组织大纲施行细则，请查照分别转饬遵照。

六、财政部咨，为解释北平市政府咨称，征收营业税大纲及补充办法内，规定银行及特种公司电车电灯自来水等纳税范围疑义一案缘由，请查照转饬所属主管机关一体知照。

七、财政厅呈将金融库券第一期第三个月抽签入选末尾两码开列清单，请核备案。

八、广州市政府呈复，经将因扩充广州市自动电话与中国电气公司

266

所订机器借款合同，遵照审查意见，分别参酌修正，缴请察核备案，至合约所订之周息，系属七厘，比较十七年所订实减少一厘。

讨论事项

一、财政厅呈复，遵令核议连县县长呈报因共匪攻城，征调队伍，挪用各款，开列清册，恳准作正开销一案缘由，请察夺指遵案。

（议决）准由省库核销半数。

广东省政府第五届委员会
第一百六十二次议事录

四月二十一日　星期二

出席者　许崇清　范其务　金曾澄　林翼中　林云陔　黄居素

列席者　罗文庄

主　席　许崇清（代）

纪　录　李立民

报告事项

一、行政院令，奉国府明令公布北平实业博览会筹备委员会组织大纲，抄发原条义，仰知照，并转饬所属一体知照。

二、行政院令，奉国府明令公布民国二十年关税短期库券条例，抄发原条例及附表，仰知照，并转饬所属一体知照。

三、行政院令，奉国府明令修正上海市市政公债条例，抄发原条文及表，仰知照，并转饬所属一体知照。

四、行政院令，奉国府明令公布银行法，抄发原条文，仰知照，并转饬所属一体知照。

五、行政院令，奉国府训令，裁厘之后，在中央未规定办法以前，应即通令各省市不得自由抽税等因，仰即遵照办理。

六、财政部咨，奉国府令，将所有鱼税渔业税一律豁免，嗣后无论何项机关，概不得另立名目征收此项捐税等因，请转饬所属一体遵照。

七、实业部咨，奉府院严令规定苗圃面积最低限度亩数，于十年之内，每年各省政府至少须新发苗圃四十亩，每县政府至少须有苗圃五亩，逐年增进，督促各乡人民栽苗造林，并视为考绩之标准等因，请查照转饬所属一体遵照，并将以前关于林业各项设施情形列表，由贵府转部考核。

八、建设厅函复，关于职厅提议筹设沙田稻作试验场一案，当时提议书内列经临两费共数三千一百九十元，系缮写时笔误，应更正为四千六百九十二元方合，又二十年度亦误写为二十一年度，请一并将提议书内错点更正。

讨论事项

一、财政厅呈，据营业税筹备处拟就修正税务局稽征所章程草案前来，核与前奉核准章程间有更易，应否照准修正之处，请核指遵案。

（议决）照修正。

二、教育厅呈，据琼崖黎民代表状请津贴黎生来省就学等情，卷查张前省长任内，经令琼崖道饬县选送学生来省就学，免缴学费，现应否旧案重提，通令遵办，及将津贴各费增加预算之处，请核示遵案。

（议决）照案办理。

广东省政府第五届委员会
第一百六十三次议事录

四月二十四日　星期五

出席者　陈铭枢　范其务　金曾澄　邓彦华　林翼中　林云陔
　　　　孙希文　黄居素　许崇清
列席者　罗文庄
主　席　陈铭枢
纪　录　李立民

报告事项

一、国府文官处篠日电告中央最近政情三项：（一）规定公司法及其施行法自本年七月一日起施行。（二）由政府拨助十万元修复孔庙。

（三）修正公布危害民国紧急治罪法施行条例第五条条文。

二、行政院令，奉国府明令修正内政部组织法，抄发修正条文，仰知照，并转饬所属一体知照。

三、行政院令，奉国府明令公布内政部卫生署组织法，抄发原条文，仰知照，并转饬所属一体知照。

四、行政院令发通俗讲演员检定条例，仰遵照，并转饬所属一体遵照。

五、行政院令，奉国府训令，据监察院制定调查证及规定使用规则，请核通令公布等情，经将原规则酌予删改，应即通饬施行等因，抄发原件，仰知照，并转饬所属一体知照。

六、实业部咨，为本部提议，兹值全国矿业改进之期，所有各省官营矿业，其尚未依法划区设权者，无论新旧案，均应依照法定手续，呈部核准，嗣后每年营业与工程状况，并应造册汇报一案，经奉国务会议决议照办等因，请查照，并转饬遵照。

七、广东中央银行呈送十九年份财产目录贷借对照表、营业报告书、损益计算书、净利分配案各一份，请察核备案。

讨论事项

一、财政厅呈缴广东省营业税征收章程施行细则草案暨广东省营业税评议委员会章程草案，请核备案指遵案。

（议决）备案。

二、财政厅呈，将各县欠缴十八、九年各月份县库县地方收支计算书列请核饬赶造，逾期处罚，其应由地方财管局造报者，由县严催编缴；至嗣后各月份，拟请规定期限，明令颁行，以资遵守案。

（议决）照办。

三、财政厅呈，查东路公路干线，近经先后两次核定建筑费一百余万元，其前由潮州十属纸锚捐，及汕头出口纸锚捐项下拨充该路桥梁费用，似宜由二十年一月份起，不再拨付，照章将该捐款改拨二成五厘充潮州各属教育经费，其余悉归库收，当否，请核指遵案。

（议决）准照办，惟征存之款，应一次过拨还八万元分配各路建筑用费。

四、财政厅呈请由钧府设立审计处，于二十年度开始，所有各机关收支预计算案，统呈核销，以崇计政案。

（议决）缓议。

五、建设厅呈，拟定架设北江长途电话办法两种，请核采用施行案。

（议决）照第二项办法，至款项由财、建两厅会商，分期拨给领用。

六、建设厅长提议，设立度量衡检定人员训练班，连同简章，各县市考送名额，招考章程，经临两费预算书，提请公决案。

（议决）照准。

七、建设厅长提议，请照案拨款兴筑第一期各路省道干支线，及开办各该路工程处，暨请在第二期东路省道第二干线预算内，提款先筑兴宁至松口段，连同各该路段预算表，提请公决案。

（议决）工程处准成立，兴松一段仍归第二期兴筑。

广东省政府第五届委员会
第一百六十四次议事录

四月二十八日　星期二

出席者　陈铭枢　范其务　金曾澄　邓彦华　林翼中　许崇清
　　　　孙希文　黄居素
列席者　罗文庄
主　席　陈铭枢
纪　录　李立民

报告事项

一、行政院令，奉国府训令，据中央地政机关筹备处呈，拟具组织规程，及第一期筹备办法，请鉴核等情，应准照办，仍依土地法第二十七条之规定，直辖于行政院等因，抄发该规程及办法，仰知照，并转饬所属一体知照。

二、行政院令，据内政部呈，准山东省政府咨报，青城、莒县、宁阳、长山、高苑、昌乐、齐河等七县县印，为晋军所委县长携逃，请予另颁新印，并请将旧印通令作废一案，经呈奉国府令准铸发新印，所有该七县已失旧印，自应作废，抄发原呈，仰即知照。

三、内政部、禁烟委员会会咨送内政会议修正通过各省市厉行烟禁办法八项，希查照转饬所属各禁烟机关查照原案所提办法，分别切实施行。

四、内政部咨，为山东省政府请将濮县全境划分两县，以黄河为界，河西仍名濮县，河东在王堌堆地方增设鄄城县治一案，经呈行政院提出国务会议决议照准，转呈国府备案，并请将鄄城县印信饬局转发等因，请查照转饬所属一体知照。

五、实业部咨，据各方请解释交易所法施行细则第十五条，兹解释如次：凡在商业重要区域设立交易所，准用市之规定，其区域应以所在地之县之行政区域为区域，其不属县辖之特区，另设有行政官署者，则应以该官署所管辖之区域为区域。请查照转饬所属一体知照。

六、民政厅呈复，奉饬议复建设厅呈报惠阳县长周俊甫办理路政，督率有方，请酌予奖叙一案，查该县长对于该县公路虽未筑理完竣，亦见办有成绩，拟请传令嘉奖，以资激劝〔励〕，当否候示。

七、广东高等法院呈送广东省捐款修建监所奖励暂行章程，请核备案。

八、茂名县呈复查明国立中山大学校请拨县属白屋塘村前官荒为南路蚕叶试验场场址一案，当即派员测勘该段官荒，并无民业参杂，连同图说，请察核办理。

讨论事项

一、内政部咨，为前准咨据财政厅请将省市地方税收详加厘定，重行划分一案，现准财部咨复，广州市征收之各项市税，及筹办之营业税，应由省政府通筹支配等因，请查照案。

（议决）暂仍照向例办理。

二、略。

三、民政厅呈，准财厅咨送修正各县新政费施行办法四条，查第二条规定与原案有所抵触，似应照试行新县制预备事项第二条规定，由县政府拟定某科改局，呈由职厅核明，转呈钧府察夺，其得挪拨地方款数目，仍依照县政府挪拨地方款补助政费标准办理，以符原案，当否，请核令遵案。

（议决）照准。

四、建设厅呈缴建筑合署委员会规程，及经临预算表，编制表等，请核指遵案。

（议决）委员会暂缓组织，先设测量员两名、测夫四人，其余各职员，俟征得图案后，酌量设置，交建厅照办。

五、教育厅呈，准广东省高等普通检定考试委员会函送支出预算书，计总数送〔共〕二千三百三十元，转请核行财厅照数拨发案。

（议决）准给一千五百元。

六、顾问黄强函请准予辞去救济失业华侨委员会主席兼职案。

（议决）照准辞职，并取销该委员会，归并赈务会办理。

广东省政府第五届委员会
临时会议议事录

五月七日　星期四

出 席 者　许崇清　金曾澄　林云陔　林翼中　邓彦华　范其务
临时主席　许崇清
纪　　　录　张百川（代）

报告事项

一、行政院令，案据广东江门航业公会筹备处呈请核示，应遵交通部公布之航业公会章程，抑照工商同业公会法改组一案，查该筹备处既未遵章呈部有案，又与中央训练部所定办法不符，应饬暂缓进行，仰查照转饬遵照。

二、考试院令发高等考试农林行政人员考试条例，仰知照，并转饬所属一体知照。

三、财政厅呈复，奉部电，经饬广东省征收火柴内地消费税局，及广东全省舶来士敏土附费承商建和公司遵照，限本月二十五日停征广州

272

市捐费，并分令外属各局结束在案，请察核。

四、财政厅呈报将广州市各信托公司储蓄公司汇兑等店归并银业范围办理缘由，请核备案。

五、中央监察委员邓泽如、林森、萧佛成、古应芬，卅电弹劾蒋中正。

讨论事项

一、建设厅呈报核定南路省道第四干线，由罗定至信宜段路线缘由，连同草图，请核备案案。

（议决）照备案。

二、财政厅呈报定五月十日上午九时起继续举行第四个月金融库券抽签偿还本息，请派员莅场监视案。

（议决）派第一科科员。

三、陈主席离省，依据省府组织法第七条，应推员代理业〔案〕。

（议决）公推许委员代委员会主席。

四、用本府委员会名义，通电拥护中央四监委弹劾蒋中正案。

（议决）照办。

广东省政府第五届委员会
第一百六十五次议事录

五月八日　星期五

出席者　许崇清　金曾澄　邓彦华　林翼中　林云陔
主　席　许崇清（代）
纪　录　张百川（代）

报告事项

一、第八路总指挥部函为中行纸币日见低折难维原状，经令该行行长遵照于五月一日起暂行停止兑现，请查照。

二、第八路总指挥部函为现因军饷紧急亟须现毫应支，除经令饬广东财政特派员及财政厅遵照自五月一日起，所有本省一切税收一律照收现毫缴解来部外，请查照。

三、财政厅呈报清还广州总商会及公信洋行借款缘由，请核备案。

四、建设厅呈，据生丝检查所呈请咨行海关于生丝出口时查验出口证书等情，转请核行办理。

讨论事项

一、中央银行行长沈载和，呈请准予辞去行长一职，另派能员接充案。

（议决）留。

二、财政厅呈，准广东省会公安局函送二十年度岁入岁出概算书，请汇编呈核等由，兹拟仍由该局自收自支，事后只将坐支之款虚领抵解，概由省库过账，遇有不敷，仍应自行筹抵，是否可行，请并案核明办理指遵案。

（议决）照办。

三、范委员辞兼财政厅长职，应推员继任案。

（议决）公推林委员云陔兼理。

四、本府秘书长李立民辞职案。

（议决）由张秘书代理秘书长。

五、民政厅提议，南海县长余心一辞职照准，遗缺拟请以化县县长李源和调署；递遗化县缺，拟请以辛煌桥试署；英德县长沈耀祖辞职照准，遗缺拟请以官其兰试署；曲江县长邓柱燊辞职照准，遗缺拟请以彭世枋署理案。

（议决）照准。

广东省政府第五届委员会
第一百六十六次议事录

五月十二日　星期二

出席者　许崇清　金曾澄　邓彦华　林翼中　林云陔
列席者　罗文庄

274

主　席　许崇清（代）

纪　录　张百川（代）

报告事项

一、行政院令，奉中央执委会饬交关于广州中山纪念堂纪念碑建筑管委会呈送所制区域图案，并决议凡私人及团体不得在界内有任何建筑，如政府机关须增加建筑物时，须先商得该会同意一案，仰即转行知照。

二、（略）

三、第八路总指挥部函为保安处暨所属各团经费，拟从本月份起，由敝部直接发给，请查照。

四、财政厅呈，拟将取缔广州市银业暂行办法酌予变通办理，凡向来不愿报入广州市银业公会之找换店，原领商业牌照在财政厅有底册可查，又非从新开设，或假藉其他歇业商店之商业牌照冒名换领者，准由该店备具申请书，径向财政厅换领新制商业牌照。但各声明不入市交易，不领入市证照襟章者，亦听其便，并准免缴相片；其声明入市交易者，仍须备缴相片，一并缴呈财政厅报领入市交易之证照襟章，以符定章。

五、财政厅呈报向广东省会公安局商借毛银二十五万元，交广东中央银行收入省库账内，由职厅负责偿还，请核备案。

六、建设厅呈复，关于财厅请饬各厅报销建筑购置一案，所列职厅领过各费，均属转发领用，多以建筑工程未竣，或因机器等件尚未到府，手续未完，势难依时造报，除分别令饬造报外，谨详列清单，请察核。

讨论事项

一、财政厅呈复，奉饬支给本党老同志黄中理等七员养老年金各六百元至终身为止等因，查此款年度预算并未编列，究应由何项支付，请核示遵案。

（议决）二十年度预算照数编列。

二、老同志夏百子身故，无以为殓，拟抚恤案。

（议决）一次过拨丧葬费一千元，由本府委员会经费动支，交联义社会同夏同志亲属具领。

三、许主席提议，委梁祖诰兼本府秘书，周棠为秘书处秘书案。

（议决）通过。

四、民政厅长提议，为奉行县组织法起见，拟将各县新预算表所列科局、名称，略予增加变更，至行政经费则一仍原额，当否，连同修正预算表，提请公决案。

（议决）通过。

五、（略）

广东省政府第五届委员会
第一百六十七次议事录

五月十五日　星期五

出席者　许崇清　范其务　金曾澄　邓彦华　林翼中　林云陔
列席者　罗文庄
主　席　许崇清（代）
纪　录　张百川（代）

报告事项

一、航空处函为现在时局严重，所有飞机，亟应拨归军用，以利戎机，敝处办理两广民航，拟于本月五日起，暂行停止，应俟时局平定，再行规复，请查照。

二、财政厅呈送二十年五月一日起改征全毛收支办法，请核备案。

三、建设厅呈，据水产试验场长呈，拟将该场迁移汕尾地方，似可准照办理，除饬将迁移费详列预算呈候核办外，连同意见书，请核准备案。

讨论事项

一、中国国民党广东省执行委员会函请转饬财厅拨助特别费毛洋一万元案。

（议决）饬拨五千元。

二、民政厅呈，据警官学校呈为特别班学生未派有工作，拟请各给川资十元，遣回原籍，静候派委等情，应否准予照给，抑如何办理之处，请核示遵案。

（议决）照给。

三、财政厅呈，据曲江县呈缴该县建筑公路委员会筹筑公路征股细则等情，查细则内关于钱粮每地丁一两，每年征收股本四元，连征二年，及其他商业铺租等项，虽据声明由建厅准予照收，惟为数过重，于钱粮正供不无影响，似难准予照办，第事属建设，筹款不易，究应如何核饬之处，请核指遵案。

（议决）照原案办理。

四、岭南大学校董会函为前蒙指拨西村地段为建筑博济新院校址，现查该地建筑院校，均非所宜，拟请准由敝会或卖或租，便宜处分，以所得价值，尽量另购适宜地点筹建，俾纪念中山新院校得即进行案。

（议决）原拨地段收回，由市府另拨购地费十万元，博济医院前购相连地段，仍由该院管业。

五、本府秘书处第二科科长黄维玉辞职照准，遗缺拟请以民政厅第一科科长朱念慈暂行兼代案。

（议决）照准。

六、广州市政府呈缴省府合署收用草芳各地段应发地价及上盖价清表，请核行财厅照数拨付案。

（议决）关于省府合署收用土地案，由省府建厅各派员会同查勘，拟订征收办法呈核。

广东省政府第五届委员会
第一百六十八次议事录

五月十九日　星期二

出席者　许崇清　范其务　金曾澄　邓彦华　林翼中　林云陔
列席者　罗文庄
主　席　许崇清（代）

纪　录　张百川（代）

报告事项

一、第八路总指挥部函，关于惩办盗匪暂行条例，现经呈请仍准延期六个月，在未奉令复以前，仍应继续办理，请查照并转饬所属一体遵照。

二、翁桂清函，请准予辞退省府建筑委员会委员长，并艺术院筹备委员会委员等差。

三、万宁县长洪星南呈报于去年九月十六日红匪攻入县府，失去任命状，请准补发，以资凭证。

讨论事项

一、建设厅呈复，关于容、桂火盗报警电话改办普通电话，请由股东依照改组一案，办理经过情形，请核饬依照核定办法办理案。

（议决）照厅拟办。

二、东莞县长呈拟订水田筑堡督促章程草案，请修正示遵案。

（议决）交高等法院，建、财、民厅审查再议。

广东省政府第五届委员
谈话会决定案

五月二十二日　星期五

出席者　许崇清　金曾澄　邓彦华

列席者　罗文庄

主　席　许崇清（代）

纪　录　张百川（代）

讨论事项

一、现时本府委员，多数离粤，嗣后拟缓〔援〕照前例，凡在省委员过半数出席，即可开会。

（决定）分函在省各委员征求同意。

二、民政厅长提议，万宁县长洪星南辞职照准，遗缺拟请以邓维华试署；琼东县长岳跃龙调省，遗缺拟请以黎寿祺试署；连平县长庄劲民辞职照准，遗缺拟请以张寿芝署理；阳江县长李伯振调省，遗缺拟请调新委电白县长江楫试署；递遗电白县长缺，拟请以苏萍生署理；琼山县长罗贡华调省，遗缺拟请以周斯恭试署；儋县县长张军调省，遗缺拟请以冼维祺试署；文昌县长李鼎辞职照准，遗缺拟请以潮阳县长吴钦禅调署；递遗潮阳县缺，拟请以方乃斌试署；龙门县长罗仲达调省，遗缺拟请以临高县长招念慈调署；递遗临高县缺，拟请以开建县长吴履泰调署；递遗开建县缺，拟请以李其章试署；灵山县长余俊生辞职照准，遗缺拟请以汕头市公安局长陈国勋试署；递遗汕头公安局长缺，拟委陈定平接充案。

（决定）照准。

广东省政府第五届委员会
第一百六十九次议事录

五月二十六日　星期二

出席者　金曾澄　邓彦华　林翼中　林云陔　许崇清　范其务
列席者　罗文庄
主　席　许崇清（代）
纪　录　张百川（代）

报告事项

一、兼财政厅长林云陔呈报于五月十一日接任视事。

二、财政厅呈将金融库券第一期第四个月抽签还本入选末尾两码开别〔列〕清单，请核备案。

三、建设厅呈报生丝检查所添设副所长缘由，请备案。

四、建设厅呈复饬据惠州西湖管理局遵照秘书处签开意见解释各条前来，应否准照该局前缴改善规程及预算表分别办理之处，仍候核夺饬遵。

五、广东省会公安局呈复，遵令查明河南草芳围利贞船厂西便坦地，系由福盛堂买得，至东沙地之东兴昌船厂之西，面积有二亩半之坦地，无人缴验契据，请察核。

六、谨将五月二十二日改开谈话会决定各案油印，请补予追认。

讨论事项

一、建设厅呈为职厅技正邝子俊积劳病故，请援例给予一次过恤金三个月，共七百三十五元，转令财厅照数拨发案。

（议决）照函特派员公署拨款给恤。

二、广东财政特派员兼财政厅长林云陔提议发行第二次军需库券一千万元，连同章程细则，提请公决案。

（议决）通过。

三、广州中山纪念堂纪念碑建委会函请令行中行对于本会付存各款，查照历次成案，以毫银支付案。

（议决）照办。

四、（略）

五、财政厅长提议，查各县田土清丈登记处，自改设以来，办理绝无成绩，拟通令于六月一日一律暂行停办，请公核备案。

（议决）各县清丈登记处裁撤，案卷由各县县长保管。

广东省政府第五届委员会
第一百七十次议事录

五月二十九日　星期五

出席者　许崇清　金曾澄　邓彦华　林翼中
列席者　罗文庄
主　席　许崇清（代）
纪　录　张百川（代）

报告事项

一、广东省救济失业回国华侨委员会呈报奉令结束，拟给员役薪工缘由，请核准备案。

二、委员邓彦华、金曾澄函复，赞同本府委员会谈话会所议，在省委员过半数出席即可开会之决定案。

三、建设厅呈请加委孙炳南为代理韶坪公路工程处主任，李伟为职厅技正。

四、建设厅呈为职厅技正邝子俊因病出缺，遗缺经派技士李炳恒升充，请核加委。

讨论事项

一、（略）

二、中国国民党广东省执行委员会函请再拨毛洋五千元以应急需案。

（议决）再拨三千元。

三、讨蒋宣传委员会函请每月拨助该会经费三千零二十八元案。

（议决）拨助一千五百元。

四、（略）

广东省政府第五届委员会
第一百七十一次议事录

六月二日　星期二

出席者　许崇清　金曾澄　邓彦华　林翼中　林云陔

列席者　罗文庄

主　席　许崇清（代）

纪　录　张百川（代）

报告事项

一、财政厅呈复，二十年度预算，拟请暂缓审查，并援照十七年度以前历办成案，由钧府通令各机关，在年度预算未经审查确定以前，一律仍照现行核定原有额数开支，不得增加，以资撙节。

二、建设厅呈报琼崖公路处处长张韬撤任，遗缺已委陈克接充，取具该员履历，请核赐加委。

讨论事项

一、财政厅呈复，东莞县拟将县属留支之护沙军费拨充保安队费一案，经核饬该县拟具统筹办法，大致尚妥，惟所请拨交之款，系留支护耕费款，关于征收护耕费，似应由东莞沙田局主办，当否，候令指遵案。

（议决）仍照前案执行，由厅发给三联收据，交县代收。

二、中国国民党广东省执行委员会函为香港支部经费由中央按月津贴三百元，现因时局不同，请转饬财政厅由本年二月份起，按月照拨，以维党务案。

（议决）函财政特派员请由五月份起照拨。

三、许代主席提议，查五月七日本府临时会议，关于"陈主席离省，依据省府组织法第七条，应推员代理案，议决公推崇清代委员会主席"。前查省府组织法第七条代主席期间，以一月为限，现期限已满，请另推员主持，或转呈国府派员接替之处，敬请公决案。

（议决）转呈国府。

四、民政厅呈，据警官学校呈，奉总指挥部令，限特别班已毕业学生暨本科第一期学生，于六月十五日以前向教导队报到等因，应古〔否〕先明定该本科第一期学生提前至某日毕业，令饬赶办毕业考试后，列册移送之处，转请核指示遵案。

（议决）限至八月底毕业后列册移送。

五、教育厅呈，准广东省高等普通检定考试委员会函，为检定考试院现在应否停止进行等由，转请核示指遵案。

（议决）暂缓举行。

六、讨蒋宣传委员会函请仍查照原案按月负担敝会经费十分之四案。

（议决）照原案拨足，以两个月为限。

广东省政府第五届委员会
第一百七十二次议事录

六月五日　星期五

出席者　许崇清　金曾澄　邓彦华　林翼中
列席者　罗文庄
主　席　许崇清（代）
纪　录　张百川（代）

报告事项

一、国民政府委员唐绍仪等陷日电知，蒙非常会议推任为国民政府委员，经于五月二十八日成立国府。

二、国民政府委员唐绍仪等陷日宣言，自五月二十八日国民政府在广州宣告成立之日起，蒋氏中正再有以政府名义，用任何方式名目，举借内债外债，一概认为无效。

三、财政厅呈报，现值军事时期，饷糈紧急，奉准给本省高等普通检定考试经费一千五百元，拟暂缓支发，俾纾财力，请核备案。

四、广东中央银行呈报职行整理海口支行地名券一案，原定限期届满，尚未悉数收回，经展期至六月底截止，请察核备案。

五、民政厅长报告，准海军陈司令函，拟将新委文昌县长何清稚与琼东县长欧少传互调另委。

讨论事项

一、建设厅呈复，将先后在钨矿捐项下拨支水产试验场各费，并邓庭硕挟去公款数目情形，连同卷宗，缴请察核指遵案。

（议决）（一）该厅在钨矿捐项下垫支水产试验场款，准予备案。（二）邓庭硕挟逃公款，应俟获案后究追。

二、中国国民党广州特别市执行委员会感日邮电，请自五月份起，每月增加广州日报补助费二百元案。

（议决）照准。

三、建设厅呈复，关于协济公司因违章被罚情形，请仍准用行政处分，将该商保证金没收，拨充建筑农林局过河桥梁及发展罗浮山之用案。

（议决）照厅拟办理。

四、中山县长呈复遵令测勘陆皓东烈士坟场情形，连同绘图，请核示遵案。

（议决）饬该县会商革命纪念会拟议呈核。

五、教育厅长提议，拟将省立岭东商业学校校长饶××撤职，改委留学德国哥伦大学法律学及经济学硕士沈合群接充案。

（议决）照准。

广东省政府第六届委员会会议录

（1931 年 6 月 12 日—1936 年 7 月 28 日）

广东省政府第六届委员会
第一次议事录

民国二十年六月十二日　星期五

出席者　林云陔　金曾澄　邓彦华　林翼中　胡继贤　李禄超
　　　　　许崇清　程天固
列席者　罗文庄
主　席　林云陔
纪　录　何启澧

报告事项

一、国民政府令知，第二次国务会议议决，任命林云陔、林翼中、胡继贤、金曾澄、许崇清、范其务、邓彦华、李禄超、程天固为广东省政府委员，指定林云陔为主席；任命林翼中兼民政厅厅长，林云陔兼财政厅厅长，胡继贤兼建设厅厅长，金曾澄兼教育厅厅长。

二、国民政府令知，第二次国务会议议决，任命程天固为广州市市长。

三、国民政府令，所有各机关未解国税，及其他中央行政司法各项收入，应即分别缴解本府所属主管机关核收，仰遵照，并转饬所属一体遵照办理。

讨论事项

一、主席提议，任命何启澧为本府秘书长，张百川、周棠、杨伟业为秘书，江珣为秘书处第二科科长，李绍纪为总务主任，并派张镜辉暂代秘书处第一科科长，派秘书杨伟业暂代秘书处第三科科长案。

（议决）照办。

二、广州市市长程天固呈请委任程鸿轩为广州市财政局长，连同履历，请核赐加委案。

（议决）照委。

三、建设厅呈复，核议整理广州电力公司委员会所拟修正惩罚违章驳电章程一案情形，请察核办理案。

（议决）通过。

四、教育厅长呈，拟由黄庆专任办理广东省立民众教育学校筹备事宜，并拟改委霍广河接充省立第一中学校校长，连同履历请提会公决案。

（议决）照委。

五、建设厅提议组织公路处，连同组织规程，提请公决案。

（议决）【照】修正规程通过。

六、民政厅提议，信宜县长陈元瑛已调充财政厅主任秘书，遗缺拟委李建德试署；普宁县县长张叔廉调省，遗缺拟以汕头市市长张纶调署；递遗汕头市市长【缺】，拟委黄于信署理；河源县县长邓祖望调省，遗缺拟委罗仲威试署；阳山县县长康祝年调省，遗缺拟委潘敬祐试署；龙川县县长云大琦调省，遗缺拟委邓衍芬试署；乐昌县县长刘运锋辞职照准，遗缺拟委许鸶试署；连县县长叶日嵩调省，遗缺拟以新会县县长黄开山调试署；递遗新会县长缺，拟委吴凤声署理；定安县县长黄世治调省，遗缺拟委陈宗舜署理。合将各该员履历抄陈附缴，提出会议，敬候公决案。

（议决）照委。

七、民政厅提议，新丰县县长李公明调省，遗缺拟委吴志强试署；丰顺县县长皮嗣襄调省，遗缺拟委陈耀寰试署；增城县县长何振调省，遗缺拟委陈椿熙署理。合将各该员履历抄陈附缴，提出会议，敬候公决案。

（议决）照委。

八、民政厅提议，和平县县长林国棠调省，遗缺拟委姚希明署理；惠来县县长吴仕湘拟调署高明县县长；高明县县长饶子康拟调署惠来县县长。合将各该员履历抄陈，提出会议，敬候公决案。

（议决）照委。

广东省政府第六届委员会
第二次议事录

六月十六日　星期二

出席者　林云陔　金曾澄　邓彦华　林翼中　胡继贤　李禄超
　　　　许崇清　程天固
列席者　罗文庄
主　席　林云陔
纪　录　何启澧

报告事项

一、国民政府令，公布国民政府政务委员会组织条例，抄发原条文，仰知照，并转饬所属一体知照。

二、国民政府令，公布国民政府军事委员会组织条例，抄发原条文，仰知照，并转饬所属一体知照。

三、国民政府令，公布最高法院组织条例，抄发原条文，仰知照，并转饬所属一体知照。

四、国民政府令，公布司法官惩戒委员会组织条例，抄发原条文，仰知照，并转饬所属一体知照。

五、国民革命军第一集团军总司令陈济棠函知，于六月八日宣誓就职，启用印信，请查照。

六、建设厅长胡继贤呈报于六月八日就职任事，请核转备案。

七、广东艺术院筹备委员许崇清等呈为职会暂行结束，合将截角木质铃记一颗、卷宗一帙，缴请察核备案。

八、广东省救济失业回国华侨委员会呈报遵令结束，将原刊木质印信及小章各一颗，缴请察核销毁。

九、广州市政府呈请委任徐甘棠为职府秘书长，连同履历，请核加给任状。

讨论事项

一、讨蒋宣传委员会函请迅即规定该会经费，于五月十六日开始发给，令行财厅提前照拨案。

（议决）照案提前支拨。

二、财政厅呈复，关于台山县呈拟举办舶来士敏土附加捐一案，似可姑予试办，以后如有发生窒碍，仍应即行停征。当否，请核指遵案。

（议决）应令缓办。

三、民政厅长提议，拟照旧设视察员六名，经费合计月支三千五百一十元，连同预算表，提请公决案。

（议决）照办。

四、主席兼财政厅长提议，拟请从新派定委员，查照原案，继续审查本省二十年度预算案。

（议决）公推李委员禄超、罗院长文庄、林厅长翼中，会同财政厅审查，由财厅召集。

五、教育厅提议，省立第一师范学校校长伍子车辞职，拟改委龙文焯接充；第四中学校长谢××出席国民会议，闭会已久，尚未回粤，校务乏人主持，拟撤职，改委林卓夫接充。合将各该员履历，提请公决案。

（议决）准照委。

六、主席兼财政厅长提议，拟将民国二十年广东第二次军需库券发行细则第四条但书以下各项，及第十条后段"无论解缴时有无搭缴纸币，偿还时一律交付银毫"句删去，以裕军需案。

（议决）第四条但书以下所列搭缴中纸各办法，及同条第二第三两项删去，第十条后段"无论解缴时有无搭缴纸币，偿还时一律交付银毫"句删去。

七、建设厅提议，拟委林逸民为公路处处长案。

（议决）照委。

广东省政府第六届委员会
第三次议事录

六月十九日　星期五

出席者　林云陔　金曾澄　林翼中　胡继贤　李禄超　许崇清
　　　　邓彦华　程天固

列席者　罗文庄

主　席　林云陔

纪　录　何启澧

报告事项

一、国民政府令，公布国民政府财政部组织条例，抄发原条文，仰知照，并转饬所属一体知照。

二、国民政府令，公布国民政府外交部组织条例，抄发原条文，仰知照，并转饬所属一体知照。

三、国民政府令，公布国民政府参军处组织条例，抄发原条文，仰知照，并转饬所属一体知照。

四、财政厅呈复核议省会公安局二十年度预算，拟从缓审查，并援照上年原案，仍由该局自为收支，不敷则自行筹抵，当否，候核明转饬遵照。

五、广州市政府呈复，关于岭南大学校董会请将前拨西村鲤鱼冈地段，或租或卖，便宜处分一案，奉令议决，原拨地段收回，由市府另拨购地费十万元等因。经饬据市财政局呈称，现值市库支绌，该购地费十万元，一时难以拨给一节，尚属实情，所拟俟将该冈收回投变后，再行拨给，似可照准，请核指遵。

讨论事项

一、前第八路总指挥部函，据广东电政管理局呈为经费不敷，恳函财厅由五月份起，暂行按月拨助大洋五千元，伸合毫银六千二百五十元等情，应予照准，请查照转令财厅遵照，如数拨助案。

（议决）由该局收入之有线电费无线电费项下通盘筹划开支。

二、中国国民党广东省执行委员会函，为敝会经费，请转饬财政厅自六月份起，仍照原案以国币加二五伸毫洋计算，以资弥补案。

（议决）照办。

三、广东财政特派员兼财政厅长呈，拟具经募第二次军需库券惩奖规则，请核指遵案。

（议决）照修正通过。

四、财政厅呈复省立第四师范学校请建学生宿舍等工程，需费甚巨，殊难筹拨，似应暂从缓议，请核明饬遵案。

（议决）前经核准有案之二万三千零六十五元四毫五仙，继续照发，其余暂缓。

五、整理广州市电力公司委员会委员兼任该会主席委员邓彦华呈请辞去本兼各职案。

（议决）照原案由建设厅长、广州市长为该会当然委员。

六、建设厅长提议，拟将农林局组织略为变更，设局长及副局长各一员，并请委任张焯堃为农林局局长，侯过为副局长，连同改组章程提出，请公决案。

（议决）照加委，章程修正通过。

广东省政府第六届委员会
第四次议事录

六月二十三日　星期二

出席者　林云陔　金曾澄　林翼中　胡继贤　李禄超　程天固
列席者　罗文庄
主　席　林云陔
纪　录　何启澧
报告事项

一、国民政府令，公布国民政府秘书处组织条例，抄发原条文，仰知照，并饬所属一体知照。

二、财政厅呈将金融库券第一期第五个月抽签入选末尾两码开列清单，请核备案。

讨论事项

一、略。

二、建设厅呈请委陈秋安为职厅主任秘书，刘君厚为秘书，陈肇祥为第一科科长，陈丕扬为第二科科长，胡雄为第三科科长，刘宝琛为第五科科长，孙洪为总务主任，取具各该员履历，请核加委案。

（议决）照委。

三、中国国民党广东省监察委员会函请对于敝会经费，饬令财厅仍照国币加二五伸毫银发给案。

（议决）照办。

四、建设厅呈，据商民甄伯元呈称，省府合署收用民地给价太微，请增益地价，俾维血本等情，转请核示祗遵案。

（议决）交建设厅、广州市府会核。

五、中国国民党广东省执行委员会函，为工作紧张，需费浩繁，前拨助特别费八千元，现已用罄，请转饬财厅迅予再拨三千元案。

（议决）照办。

广东省政府第六届委员会
第五次议事录

六月二十六日　星期五

出席者　林云陔　金曾澄　林翼中　胡继贤　李禄超　许崇清
　　　　　程天固
列席者　罗文庄
主　席　林云陔
纪　录　何启澧

报告事项

一、国民政府令发修正国民政府参军处组织条例第一条条文，仰知照，并转饬所属一体知照。

二、国民政府令知非常会议第一次会议关于国府委员人选一案，决议选任熊克武为国民政府委员。

三、国民政府令发修正国民政府政务委员会组织条例第二条条文，仰知照，并转饬所属一体知照。

四、国民政府令公布国民政府财政委员会组织条例，抄发原条文，仰知照，并转饬所属一体知照。

五、国民政府令公布国民政府侨务委员会组织条例，抄发原条文，仰知照，并转饬所属一体知照。

六、国民政府令所有广韶、广九、株韶各铁路管理及工程局，着暂归广东建设厅管辖，仰转饬遵照。

讨论事项

一、广州市政府呈复，征收长堤码头税，仍照议决案办理缘由，请核指遵案。

（议决）照办。

二、广州市政府呈复，查明长发置业公司梁礼煜请将本市回龙上街十二号私产拨还管业一案情形，请察核案。又财政厅呈同前由。

（议决）交广州市政府会同广东高等法院查明办理。

三、建设厅呈，为商标注册案收归部办后，商民深感不便，自国府迁粤以来，迭据商民到询注册办法，应否仍径呈国府核办，抑径由本省办理之处，请核指遵案。

（议决）为便利商民节省经费起见，由建设厅代办即呈请国府核示。

四、建设厅呈复，饬据真光附项团维持附项委员会呈报召开大会困难情形，应如何办理之处，转请察核示遵案。

（议决）交广东高等法院清理。

五、主席提议，委任于士杰为本府秘书处第一科科长案。

（议决）照准。

六、财政厅提议，修改第二次军需库券发行细则及第二次军需库券章程案。

（议决）修正发行细则第四条为按照券面十足发行，但缴款在前者准照左列①期限成数搭缴广东中央银行之一元、五元纸币。

二十年六月二十六日起一个月内缴款者四成。

二十年七月二个六日起一个月内缴款者二成。

前项搭销纸币区域，以广州市区为限，其余各县市概收全毫。又各机关坐支及拨支经费，应扣解搭发二成库券，亦概收全毫不搭中纸。又第十条仍应加回"无论解缴时有无搭缴纸币，偿还时一律交付银毫"句。又第二次军需库券章程第六条修正为：本库券按照券面十足发行，但为奖励募销者起见，如在期内（即两个月）推销足额者，准扣经募费用五厘。推销九成以上者准扣四厘；推销八成以上者准扣三厘；推销七成以上者准扣二厘；其销额不及七成及逾限者不准提扣。

七、民政厅提议本厅秘书陈仲伟、黎时雍、黄开山，科长张孝箴，总务主任许丹叔先后具呈许前厅长请准辞职，拟予照准。并请委任黄槐庭、章萃伦为本厅秘书，魏乐思为科长，谢运奎为总务主任。又本厅现奉准增设地方自治一科，拟请委李炳垣为科长，请公决案。

（议决）照委。

八、民政厅提议，本厅设置视察一案，前经呈奉核准照办，兹拟请委林乔年、黄元友、郑里铎、陈观海、陈达民五员为本厅视察，请公决案。

（议决）照委。

九、主席提议，据广东中央银行呈，范董事其务、黄董事居素均经离粤，应否派员补充，呈请察核案。

（议决）公推李委员禄超、林厅长翼中补充该行董事。

十、主席提议，加委黄冠章为中央银行副行长案。

（议决）照委。

十一、主席提议，赈务会裁撤后，应由民政厅接收办理案。

（议决）照委。

---

① 原文竖排书写，故曰"左列"。下同。

广东省政府第六届委员会
第六次议事录

六月三十日　星期二

出席者　林云陔　金曾澄　林翼中　胡继贤　李禄超　许崇清
　　　　　程天固
列席者　罗文庄
主　席　林云陔
纪　录　何启澧

报告事项

一、财政厅呈复，遵将审定二十年度预算修正，缴请核明呈报通行照办。

讨论事项

一、中国国民党广东省广州特别市执行委员会函，请将收用八旗墓地半数价银五百六十九元五毫，及展筑四烈士坟场工程费四份共银五百元，拨交过会以凭支付案。

（议决）照发。

二、广大省会公安局呈复，奉令将东沙地东兴昌船厂之西便坦地，先行划出为广东街蛋民居住一案，经转饬周知，惟该民等金以在该街营业多年，一旦他徙，殊形窒碍，均不愿迁住营商，应如何办理候令指遵案。

（议决）交市政府办理。

三、教育厅提议广东省公共运动场管理费预算，请公决案。

（议决）通过，由教育临时费项下按月开支。

四、民政厅提议，拟委张远峰为职厅视察，雷文亮为职厅秘书，合抄陈各该员履历，提请公决案。

（议决）照委。

广东省政府第六届委员会
第七次议事录

七月三日　星期五

出席者　林云陔　金曾澄　林翼中　胡继贤　李禄超　许崇清
　　　　　程天固

列席者　罗文庄

主　席　林云陔

纪　录　何启澧

报告事项

一、国民政府令，嗣后上级机关人员，对于下级机关用人，均不得以个人名义有所推荐，违者当分别予以惩处。

讨论事项

一、建设厅呈，为职厅矿业调查团，前向美国购到冲式钻探机一副，现因欠缺钻探麻缆钢缆各一千尺，价银约共毫洋一千八百元，恳准续向美国工厂订购，所需缆价即在职厅钨矿捐收入项下拨支，当否，请核示遵案。

（议决）定购两份。

二、建设厅呈，据水产试验场长呈，为奉令结束，拟援照各机关发给恩饷成例，请准予在该场本年二、三、四月结存经费项下拨款，按照原薪发给员役薪工一个月，及讲习所学生每人旅费十五元等情，应否照准，请核令遵案。

（议决）准照发。

三、建设厅呈，拟委陈仲伟为职厅秘书，何致虔为技正，赵植芝为省河航政局局长，陈克为琼崖公路处处长，李洁治为工业试验所所长，取具各该员履历，请核赐加委案。

（议决）照委。

四、民政厅呈，为增筑办公地方，召匠绘图估价，计需建筑工料及购置各费共中央纸六千九百零六元五毫，拟援案仍在结存经费中央纸项下开支，当否，连同图则价单，请核指遵案。

（议决）照办。

五、民政厅长提议，本厅第四科科长林式增奉委久不到差，拟请改委黄其藩补充，连同履历提出请公决案。

（议决）照委。

六、主席提议，据广东中央银行呈，拟请将库存中纸酌提盖戳，实行现兑，利便交收，应否核准敬请公决案。

（议决）照办。

七、教育厅提议，省立第十二中学校校长罗绶章，呈请辞职业经照准，拟请改委章泽柱接充；新委省立第四中学校长林卓夫因事辞职，应予照准，拟请改委本厅一等科员邹炽昌接充。又据省立第十一中学校长蔡振玮呈请辞职，业经照准，拟改委李燕果接充，请公决案。

（议决）准照委。

广东省政府第六届委员会
第八次议事录

七月七日　星期二

出席者　林云陔　金曾澄　林翼中　胡继贤　李禄超　许崇清
　　　　程天固
列席者　罗文庄
主　席　林云陔
纪　录　何启澧

报告事项

一、国民政府令，凡在本年五月二十八日以前现行有效之法令，除蒋中正假造民意掩护独裁之一切法令，应绝对禁止外，其余暂准适用。其在本年五月二十八日以后，南京伪政府所公布者一律无效。仰遵照，并转饬所属一体遵照。

二、国民政府令，查县地方自治条例及市地方自治条例均经本府制定公布，并定本年七月一日起为施行日期在案，抄发原条文，仰知照，并转饬所属一体遵照。

讨论事项

一、财政厅提议，修正营业税章程，请公决案。

（议决）照通过。

二、财政厅呈，据高要县呈报，修筑肇庆飞机棚厂工料费五百九十一元，请准照案抵解等情，应否照准抵解，请核指遵案。

（议决）函第一集团军总司令部查明再行核发。

三、建设厅呈报农林局昆虫研究所第一期工程完竣，派员勘验缘由，请示该建筑费共银七千五百元内，可否准将领存中纸四千元变卖给价，其不敷数由职厅节存中纸项下拨给之处，请核指遵案。

（议决）照办。

四、广东戏剧研究所呈，为遵令结束，乞饬将职所五、六两月份经费迅予发给，并请另行恩给各职员薪金一个月，以作遣散川资案。

（议决）五、六两月照拨，恩饷不发。

五、民政厅提议，连山县县长何春帆呈请辞职，拟予照准，遗缺以新丰县县长吴志强调署，递遗新丰县缺以郑精一试署；新委普宁县县长张伦辞不赴任，拟予照准，遗缺以潮阳县县长方乃斌调署，递遗潮阳县缺以区灵侠署理；阳春县县长孔昭度调省，遗缺拟委叶洁芸署理。合抄陈各该员履历，提出会议敬候公决案。

（议决）照委。

广东省政府第六届委员会
第九次议事录

七月十日　星期五

出席者　林云陔　金曾澄　林翼中　胡继贤　李禄超　许崇清　
　　　　程天固

列席者　罗文庄

主　席　林云陔

纪　录　何启澧

讨论〔报告〕事项

一、国民政府令，公布国民革命军空军总司令部组织条例、国民革命军海军第一舰队总司令部组织条例、国民政府军事委员会办公厅组织条例、国民政府军事委员会参谋团组织条例，抄发各原条文，仰知照，并转饬所属一体知照。

二、国民政府令知国务会议经决议，所有国民政府直辖各机关俸薪，自七月一日起一律照毫洋支给在案，仰遵照，并转饬所属机关一体遵照。

三、国民政府令公布限制官吏兼职条例，抄发原条文，仰知照，并转饬所属一体知照。

讨论事项

一、主席提议，关于江门大同置业公司陈鹤俦等，以官卖民业不服财政厅判决，提起再诉愿一案，现由本府秘书处派员组会审查完竣，合将决定书提请公决案。

（议决）照决定发还财厅审查。

二、财政厅呈复，关于曲江县长筑机场工料费，已照总部原定三万元之数分饬提拨，惟填河筑堤各项工料费三千元，系另请增加，应否准照增加之处，请核饬遵案。

（议决）照准。

三、教育厅呈，据省立第一女子中学校呈，为职校奉准购地扩充校舍，已与业主立约订期交易，取价实以毫币计算，惟职校存款二万余元，中行只允发给纸币，恳转令饬准以毫币提支，以免损失等情，似应照准，请核饬中行查照办理案。

（议决）准由中行借毫银二万元，以该校存款抵押。

四、私立岭南大学校董会函，请仍照前议，由市库尽先拨还地价十万元，俾敝会于纪念中山医校院设计得如期进行，否则仍请准由敝会将指拨地段自行变卖，或其他便宜处置案。

（议决）交市政府拟具办法。

广东省政府第六届委员会
第十次议事录

七月十四日　星期二

出席者　林云陔　金曾澄　林翼中　胡继贤　李禄超　许崇清
　　　　　程天固
列席者　罗文庄
主　席　林云陔
纪　录　何启澧

报告事项

一、中国国民党广东省执行委员会函送广东省各县市党军政机关邮件检查暂行办法，请查照转饬办理。

二、财政厅呈报，拟办清理历年积欠旧粮绿〔缘〕由，连同简章，请察核备案。

三、财政厅呈复，审核中山港开港典礼筹备会收支清册单据散总数目，尚属相符，似可准予照销，请核饬遵。

四、本府秘书处总务主任李绍纪呈报，遵令前赴广州市商会监视金融库券抽签经过情形，请察核。

讨论事项

一、民政厅呈，防城县党部以防城县列在三年〔等〕，尚有讨论余地，请愿提升一案，查核所请与各省厘定县等办法第三条之规定，尚属符合，应否准予提升，请核施行案。

（议决）准予提升二等。

二、教育厅呈，据省立岭东商业学校校产整理委员会呈，为遗失学产海坦院照，请转呈补给，并将在商业街口及福音医院后面，与省商学校未填海坦毗连之南面新生海坦官产，共划出一十五亩一分，拨归省商学校，作为割让马路损失之抵偿案。

（议决）关于第一点请求，交教育厅查复。第二点请求，交汕头市政府查复再核。

三、建设厅呈，拟将邓前任移交节存经费项下，提出中纸三千七百九十四元八毫六仙，添置汽车一辆，以便办公案。

（议决）照办。

广东省政府第六届委员会
第十一次议事录

七月十七日　星期五

出席者　林云陔　金曾澄　林翼中　胡继贤　李禄超　程天固
列席者　罗文庄
主　席　林云陔
纪　录　何启澧

报告事项

一、财政厅呈复，关于展筑红花岗四烈士坟场工程费，及收用八旗墓地价半数共银一千零六十九元五毫，经遵照拨给，请察核。

讨论事项

一、财政厅呈复，提议恢复各县地方财政管理局缘由，连同原定暨修正暂行章程，请核议施行案。

（议决）交民政厅审查。

二、建设厅呈，据公路处请发给该处开办费毫银三千六百八十二元等情，拟请准由职厅邓前任移交经费项下如数拨给，当否，请核示遵案。

（议决）照办。

三、国府古委员应芬函，以钟明光烈士哲嗣钟英发君，在国立中山大学毕业，欲赴日本入大学院再求深造，志甚可嘉，请援照何承天成案，按月给予留学费日金八十元，以三年为期，另照章一次过给予治装川资等费，俾资成行案。

（议决）照准，交教育厅办理。

四、广东高等法院呈复，奉令清理广州真光公司附项团维持委员会因选举发生争执一案困难情形，请核指遵案。

（议决）交建设厅办理。

五、财政厅呈具职厅主任秘书陈元瑛，秘书钟廷枢、刘宪明、麦棠、何蓬洲，第一科科长欧钟瑞，第二科科长李思辕，第三科科长张群熙，第四科科长林树尧等履历，请核赐加委案。

（议决）照委。

六、建设厅提议筹设广东全省火柴业务管理局，连同管理条例草案，及管理局组织规程草案，请公决案。

（议决）交程委员、林委员会同审查。

广东省政府第六届委员会
第十二次议事录

七月二十一日　星期二

出席者　林云陔　金曾澄　林翼中　胡继贤　李禄超　许崇清
　　　　　程天固

列席者　罗文庄

主　席　林云陔

纪　录　何启澧

报告事项

一、民政厅呈复，奉令转奉国府拨款五万元散赈，饬厅遵办等因，经咨准财厅如数支付过厅，分别电饬清远等六县派员领回施赈，请察核。

二、财政厅呈，修正本省营业税征收章程施行细则及评议委员会章程，请核备案。

讨论事项

一、主席提议，嗣后各县市长，如有未经呈奉核准而私擅离职者，一经查出，应由民政厅核其情节轻重，予以申诫或免职处分，呈府核夺，当否，候公决案。

（议决）通过。参照县长奖惩条例第三条办理，交民政厅执行。

二、民政厅呈缴二十年度每月份办理赈务办公费支付预算书，请核行财厅，由本年七月份起按月支付案。

（议决）通过。在预备费项下按月支付。

三、主席提议，任命陈庆云兼任广东省会公安局局长，请公决案。

（议决）通过。

四、民政厅提议，设置各县筹办地方自治协助员二十员，派赴各县协助人民自治，每员月薪拟定为一百四十元，月共支二千八百元，另每员每日川旅费五元，月共支三千元，合计每月共支五千八百元，请公决案。

（议决）照办。

广东省政府第六届委员会
第十三次议事录

七月二十四日　星期五

出席者　林云陔　金曾澄　林翼中　胡继贤　许崇清　程天固
　　　　李禄超
列席者　罗文庄
主　席　林云陔
纪　录　何启澧

报告事项

一、国民政府令发县地方自治条例施行细则，暨县参议员及区乡镇里自治人员选举规则，仰知照，并转饬所属一体知照。

二、教育厅呈，据南海县长呈缴教育局长曹国权履历，核与规定任用教育局长资格相符，自应照准，请核明加委。

讨论事项

一、教育厅呈复，查明省立岭东商业学校校产整理委员会请补发该校契照一案情形，请察核案。

（议决）照补发。

二、廉江县呈，拟投变民福当逆产，充开拆安铺市第二期马路费，及请准由县发给无契执照缘由，请核指遵案。

（议决）照准。

三、教育厅呈，据省立小学教员补习函授学校呈，请另由教育临时费项下拨支七月份所差经费三千元，以资结束，似可照准，乞行财厅查照拨发案。

（议决）准照拨。

四、教育厅呈为省立第六中学校校长陈××被控，经饬据督学查明办理未善，应即撤职，拟请改委王鸿焘接充，连同履历，请公决案。

（议决）照委。

五、建设厅呈，职厅视察潘绍宪另候任用，遗缺拟委伍英树接充，取具该员履历，请核赐加委案。

（议决）照委。

六、民政厅呈，审查财政厅提议恢复各县地方财政管理局意见，请察核案。

（议决）照审查意见办理。

广东省政府第六届委员会
第十四次议事录

七月二十八日　星期二

出席者　林云陔　金曾澄　林翼中　胡继贤　李禄超　许崇清　程天固

列席者　罗文庄

主　席　林云陔

纪　录　何启澧

报告事项

一、国民政府令发修正诉愿法，仰知照，并转饬所属一体知照。

二、国民政府令发关税有奖库券条例，仰知照，并转饬所属一体知照。

三、国民政府令，第十六次国务会议决议加推邓泽如为常务委员，仰知照。

讨论事项

一至三、（略）

四、财政厅呈，据罗定县请将该县城楼基址投变，拨充筑路及建筑县署费用等情，请核令遵案。

（议决）照准。

五、建设厅呈，据公路处呈缴修正各路公路分处组织规程暨区域表，转请察核备案案。

（议决）交建设厅将区域表修正再议。

六、建设厅呈，据广九铁路管理局局长谢保樵呈请辞职，经予照准，遗缺查有陈君朴堪以派委接充，取具该员履历，请核加委案。

（议决）照委。

七、粤海关监督署呈复，饬据九龙关查明张弼士所办白沙坞玻沙公司一案情形，请核夺办理案。

（议决）交建设厅查明该厂现在有无开设。

八、财政厅呈，请核议修正第二次军需库券惩奖规则第三条第二款条文案。

（议决）照修正通过。

九、教育厅提议，现据省立第八中学校长谢茂澜呈请辞职，应予照准，所遗校长一职，拟请改委广东高等师范学校毕业生陈镜清接充，请公决案。

（议决）照委。

广东省政府第六届委员会
第十五次议事录

七月三十一日　星期五

出席者　林云陔　金曾澄　林翼中　胡继贤　李禄超　许崇清
　　　　程天固
列席者　罗文庄
主　席　林云陔
纪　录　何启澧

报告事项

一、国民政府令发各机关职员俸薪搭销库券办法，仰遵照，并转饬所属一体遵照。

二、财政厅呈，为裁厘后举办之特税，计有丝类、石门矿物类、全省进口洋布匹头专税、广九路矿物类四项，似应拨归省库。又查糖类捐一项原属省税，亦似应一并划归省地方收入，除照增入本省地方二十年度岁入概算书外，请备案。

讨论事项

一至四、（略）

五、第一集团军总司令部函，据咨议袁带呈请饬县如遇查封匪产，投变所得，应专备建筑碉楼之需，不得移作别用等情，请查酌办理案。

（议决）由县政府处理，交民政厅及高等法院参照。

六、民政厅、财政厅会呈，关于第一集团军总部据护沙总队请扩编成团，并改名义一案，拟议情形，请核示遵案。

（议决）照案通过。

七、高等法院院长、高等法院首席检察官呈，为奉发管辖在华外国人实施条例定自民国二十一年一月一日起施行，应否及时筹备专庭，所需经费应如何拨付，请核指遵案。

（议决）暂由解部之五成状纸工本费，及四分一司法印纸工本费项下拨款筹备，仍俟最高法院成立后，再行转请核明办理。

八、中国国民党广东省执行委员会函送党务工作人员训练所经费预算书，计经常费每月毫洋一万八千二百七十四元五毫，及第一期特别费毫洋一万二千七百八十四元，请查照提前支付案。

（议决）照案通过。

九、民政厅呈，拟就县地方自治区乡镇公所筹备委员会办事细则、县地方自治区乡镇公所筹备委员会组织章程，暨颁发参议会及区钤记乡镇里图记章程、公民名册造报规则等，应如何公布之处，请核指遵案。

（议决）通过。

十、财政厅提议广东全省卷烟公卖章程，请公决案。

（议决）照修正通过。呈请国民政府备案。

广东省政府第六届委员会
第十六次议事录

八月四日　星期二

出席者　林云陔　金曾澄　林翼中　胡继贤　李禄超　许崇清　程天固

列席者　罗文庄

主　席　林云陔

纪　录　何启澧

报告事项

一、国民政府令发修正中山县训政实施委员会组织大纲第八条条文，仰知照，并转饬所属一体知照。

二、国民政府令知省府委员邓彦华呈请辞职，经国务会议决议照准，并另任该员为本府军事参议。

三、财政厅呈报，各项税捐现因各商承捐数目与二十年度原列岁入概算略有增加，除更正外，请核备案。

四、民政厅呈筹办地方自治协助员办事细则，请核备案。

讨论事项

一、（略）

二、主席提议，修正广东省政府建筑合署委员会规程草案，连同编制表预算表，请公决案。

（议决）通过，暂由省府、市府、建厅各派技士一员会商办理。

三、（略）

四、建设厅呈，据西村士敏土厂筹备委员会缴具该厂组织章程，及职员系统表、薪俸预算表，暨每月经费预算数等，请核备案案。

（议决）交李委员禄超、程委员天固审查。

五、民政厅呈为拟就县地方自治区乡镇公所办事细则、里自治筹备员办事细则、县地方自治里长副里长办事细则等，请核公布施行案。

（议决）通过。

六、财政厅呈，拟将茶叶一项列入营业税征收章程物品贩卖业第二栏，照资本额千分之十征税，当否，请核指遵案。

（议决）照办。

七、略。

八、茂名县建设局等联呈，请准将省立第五师范学校规〔恢〕复为中等农业学校案。

（议决）交教育厅审查。

九、民政厅呈为拟就县地方自治区民代表大会、乡镇民大会、里民大会会议规则、乡镇民总投票规则、里民总投票规则等，请核公布施行案。

（议决）通过。

十、主席提议恢复仲元图书馆管理费案。

（议决）照办。

广东省政府第六届委员会
第十七次议事录

八月七日　星期五

出席者　林云陔　金曾澄　林翼中　胡继贤　李禄超　许崇清
　　　　　程天固

列席者　罗文庄

主　席　林云陔

纪　录　何启澧

报告事项

一、国民政府令发国民会议代表产生条例，仰知照，并转饬所属一体知照。

讨论事项

一、建设厅呈，为第一集团军总部函请限期完成各公路一案，现据公路处呈缴筹备速成各公路预算表路线图等前来，请核示遵案。又呈关于第三军长电请完成曲江至南雄公路一案，经呈报筹备速成，请迅予核准挪用中纸办法，以便饬遵案。

（议决）原案通过。路基责成各地县长筹筑；桥梁涵洞由政府担任。现存中纸准按借现款开支。

二、建设厅提议，准第一集团军总部函请迅速完成惠州各属公路，兹拟摘取西区善后公署筑路办法三条，略为修改，请令关系各县长一体遵照案。

（议决）通过。

三、建设厅提议，拟请拨款兴筑增城等十六县暨惠州各属公路，以利军行案。

（议决）通过，参照第一案办理。

四、建设厅呈，据公路处呈缴修正广东各县公路局组织规程，及各县建筑公路委员会组织规程，转请察核备案案。

（议决）修正通过。

五、建设厅呈，据农林局呈为筹设茶山总理第二纪念林场，拟将马、侯两前局长任内节存经费移拨，为办理该林场经费之用，连同经临预算表并山图，转请核准分别饬遵案。

（议决）通过。

六、建设厅呈，拟照约续聘生丝检查所技正莱恩一年，应支全年俸金。仍请援案令行财厅，筹拨与七千元美金相等之金额，存于中央银行，以便按月发给案。

（议决）通过继续聘请。

七、教育厅呈，据澳门崇实初中学校呈，请照案由二十年度起给予每月补助费五百元等情，转请核行财厅照拨案。又教育厅提议，拟仍照核准补助澳门私立初级中学前案，自二十年度起，每月补助该校五百元案。

（议决）照案补助。

八、民政厅呈，据卸救济失业华侨办事处主任徐海及汕头办事处主任陈伟陶，请援遣散救侨会及赈务会职员成例，各发恩饷一月，应否准予照办之处，抄录职员表，请核指遵案。

（议决）照发。

九、财政厅呈复，关于民厅请续拨救济失业华侨费一万元一案，查此款于审查二十年度预算时，已奉审定删去，究应由何款动支，请核饬遵案。

（议决）由赈款开支。

十、财政厅呈复，关于建厅变卖惠州西湖官产一案，对于五成库款尚未示及，应否仍照案解厅核收之处，请核令遵案。

（议决）由建厅发给临时执照，于六个月内持赴财厅换领正式执照。五成库款仍须解库，以前欠解者应随后补解。

十一、汕头市政府呈复，查明岭东商业学校请拨还海坦抵补该校被拆马路地产一案情形，请核转饬遵照办理案。

（议决）关于汕头海坦案，应由财厅、民厅、建厅、省府各派一人，组织审查委员会，并案审查。

十二、程委员、胡委员提议，电力公司自政府接管整理以来，颇著成效，原案整理以一年为期，至本年八月已届期满，该公司关系复杂，至今整理工作尚未完成，究应如何办理，请公决案。

（议决）改由市政府继续整理，以四个月为限，届时将整理情况呈报再夺。

广东省政府第六届委员会
第十八次议事录

八月十一日　星期二

出席者　林云陔　金曾澄　林翼中　胡继贤　李禄超　许崇清
列席者　罗文庄
主　席　林云陔
纪　录　何启澧

报告事项

一、国府令，公布战地政务委员会组织条例，抄发原条文，仰知照，并转饬所属一体知照。

二、国府令，据呈财政厅拟具广东全省卷烟公卖章程一案，经议决修正通过，仰饬公布施行。

讨论事项

一、主席提议，拟具县地方警卫队章程草案，请公决案。又民政厅提议，拟就整理广东各县警卫队条例草案，请公决案。

（议决）交李委员禄超、罗院长文庄并案审查。

二、民政厅长呈，拟定县地方自治区公所及乡镇自治筹备委员会钤记图记颁发章程，请核明公布案。

（议决）通过。

三、建设厅长呈，拟将广东士敏土厂普益公司承案撤销，请核示案。又官商督办广东士敏土普益公司黄镇球呈，请维持原案，准免撤销，并假以相当时期，俾便结束，免受重大损失案。

（议决）撤销承案。其余办法应另行提会。

四、建设厅长呈，据农林局呈复，拟请搭厂安置第三批抽水机，可否将购机余款所存中纸，拨给搭厂用费及运税各费，请核示案。

（议决）照案通过。

五、民政厅、财政厅会呈，遵令会核南海县请设立土地局一案情形，请察核案。

（议决）准试办。

六、建设厅提议，关于广惠及广清花各长途电话所各经费，请由省库拨支，请公决案。

（议决）先行接收，预算再议。

广东省政府第六届委员会
第十九次议事录

八月十四日　星期五

出席者　林云陔　金曾澄　林翼中　许崇清　程天固　胡继贤
　　　　　李禄超

列席者　罗文庄

主　席　林云陔

纪　录　何启澧

报告事项

一、国民政府令发修正中山县训政实施委员会组织大纲第七条条文，仰知照，并转饬所属一体知照。

二、建设厅呈，据公路处呈缴南路公路分处长黄著勋、韶坪公路工程处主任陈正元履历，转请核赐加委。

三、教育厅呈，据信宜县呈缴该县教育局长林文瑞履历，核与规定资格相符，请核明加委。

讨论事项

一、广州市政府呈复，办理东沙地东兴船厂西便坦地，饬厂东街蛋民迁住一案情形，请核指遵案。

（议决）由教育厅、市政府拟定办法。

二、财政厅呈复，关于党务人员训练所特别费，及经常费，应请追加预算，俾凭支付案。

（议决）通过。

三、财政厅呈，据合浦县呈，请将奉令修理北海飞机场工价一千五百三十八元四毫三分，在征存税款项内提支等情，可否准予作正开销，请核指遵案。

（议决）通过。

四、中国国民党广东省执行委员会函复，张佐基谋害罗理庭瞒领养老金一案，事属可信，请查照办理案。

（议决）通过取销。

五、中山县训政实施委员会函，为决议重新履勘中山港，确定无税区域范围，恢复无税口岸，请查照派定委员，以便定期履勘案。

（议决）派建设厅胡厅长。

六、曲江县长佳电，为承商黄子云投筑韶州机场亏折过巨，可否准予补发未完工程费七千八百元，又机场外东北两边城角阻碍飞机升降，拆卸费一千五百元，应否雇工拆卸，统乞示遵案。又呈同前情。

（议决）通过。款项照发，并由省府建厅派员勘明，是否核实。

七、民政厅提议，阳江县县长江楫拟调本厅服务，遗缺委前任阳江县县长李伯振署理；番禺县县长陈樾迭请辞职，拟予照准，遗缺委严博球署理；徐闻县县长张光呈请辞职拟照准，遗缺委曹日烜试署；连阳化瑶局长陈骏拟予调省另候任用，遗缺委前任和平县县长林国棠署理，理合提请公决案。

（议决）通过照委。

广东省政府第六届委员会
第二十次议事录

八月十八日　星期二

出席者　林云陔　金曾澄　林翼中　胡继贤　李禄超　程天固
　　　　　许崇清

列席者　罗文庄

主　席　林云陔

纪　录　何启澧

报告事项

一、国民政府令公布市参议会组织条例及县参议会组织条例，抄发原条文，仰知照，并转饬所属一体知照。

二、财政厅呈，将广州市各区办理营业税人员保证办法，及各区主任姓名，连同预算表，请核备案。

讨论事项

一、建设厅呈缴修正模范林场章程预算，暨原日模范林场章程预算，请核备案案。

（议决）照案通过。

二、建设厅呈缴公路处筹备完成南韶公路会议录，及曲江县公路局召集各界讨论完成南韶公路曲江段会议录，请核行财厅知照案。

（议决）照办。

三、主席提议，关于普潮公路长途汽车集丰有限公司司理陈腾飞，因收资不给票，不服广东建设厅处分，提起诉愿一案，现由本府秘书处派员组会审查完竣，合将决定书提请公决案。

（议决）照办。

四、本府技正罗明燏呈复，会同市府、建厅所派委员，拟订省府合署征收甄伯元地段，每亩应照契价补偿毫洋三百元案。

（议决）照办。

五、建设厅呈，据公路处呈缴修正各路分处区域表及组织规程，并附原区域表，请核备案案。

（议决）照办。

六、财政厅提议，广东全省卷烟公卖章程施行细则、广东全省卷烟公卖局组织规程、广东全省卷烟公卖局及所属各机关预算，请公决案。

（议决）照办。

七、财政厅提议，疑〔拟〕委陆匡文为广东全省卷烟公卖局局长，请公决案。

（议决）照委。

广东省政府第六届委员会
第二十一次议事录

八月二十一日　星期五

出席者　林云陔　金曾澄　林翼中　胡继贤　李禄超　许崇清
　　　　　程天固
列席者　罗文庄
主　席　林云陔
纪　录　何启澧

报告事项

一、教育厅呈，据化县县长请委刘传邦为教育局局长，查核资格相符，连同履历转请核明加委。

讨论事项

一、教育厅呈复，查明省立第五师范学校未便改为中等农业学校缘由，请核指遵。

（议决）照教厅审查意见办理。

二、教育厅呈，为广德公司现将旧将军署地段建屋，堵塞职厅头门，请饬工务局转饬该公司，须在职厅南面墙外留出横马路，或离墙建筑，俾免妨碍办公案。

（议决）交市政府办理。

三、财政厅呈复，奉令议决由二十年度起，每月拨给澳门崇实学校补助费五百元一案，查该补助费，二十年度岁出概算尚未列入，请追加预算俾凭支付案。

（议决）照追加预算。

四、李委员禄超、罗院长文庄会呈，审查县地方警卫队章程意见，请察核案。

（议决）照审查意见通过。

广东省政府第六届委员会
第二十二次议事录

八月二十五日　星期二

出席者　林云陔　金曾澄　林翼中　胡继贤　李禄超　简又文
　　　　　许崇清　程天固
列席者　罗文庄
主　席　林云陔
纪　录　何启澧

报告事项

一、国府军委会咨分别办理请恤范围议决三项，录案咨请查照。

二、国民政府令抄发公务员考绩条例及公务员保障条例，令知照转饬所属知照。

三、国民政府令发修正领取出国普通护照手续办法。

四、国民政府令发修正官吏兼职条。

五、国民政府令发陈委员济棠原提案及各修正恤金给与令，仰即遵照。

六、国府令知调简又文为广东省政府委员。

讨论事项

一、仲元图书馆董事会呈，请拨助现款一万元，俾资设备开馆纪念案。

（决议）照拨。

二、广东治河委员会函请提拨赈款十万元过会，以资修理本年水灾崩决及各属重要基围案。

（决议）照拨。

三、广东治河委员会函，据潮梅分会呈，请转函令饬民政厅于所存赈款项下，拨给大洋二万元，为澄海下蓬区以工代赈等情，函达查照办理见复案。

（决议）缓办。

四、广州市市长程大固呈请加给新委社会局长简又文任状案。

（决议）照委。

五、广州市市长程天固呈，据财政局长呈，拟拨艺术院余地，辟作河南模范住宅区，请转呈核示等情，合将原具地图，呈请察核，当否伏候令遵案。

（决议）全部拨为住宅区，艺术院由市府负责或觅相当地址。

六、（略）

七、民政厅厅长林翼中呈，拟具广东省各县属联防暂行大纲及施行细则，请核示案。

（决议）交罗院长文庄、李委员禄超审查。

八、广东省党部执委会函，据曲江县执委会查复越南人阮宝家中情形具复，请核案。

（决议）一次过拨一千元。

九、教育厅长呈，关于省立岭东商业校产整委会，前呈缴填筑海坦计划及填筑坦地平面图侧面图各件，请给款填筑一案，似可照准请核办案。

（决议）由该校整委会筹款填筑。

广东省政府第六届委员会
第二十三次议事录

八月二十八日　星期五

出席者　林云陔　金曾澄　林翼中　胡继贤　李禄超　简又文
　　　　　许崇清　程天固

列席者　罗文庄

主　席　林云陔

纪　录　何启澧

报告事项

一、广东财政厅长林云陔呈为征收本市典按店预饷办法，请准予备案。

二、中山县训政委员会函复，补送区私立学校校董选举规程一份，请查照备案。

讨论事项

一、建设厅厅长胡继贤呈，据公路处呈缴惠紫五等公路工程费预算表，及路线草图，转呈准予核发俾促完成案。

（决议）通过照办。

二、本府技正罗明燏呈复，经遵令会同建厅李技正前往曲江勘验飞机场增加工程案，请核办案。

（决议）照查复核减。

三、本府技正罗明燏签复，关于审查建设厅公路处所拟兴筑五路进行计划尚无不合，似可准予备案案。

（决议）照案通过。

四、广东电政管理局呈缴前国民会议选举事务总所及各分所三、四、五各月份记账电报费清册，请核分别存转并饬如数核发案。

（决议）未便支给。

五、民政厅长提议为养成地方自治人材，预备派赴各县服务，拟组织地方自治人员养成所，拟具开办概算经常预算招生简章，请公决案。

（决议）照案通过。

六、财政厅长造送二十年度地方追加岁出预算表，请提会核定案。

（决议）照办。

七、财政厅长呈缴广东全省卷烟公卖局开办费预算表，恳准由省库一次过支足俾早日关〔开〕办案。

（决议）通过。

八、民政厅提议，乐会县县长陈英生呈请辞职，拟予照准，遗缺委张敬溪署理；海丰县县长吴仁光拟予调省另候任用，遗缺委曾越署理。理合抄陈各该员履历提出会议，敬候公决案。

（决议）通过。

广东省政府第六届委员会
第二十四次议事录

九月一日　星期二

出席者　林云陔　金曾澄　林翼中　胡继贤　李禄超　简又文
　　　　　许崇清　程天固　谢瀛洲
列席者　罗文庄
主　席　林云陔
纪　录　杨伟业（代）

报告事项

一、国民政府令发修正国民政府侨务委员会组织条例第十一条条文，仰知照，并转饬所属一体知照。

二、教育厅呈，据饶平县长缴具教育局长杨维汉履历前来，核与规定任用资格相符，请核明加委。

讨论事项

一、主席提议，关于刘溢年因鹤山县政府令拆祥利店铺改建市场，不服建设厅对于其诉愿所为之决定，提起再诉愿一案，现经本府秘书处派员组会审查完竣，合将决定书提请公决案。

（决议）照案通过。

二、民政厅呈，据鹤山县长请示各级自治人员应否酌给夫马费等情，拟议酌给办法，请核指遵案。

（决议）照案通过。

三、民政厅呈，据视察查勘小享乡与蕉利乡互争南海沙禾埗，及与大汾乡互争狗脾咸鱼各洲埗情形，应如何决定之处，连同原案卷宗，请核办理案。

（决议）照民厅查勘决定办理。

四、建设厅呈，据公路处呈，拟自九月份起，每月增加经费二千七百六十五元五角，由东路公路分处临时费拨余项内再行移拨，连同预算书，转请核办饬遵案。

（决议）照办。

五、主席提议，将广东中央银行改为广东省银行，并拟具纲要提请公决案。

（决议）照办。

六、财政厅长提议，拟令毫币厂于本月实行停止鼓铸案。

（决议）照办。

七、李委员、罗院长提出审查广东省各县属联防暂行大纲及施行细则意见案。

（决议）照修正通过。

广东省政府第六届委员会
第二十五次议事录

九月四日　星期五

出席者　林云陔　金曾澄　林翼中　胡继贤　李禄超　谢瀛洲
　　　　　程天固　许崇清　简又文

列席者　罗文庄

主　席　林云陔

纪　录　何启澧

报告事项

一、国民政府令公布中央银行条例及中央银行章程，抄发原条文，仰知照，并转饬所属一体知照。

二、财政厅呈，请将广东全省卷烟公卖章程施行细则公布，俾众周知。

讨论事项

一、民政厅提议，乳源县县长梁修礼拟予调省，遗缺委黄鹤森试署；花县县长李誉德拟调本厅服务，遗缺以乐昌县县长许翯调署；递遗乐昌县缺，拟委曾乃桢试署，请公决案。

（决议）通过照委。

广东省政府第六届委员会
第二十六次议事录

九月八日　星期二

出席者　林云陔　金曾澄　林翼中　胡继贤　李禄超　简又文
　　　　　谢瀛洲　许崇清　程天固

列席者　罗文庄

主　席　林云陔

纪　录　何启澧

报告事项

一、教育厅呈，据阳江县长呈缴教育局长谭超达履历，查与规定资格相符，转请核明加委。

二、教育厅呈，据陆丰县长呈缴故〔教〕育局长刘焕文履历，查与规定资格相符，转请核明加委。

三、财政厅呈报组设毫币鉴定委员会，于九月十五日起，照案严厉执行，缴具章程请核备案，并饬属遵办。

讨论事项

一、广州市政府函，为检送市地方自治区坊公所筹备委员会组织章程、区公所筹备委员会办事细则、坊公所筹备委员会办事细则、市参议会区代表会区公所铃〔钤〕记及坊里图记章程、公民名册造报规则等，经第十次市行政会议通过，送请提出省务会议议决公布案。

（决议）照修正通过。

二、中国国民党广东省执行委员会，函送第四次全国代表大会本省代表选举经费预算表，计共毫洋一万二千四百五十七元，请查照饬厅照拨案。

（决议）照拨。

三、中国国民党广东省执行委员会函，据东莞县人洪精华请拨地迁葬伊父洪全福一案，经决议迁葬地咨请省府指拨黄花岗左段墓地，请查照办理案。

（决议）函复省党部，关于烈士坟场，拟具整个计划以便另择地点拨用。

四、财政厅呈，为关于外国肥料设特税征收一案，奉令会同建厅核议，经函税制整委会分函三大学审查，均主禁用，不宜课税，惟建厅代表主张稍有不符，请核饬遵案。

（决议）送政务委员会交专门委员代审查。

五、民政厅长提议，据陆军大学生卜汉池等函，请发给考察旅费每员大洋五百元，应否照拨，请公决案。

（决议）现在军需紧急不能照拨。

广东省政府第六届委员会
第二十七次议事录

九月十一日　星期五

出席者　林云陔　金曾澄　林翼中　李禄超　谢瀛洲　许崇清

胡继贤　简又文　程天固

列席者　罗文庄

主　席　林云陔

纪　录　何启澧

报告事项

一、国民政府令知中央执监委员非常会议决议，推马委员超俊为国民政府委员。

讨论事项

一、建设厅呈，据公路处呈报，英德县局筹筑英翁连及英清阳路线内英德段路基情形，抄录会议录，转请察核备案案。

（决议）准备案。

二、民政厅长提议，南雄县县长何乃英呈请辞职拟予照准，遗缺以现任从化县县长梁毅调署；递遗从化县缺，拟委前任从化县县长李灵根署理案。

（决议）通过。

广东省政府第六届委员会
第二十八次议事录

九月十五日　星期二

出席者　林翼中　程天固　许崇清　谢瀛洲　简又文　李禄超
　　　　　胡继贤

列席者　罗文庄

主　席　林翼中（代）

纪　录　何启澧

报告事项

一、教育厅呈，据番禺县长具缴教育局长王敬止履历前来，核与规定任用资格相符，转请核明加委。

讨论事项

一、财政厅呈报举办营业税，添设第五科，增领经费情形，编造预算表，缴请核明备案案。

（决议）照准。

二、建设厅呈复，查明张朱润芝状请准予备轮专载玻砂往来香港一案情形，请察核案。

（决议）呈国府核示。

三、建设厅呈，据士敏土厂普益公司，呈请月租在借款抵解等情，查该公司办理两年，毫无成绩，除姑准将邓前任内预提一万元抵解租值，所余应予没收，限期将全厂交回外，请察核备案案。

（决议）照办。

四、财政厅呈，拟定各机关补助费，及逾限未将职员应搭库券数目送到者，一律搭发库券一成，以示限制，议核备案，通行知照案。

（决议）限本月底将数目报厅，如逾期，照财厅所拟办理。

五、财政厅呈为广东全省卷烟公卖局开办费，及每月经费，奉议决，通过照办在案。惟二十年度岁出预算未经列入，应请如数追加，以应支付案。

（决议）准追加。

六、主席提议，关于福利公司因不服本府训令汕头市政府，将开投西堤秋收冬三段坦地原案撤销之处分，提起诉愿一案，现经本府秘书处派员组会审查完竣，合将决定书提请公决案。

（决议）照办。

七、简委员提议请搜集太平天国洪秀全革命事迹，并拟订纪念办法案。

（决议）呈国府。

八、民政厅提议，新委乐会县县长张敬溪辞不赴任，遗缺拟委陈继福署理，请公决案。

（决议）照委。

九、建设厅提议筹办蚕种制造场，暨冷藏库，请公决案。

（决议）照准。

广东省政府第六届委员会
第二十九次议事录

九月十八日　星期五

出席者　林云陔　金曾澄　林翼中　李禄超　谢瀛洲　许崇清
　　　　程天固　胡继贤　简又文

列席者　罗文庄

主　席　林云陔

纪　录　何启澧

报告事项

一、国民政府令，公布战地各市县组织维持治安委员会及推选临时市县长规程，抄发原条文，仰知照，并转饬所属一体知照。

二、国民政府令发修正关税有奖库券条例第三第四第六第八各条条文，仰知照，并转饬所属一体知照。又令据财政委员会提议，修正搭发关税有奖库券时期，经国务会议决议通过在案，抄发原提议书仰知照。

三、卸财政厅长冯祝万、监盘官粤海关监督周宝衡、兼财政厅厅长林云陔，会呈报奉派监盘冯任移交林任十六、十七年经管国省库经费收支各款，数目相符，缮送清册，出具切结，缴请察核备案。

四、财政厅呈，拟推展派销军券募集期限至九月二十五日止，请核备案。

五、广州市政府呈复，关于教育厅南便墙外，拟饬广德公司留出横马路一条实属困难，如认为妨碍办公，只有及早依法收用一法，请核指遵。

讨论事项

一、民政厅呈，为拟定各县参议员及候补参议员名额，并就各县报告之先后，分期呈核缘由，请核示案。

（决议）照案通过。

二、教育厅呈，据留德公费生沈敦辉请求准予延长学费两年，可否照准之处，请核指遵案。

（决议）准延长两年，毕业后须服务政府三年。

广东省政府第六届委员会
第三十次议事录

九月二十二日　星期二

出席者　林云陔　金曾澄　林翼中　胡继贤　李禄超　许崇清
　　　　　谢瀛洲　简又文
列席者　罗文庄
主　席　林云陔
纪　录　何启澧

报告事项

一、国民政府令，关于民政厅请将救侨办事处移送侨务委员会接收一案，经国务会议决议毋庸接收在案，仰即转饬知照。

二、民政厅呈拟汕头市长缴具秘书长朱之安等履历，转请核明加委。

三、建设厅呈，据农林局长缴具秘书张叔曜等履历，转请核明加委。

四、卸财政厅长范其务、监盘官粤海关监督周宝衡、兼财政厅长林云陔会呈报，奉派监盘范任移交林任十八年四月至本年五月经管国省库收支，数目相符，备造清册，出具切结，请核备案。

五、广东省会公安局呈报，将各职员中连续供职在十五年以上者，由本年九月份起分别加薪，请核备案。

讨论事项

一、广东治河委员会函，为黄埔港第一期收买地价约需毫银一百万元，经决议通过由贵府于本年十一月份起每月拨二十万元过会，以五个月为限，请查照按月如数饬拨案。

（决议）通过。

327

二、广东中央银行呈送广东省银行条例及章程，请核公布施行案。

（决议）民政、财政两厅审查。

广东省政府第六届委员会
第三十一次议事录

九月二十五日　星期五

出席者　林云陔　简又文　谢瀛洲　程大固　林翼中　李禄超
　　　　　金曾澄　许崇清　胡继贤
主　席　林云陔
纪　录　何启澧

报告事项

一、中山县训政实施委员会函送县属区私立学校校董会管理校产章程及簿记，请查核备案。

讨论事项

一、主席提议，关于马子彬等，因对于黄业如纠党抄抢炭厂一案，不服民政厅将案移送连平县分庭审理之处分，提起诉愿一案，现经本府秘书处派员组会审查完竣，合将决定书提请公决案。

（决议）照办。

二、主席提议，关于益德公司代表人黄华因不服财政厅饬将领得投变汕头市西堤秋收冬各段坦地，半价及垫款缴回汕头分金库保管之处分，提起诉愿一案，现经本府秘书处派员组会审查完竣，合将决定书提请公决案。

（决议）照办。

三、财政厅呈，据顺德县民龙翰墀等，呈请令行中山县撤销沙田附加警费一案，饬据县复系由训委会议决通过。查该县开征警捐，未经呈准，先行抽收，自与通案抵触，本难照准，惟中山县系模范县，应否特准征收之处，请核指遵案。

（决议）行财厅查明该项抽收有无报请备案。

328

四、财政厅呈复，饬据技正核估展筑中山县陆烈士皓东坟场价目，约需九千九百一十二元，拟议照革命纪念会决定，由国库省库及地方款平均分担缘由，连同图表缴请核定饬遵案。

（决议）照案通过，由建厅派技士会同中山县政府办理。

五、财政厅呈复，关于县市政府津贴区党部经费一案，拟具办法，请核明饬遵案。

（决议）照办。

六、秘书处签复，关于财厅核议中山县拟将沙田登记册籍证纸由县制发，及登记费拨归县土地行政费用一案，认为窒碍难行，不为无见，拟查照国府指令，转函中山训委会复议，当否，请公决案。

（决议）照办。

七、建设厅长提议，举办中山农事试验场，连同临时费及经常费预算各一份，提请公决案。

（决议）照办。

八、建设厅呈，据粤汉铁路广韶段管理局长刘鞠可呈请辞职，业予照准，遗缺拟委罗泮辉接充，除权委该员先行到任供职外，理合取具该员履历，呈请加委，请公决案。

（决议）照委。

广东省政府第六届委员会
第三十二次议事录

九月二十九日　星期二

出席者　林云陔　金曾澄　林翼中　胡继贤　李禄超　冯祝万
　　　　　谢瀛洲　许崇清　程天固　简又文

主　席　林云陔

纪　录　何启澧

报告事项

一、国民政府令，查地方自治方案起草委员会第八次会议决议：

（一）以后如有关于地方自治起草事宜，由地方自治起草委员会任之。

（二）关于地方自治法之解释，及其施行之指导监督，由政务委员会任之，或由政务委员会呈请国民政府决定之等情，自应照办，仰知照。

二、国民政府令公布公务员考绩条例施行细则，抄发原条文、附表及说明书，仰知照，并转饬所属一体知照。

三、教育厅呈，据惠阳县长具缴教育局长王学潜履历，核与规定任用资格相符，转请核明加委。

讨论事项

一、民政厅高等法院会呈，遵令拟于广东惩治盗匪暂行条例内，加拟处理办法数条，缮具清折，请核指遵案。

（决议）照修正通过，转呈国民政府核示。

二、略。

三、主席提议，拟请开辟南路琼崖荒地，即将归国失业侨民遣往垦植，进行计划及需款若干，应由民政、财政、建设三厅会同妥订，以期按步实施，当否，敬候公决案。

（决议）通过。

四、建设厅长提议，将惠州西湖管理局改为惠州西湖管理委员会，连同组织章程提请公决案。

（决议）照准。

五、教育厅提议，将广东省建筑公共运动场委员会结束，将该场移交全省体育协进会，并将所定经费拨交该会，以便保管，请公决案。

（决议）由教育厅管理。

六、（略）

七、民政厅提议，梅县县长江璇拟予调省，遗缺委彭精一试署。据防城县县长孙家哲呈，奉国民政府任命，为粤桂闽统税局局长，请准辞去防城县县长一职等情，应予照准，遗缺拟委梁琦试署，合抄陈各该员履历，请公决案。

（决议）照委。

广东省政府第六届委员会
第三十三次议事录

十月二日　星期五

出席者　林云陔　金曾澄　林翼中　李禄超　冯祝万　谢瀛洲
　　　　　许崇清　程天固　胡继贤　简又文　陈庆云

列席者　罗文庄

主　席　林云陔

纪　录　何启澧

报告事项

一、国民政府令发修正省政府组织法第四条条文，仰知照，并转所属一体知照。

二、国民政府令，据兼广东财政厅长林云陔呈请辞去兼职，经国务会议决议照准，另任冯祝万为广东省政府委员兼财政厅厅长在案，仰知照，并转饬知照。

三、国民政府令，据呈拟设立太平天国革命纪念会，永远纪念革命伟人，修史者有所依据等情，经送由中央执监委员非常会议，决议太平天国革命事绩，应于编史时搜集纪念，不必另设纪念会在案，仰知照。

四、教育厅呈，据大埔县长梁若谷，具缴教育局长罗肇雄履历，核准规定任用资格相符，转请核明加委。

五、国民政府令知，国务会议决议任命陈庆云为广东省政府委员，仰知照。

讨论事项

一、主席提议，关于邹向志因不服建设厅核准金桥南段公路，自中古颈桥斜出至马坦之一段路线之处分，提起诉愿一案，现经本府秘书处派员组会审查完竣，合将决定书提请公决案。

（决议）照审查通过。

二、国民政府政务委员会咨复，关于外国肥料，应否设特税征收一案，兹由本会专门委员将审查意见呈复前来，检同原意见书，请查照案。

（决议）不设特税征收，由建厅取缔及指导用途。

三、中国国民党广东省执行委员会函复，关于台山县人黄珠世请发还封产一案，现经常会议决，函复省府酌予办理，录案希查照办理案。

（决议）照案发还。

四、财政厅呈复，奉令据民政厅呈，为收不敷支各县，不能不由库款补助，饬应悉心核复等因，谨拟定办法，连同比较盈亏补助各表，请核定由何月份起实行案。

（决议）通过由十一月一日起照拨。

五、广东治河委员会函，为整理广州江门航线中间陈村等水道疏浚计划，共需经费毫银四十八万五千元，请由建设厅自本年十月份起，酌拟每月在航政收入项下借拨若干，以便分期施工案。

（决议）照办。

六、国立中山大学函，准农学院函，转请自民国二十一年七月起，至二十四年六月止，每月拨助经费一千元，补助南路缫丝工厂案。

（决议）由建厅、财厅审查。

七、建设厅长提议，拟利用前水产试验场原日节存经费暨人才及设备，在农林局内增设水产课，连同预算书，提请公决案。

（决议）照办。

广东省政府第六届委员会
第三十四次议事录

十月六日　星期二

出席者　林云陔　金曾澄　林翼中　胡继贤　简又文　冯祝万
　　　　陈庆云　李禄超　许崇清　谢瀛洲　程天固
列席者　罗文庄
主　席　林云陔

纪　录　何启澧

报告事项

一、国民政府令发修正县地方自治条例第二十二条及第二十七条条文，暨施行细则第六条条文，仰知照，并转饬所属一体知照。

二、国民政府令，据呈转民政厅请解释县地方自治条例施行细则第八十九条，县参议员及区乡镇里自治人员选举规则第二条第一项、第二十条、第二十九条各疑义一案，经饬据地方自治方案起草委员会分别解释，复经国务会议决议通过在案，仰转饬知照。

三、国民政府令，据呈转民厅请解释乡镇里长之任期，于县地方自治条例并无规定，是否与参议员等相同一案，经饬据地方自治方案起草委员会决议分别加"任期一年"，复经国务会议决议通过在案，仰转饬知照。

四、国民政府令，据呈转民厅据阳春县呈，为不识字之男女，于公民宣誓，签名画押，及选举写票时，应如何变通办理，请核示一案，经饬据地方自治方案起草委员会决议，分别增加修正在案，仰即转饬知照。

五、广东财政特派员冯祝万函知，奉国府任命遵于九月二十八日就职，请查照，并转所属知照。

六、教育厅呈，据高明县长具缴教育局长刘柱国履历，核与规定任用资格相符，转请核明加委。

讨论事项

一、广州市政府高等法院会呈复，奉令饬查中山县人梁礼煜呈，为误拨私产，损害业权，请查案取销拨用，令饬迁移一案，经各派专员，将案审查完竣，作成议决书前来，连同本案卷件缴请核示案。

（决议）照办。

二、财政厅呈，关于征借典店预饷，据典商要求维持折扣原案，应否照准请核示案。

（决议）准在此次缴纳预饷期内，暂缓执行。

广东省政府第六届委员会
第三十五次议事录

十月九日　星期五

出席者　林云陔　金曾澄　林翼中　李禄超　胡继贤　谢瀛洲
　　　　冯祝万　许崇清　程天固　陈庆云　简又文

列席者　罗文庄

主　席　林云陔

纪　录　何启澧

报告事项

一、国民政府令，准中央执监委员非常会议决议，推伍朝枢同志为国民政府委员等由，仰知照。

二、国民政府令，抄发中山县每年保留国省两税收入百分之二五办法，及县属各征收机关每年征解省库数目表，仰转饬财厅照办。

三、本府令派民政厅厅长林翼中，兼广东地方自治人员养成所所长。

讨论事项

一、民政厅呈，拟具第二期各县参议员及候补参议员名额表，请核示遵案。

（决议）如表呈办理。

二、建设厅呈，据连平县呈报筹筑英翁连公路一案，拟议附加筑路各款，及印发工金支票办法各情，转请察夺指遵案。

（决议）如呈办理，惟殷富田亩捐改为认股。其余各捐，应于该段路线完成时撤销。

三、财政厅呈，为拟具眼镜等业营业税率，及免课下级饭店营业税各缘由，请核指遵案。

（决议）通过，照修正办理。

四、财政厅呈，为拟具贩卖干莲叶等业税率各缘由，请核指遵案。

（决议）如拟办理。

五、民政厅呈复，奉令据西盛金铺债权团绍泰隆等状，请将李颂韶石亭巷屋业及西盛金铺业撤封，发交法院投变抵债一案，仰厅查明妥拟呈夺等因，谨将查拟情形请察夺施行案。

（决议）照办。

六、建设厅呈复，前拟试探云浮县乌石岭铁矿，预算四个月工程所需经费共银一万二千七百元一案，无须由已解入库之钨矿捐款拨支，只在职厅逐月收入钨矿捐项下匀拨，对于军需似无妨碍，请察核指遵案。

（决议）照办。

七、财政厅呈复，查明中山县开征沙田警捐，并无报请备案缘由，请察核案。

（决议）函训政委员会，将本案送府审查，再行核办。

八、建设厅提议，规复广东士敏土厂请公决案。

（决议）由市府会同建设厅办理。

九、建设厅呈，据潮梅航政局呈，拟将输电船季饷减半征收，应如何办理，请公决案。

（决议）照准。

广东省政府第六届委员会
第三十六次议事录

十月十三日　星期二

出席者　林云陔　金曾澄　程天固　林翼中　胡继贤　李禄超
　　　　　冯祝万　简又文　谢瀛洲　许崇清

列席者　罗文庄

主　席　林云陔

纪　录　何启澧

报告事项

一、国民政府令，查执信学校呈请拨款维持一案，经国务会议决议，由省府每月加拨五千元在案，仰即遵照。

二、建设厅呈，缴具农林局植物病理组技正徐治履历，请核赐加委。

讨论事项

一、财政厅呈复，核议拟将南番顺护沙团名称，改正为广东财政厅护沙团以符名实案。

（决议）通过。

广东省政府第六届委员会
第三十七次议事录

十月十六日　星期五

出席者　林云陔　金曾澄　李禄超　冯祝万　简又文　谢瀛洲
　　　　许崇清　程天固　胡继贤　林翼中
列席者　罗文庄
主　席　林云陔
纪　录　何启澧

报告事项

一、国民政府令发修正国民政府政务委员会组织条例第二条条文，仰知照，并转饬所属一体知照。

二、国民政府令发修正国民政府财政委员会组织条例第二条条文，仰知照，并转饬所属一体知照。

三、国民政府令，准中央执监委员非常会议加推石委员青阳、覃委员振为国民政府委员，仰知照。

四、第一集团军总司令部函，请加委第二军军长香翰屏暂行兼代广东省会公安局局长。

五、教育厅呈，据普宁县长方乃斌具缴教育局长郭诗文履历，核与规定任用资格相符，转请核明加委。

讨论事项

一、广州市政府呈，据广州市民促进自治会呈，缴该会发行促进市地方自治有奖债券章程，转请察核备案案。

（决议）准发行，自治债券章程交市政府修正。

二、财政、建设、民政三厅会呈，奉令会核司徒洵等呈请承建赤坎市屠场一案，遵经分别核明，连同修正章程及招商投承办法，请核示案。

（决议）通过，照第一项办法。

三、财政厅呈，为金融库券第一期第九个月应还本息，原拟在本年十月继续抽签，惟现在本厅关于中币库券公债等，正在统筹整理，自应展期两个月后，再行抽签还本，请核备案案。

（决议）照办。

四、建设厅呈复，查明三点金星石排两处，为往来香港汕头上海之船舶所必经，拟将职厅购存之灯塔设置于该两处，由海关办理，以利航行案。

（决议）照办。

五、主席提议，关于十月十日永汉路死伤人民事件，应如何分别抚恤，连同法院检验一览表，提请公决案。

（决议）交市政府办理。

六、建设厅提议，拟将前农业改良试验区结束节存中纸一千一百八十余元，拨充举行冬季推广农政，连同计划书预算，提请公决案。

（决议）照办。

七、建设厅提议，请饬财政厅按月拨支修复广惠及广清花各长途电话所干线工料等费缘由，连同预算书表，提请公决案。

（决议）准拨支，并将每月收入扫数解库。

八、教育厅长提议，拟订广东省各县市教育局局长资格，抄同改进全省地方教育行政机关各项办法，提请公决案。

（决议）照办。

九、教育厅长提议，拟订广东省各县市督学规程，请公决案。

（决议）修正通过。

十、民政厅提议，现据平远县县长陈卓民呈请辞职，拟予照准，遗缺委饶菊逸署理，提请公决案。

（决议）照委。

广东省政府第六届委员会
第三十八次议事录

十月二十日　星期二

出席者　林翼中　金曾澄　胡继贤　李禄超　谢瀛洲　许崇清
　　　　　简又文

主　席　林翼中（代）

纪　录　何启澧

报告事项

一、国民政府令公布公务员与奖惩规则，抄发原条文，仰知照，并转饬所属一体知照。

二、国民政府令知定自本年十二月一日起，为公务员保障条例施行日期。

讨论事项

一、财政厅呈复，奉令饬拨黄埔港收买地价一百万元，拟自财政整理稍为就绪再行依案遵办案。

（决议）照复。

二、中国国民党广东省执行委员会函，关于第四次全国代表大会广东省出席代表复选会，不敷经费毫洋一万一千六百四十一元六角三仙，请追加转饬财厅迅予拨付案。

（决议）照拨，并追加预算。

三、广东省建设公共运动场委员会呈，请令厅在临时费内，划拨所欠工料银毫三万四千八百三十一元八毫七仙，俾完第一期工程案。

（决议）照拨。

四、建设厅提议，拟在宝鸭石东洲沙等处设立灯杆，以利航行，连同支出概算书，提请公决案。

（决议）通过。

五、建设厅提议，拟请拨款，先行完筑南韶公路及韶坪路之乐九北段东路第二干线之博河川隆段案。

（决议）通过。

广东省政府第六届委员会
第三十九次议事录

十月二十三日　星期五

出席者　林翼中　金曾澄　胡继贤　李禄超　谢瀛洲　简又文
　　　　　许崇清　程天固

主　席　林翼中（代）

纪　录　何启澧

报告事项

一、国民政府令发修正国民政府政务委员会组织条例第二条条文，仰知照，并转饬所属一体知照。

二、教育厅呈，据紫金县长具缴教育局长张耀文履历，核与规定任用资格相符，转请核明加委。

讨论事项

一、汕头海坦审查委员会呈报，开会审核省立岭东商业学校请拨新生海坦，抵补被割马路损失地产一案缘由，抄同会议录，请察核案。

（决议）照审查意见通过。

二、广州市政府呈复，遵将广州市民促进自治会发行促进市地方自治债券章程修正，请核备案案。

（决议）通过。

339

广东省政府第六届委员会
第四十次议事录

十月二十七日　星期二

出席者　林翼中　金曾澄　简又文　李禄超　谢瀛洲　许崇清　程天固

列席者　陈　樾

主　席　林翼中（代）

纪　录　何启澧

报告事项

一、国民政府令发修正国民政府政务委员会组织条例第二条条文，仰知照，并转饬所属一体知照。

二、财政厅呈，据广州市报关业同业公会先后呈，请由全年营业总数，推定其报酬金额，应准以营业总数百分之三计算，请核备案。

三、财政厅呈，据清远县长具缴该县财政局长戴邃根履历，转请察核指遵。

四、财政厅呈，据博罗县长具缴该县财政局长黄淑斋履历，转请察核指遵。

讨论事项

一、主席提议，关于陈××不服本府处分汕头市××××公司馆暨××××处前面海坦应归潮海关所有，提起诉愿一案，现经本府秘书处派员组会审查完竣，连同决定书，提请公决案。

（决议）照办。

二、主席提议，关于黄乐庭等因不服民政厅将崑冈沙、吉洲、杜洲沙等三沙划归碧江之凤鸣、彰义、达德等乡及勒竹乡分辖之处分，提起诉愿一案，现经本府秘书处派员组会审查完竣，连同决定书，提请公决案。

（决议）照办。

三、财政厅呈，拟订花生肉业等各项税率，及征课办法，请核令遵案。

（决议）除花生肉业照粮食业征税，余照办。

四、粤省报界公会呈，请将全省洋纸进口专税征收处撤销，以维报业案。

（决议）不准。

五、建设厅提议，关于开平县赤坎东埠筑堤事宜，拟由县局接收，遵照职厅呈准办法继续办理，至筑堤费，则该埠商会保管，当否，请公决案。

（决议）照办。

六、本府委员兼广州市市长程天固提议，据社会局呈，拟将本市都城隍庙地址改建国货推销场及国货陈列馆，并请将该庙所拨省立二中、番禺县立第一高小各学校并方便所各费，由财政厅另行筹拨，以资抵补，并仍保留派出所地址，似属可行，惟事关增加省库负担，不能不统筹兼顾，应否照准，请公决案。

（决议）通过。

七、本府委员兼广州市市长程天固、本府委员兼建设厅厅长胡继贤提议，兴筑黄沙大铁桥所有费用由市府担任半数，其余一半则拟由建设厅辖下各铁路分别负责筹足，是否可行，提请公决案。

（决议）照办。

广东省政府第六届委员会
第四十一次议事录

十月三十日　星期五

出席者　林翼中　金曾澄　胡继贤　李禄超　简又文　许崇清

列席者　陈　樾

主　席　林翼中（代）

纪　录　何启澧

报告事项

一、民政厅呈，据清远县具缴公安局长关载厚履历，转请核令指遵。

二、建设厅具缴职厅第五科科长何仲明履历，请核赐加委。

三、教育厅呈，据曲江县具缴教育局长骆翰章履历，转请核明加委。

四、教育厅呈，据蕉岭县具缴教育局长丘仰汤履历，转请核明加委。

讨论事项

一、主席提议，关于戴庆麟等，因被李焕麟控告匿粮抗完，不服县、厅先后处分决定，提起再诉愿一案，现经本府秘书处派员组会审查完竣，连同决定书，提请公决案。

（决议）照办。

二、财政、教育两厅会呈，遵令订定广东省津贴留学省外专科以上学校学生规程，请核指遵案。

（决议）照修正通过。

三、建设厅呈，请准由职厅饬令，凡经核准给照之私有渔轮，概不得雇用任何外国人充当船员，其或任用在前者，限期一律解雇，违者吊销其执照，是否可行，请核示案。

（决议）照案通过。

四、汕市民郭韶九等状，为汕头自来水公司办理不善，市政府取缔失当，请令行建设厅收回市有，以维股东血本案。

（决议）交建设厅查复再议。

五、建设厅长提议，收用顺属容奇南朝坊牛皮沙地段，为设立蚕种制造场及冷藏库址，连同图则，提请公决案。

（决议）通过。

广东省政府第六届委员会
第四十二次议事录

十一月三日　星期二

出席者　林翼中　胡继贤　李禄超　简又文　许崇清　程天固
　　　　　金曾澄　谢瀛洲

列席者　陈　樾

主　席　林翼中（代）

纪　录　何启澧

报告事项

一、建设厅呈，据清远县具缴建设局长麦法履历，转请察核委任。

二、兼广东省会公安局长香翰屏呈复，遵将遣派特务警察章程错误文字更正，请核准备案。

三、秘书处签呈，关于广东省津贴留学省外专科以上学校学生规程，昨奉议决修正通过，查修正案已将第三条之列表，及第八条条文删去，惟现存各条文，内仍有表列学校字样，似应一并删改，当否，请察核。

四、秘书处报告，广东毫币改铸厂民国十八年六月七日至十二月十五日结束日止，又十九年二月四日起至八月十日止，又二十年五月二十六日起至十月五日止，各任收支数目，请察核。

讨论事项

一、主席提议，关于吴彬因常川轮船撞沉日纪轮船，不服建设厅处分提起诉愿一案，现经本府秘书处派员组会审查完竣，连同决定书，提请公决案。

（决议）照审查通过。

二、主席提议，关于杨××因不服广东财政厅决定占领沙田，提起再诉愿一案，现经本府秘书处派员组会审查完竣，连同决定书，提请公决案。

（决议）照办。

三、主席提议，关于伍×因承领×××街××号骑楼地，不服广州市政府所为之处分，提起诉愿一案，现经本府秘书处派员组会审查完竣，连同决定书，提请公决案。

（决议）照办。

四、民政厅财政厅会呈复，审查广东省银行条例及章程，大致妥协，似可照拟施行，请察核案。

（决议）通过。

五、中山县训政实施委员会函复，关于中山县开征沙田附加警费一案情形，希查照案。

（决议）准备案。

六、民政厅提议，清远县县长余超拟予调省，遗缺委黄槐庭署理；南澳县县长罗湘元拟予调省，遗缺委罗治浒试署。合抄陈各该员履历，提出会议，请公决案。

（决议）照委。

广东省政府第六届委员会
第四十三次议事录

十一月六日　星期五

出席者　林翼中　金曾澄　李禄超　谢瀛洲　许崇清　程天固
列席者　陈　樾
主　席　林翼中（代）
纪　录　何启澧

报告事项

一、国民政府令发修正国民革命军空军总司令部组织条例第十条条文，仰知照，并转饬所属一体知照。

二、教育厅呈，据从化县长具缴教育局长黄均容履历，核与规定任用资格相符，转请核明加委。

344

三、教育厅呈，据清远县长具缴教育局长张沛森履历，核与规定任用资格相符，转请核明加委。

四、第一集团军总部函，请加委刘秉刚接充公安局保安大队长，请查照。

讨论事项

一、空军总司令部函复，大沙头机场，现正需用，暂难搬迁，检送广东省各主要航空站建筑机场暂行条例，请查照第七、第八两条收买民地之规定，订价收用，以利飞行案。

（决议）俟市府对于大沙头计划决定后再议。

二、教育厅呈，据汕头市政府呈，拟将汕头崎嵘葱陇湘福堂逆产地段，除留建市中小学校外，划出一部分建筑市立医院等情，似可准予照办，转请察核指遵案。

（决议）照办。

三、财政厅呈，为拟定专营恤衫等业税率，请核指遵案。

（决议）照办。

四、中华全国机器总工会等联呈，为广州特别市党部监委黄焕庭，追随先总理，致力革命有年，现因病逝世，身后萧条，联恳破格优给恤金，用志贤劳案。

（决议）给三百元。

广东省政府第六届委员会
第四十四次议事录

十一月十日　星期二

出席者　林云陔　金曾澄　林翼中　李禄超　冯祝万　谢瀛洲
　　　　许崇清　程天固　简又文

主　席　林云陔

纪　录　何启澧

报告事项

一、简委员又文呈，拟由本月六日起请假三星期，北上料理家事，请准备案。

二、财政厅呈报，拟议各征收机关及各承商公司由十一月份起至十二月底止，继续搭销军需库券两个月，请核备案，

三、教育厅呈，据阳江县长具缴教育局长冯思雅履历，转请核明加委。

四、教育厅呈，据高要县长具缴教育局长伍士元履历，转请核明加委。

五、广东财政部特派员兼广东财政厅厅长呈，为维持中纸起见，将续搭销库券二成一案，自十一月起国省税款加收中纸二成，以资整理，请备案。

六、财政厅呈报由十一月十日起，实行封存纸币办法，请核备案。

七、广东财政部特派员兼财政厅厅长呈，为维持中纸起见，拟具办法呈报备案。

八、广东财政部特派员兼广东财政厅厅长呈报维持中纸计划书，请察核备案。（计划书略）

讨论事项

一、中国国民党广东省执行委员会函送党务工作人员训练所第二期特别费预算书，合计毫洋一万四千七百六十九元，请查照转饬财厅迅予拨付案。

（决议）照案通过，追加预算。

二、建设厅呈复，奉令办理真光公司附项团维持委员会改选纠纷一案，双方主张不同，似宜仍送法院办理，以期解决纠纷，谨将当日投票主张破产二百零九人姓名，列表请核指遵案。

（决议）交广州地方法院，依照破产程序办理。并令建厅转饬主张破产人，向法院补行声请破产。

三、建设厅呈，据广惠长途电话所呈，为广州至新塘总线已成，亟应安设总机，成立分所，以便管理，造具新塘分所经费预算书，连同开办费预算书送核，等情，似可照准，转请核交财厅照数拨支案。

（决议）由建厅垫支。

346

四、财政厅呈，拟将贩卖酒饼及罗经两业，列入物品贩卖业第二类，按照资本额征课千分之十，当否，请察核指遵案。

（决议）通过。

五、特别法庭呈，为职庭开办以来，所有雇员丁役薪工等各费，现已向高等法院借支，一俟办理完竣，再行造具决算书表，实报实销，请核准备案案。

（决议）准备案。

六、建设厅长提议，中山农事试验场经费，在抽水机未售出前，拟请职厅收入项下，暂为垫支，请公决案。

（决议）准备案。

广东省政府第六届委会员
第四十五次议事录

十一月十三日　星期五

出席者　林云陔　金曾澄　林翼中　胡继贤　李禄超　冯祝万　谢瀛洲　许崇清

主　席　林云核

纪　录　何启澧

报告事项

一、建设厅长呈报，于本月六日出巡潮汕一带，视察公路，所有厅内日常公务，交由主任秘书陈秋安代拆代行。

二、建设厅呈，据广东士敏土厂呈缴该厂匠工服务条例，检具一份，转请察核。

三、民政厅呈，据赤溪县长具缴公安局长黄博泉履历，转请察核委任。

讨论事项

一、第一集团军总司令部函，为本部第六特务营营长梁若谷部，原系驻大埔县之保安处暂编第一营改编，现拟由本年十一月份起，仍拨归贵府管辖，所有饷项，并请供给，请查照接管，将该营名称更改案。

（决议）改为警卫队，队长仍由大埔县县长梁若谷兼充，职权照旧，所有饷项，着该队长就该处地方款项筹措，呈报本府察核。

二、财政厅呈复，关于广东治河处经费，本年度预算既无该款列支，颇难照发，拟请自编造二十一年度预算时，再行编入支付，请转函查照案。

（决议）照转。

三、建设厅呈，据广惠长途电话所呈送每月支出临时费预算表，转请核交财厅按月拨支案。

（决议）准由收入项下拨支。

四、建设厅长提议，拟在曲江县属之三角窝、田螺冲、太原村、八角庙及土猪岭一带煤田，划定矿区，由政府经管，实行大规模开采，连同意见书暨预算，提请公决案。

（决议）照办，款项由建设厅筹拨。

五、民政厅提议，文昌县县长欧少传拟调署琼东县缺，琼东县县长何清雅拟调署万宁县缺，万宁县县长邓维华拟调署感恩县缺，感恩县县长王晓章拟调署文昌县缺，是否有当，请公决案。

（决议）照办。

广东省政府第六届委员会
第四十六次议事录

十一月十七日　星期二

出席者　林云陔　金曾澄　林翼中　胡继贤　李禄超　许崇清
　　　　谢瀛洲　程天固
主　席　林云陔
纪　录　何启澧
报告事项

一、国民政府令发修正国民政府财政委员会组织条例第三条条文，

348

仰知照，并转饬所属一体知照。

二、国民政府令知，非常会议决议加推李文范、谢持、居正、经亨颐、刘纪文为国民政府委员。

三、简委员又文呈报接家电，暂无赴平必要，请准销假。

四、财政厅呈，据陆丰县长具缴财政局长陈子芳履历，转请察核令遵。

五、民政厅呈，据徐闻县长具缴公安局长苏球灿履历，转请察核令遵。

六、广州市政府呈，据市立银行呈，拟将现存未印五十元面额凭票九十万元继续印发等情，拟准先发二十万元以资流通，其余俟体察情形再行办理，请核备案。

讨论事项

一、财政厅长、广州市长、高等法院院长会呈，奉发审查潮安县民黄××与×××堂，争领潮安县××祠前水沟顶官地，涉讼不服，决定提起诉愿一案，经派员会同审查完竣，代拟决定书稿，连同本案卷件，缴请转呈前来，请鉴核指遵案。

（决议）照拟。

二、财政厅呈，为浴室业拟以资本额为课税标准征课千分之十五，当否，请核指遵案。

（决议）照办。

三、财政厅呈复，核明卸琼崖公路处长张韬垫支任内经费，碍难由省库拨还，仍应照案由路款收入项下核拨，请核转遵办案。

（决议）照秘书处签呈办理。

四、建设厅呈，拟根据前案，赓续办理度量衡检定人员训练班，并将原定招考章程第二第九第十第十一各条条文变更，当否，请核指遵案。

（决议）缓办。

五、建设厅呈，拟将各县市权度检定费，照原规程加三倍征收，及分等提拨各县市地方款，以为开办费用缘由，当否，请核指遵案。

（决议）缓议。

六、民政厅提议组织地方自治工作人员训练所，以便调遣各县区委员到所训练，谨拟具该所章程，暨学员选送训练办法，及开办费预算书经常费预算书等，提请公决案。

（决议）通过，预算交财厅审查。

广东省政府第六届委员会
第四十七次议事录

十一月二十日　星期五

出席者　林云陔　金曾澄　胡继贤　李禄超　冯祝万　简又文
　　　　　谢瀛洲　许崇清

主　席　林云陔

纪　录　杨伟业（代）

报告事项

一、教育厅呈，据云浮县具缴教育局长陈棉寿履历，核与规定任用资格相等，转请核明加委。

二、教育厅呈，据澄海县具缴教育局长陈友机履历，核与规定任用资格相符，转请核明加委。

三、建设厅呈，据电白县具缴建设局长陈鸿彬履历，转请察核委任。

四、民政厅呈，据电白县具缴公安局长莫颉伦履历，转请察核委任。

五、民政厅呈，据潮安县长请示县长兼任公安局长应否另请委任一节，查县组织法及广东各县公安局组织章程均无明文规定，应否比照各县长兼公路局长办法办理，请核夺。

讨论事项

一、教育厅呈复，奉令饬查罗定县党部呈控郁、云两县藉学税人一案，谨将郁、云、罗三县呈复情形，拟议请核饬遵案。

（决议）交民厅派员查复再核。

二、财政厅呈复，奉饬拨款建筑南韶公路及东路第二干线之博河川隆等路，暨韶坪路之乐九北段一案，查建筑该三路需款一百五十二万余元，为数甚巨，拟俟库款稍裕，即行遵令支付，请核转饬遵案。

（决议）照复第一集团军总部。

三、广州民国日报社等联呈，请准免征洋纸入口专税以维报务案。

（决议）不准。

四、建设厅提议改组农林局案。

（决议）通过。

广东省政府第六届委员会
第四十八次议事录

十一月二十四日　星期二

出席者　林云陔　金曾澄　胡继贤　林翼中　李禄超　冯祝万
　　　　　谢瀛洲　许崇清　程天固

主　席　林云陔

纪　录　何启澧

报告事项

一、教育厅呈，据海康县长具缴教育局长洪钟鎏履历，核与规定任用资格相符，转请核明加委。

二、教育厅呈，据宝安县长具缴教育局长黄镛履历，核与规定任用资格相符，转请核明加委。

三、广州市政府呈，据广州市民促进自治会呈报，委托市立银行代理发行自治债券事务，查所订代理发行条件，尚属周妥，转请核准备案。

讨论事项

一、建设厅长呈，代农林局长侯过复回本职，遗缺拟委冯锐接充，连同该员履历，请核明委任案。

（决议）照办。

二、主席提议，关于省陈鲜果咸货行代表李月生等因省陈鲜果咸货台费不服财厅处分提起诉愿一案，现经本府秘书处派员组会审查完竣，连同决定书，提请公决案。

（决议）照案通过。

三、主席提议，关于卸梅县附城七堡冥锢捐万通公司因不服财政厅之处分提起诉愿一案，现经本府秘书处派员组会审查完竣，连同决定书，提请公决案。

（决议）照案办理。

四、建设厅呈，据公路处呈，拟将筑路委员会组织规程略为变更，连同原缴规程，转请察核指遵案。

（决议）照办。

五、番禺县呈复，关于侨民周盛等请发还因建筑飞机场被收用税四产价一案情形，请核示遵案。

（决议）照发。

六、民政厅提议，蕉岭县县长陆桂芬呈请辞职，拟予照准，遗缺以陆丰县县长陈濬调署；递遗陆丰县缺委范国彦署理，理合抄陈范国彦履历，提请公决案。

（决议）照委。

广东省政府第六届委员会
第四十九次议事录

十二月一日　星期二

出席者　林翼中　金曾澄　胡继贤　李禄超　谢瀛洲　许崇清
　　　　　程天固

主　席　林翼中（代）

纪　录　何启澧

报告事项

一、国民政府令发各机关公款保管及出纳人员保证条例，仰即遵办具报。

二、国府秘书处马电，奉国府令，国民革命军副司令兼东北边防司令长官张学良，坐失疆土，有乖职守，应即免去本兼各职，严行查办。

三、教育厅呈，据顺德县具缴教育局长连宝城履历，核与规定任用资格相符，转请核明加委。

四、教育厅呈，据河源县具缴教育局长张玠履历，核与规定任用资格相符，转请核明加委。

五、教育厅呈，据台山县具缴教育局长麦鼎勋履历，核与规定任用资格相符，转请核明加委。

六、建设厅呈，据潮安县具缴建设局长魏致勋履历，转请核准委任。

七、财政厅呈，据电白县具缴财政局长颜自在履历，转请察核指遵。

八、财政厅呈，据潮安县具缴财政局长潘予舲履历，转请察核指遵。

九、民政厅呈，据广宁县具缴公安局长林振墀履历，转请察核委任。

十、民政厅呈，据河源县具缴公安局长何志芬履历，转请察核委任。

讨论事项

一、财政厅呈，据番禺县呈缴发行护沙费抵纳券简章及抽签办法，除令准照办外，请察核备案案。

（决议）准备案。

二、建设厅呈，据汕头市长呈缴拟筑该市东南堤岸马路计划图说，请察核前来，除令准如拟办理外，转请察核备案案。

（决议）准备案。

三、建设厅提议，拟订商人请领矿石运照暂行章程公布施行，当否，敬候公决案。

（决议）照准，特许证改收二百元。

广东省政府第六届委员会
第五十次议事录

十二月十一日　星期五

出席者　金曾澄　林翼中　胡继贤　谢瀛洲　许崇清　程天固
　　　　　李禄超

主　席　林翼中（代）

纪　录　何启澧

报告事项

一、财政厅呈报定于十一月二十八日，将广东中央银行存库中币加印"广中总行"四字戳记，实行现兑兑现，及将滞留市面之停兑中币，积极筹备分次兑现请备案。

二、建设厅呈，据广宁县具缴建设局长曾广荣履历，转请核予加委。

三、民政厅呈，据宝安县具缴公安局长李少秾履历，核与定章相符，转请察核加委。

四、建设厅呈报最近修正农林局组织章程并无副局长、秘书等职之设置，该局副局长侯过、秘书戴旭昇均应另候任用，以符成案。至总务课长何国华亦经调厅任用，请核备案。

五、建设厅呈，据云浮县具缴建设局长曾会履历，转请核予加委。

六、建设厅呈，据三水县具缴建设局长陈辉琼履历，转请核予加委，并颁发钤记转给领用。

七、教育厅呈，据潮阳县具缴教育局长周业履历，核与规定任用资格相符，转请核明加委。

八、教育厅呈，据儋县具缴教育局长苏抡秀履历，核与规定任用资格相符，转请核明加委。

九、教育厅呈，据东莞县具缴教育局长卢鋆球履历，核与规定任用资格相符，转请核明加委。

354

讨论事项

一、广州市市长、高等法院院长会呈，关于中山县民李××等因与余××等争承田坦，不服广东财政厅所为之决定，提起再诉愿一案，遵经派员会同审查完竣，拟具决定书，连同本案卷宗，缴呈前来，转请鉴核指遵案。

（决议）照办。

二、教育厅呈，据教育会呈，拟在本会内头门改建议事堂，估定建筑费五万四千元，经议决请由省库拨给等情，似应照准，连同原缴图则，转请察核指遵案。

（决议）教育厅、市政府会商办法。

三、许委员崇清、金委员曾澄提议，请照旧案保留市立职业学校北部科学社广州社友会会址，并加拨毗连之割余市立医院一部分院址，以便建筑会所发展会务案。

（决议）教育厅、市政府会商办法。

四、许委员崇清、金委员曾澄提议，请指定省教育会原有体育场为改建该会议事堂地址，及应否保留割余该会原址，以资投变补助改建费用案。

（决议）教育厅、市政府会商办法。

五、本府委员谢瀛洲、顾问曹伯陶会呈，关于顺德县请解释县地方警卫队章程各疑点，拟具审查意见，请察核案。

（决议）照审查意见办理，第三项之委员会，应受县长监督。

六、大埔县党部等联呈，请取销第六特务营，改为警卫队，饷项由地方款项下筹措之成议，准予查照韩江警卫营成案，仍由省库拨发以恤民困案。

（决议）改为韩江警卫营，饷项由财政厅发给，由十一月起。

七、建设厅呈复，核办汕市筹设自动电话合同收用民地建筑该局及图书馆两案情形，请核指遵案。

（决议）照办。

八、汕头商办电话公司周振东等状为建厅意存偏袒，审核定难公平，请提案令厅转饬将汕头电话公司交还继续整理案。

（决议）应毋庸议。

九、广州市政府呈，财政局等拟议改善土地增价税意见书，及修正改善土地增税办法，请核指遵案。

（决议）一项照办，二、三两项呈国府核示。

十、民政厅呈，为拟定市地方自治区坊筹备委员会组织章程、市地方区公所筹备委员会办事细则、市地方自治坊公所筹备委员会办事细则、市地方自治里自治筹备员办事细则、市地方自治区公所筹备委员会铃记坊公所筹备委员会里自治筹备员图记颁发章程、市地方自治公民名册造报规则、颁发市参议会及区铃记坊里图记章程、市地方自治区代表会坊民大会里民大会会议规则、市地方自治坊民总投票规则、市地方自治里民总投票规则、市地方自治区公所办事细则、市地方自治坊公所办事细则、市地方自治里长办事细则等，请核公布施行案。

（决议）照办。

十一、民政厅长、财政厅长、建设厅长、广州市长提议，会同据〔拟〕具广东省荒地承领限制章程，请公决案。

（决议）照办。

十二、（略）

十三、本府委员兼广州市长程天固提议，准整理电力公司委员会继续展期四个月，请公决案。

（决议）照办。

十四、民政厅提议，东莞县县长陈达材呈请辞职，拟予照准，遗缺委黎国材试署，请公决案。

（决议）照委。

十五、民政厅提议，揭阳县县长何炯璋应予免职，遗缺拟以德庆县县长谢鹤年调署；递遗德庆县缺，拟以连山县县长吴志强调署；递遗连山县缺拟以感恩县县长邓维华调署；递遗感恩县缺拟委陶英伯署理，请公决案。

（决议）照委。

广东省政府第六届委员会
第五十一次议事录

十二月十五日　星期二

出席者　金曾澄　林翼中　胡继贤　李禄超　谢瀛洲　许崇清
　　　　　程天固　冯祝万
列席者　陆嗣曾
主　席　林翼中（代）
纪　录　何启澧

报告事项

一、简委员又文呈报因妻病拟由本月八日起请假三星期，北上料理，请核予照准。

二、财政厅呈报，金融库券由本年十二月起定期继续抽签偿还本息，并略变更偿还办法，请核备案。

三、财政厅呈报，第二次军需库券拟请再予推展派销期限至本年十二月底止，俾得继续推销，如额募竣，请核备案。

四、财政厅呈，据三水县具缴财政局长杨振儒履历，转请察核加委，并颁发钤记。

五、财政厅呈，据广宁县具缴财政局长林荫球履历，转请察核加委。

六、财政厅呈，据云浮县具缴财政局长曾椿年履历，转请察核加委。

七、教育厅呈，据钦县具缴教育局长陈智和履历，核与规定任用资格相符，转请核明加委。

八、教育厅呈，据阳春县具缴教育局长王秀南履历，核与规定任用资格相符，转请核明加委。

九、民政厅呈，据乐昌县具缴公安局长莫伯贤履历，转请察核加委。

十、民政厅呈，据吴川县具缴公安局长杨章云履历，转请察核加委。

十一、建设厅呈，据合浦县具缴建设局长廖国彦履历，转请察核加委。

讨论事项

一、广东财政厅长、广州市市长、高等法院院长会呈，奉发审查台山县民甄××与苏××等互争山坦涉讼，不服决定提起诉愿一案，经派员会同审查完竣，拟定决定书稿，连同本案卷宗，缴呈前来，请鉴核指遵案。

（决议）照办。

二、民政厅呈复，关于紫金县长撤销该县修志局及保留征访员办法一案，查属广东省通志馆职权范围内之事，职厅未便越权处理，究应如何办理，请核示案。

（决议）准暂停办，经费专款存贮，不得开支。

三、民政厅呈，据化县具缴缉获要匪出力人员履历，请优加奖励等情，查与县地方警卫队章程第六十六条择尤〔优〕呈请奖励之规定相符，应如何给奖之处，请核指遵案。

（决议）给奖状。

四、教育厅呈，据省立岭东商业学校呈拟筹款填筑校产办法，似属可行，惟应否准予照办，请核指遵案。

（决议）照办。

五、财政厅呈，据谢达文条陈汕头秋收冬坦地，拟增加底价组织委员会办理，系为税收与公开起见，尚属可行，除令组会，从新估价妥定简章及日期呈核外，请核备案案。

（决议）照办。

六、财政厅呈，准民厅咨请再拨救济失业华侨经费一万元，查此款本年度预算既奉审定删去，而赈款又实无余存，究应由何项开支之处，请核指遵案。

（决议）准追加预算。

七、建设厅呈，据生丝检查所呈，拟由该所收入检查费项下先行垫支二千二百余元，购用美国检验公司黏力机一具，即在本年十一月份至二十一年三月份节存经费项下匀扣归垫，似尚可行，应否照准，请核指遵案。

（决议）照准。

八、建设厅呈，据土壤调查所呈，拟增购仪器参考书籍等项，请将商品检验局拨助该所补助费每月大洋一千元，列入临时费内开支等情，查核所缴计算书，与该所原定预算亦无变更，似属可行，除照准外，转请察核备案案。

（决议）照准。

九、广州市政府呈，教育局长陆幼刚呈请辞职，业经照准，遗缺查有职府秘书长徐甘棠堪以调充；递遗秘书长职务，查有职府秘书张援超堪以升充；又土地局长黎藻鉴业经调任职府参事兼市政日报社社长，所遗土地局长职务，查有陆幼刚堪以委充。取具各该员履历，请核加委案。

（决议）照委。

十、兼广东省会公安局长香翰屏呈，拟收用河南南武学校侧第五军部旧址，并河南公园余地一段，合共面积一百六十华井七十方尺七十九方寸，为备建海幢分局新址之用，并将前定收用鸟龙岗脚石路旁旷地案撤销，发还业主管领，连同平面图，请核令遵案。

（决议）交市府查复。

十一、汕头海坦审查委员会呈报，审查×××堂与××堂互争海坦案，及培基堂请求对于汕头外马路南畔土名华坞外葛栅地免予补价案情形，缴具会议录，请察核案。

（决议）照办。

十二、广州市政府呈，据整理广州电力公司委员会陈请缓征电力营业税，及将本省电力业改照江浙各省按营业额课税千分之二，或仍依据资本额将税率尽量核减，俾轻负荷等情，应否照准，请核指遵案。

（决议）交财政厅查复。

十三、主席提议，广东中央银行呈报，拟于二十一年一月一日改为广东省银行，似应照准，拟任命沈载和为该行行长，黄冠章为副行长，并派林翼中、李禄超、金曾澄、冯祝万、沈载和为该行董事，请公决案。

（决议）照办。

广东省政府第六届委员会
第五十二次议事录

十二月十九日　星期六

出席者　金曾澄　胡继贤　李禄超　冯祝万　谢瀛洲　许崇清
列席者　陆嗣曾
主　席　金曾澄（代）
纪　录　何启澧

报告事项

一、国民政府令，国务会议决议广东高等法院院长罗文庄、广州地方法院院长区玉书均予免职，另候任用；任命陆嗣曾为广东高等法院院长，杨宗炯为广州地方法院院长，仰知照。

二、财政厅呈报划分三个时期，将各种停兑中币规定分期按次兑现，缴呈办法，请核备案。

讨论事项

一、第一集团军总司令部函复，关于增、博、河、隆等八大公路，请令建厅仍照各县代表会议议决办法办理，务底于成。

（决议）照办。

二、中国国民党广东省执行委员会函，请转饬财厅援照成例，拨助临时补助费毫洋八千七百四十元零五角，俾资归垫案。

（决议）照准。

三、财政厅呈，据汕头市长、潮州沙田局长呈复，会同派员查明林招财承领汕头南堤坦地一案情形，查该坦地原系官有产业，拟将该案撤销再行开投，投得产价以半数解库，半数拨作建监费用，请核指遵案。

（决议）交高等法院查明呈复再行核办。

四、广州市长建设厅长会呈，拟具合办广东士敏土厂章程，请核备案案。又建设厅呈，据广东士敏土厂厂长刘鞠可拟具该厂组织章程，转请察核备案案。

（决议）通过。

五、建设厅提议，拟将本厅经征项下，拨充省营煤矿公司资本，连同结存数目清表，提请公决案。

（决议）矿产税矿区税留用一节，应呈国府核准，余照通过。

六、建设厅提议，拟请划出曲江田螺涌宝祥源矿区，仍由该商依限集资开采，备具意见书，提请公决案。

（决议）照准。

七、建设厅提议，设立广东各县农业推广处，以普及农业设计，而增加农民生产，拟具章程草案，提请公决案。

（决议）通过。

广东省政府第六届委员会
第五十三次议事录

十二月二十五日　星期五

出席者　金曾澄　胡继贤　李禄超　冯祝万　谢瀛洲　许崇清

主　席　金曾澄（代）

纪　录　杨伟业（代）

报告事项

一、卸财政厅长林云陔、监盘官海关监督周宝衡、财政厅长冯祝万会呈，奉令监盘林任由十七年一月一日至同月十四日止，又二十年五月十一日至九月二十八日止，交卸经管国省库经费收支各款移交冯任接收，数目均属相符，缮造清册，出具切结，缴请察核备案。

二、广东中央银行呈报，于十二月十六日起，将滞留市面不加印戳之五十元一百元中币十足无限制兑现，至汕头北海两支行发行之停兑地名券，亦经分饬于是日起不分种类一律十足兑现，请核备案。

三、财政厅呈，据合浦县具缴财政局长陈瀛泉履历，转请察核加委。

四、教育厅呈，据陵水县具缴教育局长钟毓均履历，核与规定任用资格相符，转请核明加委。

五、东莞县长陈达材、东莞保安大队管委会委员长李明生会呈，据东莞保安大队长唐月池呈请辞职，经予照准，遗缺现委李南接充，取具履历，荐请核予加委。

讨论事项

一、财政厅呈，据广东省民营电业同业公会呈，请改照营业额征政〔收〕千分之二，似应准予将该税率更正，请核指遵案。

（决议）照准。

二、财政厅呈，为广州中山纪念堂纪念碑建筑费，已逾三百万元，本年十二月份应否继续支付，请核指遵案。

（决议）继续照拨。

三、财政厅呈，拟订贩卖火柴、味之素、奥加可等项营业税率，并请以后如遇新增业类，由厅先行拟订税率，布告分行，按照征税汇请备案，当否，请一并察核指遵案。

（决议）照准。

四、民政厅呈，拟订广东省县市地方自治机关行文办法及书式等，请核指遵案。

（决议）照准。

五、财政厅呈，拟由职厅发行维持中央纸币有奖库券，总额五百万元，指定广东统税收入全部为担保，所有募集券款，全数拨交广东省银行，作为发行纸币基金，缮具章程，请核准备案案。

（决议）准备案。

六、民政厅呈，拟具第三期各县参议员名额表，请核示案。

（决议）照办。

七、广州市政府呈报，遵令拟具广州市各区及职业界应选之参议员暨候补参议员名额，连同各区人口调查表，请核指遵案。

（决议）照办。

八、主席提议，关于东莞县大沧乡自治筹委会长何尹仿等因不服民政厅呈奉本府决议将该乡咸鱼、狗脾、犁旗尾等洲坦划回番禺县小享乡管有一案，合拟决定书，提请公决案。

（决议）照办。

九、广东中央银行呈，为职行改组期近，请迅将广东省银行监事一职委定饬知案。

（决议）委梁致广充任。

十、第一集团军总司令部拟具开辟徐闻山办法，函请核办案。

（决议）通过。款由财厅筹拨。

广东省政府第六届委员会
第五十四次议事录

十二月二十九日　星期二

出席者　金曾澄　胡继贤　李禄超　谢瀛洲　许崇清
列席者　陈　樾　梁祖诰
主　席　金曾澄（代）
纪　录　何启澧

报告事项

一、财政厅呈，据番禺县请核准续发沙费抵纳券二万元，除令姑准照办，嗣后不许再行续发外，连同抄正简章，请核备案。

二、财政厅呈，据曲江县具缴财政局长杨㷒荣履历，转请察核加委。

三、建设厅呈，据信宜县具缴建设局长林兆熊履历，转请察核加委。

四、教育厅呈，据开建县具缴教育局长郭保焕履历，核与规定任用资格相符，转请核赐加委。

五、中山县训委会函，现因确定中山港之建设详细计划起见，业与荷兰治港公司签订建筑最大海洋轮船可以入口之商港施行适宜测量初级工程合约，即日开始工作，抄录原合约，请备案。

六、广东中央银行呈报，于十二月二十六日起，依次将滞留市面不加印签之一元中币十足无限制兑现，请备案。

讨论事项

一、财政厅呈，请明令民政厅，在地政机关未成立以前，此职厅先经法令赋与办理地政之职权，仍由厅继续办理，以明事权案。

（决议）照准。

二、建设厅呈，据广州金属矿业同业公会呈，请限价制止钨砂出口等情，拟议禁止出口办法，请核指遵案。

（决议）照办。

三、广东女界联合会呈，拟于会内组设护士学校，附设救护班，拟具章程草案，及开列预算表册，请核准立案，并于盘福路拨给地段以为校址，照案将校费拨支，恳加入预算由省库按月发给案。

（决议）由该会自行筹办。

四、赤坎东埠长堤铺地业权团体会代表司徒子衡等状，为地权确定，惨遭蹂躏，恳饬开平县于此案上诉未决定之前，暂缓执行投变，以维业权案。

（决议）所请不准。

五、广州市北郊农会呈请将本市尿捐一项撤销，仍准各农民照旧收用，以苏民命而维农业案。

（决议）交市政府拟定切实改善办法，以维农民生活。

六、教育厅提议，拟将省立第四中学校校长邹炽昌，调充广东省立小学教员补习函授学校教员，所遗校长一职，拟以省立第二师范学校校长谢贤明调充；递遗二师校长缺，拟以二师教务主任李芳柏升充，请公决案。

（决议）照委。

广东省政府第六届委员会
第五十五次议事录

民国二十一年一月五日　星期二

出席者　金曾澄　林翼中　胡继贤　李禄超　谢瀛洲　许崇清

程天固

列席者 陈 樾 陆嗣曾

主　席 金曾澄（代）

纪　录 何启澧

报告事项

一、国民政府令知，国务会议决议任命唐绍仪为广东省政府委员。

二、国民政府令发潮梅河港修筑计划书，仰即会同广东治河委员会筹划办理。

三、财政厅呈报，自二十一年一月一日起，将契税减征，以三个月为期，限满即行停止，仍照定章征收，请核备案。

四、财政厅呈报，拟将省河杂项座厘台炮经费，于二十一年一月一日起撤销，请核备案。

五、民政厅呈，据信宜县具缴公安局长李沼宣履历，转请核赐加委。

六、民政厅呈，据曲江县具缴公安局长谭以炯履历，转请核赐加委。

七、民政厅呈，据四会县具缴公安局长周东履历，转请核赐加委。

八、教育厅呈，据徐闻县具缴教育局长蔡科履历，转请核赐加委。

九、财政厅呈报，于民国二十一年一月一日起，将江门油行等五十二行厘费一律裁撤，请核备案。

十、财政厅呈，据南雄县具缴财政局长杨宝燊履历，转请核赐加委。

讨论事项

一、财政厅长、广州市长、高等法院院长会呈，奉发审查南海县民梁××与××公司伍××等，因互争泮塘乡××××莲塘，不服决定提起诉愿一案，经分别派员会同审查完竣，拟具决定书稿，连同本案卷件，缴呈前来，请鉴核指遵案。

（决议）照办。

二、财政厅长、广州市长、高等法院院长会呈，奉发审查台山县民陈××等与刘××等因争承山坦，不服民政厅决定提起诉愿一案，经分别派员会同审查完竣，拟具决定书稿，连同本案卷件缴呈前来，请鉴核指遵案。

（决议）照办。

三、财政厅长、广州市长、高等法院院长会呈，奉发审查清远县民黄××与朱××争承××街旧第×号华光庙址，不服处分提起诉愿一案，经分别派员会同审查完竣，拟具决定书稿，连同本案卷件缴呈前来，请鉴核指遵案。

（决议）照办。

四、财政厅呈，拟定小资商店逾限申报及补领商照办法表，请核备案案。

（决议）备案。

五、建设厅呈，据农林局转据中山农事试验场拟在开办费内酌量移拨一万四千元，承购筑路垦荒机等情，转请核示指遵案。

（决议）照准。

六、财政厅呈，拟具广州市内经营银业暂行办法，请核指遵案。

（决议）照办。

七、修筑黄花岗委员会委员林直勉函请辞职案。

（决议）慰留。

广东省政府第六届委员会
第五十六次议事录

一月八日　星期五

出席者　金曾澄　林翼中　胡继贤　李禄超　许崇清　谢瀛洲
列席者　陆嗣曾　陈樾
主　席　金曾澄（代）
纪　录　何启澧

报告事项

一、国民政府令，公布广东各区绥靖委员公署组织条例，及广东省分区办理绥靖暂行章程，抄发各条文，仰知照。

二、国民政府令，据该省政府委员简又文俭电呈请辞职，经予照准，仰知照。

三、民政厅长林翼中呈报于一月四日返厅照常办事，请核准销假。

四、民政厅呈，据英德县具缴公安局长姜笃周履历，转请核予加委。

五、财政厅呈，据惠阳县具缴财政局长翟镜涵履历，转请核予加委。

六、财政厅呈，据河源县具缴财政局长罗五奇履历，转请核予加委。

七、广州市市长程天固呈报于本月四日回抵广州，即日销假照常视事请备案。

讨论事项

一、建设厅呈复，查明汕头自来水公司办理情形，连同奉发各件，缴请察核指遵案。

（决议）照拟办理。

二、广州市政府呈，据财政局请将西关文昌庙割余地段投变所得价款，拨作办学清濠之用，似属可行，转请核示指遵案。

（决议）照准。

三、中国国民党广东省执行委员会函，请拨给岭东民国日报社更换字粒费毫银一千元案。

（决议）照准。

广东省政府第六届委员会
第五十七次议事录

一月十二日　星期二

出席者　金曾澄　胡继贤　李禄超　谢瀛洲　许崇清　程天固
列席者　陈　樾
主　席　金曾澄（代）

纪　录　何启澧

报告事项

一、财政厅呈报定一月八日起，将不加印戳之五元中币十足无限制兑现，请核备案。又广东省银行呈同前由。

二、民政厅呈，据阳山县具缴公安局长丁鸿荃履历，转请核明加委。

讨论事项

一、财政厅呈，为建设厅所属矿业调查团十二〔二十〕年度每月经常费二千一百四十元，临时费一千元，请核议追加预算案。

（决议）照准。

二、番禺县呈复，查明侨民周宝文状为自置税田，已被收用建筑机场，请照案给价偿还一案情形，请核令遵案。

（决议）准发。

三、略。

四、五华县呈报，县属八区警卫事务委员会主席甘秀峰、临时清匪主任谢汉雄，剿匪得力，应如何嘉奖以励勤能，请核指遵案。

（决议）给与奖状。

五、建设厅呈，据公路处请转饬财厅，自二十年十二月起每月最少支发筑路费二十万元，以拨足三百四十三万九千七百二十元为止，俾赶速完成南韶等及惠紫五等八大公路案。

（决议）照准。

六、广州市政府呈，据市民促进自治会呈称，前发自治债券二十万元，拨充区坊自治经费，此数不敷开支，乞准照原章增发五万元，合并抽签给奖等情，查核所称尚属实情，转请察核备案案。

（决议）准备案。

七、民政厅呈，拟于各县增设自治科，连同改正各县行政经费预算表及自治科办事细则，缴呈核示请公决案。

（决议）通过。

368

广东省政府第六届委员会
第五十八次议事录

一月十五日　星期五

出席者　金曾澄　林翼中　胡继贤　李禄超　冯祝万　谢瀛洲
　　　　　许崇清　程天固

列席者　陆嗣曾

主　席　金曾澄（代）

纪　录　何启澧

报告事项

一、财政厅呈报，关于此次封存中币，截至一月十日起至二十一日止，递续届满两个月期限，照案应依期以次揭封给息，所有揭封给息事宜，查照十八年办法办理，请察核备案。

二、财政厅呈拟修正维持中币有奖库券章程各条文，连同修正章程一纸，请察核备案。

三、财政厅呈报，依限停止搭销二成军需库券，并分令各机关，于本月十五日以前清缴券款，请核备案。

讨论事论〔项〕

一、国府秘书处函，为粤省报界公会呈，以广州市社会局滥订苛例，违背党纲，请饬将审查出版物规程全部废止一案，奉谕交广东省政府等因，抄同原附各件，请查照案。

（决议）交市政府转饬社会局依照出版法修正呈核。

二、国立中山大学函，请准将茂名白屋塘官荒一百九十余亩承垦权，让渡于债权人桂山蚕业指导所承垦管业案。

（决议）让渡一节，未便照办，仍查照前函办理。

三、民、财两厅会呈，为大埔公民呈请将土头图抽收百货捐撤销，以苏民困一案，饬据经复，请俟冬防匪风稍戢，然后撤销，当否照准，请核示案。

（决议）限本年二月底撤销。

四、财政厅呈复，审核生丝检查所，支出开办及税饷各费，应否准予照销，请核明指遵案。

（决议）照准。

五、广州市政府呈复，关于公安局呈拟请收用河南南武学校侧，前第五军部旧址，并河南公园余地一段，为建海幢分局新址一案，遵查河南公园后便余地，前由财局核准商人义成公司承领，并经收价给照，此时未便翻异，除饬另行择地迁建分局外，请核指遵案。

（决议）照准。

六、民政厅提议，茂名县县长莫荫交拟调署惠阳县县长；递遗茂名县缺拟以鹤山县县长覃元超调署；递遗鹤山县县长【缺】，拟以惠阳县长任绍明调署；河源县县长阿弼卿调省，拟以佛冈县县长伍小石调署；递遗佛冈县缺，拟以前惠来县长李本清署理，请公决案。

（决议）通过。

七、国立中山大学反日救国运动大会，呈本会议决赴京请愿，出兵收复失地，并敦汪、胡、蒋入京主持大计，请迅拨助旅费五万元案。

（决议）省库支绌，未便照准。

广东省政府第六届委员会
第五十九次议事录

一月十九日　星期二

出席者　金曾澄　李禄超　谢瀛洲　许崇清　胡继贤　冯祝万
列席者　陆嗣曾
主　席　金曾澄（代）
纪　录　何启澧

报告事项

一、财政厅长冯祝万呈报进京公毕返粤，即于一月十二日回厅，照常任事，请核予销假。

二、财政厅呈，准广东省银行函请展缓揭封纸币，经布告将前定揭封日期暂行取销，俟省行编配完妥函知，再行另定日期揭封，请核备案。

三、民政厅呈，据鹤山县具缴公安局长何磻父履历，转请核予加委。

讨论事项

一、广西省政府函为敝府请拨附加关税，救济被灾难民一案，抄同稿件，请查照一致要求，以促实现案。

（决议）函粤海关监督查明该案详情再办。

二、广东财政厅长、广州市市长、高等法院院长会呈，奉令审查台山县民周××与陈××因争承山场，不服处分，提起诉愿一案，经分别派员会同审查完竣，拟具决定书稿，连同本案卷件缴呈前来，请鉴核指遵案。

（决议）照办。

三、财政厅呈，拟具广东省银行发行纸币监理委员会章程，请核备案。

（决议）准备案。

四、治河委员会函，开平、赤坎、东埠筑堤案，建筑工程，应由本会代办，请查照，应如何办理，请公决案。

（决议）照办，令建设厅知照。

广东省政府第六届委员会
第六十二次议事录①

二月十九日　星期五

出席者　林云陔　金曾澄　林翼中　胡继贤　李禄超　谢瀛洲
　　　　　许崇清　程天固　冯祝万

---

① 原文缺第六十、六十一次议事录。

列席者　陆嗣曾

主　席　林云陔

纪　录　何启澧

报告事项

一、财政厅呈拟定有奖库券抽签还本开奖办法，请察核备案。

二、财政厅呈报维持中币一案，延长封存期间，及救济拥塞经过情形，请察核备案。

三、财政厅呈，据信宜县具缴财政局长曾龙章履历，转请察核加委。

四、民政厅呈，据文昌县具缴公安局长蔡钟泰履历，转请察核加委。

讨论事项

一、国民政府令，准中央执委会函知通过周雍能等提议，由国民政府明令开办勤勤中学附设小学校幼稚园，以资永久纪念一案，抄发原案理由及办法，仰遵照办理案。

（决议）待该校成立后，经常费由省政府筹拨。

二、建设厅、财政厅会呈，奉令核议国立中山大学函请由二十一年七月起，每月拨助南路蚕丝试验场经费一千元一案，应俟二十一年度预算案提出审拟，再行核定，请核转饬遵案。

（决议）照准列入下年度预算，暂以一年为限。

三、财政厅呈复，广惠及广清花长途电话所经费，既有收入，自可坐支，拟援各属电报分局补助办法，补助该所等经费每月半数，请核议饬遵案。

（决议）通过。

四、建设厅呈，为本届总理逝世纪念植树式造林运动大会，拟请依照去年拨款五千元举办成案，饬财厅如数拨付案。

（决议）照办。

五、建设厅呈，据农林局制定广东省农村合作社暂行条例等情，转请察核指遵案。

（决议）交林厅长、谢委员、李委员审查。

六、建设厅呈，据公路处修正广东公路规程，转请核准颁布施行案。

（决议）交秘书处审查。

七、建设厅呈，据矿业调查团呈缴第二步过去工作及今后计划书预算表等，请将该团工作期间，由本年三月份起，再行延长一年，经临两费预算一仍其旧等情，转请察核指遵案。

（决议）通过继续一年。

八、里昂中法大学校函请补助音乐学院粤籍学生邹志清学费案。

（决议）交财政、教育两厅会同核议。

九、教育厅长提议，现据省立第五中学校校长张秋山迭请辞职，经予照准，所遗校长一职，查有江西省立农业专门学校林学系毕业生李蔚霞堪以充任，连同该员履历，提请公决案。

（决议）照委。

十、民政厅提议，乳源县县长黄鹤森拟予免职，遗缺拟以赤溪县县长江绮华调署；递遗赤溪县缺，以郝耀铭试署，请公决案。

（决议）照委。

广东省政府第六届委员会
第六十三次议事录

二月二十二〔三〕日　星期二

出席者　金曾澄　李禄超　胡继贤　程天固　谢瀛洲　许崇清
　　　　　冯祝万
列席者　陆嗣曾
主　席　金曾澄（代）
纪　录　何启澧
讨论事项

一、广东财政厅长、广州市市长、高等法院院长会呈，奉发审查东莞县民何福与公益学校因河南宝岗石级下地段争执，不服处分提起诉愿一案，经分别派员会同开会审查完竣，拟具决定书稿，连同本案卷件缴呈前来，请鉴核指遵案。

（决议）照办。

二、财政厅厅长、高等法院院长会呈，奉发审查××学校林××与×××堂等争承揭阳县城坦地提起诉愿一案，经分别派员会同开会审查完竣，拟具决定书稿连同本案卷件缴呈前来，请鉴核指遵案。

（决议）照办。

三、民政、财政两厅会呈，奉令审查南海县呈，报土地局登记计划预算条例等件一案，谨将拟议缘由请察核案。

（决议）照办。

四、民政厅呈，据连阳化瑶局呈，拟设立瑶民工艺厂，缴具章程预算前来，查核尚无不合，可否准予筹设，并令财厅将开办费五百余元及经常费年支四千三百余元核发之处，候令饬遵案。

（决议）照准列入下年度预算。

五、教育厅呈，据明远中学校呈，请转令市府准将本市东郊云鹤岭侧荒地，由该校备价承领，俾建校舍案。

（决议）交财厅、市府会查呈复。

六、建设厅呈，据卸琼崖公路分处长张韬呈，请将任内垫款毫银六千三百八十元拨还，倘无款可拨，仍准由汽车二成附加费内拨垫，应否准予照办，请核夺指遵案。

（决议）照准。

七、民政厅呈，据视察张远峰呈复，关于罗定县党部等呈控郁南县谢桂生等越境抽收人口经过税一案查察情形，转请察核办理案。

（决议）准照加抽。

八、国立中山大学函，请设法补助经济调查处经费案。

（决议）俟库款充裕时再行补助。

九、中国国民救国会广东总会执委会呈，请准予补助开办费二千元案。

（决议）库款支绌，碍难照准。

十、广州全市学生抗日运动联合会呈，请由二月份起按月拨助职会经费五千元，并请一次拨助运动联合大会经费三千元案。又中国国民党广东省执行委员会函同前由。

（决议）库款支绌，碍难照准。

十一、民政厅提议，前调乳源县县长江绮华拟着仍留赤溪县任，所遗乳源县缺，以新委赤溪县县长郝耀铭调署，请公决案。

（决议）通过。

广东省政府第六届委员会
第六十四次议事录

二月二十六日　星期五

出席者　林云陔　金曾澄　李禄超　谢瀛洲　许崇清　程天固
　　　　　冯祝万
列席者　陆嗣曾
主　席　林云陔
纪　录　何启澧

报告事项

一、财政厅呈，据洋服业同业公会呈，为洋服业照营业额征课千分之十税率太高，请改征千分之三等情，查所请未免过低，似应准予减照营业额课税千分之六，以示体恤请核备案。

讨论事项

一、国立中山大学函复，请将去年双十节晚永汉事件因伤就医学生姚国桢医药看护各费，共银二千零八十二元七毫，令行市府转饬社会、卫生两局查照原案如数发给案。

（决议）交市政府办理。

二、略。

三、粤海关监督呈复办理征收赈灾附加税经过情形，检抄稿件请察核案。

（决议）广东灾情尚轻，无请求留用赈款之必要。

四、兼东区绥靖委员李扬敬养电，请准将职区南山历年积欠钱银，自二十年以前一概豁免以苏民困案。

（决议）准免。

五、潮安县长邮电呈称，奉第一集团军总部电饬赶筑机场，款项无着，乞迅令财厅转饬汕头分金库先拨五万元应用案。

（决议）照办。

六、广东女界联合会呈，请按月补助护士学校经费二千元，救护队经费二百元案。

（决议）交教育厅查复再核。

七、西南各省国民对外协会总部函，为敝会经费支绌，经呈奉国府西南政务委员会决议，由广东省政府先拨一万元，请查照拨发案。又国民政府西南政务委员会令同前因。

（决议）库款支绌，暂难拨付。

广东省政府第六届委员会
第六十五次议事录

三月一日　星期一〔二〕

出席者　林云陔　金曾澄　李禄超　冯祝万　谢瀛洲　程天固
列席者　陆嗣曾　李炳垣
主　席　林云陔
纪　录　何启澧

讨论事项

一、广州市政府呈，为拟具民业误被投变处理办法，经提出市政会议修正通过，除令财局遵照外，连同办法，缴请核赐备案。

（决议）交谢委员、陆院长审查。

二、教育厅长提议，现据省立第十中学校校长周烈亚电称，病势趋重，校务虚悬，恳速另委接充等情，应予照准，遗职查有国立北平大学理科毕业生罗应祥堪以充任，连同该员履历，提请公决案。

（决议）照委。

三、东区绥靖委员李扬敬呈，请将惠紫五、安五及紫河三公路，在八大公路案定每月二十万元数内应占每户共七万五千元路款，指定汕头财政机关每月按数拨交职署，冥锱捐款亦饬汕头承商迳交职署就近转发，以免稽延，应如何办理，请公决案。东江公路分处处长张友仁呈同前情。

（决议）关于请求在二十万元数内每月指拨七万五千元，由汕头财政机关交东区绥靖公署转发一节，交财厅照办，冥锱捐仍交建厅发给。

广东省政府第六届委员会
第六十六次议事录

三月四日　星期五

出席者　林云陔　金曾澄　李禄超　冯祝万　谢瀛洲　许崇清
列席者　陆嗣曾
主　席　林云陔
纪　录　何启澧

讨论事项

一、民政、财政、建设厅会呈，奉令会同拟订开发南路荒地救济失业归国华侨办法及预算，请核指遵案。

（决议）由许、谢、李三委员修正。

二、（略）

三、民政厅呈复，奉令核明独立第一师师长所拟整理海陆丰县地方警卫队办法等件情形，请核指遵案。

（决议）两项章程，由谢委员、曹顾问拟订，特务队应否于警卫队之外特别设置，仍由谢委员、曹顾问核议具复。

四、方便医院主席蔡昌函，为属院发起组设筹办上海兵燹难民救济会救济回粤难民，请酌拨款项，饬发下院俾资救济案。

（决议）准拨一万元。

五、财政厅提议，准法科学院函，请补助建筑校舍购买图书一万五千元，应如何办理，请公决案。

（决议）照准，由三月起每月拨三千元。

广东省政府第六届委员会
第六十七次议事录

三月八日　星期二

出席者　林云陔　唐绍仪　金曾澄　李禄超　谢瀛洲　许崇清
　　　　　程天固
列席者　陆嗣曾　陈　樾
主　席　林云陔
纪　录　杨伟业（代）

报告事项

一、教育厅呈，据花县县长具缴教育局长邓锡荣履历，核与规定任用资格相符，转请核明加委。

讨论事项

一、主席提议，关于大和公司丘巨华因不服广东建设厅核定梅县汾水凹矿区之处分，提起诉愿一案，现经本府秘书处派员组会审查完竣，造具决定书稿前来，请公决案。

（决议）照办。

二、主席提议，关于梅县【县】民侯毓文等因不服财政厅所为改准长岗约独领县属水南堡教谕宫之处分，提起诉愿一案，现经本府秘书处派员组会审查完竣，造具决定书稿前来，请公决案。

（决议）照办。

三、建设厅呈缴新会县屠场图则，请察核案。

（决议）照民政厅原案办理。关于工程及其他未尽善事项，由县府饬该商办妥。

四、教育厅呈，为拟定各县市教育经费管理委员会章程大纲，请察核备案。

（决议）通过。

五、唐委员提议，为实行中山县保留国省税百分之二十五一案，请将该县属国省库各种税捐，概依现在定额，由县统一征收案。

（决议）由财厅及中山县派员商定办法，再呈省府核办。

广东省政府第六届委员会
第六十八次议事录

三月十一日　星期五

出席者　林翼中　唐绍仪　金曾澄　胡继贤　李禄超　谢瀛洲
　　　　　许崇清　程天固
列席者　陆嗣曾
主　席　林翼中（代）
纪　录　杨伟业（代）

报告事项

一、财政厅长冯祝万呈报因公晋京，自本月七日起请假三星期，日常公事委主任秘书陈樾代拆代行，请察核。

讨论事项

一、国民政府西南政务委员会令复，据转呈，昌华公司商人陈生恳准承办广东全省土产烟类烟包印花章程，请核示案，查此项新税，既为曾〔增〕加省府收入起见，是否可行，仰该府斟酌本省情形自行核办具报案。

（决议）撤销。

二、国民政府西南政务委员会令复，为西南各省对外协会请提前拨发捐款一万元一案，仰仍遵照本会议案设法筹拨案。

（决议）照拨。

三、西南各省国民对外协会总部函，请每月补助西南民报社经常费一千元案。

（决议）库款支绌，暂难拨付。

四、谢委员、李委员、林厅长会呈，奉发审查广东省农村合作社暂行条例一案，合将审查意见书，缴请察核指遵案。

（决议）照审查意见通过。

五、广州市政府呈缴修正广州市出版物审查委员会审查规程，请核转施行案。

（决议）照准。

六、秘书处签呈，奉交审查公路处修正广东公路规程一案，经发交建设股签复，其中尚有数条，拟加修改各节，是否有当，请公决案。

（决议）除第三、第四两点应照审查意见修正外，余照原缴修正规程通过。

七、教育厅长提议，筹办省立民众教育人员训练所及简易民众教育馆，其开办费请先出财厅在本年度教育临时费项下拨支，经常费则拟自三月份起，按月在临时费项下划拨，至七月后列入二十一年度预算内开支，是否有当，请公决案。

（决议）通过。

八、建设厅提议，设立改良蚕丝设计委员会案。

（决议）照办。

九、民政厅提议，据蕉岭县县长陈濬呈请辞职，拟予照准，遗缺委黄元友试署；又惠来县县长饶子康拟予调省，遗缺委吴鲁贤署理。抄陈各该员履历，请公决案。

（决议）照委。

十、唐委员提议，关于实行中山县保留国省税百分之二五案办法，请公决案。

（决议）通过。

广东省政府第六届委员会
第六十九次议事录

三月十五日　星期二

出席者　林云陔　金曾澄　胡继贤　李禄超　谢瀛洲　许崇清
　　　　程天固

主　席　林云陔

纪　录　杨伟业（代）

报告事项

一、财政厅呈为订定禁止广州市银业行号发行下家收条办法，请核备案，并通饬所属广州市各机关遵照。

讨论事项

一、许委员崇清、李委员禄超、谢委员瀛洲会复，奉交修正开发南路荒地救济失业华侨办法一案，拟具审查意见书，请公决案。

（决议）改为开发南路荒地救济失业人民办法，照审查意见原则通过。请谢、李两委员与第一集团军总部会商后，另订详细办法。

二、建设厅呈复，查明羽电祺状称强将该公司承采之煤矿，收归政府开采一案办理经过情形，请核指遵案。

（决议）照建设厅呈复办理。

三、汕领〔头〕海坦审查委员会呈，关于汕头李时德承领荒塭地址发生市厅镠辖一案，业经开会议决，抄同会议录，请察核案。

（决议）照审查意见办理。

四、朱杨道仪呈，为小女朱始朱嫩留法学费，前奉核准按年津贴每人毫币二千元，近月金价腾贵，该款折合法郎一万八千之数相差甚远，请由二十一年起改以法郎拨给，或按照时值伸合毫洋，俾学费足用案。

（决议）每人每年增给毫银一千元，由教育厅饬令照章报告留学情形。

广东省政府第六届委员会
第七十次议事录

三月十八日　星期五

出席者　林云陔　金曾澄　林翼中　胡继贤　李禄超　谢瀛洲
　　　　　许崇清　程天固

列席者　陆嗣曾

主　席　林云陔

纪　录　杨伟业（代）

报告事项

一、外交部咨达，派朱兆莘为视察专员，前赴贵省暨邻近各省视察，请查照接洽。

二、教育厅呈，据揭阳县具缴教育局长林平波履历，核与规定任用资格相符，转请核明加委。

讨论事项

一、主席提议，关于周振东等因不服本府核定汕头市政府收管汕头商办电话公司一案，业由本府秘书处派员组会审查完竣，造具决定书稿前来，请公决案。

（决议）照办。

二、教育厅呈，据省教育会呈缴第三次代表大会议决案前来，谨摘录原案所列创办职业学校案，请通饬各县府拨款补助各该县教育会经费案，确定全省教育经费并保障其独立案，催请实现历届全省教育会议所议决之一切议案共四宗，请察核施行案。

（决议）照案通过，由教育厅计划施行。

三、建设厅呈，据公路处呈缴东路第一干线第一、二期修理预算及改正第一期预算，请核准将此项修理工程费四十八万九千五百四十七元追加预算，饬财厅从速照拨案。

（决议）【照】案通过，款由建厅商财厅挪拨。

四、建设厅呈，据农林局呈，请任命古桂芬等为该局技正兼主任或课长等情，连同各该员履历，转请分别核委案。

（决议）照加委。

五、主席提议，查本府前派组织修筑黄花岗委员会之各委员，现已多不在粤，致该会事务无形停顿，兹为积极修理黄花岗烈士坟场起见，拟将该委员会从新改组，如何之处，请公决案。

（决议）改聘邓泽如、林直勉、黄隆生、陈耀垣为委员。

六、四区绥靖委员会呈，拟于各区绥靖公署内，增设政务处，并请增加各署每月临时费三千元案。

（决议）照办。

七、民政厅提议，南海县长李源和，拟与台山县长李海云对调；新会县长吴凤声拟与清远县长黄槐庭对调，是否可行，请公决案。

（决议）通过。

广东省政府第六届委员会
第七十一次议事录

三月二十二日　星期二

出席者　林云陔　金曾澄　林翼中　胡继贤　李禄超　谢瀛洲
　　　　　许崇清
列席者　陆嗣曾
主　席　林云陔
纪　录　何启澧
报告事项

一、民政厅呈，据封川县具缴公安局长何子仁履历，转请核明加委。

讨论事项

一、关于广州市政府与番禺县，因办理市区地方自治事宜发生权限争议一案，现经本府召集各方负责代表到府商议，据番禺县各区代表意见，仍请对于治安确有相当保障办法时，始移转市府管辖，而市府代表则坚持立即接收，似不能稍缓须臾，辩论数小时卒无结果，在场各代表均愿静候本府核定而散，此案究应如何办理之处，请核夺案。

（决议）照秘书处签呈办理。

二、四区绥靖委员会呈，拟具招商承办公路办法，请核指遵案。

（决议）交建设厅审查。

三、南区绥靖委员陈章甫电，为督促各县修筑省道干线，及侦察匪情，布置边防等事，需购中小汽车各一辆，约价八千元，请饬财厅如数拨给案。

（决议）未有列入预算，未便照支。

四、教育厅呈，拟具广东留日归国学生转学办法，请核指遵案。

（决议）通过照办。

五、建设厅呈复，遵令将广东省航政暂行规程修正，请核饬遵案。

（决议）仍照旧章征收。

六、兼广东省会公安局局长香翰屏呈请辞去兼局长一职，应如何办理，请公决案。

（决议）照准。委何荦接充。

广东省政府第六届委员会
第七十二次议事录

三月二十五日　星期五

出席者　林翼中　金曾澄　胡继贤　李禄超　许崇清　程天固
　　　　谢瀛洲
列席者　陆嗣曾
主　席　林翼中（代）
纪　录　何启澧

报告事项

一、教育厅呈，据督学张资模查复，关于女界联合会筹办护士学校及救护队请补助经费一案情形，请核办理。（查此案，本府昨据该联合会呈报，该校停办，请将案注销前来，经予照准在案。）

二、教育厅呈，据澄海县具缴教育局长张士怡履历，核与规定任用资格相符，转请核明加委。

三、教育厅呈，据海康县具缴教育局长庄敬履历，核与规定任用资格相符，转请核明加委。

四、教育厅呈，据文昌县具缴教育局长符振夏履历，核与规定任用资格相符，转请核明加委。

五、教育厅呈，据和平县具缴教育局长曹公参履历，核与规定任用资格相符，转请核明加委。

讨论事项

一、主席提议，关于余××与余××因互争台山县属获海区南胜里后山山坦，不服财厅决定，提起再诉愿一案，现经本府秘书处派员组会审查完竣，造具决定书稿前来，请公决案。

（决议）照审查意见通过。

二、广东治河委员会函，请迅令制止开平县擅行处分赤坎沿堤铺地，以维原定堤费，而利堤工进行案。

（决议）呈政务会解释筑堤职权属于地方政府抑属于治河委员会。

三、秘书处签呈，准曹顾问、谢委员函复，拟就县地方警卫队管理委员会及县地方警卫队纠察委员会两项章程，请提会讨论，至警卫队之外，似有设置特务队之必要等由，请核夺案。

（说明）查此案前准第一集团军总部先后函，据独立第一师部拟就整理海陆丰县地方警卫队办法，及警卫队管理委员会暂行条例、编制表等件，转请核办前来，当交民厅核复，以该部所拟办法有"特务队"名称，与定章不符，似应改为"基干队"；又管理委员会暂行条例该"条例"二字，似应改为"章程"；又查县地方警卫队章程第六十五条第三项内载，前项管理委员会及纠察委员会章程，由省政府另定之等语，惟该两项章程未奉制定颁行，职厅未敢擅拟。再查本省各县，以前向设有县兵，系县政府之特务队伍，其性质任务与地方警卫队原属不同，其饷项亦多有定，后经试行新县制预备事项第三项规定一律改编为县保安警察队，嗣复经县地方警卫队章程第二条第二项之规定改编，而县府所辖之特务队伍，遂与地方警卫队混而为一，前经请示应否将县政府所属武装队伍之组织编制另行修改在案等情，经提出第六十六次会议，议决两项章程由谢委员、曹顾问拟订，特务队应否于警卫队之外特别设置，仍由谢委员、曹顾问核议具复在案。当由秘书处录案函请查照，去后兹准函复，将两项章程拟就前来，并称关于特务队应否于警卫队之外特别设置一节，查县政府于执行职务时，常需一种武装员役，以供差遣，则特务队似有设置之必要，惟为节省经费起见，可于警卫队中选择充任等语。

（决议）通过。

四、主席提议，准陈总司令电开，徐闻匪势猖獗，现限令绥靖区三个月肃清，惟须同时雇工斩山开路，请贵省府令财厅，从四月起在雷属禁烟防务两项每月拨足一万元，作为斩山开路之用，由省府电南区公署，并令财厅照办，应如何办理，请公决案。

（决议）照拨。

五、建设厅呈，据公路处呈复中纸按款情形，转请察核示遵，应如何办理，请公决案。

（决议）令饬转按于广东省银行。

广东省政府第六届委员会
第七十三次议事录

四月一日　星期五

出席者　林云陔　金曾澄　林翼中　胡继贤　李禄超　谢瀛洲
　　　　　许崇清　程天固

主　席　林云陔

纪　录　何启澧

报告事项

一、教育厅呈，据德庆县具缴教育局长吴启钦履历，核与规定任用资格相符，转请核明加委。

讨论事项

一、主席提议，关于阳春县民李圣澄等以梁毓萱等兴筑竹沙路，向东增筑，侵占田亩，不服建厅公路处之处分，提起诉愿一案，现经本府秘书处派员组会审查完竣，造具决定书稿前来，请公决案。

（决议）照办。

二、主席提议，关于新会县民阮×与赵××等争承溢坦，不服财政厅之决定提起再诉愿一案，现经本府秘书处派员组会审查完竣，造具决定书稿前来，请公决案。

（决议）照办。

三、西北区绥靖委员呈，据建筑韶州市南门河桥委员会呈报，召集运馆商人会议征收附加广韶路出入口货物情形，查属可行，连同修正规条请核备案案。

（决议）修正通过。

四、建设厅呈，据公路处处长林逸民呈请辞职，转请察核示遵案。

（决议）照准。

五、民政厅提议，连平县县长张寿芝拟予调省，遗缺委黄武试署；和平县县长姚希明拟予调省，遗缺委杨柱国试署；曲江县县长彭世枋呈请辞职拟予照准，遗缺以增城县县长陈椿熙调署；递遗增城县缺以普宁县长方乃斌调署；递遗普宁县缺以四会县长周东调署；递遗四会县缺委李纪堂署理；潮阳县长区灵使拟予调省，遗缺委关素人试署；遂溪县长廖国宪拟予调省，遗缺委香莹①辉试署；海丰县长曾越拟予调省，遗缺委林黄卷试署，请公决案。

（决议）照委。

广东省政府第六届委员会
第七十四次议事录

四月八日　星期五

出席者　林云陔　金曾澄　林翼中　胡继贤　李禄超　谢瀛洲
　　　　　　许崇清　程天固
列席者　陆嗣曾　刘纪文　沈载和　叶　青
主　席　林云陔
纪　录　何启澧

报告事项

一、广东财政厅、广东省银行拟具救济金融办法三条，请核示备案。

---

①　"香莹"疑为"王莹"。

讨论事项

一、主席提议，关于汕头同德公司郑定贞因不服本府核定汕头市政府收用商业街口右边空地，建筑市立图书馆及自动电话局，提起诉愿一案，现经本府秘书处派员组会审查完竣，造具决定书稿前来，请公决案。

（决议）通过，照决定书办理。

二、主席提议，拟修正广东省银行章程，请公决案。

（决议）照修正通过。

三、民政厅提议，平远县县长饶菊逸拟予调省，遗缺委林彬试署，请公决案。

（决议）通过照委。

四、建设厅提议变更建设厅组织法，应否照准，请公决案。

（决议）照修正。惟原有各科，除第二科改矿务处外，其名称照旧。

五、主席提议，本省土地亟应整理，请公推人员将现行广东土地登记征税条例修正，以便实施案。

（决议）推林厅长、胡委员、刘市长、陆院长、谢厅长、何秘书长、李委员办理。

广东省政府第六届委员会
第七十五次议事录

四月十二日　星期二

出席者　林云陔　金曾澄　林翼中　胡继贤　李禄超　谢瀛洲
　　　　许崇清　程天固
列席者　陆嗣曾　刘纪文
主　席　林云陔
纪　录　何启澧

讨论事项

一、第一集团军总司令部函复，关于南区绥靖委员请增加经费一案，请转饬财政厅由本年四月份起，按月加拨该公署特务员兵薪饷银四百七十一元五角，以便转发案。

（决议）通过照发。

二、民政厅呈复拟议救济墨西哥失业华侨一案，关于派轮运载华侨回国一节，仍请并案办理，至华侨失业留落异邦衣食无着，似应予以救济，倘政府一时未能派轮前往，可否先行酌汇款项，由驻墨公使料理各失业华侨搭轮返国之处，请核办理案。

（决议）拨一千元交民政厅办理。

三、广州市政府呈，据财政局呈，为大沙头地产承领持据人从新登记，迭经展限，至今未尽遵依，拟再展至四月二十日止，不再续展，并依法予以处分等情，系为促进整理，以免日后仍有缪辖起见，似尚可行，请核指遵案。

（决议）准展期至本月月底止。

四、建设、民政、财政三厅会呈，拟议航空总部拟由各县购置民用飞机四十部一案执行办法，请公决案。

（决议）原则通过。推林厅长、李委员、何秘书长组织委员会。

五、财政厅、广东省银行会呈，拟具领用广东省银行纸币章程草案，请察核备案，请公决案。

（决议）照修正章程通过。

六、广东省银行呈，拟照职行第一次董事会议决案，先将新印一元纸币签发商民领用，录案呈请核示，请公决策。

（决议）照准。

七、士敏土厂筹备主任刘鞠可呈，遵令负责筹借现款各办法，请察核示遵，应否照准，请公决案。

（决议）委刘鞠可为厂长，余荣为监理。余准备案。组织法由建厅另拟提会。

八、主席提议，本省各机关二十一年度岁入岁出预算，业已由各机关编造，请先推定人员审查，以便提会决定案。

（决议）派冯厅长、金委员、李委员，许委员、胡委员。关于审查各厅处预算时，应派员列席。

九、民政厅提议，开建县长李其章拟予调省，遗缺请委何克夫试署，敬候公决案。

（决议）照加委。

十、教育厅提议，省立女子中学校校长叶素志另候任用，拟委林宝权接充，请公决案。

（决议）照加委。

广东省政府第六届委员会
第七十六次议事录

四月十五日　星期五

出席者　林云陔　金曾澄　林翼中　胡继贤　李禄超　谢瀛洲
　　　　　许崇清
列席者　陆嗣曾　刘纪文
主　席　林云陔
纪　录　何启澧

报告事项

一、建设厅呈，据合浦县长具缴建设局长麦锡渠履历，转请核明加委。

二、建设厅长程天固函告于十五日起请假两天返里省墓。

讨论事项

一、李委员禄超函复，审查广东士敏土厂员工服务条例大致尚无不合，似可准照备案，请查照办理案。

（决议）照修正通过。

二、许委员崇清、李委员禄超、林厅长翼中会同报告，审议琼崖特别区民财两政划分界限一案，查民政事项划分时期似应以特别区长官到琼开始办公之日为标准，以免政务停顿，至关于财政如何划分，以前积欠如何清理，拟请饬下财厅审议，以昭周密，请核办理案。又民政厅呈，为关于琼崖各属县市行政事务各案卷公物，应否并候特别区长官到琼开始办公之日再行列册移交，请核示遵案。

（决议）照办。

三、李委员禄超函复，关于汕头市府呈缴取缔贩卖土敏土章程一案，查该市府既经遵令修改，并据声明对于试验方法及试验标准各节，悉照工业试验所检查规程办理，复经建厅认为妥协可行，自可照准备案，附送原发章程，请察夺办理案。

（决议）准备案。

四、主席提议，开垦雷州半岛徐闻山办法，请公决案。

（决议）推林厅长、李委员、胡委员审查。

广东省政府第六届委员会
第七十七次议事录

四月十九日　星期二

出席者　林云陔　金曾澄　林翼中　胡继贤　李禄超　冯祝万
　　　　　谢瀛洲　许崇清　程天固
列席者　刘纪文　陆嗣曾
主　席　林云陔
纪　录　何启澧

讨论事项

一、财政厅呈，据广东省银行发行纸币监理委员会呈报，议决限制发行新币总额，及确定政府保证准备等情，查该会所请，系为巩固省行发行新币信用起见，请核令遵案。

（决议）通过准照备案。

二、财政厅呈复，关于中山县属沙田登记之册籍，及确定簿记，应由县土地局制发，登记收入留为县土地行政费，仍应按月列报，以资考查，请鉴核案。

（决议）照办。

三、胡委员继贤、金委员曾澄、李委员禄超会复，审查财厅所拟将广州市内经营银业暂行办法，酌予分别改善各节，事属可行，且既经分别批复及公布在案，自可照准备案，惟查该办法第十九条似应改为"本办法如有未尽事宜，得由财厅呈请广东省政府修改之"，以重权责案。

（决议）照审查意见通过。

四、许委员崇清、金委员曾澄、李委员禄超会复，审查财政厅呈为沙田旧照验换期满，照章旧照不能营业，请备案并转法院通饬院庭遵照一案，既经迭次展期，最后期满业已经厅通令及布告周知，应准照办，请公决案。

（决议）照办。

广东省政府第六届委员会
第七十八次议事录

四月二十二日　星期五

出席者　林云陔　金曾澄　林翼中　胡继贤　李禄超　谢瀛洲
　　　　　　许崇清　程天固

列席者　陆嗣曾　刘纪文

主　席　林云陔

纪　录　何启澧

报告事项

一、广东西北区绥靖委员呈，为设立广东西北区地方警卫队干部养成所及订定该所章程，请核备案。

二、财政厅长冯祝万呈报公毕返粤，回厅照常任事，请核予销假。

三、广东省银行呈报职行海口支行，系前中央银行期内创设，现查琼崖地方已奉改设特区，经召集董事会议决，应即裁撤，并电该支行先行停止营业，俟琼崖特区长官公署开始办公国省库接收后，即全部结束回省，仍由行呈请省政府核示在案，录案请核指遵。

讨论事项

一、财政厅呈复，关于在潮汕纸锱捐项下，欠拨东路公路分处筑路费及潮汕各县市教育费，应否清拨及免拨缘由，分别四项请核示遵案。

（决议）一、二、三项照办，四项二十年度所欠教育经费仍须补拨。

二、中国国民党广东省执行委员会函，请转饬财厅自四月份起，每月补助经费共毫洋四千元案。

（决议）列入下年度预算。

三、民政厅呈，为东莞、宝安两县，因观澜墟办理自治纠纷，发生管辖争执一案，经一再饬据视察勘复拟议呈核，当否，仍候指遵案。

（决议）照办。

四、教育厅呈复，对于核议东莞县第六区员头山村请拨款建校一案意见，请核夺施行案。

（决议）应由东莞县筹办，不足之款由省库酌量补助。

五、民政厅李委员、胡委员审查开垦雷州半岛徐闻山章程，请公决案。

（决议）通过。

广东省政府第六届委员会
第七十九次议事录

四月二十六日　星期二

出席者　林云陔　唐绍仪　金曾澄　胡继贤　李禄超　冯祝万
　　　　谢瀛洲　许崇清　程天固
列席者　刘纪文　陆嗣曾
主　席　林云陔
纪　录　何启澧

报告事项

一、广东省银行呈报，由四月十八日起，先将新印一元纸币签发商民领用，请察核备案。

二、财政厅呈，据广州市商会等四十七个法团代表请愿，议决金融恐慌期内维持本市金融暂行办法五条，经准备案，布告实行，请察核。

讨论事项

一、主席提议，关于台山县民冯国安等对于陈华安等违法采矿，不服建设厅处分提起诉愿一案，现经本府秘书处派员组会审查完竣，作成决定书稿前来，请公决案。

（决议）照审查通过。

二、主席提议，关于黄文辉等对于兴宁县第四区第一小学校长刘安宇等投变校舍，不服财政、教育两厅处分提起诉愿一案，现经本府秘书处派员组会审查完竣，作成决定书稿前来，请公决案。

（决议）照案通过。

三、建设厅呈，据梅县【县】民梁其甫承领该县属土名松口堡、粪箕窝等处荒地，经县查明承领面积与图相符，手续完备，自应准予承领，除发给证书外，合将备查一联缴请备案案。

（决议）准备案。

四、建设厅呈，据梅县县民杨集廷承领该县属土名蛇崀山棠梨回等处荒地，经县查明确系官荒，承领面积与图相符，手续完备，自应准予承领，除发证书外，合将备查一联缴请备案案。

（决议）准备案。

五、建设厅呈，据新会县民赵炳燊承领该县属土名鲤鱼山、鹅公山等处荒地，经县查明确系官荒，承领面积与图相符，手续完备，自应准予承领，余〔除〕发证书外，合将备查一联缴请备案案。

（决议）准备案。

六、建设厅提议，准第一军司令部函，现在完成赣庚一线，以利进剿共匪，请准将钨矿捐减半征收，以为赶筑赣庚公路之用，应如何办理，请公决案。

（决议）通过照办。

七、财政厅呈，奉省府令，据澄海县民陈忠状称，为私自订约，根本无效，请令厅收回给领等情，将副状检发，仰转饬汕头市长查明汕头德领署地，是否永租，上盖是否自建具复，以凭依法核办一案，查案呈复，请令遵案。

（决议）准照部定外国人及教会租买屋地税契办法第五条，将该地及上盖投变，以所得之价发还。

广东省政府第六届委员会
第八十次议事录

四月二十九日　星期五

出席者　林云陔　唐绍仪　金曾澄　林翼中　冯祝万　胡继贤
　　　　　许崇清　程天固　谢瀛洲　李禄超
列席者　陆嗣曾　刘纪文
主　席　林云陔
纪　录　何启澧

报告事项

一、广东南区绥靖委员呈报组织开辟徐闻山开山队，连同暂行简则编制经费表等，请察核备案。

二、琼崖特区长官伍朝枢函，现在敝署在海口设立办事处开始办公，请将关于特区之民政、财政、教育、建设各项案卷分别移交案。

讨论事项

一、金委员曾澄、李委员禄超、许委员崇清会复，关于绥靖时期内各县市地方警卫队整理方案审查意见，请公决案。

（决议）照审查通过。

二、教育厅呈，据留法学生李悦义呈，为留法巴黎大学法科博士院研究，为期尚须二三年，方可卒业，兹因经济支绌，恳由二十年度起俯予批准津贴等情，似应酌予补助，请核指遵案。

（决议）准自二十一年度起由教育厅补助两年，每年津贴一千元。

三、顺德县长呈，为丝业不前，请准将现征生丝之西税厂厘金特税台炮厘税，及海关所征之华北水灾费酌予减免，以轻负担而资保育案。

（决议）通过准免。

四、建设厅呈复，遵令拟就西村士敏土厂组织章程、组织系统表，及每月经常费预算表，请核指遵案。

（决议）请李、胡、金三委员审查。

五、教育厅呈，为关于教育会呈缴第三次代表大会议决案四宗，请核施行一案，奉令由厅计划施行等因，谨分别计议，请核指遵案。

（决议）第一项令各县市酌量补助，第二项由教育厅酌量办理，第三项之一、二两款照办，第四项交教厅计划。

六、民政厅呈，为拟具第四期各县参议员名额表，请核定示遵案。

（决议）照办。

七、主席提议广东省民用航空筹备委员组织章程，请公决案。

（决议）通过。

八、主席提议，拟从五月一日起，由所属各厅及广州市府、省会公安局，仍照向例分别按月按季将行政计划及报告造送本府，其以前未造报者，仍行补缴，以凭核转，当否，请公决案。

（决议）通过。

九、民政厅提议，汕头市市长黄子信拟予调省，遗缺委翟俊千署理，请公决案。

（决议）通过照委。

广东省政府第六届委员会
第八十一次议事录

五月三日　星期二

出席者　林云陔　唐绍仪　金曾澄　林翼中　胡继贤　冯祝万
　　　　谢瀛洲　许崇清　程天固
列席者　刘纪文　陆嗣曾
主　席　林云陔
纪　录　何启澧

报告事项

一、教育厅呈，据普宁县具缴教育局长方恩茂履历，转请察核加委。

二、民政厅呈，据廉江县具缴公安局长罗昌仁履历，转请察核加委。

三、建设厅呈，据合浦县民廖兰生承领该县属土名乌鸡塘荒地，经县查明确系官荒，承领面积与图相符，手续完备，自应准予承领，除发证书外，合将备查一联缴请察核备案。

四、建设厅呈，据合浦县民钟乃傅等承领该县属木村塘荒地，经县查明确系官荒，承领面积与图相符，手续完备，自应准予承领，除发证书外，合将备查一联缴请察核备案。

五、中山县政府呈复，遵令拨给县属会同乡附近荒地大小共七段，概由岭南大学古场长桂芬、陈秘书廷恺接收清楚，连同划拨地图，请核赐备案。

讨论事项

一、主席提议，关于琼山县民刘霖与甘杰卿等因互争承垦权，不服财政厅处分，提起诉愿一案，现经本府秘书处派员组会审查完竣，作成决定书稿前来，请公决案。

（决议）照审查通过。

二、主席提议，关于梁芳浓等因不服建设厅对于新会南兴里展筑支路竖立石牌之决定，提起诉愿一案，现经本府秘书处派员组会审查完竣，作成决定书稿前来，请公决案。

（决议）照审查通过。

三、建设厅呈，据西村士敏土厂建筑工程处呈，为遵令结束拟缓案，请予按照各员薪额一律发给恩薪一个月等情，应否照发，抑如何办理，连同原缴清册，请核指遵案。

（决议）通过照办。

四、财政厅呈，据广州市营业税局呈，请设立河南及芳花征收处，以利商民等情，似应照准，连同拟定各该处月支经费表，请察核备案。

（决议）准照办。

五、建设厅呈，关于筹设紫河有线电报一案每月经费，紫金县府既允筹维，而架设工料，饬据电政局复称无力筹拨，应如何办理之处，连同修正预算表，请核指遵案。

（决议）由建设厅自行筹拨。

六、主席提议，现奉西南政务委员会令，饬广九、广三、粤汉各铁道，着交本府监督整理，兹拟设监督整理委员会，以委员三人组织，其委员人选似应以不兼厅之李、胡两委员，及刘厂长鞠可兼充，拟定规程草案，敬候公决案。

（决议）委员人选通过照办，规程修正通过。

七、金委员曾澄、李委员禄超、胡委员继贤会复，审查关于建设厅农林局长辞职，及请将该局改隶一案意见，请公决案。

（决议）辞职慰留，裁减冗员增加事业费，由建设厅核议呈报，改隶一节免议。

八、金委员曾澄、胡委员继贤、李委员禄超会复，审查关于广东西村河南士敏土厂与安兴公司订立全权推销总代理合约一案，请公决案。

（决议）照修正通过。

广东省政府第六届委员会
第八十二次议事录

五月六日　星期五

出席者　林云陔　金曾澄　林翼中　胡继贤　李禄超　谢瀛洲
　　　　许崇清
列席者　刘纪文　陆嗣曾
主　席　林云陔
纪　录　何启澧

报告事项

一、国民政府西南政务委员会令复，关于建设厅组织公司开采曲江田螺等处煤矿一案，查建设厅所请拨用矿产税矿区税应予照准，惟该省营煤矿公司如何组织未据具报，仰饬将该公司章程及预算计划，详细拟具转呈核办。

二、建设厅呈，据梅县人杨和英等承领该县属土名塘子尾、茶头排一带荒地，经县查明确系官荒，承领面积与图相符，手续完备，自应准予承领，除发证书外，合将备查一联缴请察核备案。

讨论事项

一、民政厅呈复，奉令饬据视察会同茂名、吴川两县长查勘梅菉地域，清划界址情形，拟议呈核办理案。

（决议）由民政厅派员会同南区绥靖公署依照划界条例第五条办理。

二、建设厅呈复，审查四区绥靖委员所拟"招商承办公路办法七条"一案意见，请核办理案。又四区绥靖委员会呈，为前拟具招商包承各县未筑公路一案，未奉指饬，究应如何办理，请迅示遵案。

（决议）照审查意见通过。

三、广东西北区绥靖委员呈，请援照东区呈准发给路款成案，院省库按月将西北区应领之数额一十一万元，转饬韶州分金库迳交职署转发路政机关领用，当否，仍候指遵案。

（决议）照办。

四、主席提议，关于羽电祺等因不服本府核定建设厅撤销乐昌土猪岭矿权，提起诉愿一案，现经本府秘书处派员组会，审查完竣，作成决定书稿前来，请公决案。

（决议）照审查通过。

五、主席提议，关于江端霭等因不服广州市政府对于广州市大东门外竹丝冈地段所为之决定，提起再诉愿一案，现经本府秘书处派员组会审查完竣，作成决定书稿前来，请公决案。

（决议）通过。

六、主席提议，查本省财政支绌，亟待整理，惟计划进行，应先将收入支出状况调查明确，方易着手，现拟令饬本省金库，将每日收支状况列表呈报本府，并饬财政厅对于本省所有税捐批承或开投时，先期呈报本府，至于□粮税契官产捐项及一切收入支出各数，则每月汇报本府，似此办法，庶足以便稽核而资整理，是否有当，请公决案。

（决议）通过。

七、李、胡、金三委员会复，审查西村士敏土厂组织章程及预算，附具审查意见，应如何办理，请公决案。

（决议）照修正通过。

广东省政府第六届委员会
第八十三次议事录

五月十日　星期二

出席者　林云陔　金曾澄　林翼中　胡继贤　李禄超　区芳浦
　　　　谢瀛洲
列席者　刘纪文　陆嗣曾
主　席　林云陔
纪　录　何启澧

报告事项

一、国民政府西南政务委员会令复，据呈报开垦雷州半岛徐闻山章程请核备案一案，准予备案仰即知照。

二、国民政府西南政务委员会令，据呈复办理羽电祺等呈报建设厅强将侨民十数载经营之煤矿收归政府自采，恳维持原案一案情形，查羽电祺所有前领乐昌县属大井土猪岭煤矿业权，既经该省政府决定撤销，应准由建设厅收回自办，仰即转饬知照。

三、建设厅长呈报，于本月四日前赴北江各属巡视，约五日可返，所有出巡期内日常公事，暂由主任秘书徐甘棠代拆代行，请察核备案。

四、财政厅呈，据廉江县长具缴财政局长李浪履历，转请核委，并刊发钤记。

五、财政厅呈，为根据各机关解款逾限处分条例，拟具严核四月六日以前收解中纸办法，通行各关系机关遵办，请核备案。

六、财政厅呈报清理旧粮改善情形，连同简章一扣，请核备案。

七、国民政府西南政务委员会令，本会第十五次政务会议决议，广东省政府委员兼广东财政厅厅长、财政部广东特派员冯祝万呈请辞职，应予照准，派区芳浦代理广东省政府委员兼广东财政厅厅长兼代财政部广东特派员在案，仰知照，并转饬遵照。

讨论事项

一、财政厅民政厅会呈，奉令据东区绥靖委员呈剿办南山赤匪计划，各种大纲及匪共自新办法，饬即会核等因，谨将会同核议情形，请核示遵案。

（决议）照审查通过。

二、财政厅呈报修改屠牛税牛皮税征收章程施行细则第五条条文，请核示遵案。

（决议）照原章办理，毋庸修改。

三、财政厅呈，据花地货仓联和堂廖国等呈，为仓库业营业税章程规定按收入金额千分之三十，税率太重，请照旅馆业税率征千分之二等情，未便照准，拟准将该业改照营业收入总额千分之十课税，以示体恤，请核示遵案。

（决议）照办。

四、东区绥靖委员呈，据东路公路分处请划定潮梅冥锚捐，自四月份由汕头金库支领，分别核拨等情，查核所请似与钧府议决原案精神尚未尽背，可否邀准，如拟办理，仍乞指遵案。

（决议）如拟办理，所领数目，仍须分报财、建两厅。

五、开平县呈，请转呈解释治河会组织条例第一条，并请惩办诬诉夺产渔利之司徒颖等，请公决案。

（决议）照转呈。

六、财政厅呈复，奉饬拨付合钦公路建筑费二十一万九千零七十元一案，当此剿共抗日时期，军费既已紧支，库款依然奇绌，该费仍拟照案暂缓支拨，请核明饬遵案。

（决议）在财厅未能拨款前，先由地方政府设法筹拨。

七、财政厅提议，省府所辖各机关收支，无论何项应概移归财政厅统收办理，其四月以前征存款项，并即扫数解缴，仍一面造齐收入计算书，呈府发厅审核。以后如有所需，先拟具预算呈定核发，不得自收自支，以免纷歧，俾得统筹兼顾，而便整理，请公决案。

（决议）通过。

八、主席提议，拟派李禄超、李仲振、蔡昌、胡颂棠、胡栋朝为西村士敏土厂董事，以李禄超为主席董事，请公决案。

（决议）照派。

九、民政厅提议，连山县县长邓维华呈请辞职拟予照准，遗缺委张我东试署；澄海县县长孙甄陶呈请辞职拟予照准，遗缺以德庆县县长吴志强调署；递遗德庆县缺以赤溪县县长江绮华调署；递遗赤溪县缺委黄炳坤试署，请公决案。

（决议）照委。

广东省政府第六届委员会
第八十四次议事录

五月十三日　星期五

出席者　林云陔　金曾澄　胡继贤　李禄超　区芳浦　谢瀛洲
　　　　许崇清
列席者　刘纪文　陆嗣曾
主　席　林云陔
纪　录　何启澧

报告事项

一、财政厅呈报，第二期库券拟自七月二十五日开始继续按月抽签还本，关于抽签偿还一切手续，仍照前期办法办理，藉归划一，请核备案。

二、建设厅呈，据廉江县具缴建设局长萧果履历，转请核委，并刊发钤记。

三、广东省银行呈具本年四月份营业实际报告表，并该行代理金库日计表等，请察核。

四、财政厅呈，准省会公安局函，关于十六年以前市内各户积欠各期租捐，拟暂缓加二五罚金两月，并准以停兑之一元中币缴纳等由，查系便利市民易于清欠起见，事属可行，请核备案。

讨论事项

一、第一集团军总司令部函，据广东中区绥靖委员呈报，择定八旗会馆为公署，连同修理估价单呈核等情，经饬处核减为毫洋六千七百三十九元五角，请查照转饬财厅照拨过部，以凭转发案。

（决议）准列入二十一年度预算。

二、建设厅呈复，关于西村士敏土厂借款利息一案，奉令据财厅呈复仍应归入该厂工程费内计算等因，惟查该案预算额与借支数比较，已超过一万二千三百九十五元九毫，则该厂工程尾数无款应付，请核示遵案。

（决议）先由建厅垫支，俟工厂开始营业后拨还。

三、教育厅呈，拟议处理留日在学公费生及公费候补生继续给费办法，请核指遵案。

（决议）照办。

四、西北区绥靖委员呈，为绥靖会议通过，曲江县代表请由县地方代支军差各费作正开销案，检同原提案，转请核饬财厅，嗣后对于各县代支军差用费，准予核实取据列报作正开销，在钱粮项下扣除，通饬遵照案。

（决议）仍照向例办理。

五、防城县呈报，奉陈总司令江代电，饬在全邑钱粮及官租各户口，按照应征粮额附加一倍，由二十一年起带征，作为辅助各区小学经费等因，请察核备案。

（决议）准备案。

六、民政厅提议，南雄县县长梁毅拟予调省，遗缺委赵主一试署，请公决案。

（决议）照委。

七、略。

广东省政府第六届委员会
第八十五次议事录

五月十七日　星期二

出席者　林云陔　金曾澄　胡继贤　区芳浦　谢瀛洲　许崇清

列席者　刘纪文　陆嗣曾

主　席　林云陔

纪　录　何启澧

报告事项

一、西南政务委员会令，据呈拟广九粤汉广三铁路监督整理委员会暂行规程一案准予备案，仰即知照。

二、西南政务委员会令复，广东商标注册事宜，经本会第十五次政务会议决议仍由广东建设厅代办，仰遵照。

三、西南政务委员会令，抄发广东省第五次全省代表大会番禺县代表谢士钿等提议，敦促政府从速完成粤汉铁路，以利抗日救国运输原案，仰即核办。

四、教育厅呈，据高明县具缴教育局长简竹超履历，转请察核加委。

五、粤海关监督呈复，关于生丝出口，准将厘金特税台炮厘税，及海关所征之华北水灾费酌予免减一案，准税务司函称，海关现征之赈灾附税，系奉由总税务司转奉财政部令行办理等由，请察核。

六、西村士敏土厂呈缴该厂员工请假规则，请核备案。

讨论事项

一、西南政务委员会令，关于第五次全省代表大会通过：（一）撤销苛捐杂税，（二）筹筑广汕铁路案，仰遵照分别核办案。

（决议）苛捐杂税交财厅拟办，广汕铁路交建厅筹划。

二、主席提议，仿照县道考成规则拟具兴筑八大公路考成办法，请公决案。

404

（决议）修正通过。

三、建设局呈，据西村士敏土厂拟具该厂员工服务规程，转请察核指遵案。

（决议）请胡、李、金三委员审查。

四、建设厅呈，据广东士敏土厂呈报，该厂员工服务规程第十五条不宜修改缘由，转请察核指遵案。

（决议）交胡、李、金三委员审查。

五、金委员曾澄、李委员禄超、许委员崇清会复，关于省立岭东商业学校呈控日商联和公司侵占校产一案，查此案须从事实上详细调查，方能解决，汕头海坦审查委员会议决"令行汕头市政府将本案移送潮梅地方法院依法办理"，尚属可行，谨具意见，请公决案。

（决议）照办。

六、财政厅呈，据广东省银行发行纸币监理委员会请核定新币换收旧币手续，转请察核令遵案。

（决议）通过照办。

七、民政厅提议，为整顿各县市行政起见，拟设考核县市长成绩委员会，隶属于省政府，连同组织大纲及考核县市长成绩之假定办法，请公决案。

（决议）照修正通过。

八、许委员崇清、李委员禄超、胡委员继贤会复，审查关于开辟东莞县大〔太〕平镇新洲商埠征收土地，募集实业股券一案，拟具意见，请提会决定案。

（决议）开辟商埠，应以县政府为主体经营之，其经费由县政府就地方情形参照筑路办法募充，原章程一并发还修正再核。

九、主席提议，拟具广东西村士敏土厂监理办事规则，请公决案。

（决议）修正通过。

广东省政府第六届委员会
第八十六次议事录

五月二十日　星期五

出席者　林云陔　金曾澄　林翼中　胡继贤　李禄超　区芳浦
　　　　　许崇清　谢瀛洲

列席者　刘纪文　陆嗣曾

主　席　林云陔

纪　录　何启澧

报告事项

一、民政厅呈，据蕉岭县具缴公安局长姚良材履历，转请察核加委。

二、卸建设厅长胡继贤呈报，续将程新任签回移交各款数目清册副本共二十七册清表，请核备案。

三、广州市政府呈，为广州市税契事宜，业经财厅拨归土地局代办有案，所有规定本市区域范围内，如遇有向南海、番禺两县报税印契者，请转饬不予受理。

四、卸任省会公安局长香翰屏、现任省会公安局长何荦会呈，报移交接收清楚情形，连同收支数目清册，缴请察核备案。

五、广东省银行呈送营业实际报告表，并该行代理金库日计表等请察核。

讨论事项

一、财政厅厅长、广州市市长、高等法院院长会呈，奉令关于台山县民朱××等与陈××等因争承荒山不服决定提起再诉愿一案，现经派员会同审查完竣，拟具决定书稿，连同本案卷件缴呈前来，转请鉴核指遵案。

（决议）照决定通过。

二、财政厅呈，关于征课广州市本年份营业税，拟具变通办法，请核指遵案。

（决议）照办。

三、财政厅呈，关于广州市影画院及演剧院，拟仍饬遵章申报纳税缴纳营业税，请核指遵案。

（决议）照办。

四、财政厅呈复，奉令核准在潮汕纸捐拨付东路公路费，除第一、二、三项办法遵办外，所有未拨潮州十属二十年度二成五教育费，拟请仍准免予补拨，改由二十一年七月一日起按月拨付，请核指遵案。

（决议）照办。

五、建设厅呈，据东路公路分处呈报，普陆路普寒段鸟石桥被共匪焚毁，拟改为三合土，桥面约需工料费银四百元，请准追加预算等情，转请核准备案指遵案。

（决议）照准。

六、建设厅呈，据韶坪公路工程处兼南韶公路工程队长陈正元呈，请给发两路桥涵工程费及二、三、四月份监理费共二万七千余元，拟由职厅船税收入项下暂时挪借，一俟领得路款即如数拨还，当否，请核指遵案。

（决议）改由钨矿捐项下借拨。

七、西村士敏土厂呈报，遵令修正西村河南士敏土厂与安兴公司订立全权推销总代理合约，已于本月十一日由该公司来厂签约，检同合约一份，请核备案。

（决议）准备案。

八、财政厅厅长、广州市市长、高等法院院长会呈，奉发审查台山县民马××等与马××等因××冈地段不服决定，提起再诉愿一案，现经分别派员会同审查完竣，拟具决定书稿，连同本案卷宗缴呈前来，请鉴核指遵案。

（决议）照决定通过。

九、秘书处签呈，关于财政厅、中山县会同派员商将中山县保留国省税百分之二五，拟具办法四项呈核一案，查该四项办法大致尚合，惟一、二两项似应酌加修改，是否有当，敬候公决。

（决议）照审查通过。

十、主席提议，拟成立省参议会，以便省民参加省政案。

（决议）转呈政委会核示。

十一、财政厅长兼广东财政特派员呈，为请拟定整理税捐大纲，现在拟定整理办法，请公决案。

（决议）照办。

十二、民政厅提议，新丰县县长郑精一呈请辞职，拟予照准，遗缺以新委赤溪县县长黄炳坤调署；递遗赤溪县缺委陈达民署理，请公决案。

（决议）照委。

十三、（略）

十四、主席提议，据世德学校筹备委员主任张炎呈，请由省库拨给开办费及经常费，应如何办理，请公决案。

（决议）准予补助，但须改为职业学校，计划及预算由教育厅核议具复。

广东省政府第六届委员会
第八十七次议事录

五月二十四日　星期二

出席者　林云陔　唐绍仪　金曾澄　林翼中　胡继贤　李禄超
　　　　区芳浦　谢瀛洲　许崇清
列席者　刘纪文　陆嗣曾
主　席　林云陔
纪　录　何启澧

报告事项

一、财政厅呈缴省库二十年十一、十二两月份收支结算表，请分送备案。

二、教育厅呈复，据惠来县具缴教育局长吕焕章履历，查核该员资格尚属相符，转请察核加委。

三、教育厅呈，据丰顺县具缴教育局长李伟嵩履历，查核该员资格尚属相符，转请察核加委。

四、建设厅呈，据河源县具缴建设局长陈旭如履历，转请察核加委。

五、西南政务委员会令，据建设厅呈缴粤汉铁路广韶段及广九铁路两管理局成绩工作报告书表请核等情，仰即交监督整理广九粤汉广三铁路委员会审核具复，以凭核夺饬遵。

讨论事项

一、财政厅呈复，韶州分金库无款拨支西北区四公路建筑费情形，似应仍由省库按月支付较为妥善，请核分别饬遵案。

（决议）照办。

二、财政厅呈复，奉饬拨付钦防公路建筑费共一十二万二千一百零五元，当此剿共抗日时期，军糈紧急，筹措维艰，该费仍拟俟库款稍裕再行支付，俾纾财力案。

（决议）在财厅未能拨款前，先由地方筹拨。

三、建设厅呈复，奉令关于农林局裁减冗员增加事业费一案，着拟议呈报等因，遵将该缘由连同新编经临预算书，报请察核示遵案。

（决议）令厅呈复。

四、本府民用航空筹备委员会呈，为本省民用航空筹款购机办法，业经职会议决修正通过，连同该项办法，请核公布施行案。

（决议）修正通过。

五、主席提议，查志与史互为表里，谈文献者重之，本省修志事宜，在民国五年间，已计议及此。至十八年设馆办理，规模略备，卒以主者屡经更迭，未底于成。现在中山大学文科不乏宿学之士，堪采笔削之任，若以本省修志事委托办理，不徒节省经费，且调查便利，可计日以观厥成也。是否有当，敬候公决案。

（决议）照办。

六、主席提议，查建设事业端赖人才，近来铨政不修，怀才者无以自见，遇事乃感才难，实则人才未必缺乏，特平日未加网罗耳。本省风气开通，每年毕业本国外国各大学专门学校，及富有技术经验者当不乏人，若无一集中之地似〔以〕储为匡济之用，使之投闲置散，或更误入歧趋，不特人才湮灭，殊觉可惜，而揆诸作育初旨，亦未免违背。兹拟于省府附设一专门技术人才登记处，使各项专门技术人才，皆各就其所长注册，庶政府遇有建设，可藉以收群策群力之效。是否有当敬候公决案。

（决议）照办。

七、教育厅提议，筹办广东省署〔暑〕期体育训练班，连同预算，请公决案。

（决议）照办。

广东省政府第六届委员会
第八十八次议事录

五月二十七日　星期五

出席者　林云陔　唐绍仪　金曾澄　林翼中　胡继贤　李禄超
　　　　区芳浦　谢瀛洲　许崇清

主　席　林云陔

纪　录　何启澧

报告事项

一、广东省银行呈送营业实际报告表，并该行代理金库日计表，等请察核。

二、民政厅呈，据河源县具缴公安局长伍稚腾履历，转请察核加委。

三、财政厅呈复，关于第五次全省代表大会决议撤销苛捐杂税一案，查裁撤苛捐杂税，必须先筹抵补，现时职厅正在积极整理税捐，以期增加岁入，一俟整理就绪，即将较为苛细病民之税捐立予裁撤，以恤民艰。

讨论事项

一、金委员曾澄、李委员禄超、胡委员继贤会复，审查广东西村士敏土厂员工服务规程，请公决案。

（决议）照修正通过。

二、修筑黄花岗委员会函，为本会议决收用七十二烈士坟前田地，

410

以备建筑石级，绘具收用田地四至图，请转饬市府饬局调验契据，按照时价补回地价以利进行案。

（决议）现在收用地段面积过大，经费难于筹拨，交市府与该会商酌，拟定修筑图则，于必要范围内收用。

三、教育厅呈复，查明暨南大学粤籍侨生现状，及该校办理情形，请核示遵案。

（决议）准补助一万元。

四、教育厅呈，据省立第一女子中学校呈，请拨款建筑校舍等情，查核该校所拟建筑新校计划，工程表预算四十八万余元，为数颇巨，现拟就计划中第一项先行拨款兴筑，至第二、三、四项则递年增建，以纾财力，是否可行，合将该校原缴图则预算表，请察核案。

（决议）第一期工程费，列入下年度预算。

五、民政厅长、教育厅长、广州市长、本府秘书长、胡委员、李委员、高等法院院长会呈复，将广东都市土地登记及征税条例修正，请核定施行案。

（决议）转呈政委会。

六、主席提议，拟加派区芳浦、陈耀垣为广东省银行董事，请公决案。

（决议）通过照派。

七、教育厅提议，拟利用暑假期间，开办本省夏令学术演讲会，俾校外人士，校内学生，得有进修补习机会，是否有当，请公决案。

（决议）照修正通过。

广东省政府第六届委员会
第八十九次议事录

五月三十【一】日　星期二

出席者　林云陔　唐绍仪　金曾澄　胡继贤　李禄超　区芳浦
　　　　谢瀛洲　许崇清

列席者　刘纪文

主　席　林云陔

纪　录　何启澧

报告事项

一、西南政务委员会令复，据呈拟成立省参议会以便本省人民参与省政一案，经提出政务会议决议如呈办理，省参议会组织法及召集期限，由省政府拟具呈核在案，仰即遵照。

二、西南政务委员会令知，决议嗣后伤亡官兵恤案应送军政部核办。

三、建设厅长程天固呈复，奉令核明胡前任咨送四柱总册所列均尚符合，请察核。

讨论事项

一、财政厅呈复，奉令拨发南区绥靖公署徐闻剿匪开山费三万元，可否准予在省库收入项下支销，以清款目，请核示案。

（决议）照拨。

二、财政厅呈拟对于沙田旧照验换期满后，限期旧照减息报承各缘由，请核指遵案。

（决议）照办。

三、金委员曾澄、胡委员继贤、李委员禄超会复，审查修正广东河南士敏土厂员工服务规程第十五条条文，请公决案。

（决议）照办。

四、中国国民党广东省执委会函复，施泽同志生前在党革命事迹，本会无案可稽，请根据贵府抚恤养老金原案办理案。

（决议）发给六百元。

五、广州市政府呈复，查明丹桂里十八号屋业当日标封情形，应如何办理之处，请核指遵案。

（决议）交市府估计查封时价格，发还产价。

六、建设厅呈，请裁撤公路、矿务两处，改设为科，节存经费留为各种建设经费，请核示遵案。

（决议）照办。

七、建设厅呈，拟裁撤南路公路分处，将款拨充南路干线修筑石方桥梁涵洞费用，请核示案。

（决议）照办。

八、民政厅提议，现据广宁县长林启濂呈请辞职，拟予照准，遗缺委王仁宇试署，请公决案。

（决议）照委。

九、民政厅提议，本厅秘书黄槐庭奉委署新会县县长，递遗秘书一职，拟委陈肇燊充任；本厅视察张远峰、黄元友、陈达民先后奉委署宝安等县县长，递遗视察职，拟委曾友文、刘均誉、梁庆翔充任，请公决案。

（决议）照委。

广东省政府第六届委员会
第九十次议事录

六月三日　星期五

出席者　　林云陔　唐绍仪　金曾澄　林翼中　胡继贤　区芳浦
　　　　　　谢瀛洲　许崇清
列席者　　刘纪文　陆嗣曾
主　席　　林云陔
纪　录　　何启澧

报告事项

一、西南政务委员会令，制定琼崖特别区政府组织条例公布施行，抄发原条文，仰知照，并转饬所属一体知照。

二、西南政务委员会令发修正琼崖特别区政府组织条例第四条、第六条、第二十一条条文，仰知照，并转饬所属一体知照。

三、西南政务委员会令发琼崖特别区政府各司处组织条例，仰知照，并转饬所属一体知照。

四、财政厅教育厅会呈，为留法里昂音乐学院粤生郑志清请求补助一案，现值库收奇绌，拟请暂从缓议，请核指遵。

五、财政厅呈，据河源县具缴财政局长伍松卿履历，转请察核加委。

六、财政厅呈，据郁南县具缴财政局长翟镜涵履历，转请察核加委。

讨论事项

一、广东高等法院函复，查明林招财承领南堤坦地一案，处理情形，请查照办理案。

（决议）照办。

二、建设厅呈报，公路处与和合堂按揭现款四万六千元期满再行展限届期，该款如无着落，拟援案将中纸变卖偿还，请核备案指遵案。

（决议）准备案。

三、民政厅呈，拟具广东省县市地方自治机关行文补充办法二条，请核指遵案。

（决议）照拟。

四、民政厅呈，据视察勘复南澳县治似宜暂设二区等情，应否准予所拟办理之处，连同原缴地图，请核示遵案。

（决议）照拟。

五、民政厅呈，据东莞县转呈员头山总理原籍故乡建设委员会章程及系统图，请核指遵案。

（决议）所缴总章与自治章程抵触，未便照准。中山小学应由东莞县筹办。

六、主席提议，关于谢文拱等因不服教育厅对于中奖所得潮州府学署地址与省立四中学校争执之处分，提起诉愿一案，现经本府秘书处派员组会审查完竣，作成决定书稿前来，请公决案。

（决议）照审查通过。

七、教育厅提议，现据国立中山大学农科教授温文光等呈，请推广中等农业学校；查核所陈各节，不无可采。拟先就省立第五师范学校改办高级农业学校，于本年秋季招收农业一年级生一班，初中一年级生二班，并停止招收高中师范科及小学，至现有在学师范生及小学生办至毕业止，其省立第九中学则办高中普通科与高中师范科，请公决案。

（决议）照案通过。改名为农业学校。

414

广东省政府第六届委员会
第九十一次议事录

六月七日　　星期二

出席者　林云陔　金曾澄　区芳浦　谢瀛洲　许崇清　林翼中　胡继贤

列席者　刘纪文　陆嗣曾

主　席　林云陔

纪　录　何启澧

报告事项

一、财政厅呈，造送冯前任内省库二十一年一月份收支结算表，请核存转。

二、广东省会公安局呈缴二十一年一月至四月收入房捐警费洁净费等计算书，请察核。

三、汕头市长呈报办理德领署屋地变卖一案情形，抄同德领收据，并该地面积四至图，请核备案。

四、（略）

五、西南政务委员会令复，据建厅呈，请转行政院迅令交通部将收回向由海关兼管勘验及丈量华洋船只事宜一案，仍应候交通部直辖之航政局成立再行收回办理，仰转饬知照。

讨论事项

一、民政厅呈，据南海县具缴九江市政局收用奇山建筑中山公园计划书及图说，转请察核示遵案。

（决议）准照土地征收法征收。

二、建设厅呈，请裁撤琼崖公路分处，请核示案。

（决议）暂时裁撤。

广东省政府第六届委员会
第九十二次议事录

六月十日　星期五

出席者　林云陔　金曾澄　林翼中　胡继贤　李禄超　区芳浦
　　　　　谢瀛洲　许崇清

列席者　刘纪文　陆嗣曾

主　席　林云陔

纪　录　何启澧

报告事项

一、财政厅呈报，规定从六月二日起，凡在广州市内所有国省税收，在五元以下者必须收受省银行一元新券，一元以下乃准照旧收受毫银，除报告及咨函令行外，请察核。

二、民政厅呈，据汕头市长翟俊千具缴秘书长及参事秘书科长等各员履历，转请察核委任。

三、民政厅呈报，遵令补缴二十年七、八、九三个月内行政计划，请察核。

四、民政厅呈报，遵令补缴二十年十、十一、十二三个月内行政计划，请察核。

五、民政厅呈报，遵令补缴二十一年一、二、三三个月内行政计划，请察核。

六、教育厅呈报，遵令造送二十一年四月份行政报告书，请核转备案。

七、广东省银行呈送该行五月二十八日日计表，及代理金库日计表，请察核。

八、广州市政府呈送市辖各机关二十一年度岁出经常临时费预算书，请鉴核转送审查。

416

讨论事项

一、财政厅呈，为奉发修正中山县保留国省税办法内第一项列"除行政费外"句，似应删去，移入第二项"所有收入税捐应解库之总额"句下，以符事实，是否之处，请提会重行修正案。

（决议）照修正。

二、财政厅呈，为奉令核准免征西税厂生丝税，经饬停征外，其他各税厂等，依照原定税则，亦有征收，惟未奉令饬停征，未敢擅便，合将各厂征收丝类税率列表，请核示遵案。

（决议）一律停征。

三、教育厅呈复，奉饬核议私立世德学校改为职业学校一案，谨开列意见，请察核指遵案。

（决议）照办。列入下年度预算。

四、建设厅呈，请任命陈元瑛为职厅主任秘书，杨子毅为秘书，官其钦为第一科长，胡雄为第二科长，邓拜言为第三科长，陈国机为第四科长兼技正，何致虔为第五科长，林廷熙为总务主任，黄森光、胡栋朝、朱国典为技正，取具各该员履历，请核准任命案。

（决议）照委。

五、建设厅呈，准实业部全国度量衡局咨，请拟请划一度量衡办法及完成限期，兹拟遵照部章，筹设各市县联合检定分所，及开办检定人员训练班，酌定完成划一限期，连同修正章程及预算表，请核指遵案。

（决议）缓办。

六、西村士敏土厂董事会主席李禄超呈缴董事会组织章程，请核指遵案。

（决议）通过。

七、主席提议，据本府技正胡栋朝呈报，接市工务局函，对于省府合署选择地点所言原则四条，甚有见地，谨将原函附呈采择等情，合将原件，提请公决案。

（决议）决定采择乙点。地位交建设厅从速规划。

广东省政府第六届委员会
第九十三次议事录

六月十四日　星期二

出席者　林云陔　林翼中　胡继贤　区芳浦　谢瀛洲　李禄超
列席者　刘纪文　陆嗣曾
主　席　林云陔
纪　录　何启澧

报告事项

一、民政厅呈，据灵山县具缴公安局长苏济宽履历，转请察核加委。

二、民政厅呈缴二十一年四、五、六三个月内行政计划，请察核。

三、财政厅呈复核拟部院电令撤销禁银出口一案，体察当地金融现状，除银角不在禁例外，其汕市大洋实有限制出口之必要，拟请暂缓弛禁，请核咨部转呈核办。

四、西南政务委员会令复，据呈关于各机关裁员减薪办法由六月一日起施行一案，经饬财厅妥议变通办法转请核示等情，案经本会第二十次政务会议决议如拟办理在案，仰知照，并转饬所属一体遵照。

五、西南政务委员会令，据广东财政特派员折呈，拟在舶来肥料附加相当特税，拨作中大校建筑费，及工学院设备费等情，经本会政务会议决议，准附加作中山大学建筑之用，但其中以百分之一十为中大农科改良农业之用在案，仰知照，并饬属知照。

六、国府〔西南〕政务委员会令，据呈转据财政厅呈，为公务人员如有操纵金融投机买卖情节綦重拟从重枪决一案，经提会决议，凡公务人员，如有上项情弊，一律以军法枪决，仰知照饬属知照。

讨论事项

一、财政厅呈，为第二次军需库券案，定本年六月起抽签偿还本息，惟现在各经募机关，对于此项库券派销额仍未推销完竣，事实上难

418

期举办，拟俟结束就绪，即行定期抽签偿还，请核备案。

（决议）准备案。

二、广州市政府呈，据协助地方自治委员会转据河面公民梁海等状，请设立河面自治区等情，应否准如所拟办理之处，敬候指饬遵办案。

（决议）由市府先行调查登记，再行核办。

三、教育厅呈拟修正广东选派留学外国学生暂行规程，请核指遵案。

（决议）照办。

四、广东省民用航空筹备委员会呈，拟具广东省民用航空集股章程，请核指遵案。

（决议）照办。

五、广东省民用航空筹备委员会呈，拟具广东省民用航空驾驶人员训练所章程，暨各县市选送学生入所训练办法，请核指遵案。

（决议）修正通过。

六、财政厅呈，拟具广东省国防要塞公债惩奖规则、草案，暨发行细则草案，请核指遵案。

（决议）转呈政务委员会。

七、广东财政厅长、广州市市长、高等法院院长会呈，奉发审查××堂与惠爱六约值理××楼争承庙产，不服处分提起诉愿一案，经派员会同开会审查完竣，拟具决定书稿，连同本案卷宗缴呈前来，请鉴核指遵案。

（决议）照审查通过。

八、教育厅提议，拟请委廖迪雍为省立第一农业学校校长，请公决案。

（决议）照委。

广东省政府第六届委员会
第九十四次议事录

六月十七日　星期五

出席者　林云陔　金曾澄　林翼中　胡继贤　李禄超　区芳浦
　　　　谢瀛洲　许崇清

列席者　陆嗣曾　刘纪文

主　席　林云陔

纪　录　何启澧

报告事项

一、财政厅呈，造缴冯前任二十一年二月份收支结算表，请核存转。

二、西北区绥靖委员公署呈缴二十一年五月份工作报告，请察核。

三、广东省银行呈缴二十一年六月四日日计表及代理金库日计表等，请察核。

四、监督整理广九粤汉广三铁路委员会呈复，遵将粤汉路广韶段及广九路两管理局成绩工作等报告书表等，逐项详密审查，并作成报告书请核指遵。

讨论事项

一、建设厅呈，据矿商地利公司，呈请准予继续开采，并将前欠矿区税豁免等情，究应如何办理之处，请核指遵案。

（决议）请林厅长、胡委员、李委员审查。

二、财政厅呈报，遵照奉发修正中山县税捐保留百分之二十五案分别拟办情形，请核指遵案。

（决议）照办。

三、西村士敏土厂呈报，遵令将职厂与史密公司订购五十吨磨机钢弹等合约送董事会审核，经议决通过，照约购买在案，检同原函暨合约副本，请核赐备案。

420

（决议）准备案。

四、西村士敏土厂呈报，遵令将职厂与晋华公司签订制造装土木桶合约，送董事会审查，经议决通过照约办理在案，请核赐备案。

（决议）准备案。

五、西村士敏土厂呈，请核定职厂监理俸给，暨董事等每月各送夫马费若干案。

（决议）监理月支三百元，董事夫马费年支六百元。

六、广东省会公安局呈复，查明南海县民陈恭受状请饬将住屋介园撤封，发还管业一案情形，应否援案发还之处，统候察核办理案。

（决议）照查封时价值估价发还。

七、主席提议，制定广东省专门技术人员登记规程，请公决案。

（决议）修正通过。

八、教育厅提议，省立第十一中学校校长李燕果拟另候任用，所遗校长一职，拟委伍瑞阶接充，请公决案。

（决议）照委。

广东省政府第六届委员会
第九十五次议事录

六月二十一日　星期二

出席者　林云陔　金曾澄　林翼中　胡继贤　李禄超　区芳浦
　　　　　谢瀛洲　许崇清
列席者　刘纪文　陆嗣曾
主　席　林云陔
纪　录　何启澧

报告事项

一、铁道部元电，据报载广州市扩大市区范围，拟由粤汉铁路广韶段之西村站，至广九铁路之石牌村间，建筑双轨电车路，希即查明停止，并将经过事实详细见复。

二、财政部咨复，顺德县长请减免生丝赈灾附税一案，事关通案碍难照办，请查照转饬。

三、广东中区绥靖委员呈，拟规定各县政府嗣后受理案件，须传人证到案质讯者，派传县兵，只准每十里给茶水费二毫，由地方款项下开支，不得向当事人取给，此外一切传票舟车食宿各费，悉行革除，请通饬各县一体遵办，并布告通知。

四、广州市政府呈缴广州市市立银行奖励密告伪造凭票办法，请核备案。

五、广东省银行呈报六月十一日日计表，及代理金库日计表等，请察核。

讨论事项

一、建设厅呈复，关于廉江县民请将廉安遂公路交回民有一案，现据南路公路分处查明，确系县民股本所筑，似可交回民有，请核办理案。

（决议）请林厅长、胡委员、李委员审查。

二、广东财政厅长、广州市市长、高等法院院长会呈，奉发审查广益新公司刘贻荣等，因争承磁矿不服建设厅处分提起诉愿一案，经分别派员会同开会审查，依照诉愿法程序，拟具决定书稿，连同本案卷宗缴呈前来，请鉴核指遵案。

（决议）照审查通过。

三、广东中区绥靖委员呈，拟具强迫垦荒暂行办法，请核存转案。

（决议）原则通过。办法交建设厅审查。

四、教育厅呈，请加委曾同春为职厅主任秘书，卢德为秘书，雷鸿堃为第四科科长，方学芬、沈芷芳、黎钟、何名株、黎国昌等为省督学案。

（决议）照委。

五、建设厅呈，准西北区绥靖委员函，据封川县长提议建设完成西江长途电话干线及各县支线一案，合将原提议书连同预算，转请察核饬行财厅照数指拨专款，以便架设案。

（决议）仍由建设厅筹划。

六、新会县长呈，拟援照中山、南海等县设立土地局成案，增设土地局，先行成立筹备处，请准备案，转行广东高等法院令饬登记局预备结束移交接收案。

（决议）由民政厅拟具办法，再行核办。

七、广东省银行呈，为职行一元新券，经董事会议决准予现兑，但在一个月内，总额不得超过壹拾万元，当否，请察核令遵案。

（决议）照办。

广东省政府第六届委员会
第九十六次议事录

六月二十四日　星期五

出席者　林翼中　金曾澄　胡继贤　李禄超　区芳浦　谢瀛洲
　　　　　许崇清

列席者　刘纪文　陆嗣曾

主　席　林翼中（代）

纪　录　何启澧

报告事项

一、中国国民党广东省执行委员会函，据英德县执委会呈，请转咨省政府，通令全省各机关团体，在职人员一律穿着国货等情，请查照办理。

二、（略）

三、民政厅呈，据德庆县呈报筹设公安局，开具预算表，连同该局长古栋柱履历，谓〔请〕核准备案加给委状等情，转请察核办理。

讨论事项

一、国立中山大学函，请拨助推广及改良土蜂补助费六千元，连同计划书，送请查照案。

（决议）省库存支绌，未能补助。

二、民政厅呈，拟具各县于区地方自治组织完成后应办事项十条，暨测绘县区详细地图办法大纲及图例，请核指遵案。

（决议）请谢厅长、许委员、陆院长审查。

三、建设厅呈，据蚕丝局呈复，查明乐昌县黄坭坳荒地并无民业，及该地面积四百亩属实等情，转请察核示遵案。

（决议）予以拨用，饬县布告，如有民地在内，应予划出。

四、广州市政府呈，请令饬番禺县，立将收用麻鹰岭暨粤光乐园一带冈地给领建造坟场案撤销案。

（决议）照准。

五、主席提议，关于林鼎长因不服本府第六届委员会第六十七次会议议决处理新会县第一区屠场承建，提起诉愿一案，现本府依法审查，作成决定书，请公决案。

（决议）照审查意见通过。

六、民政厅提议，河源县县长伍小石呈请辞职，拟予照准，遗缺委黄其藩署理，请公决案。

（决议）照委。

七、财政厅呈，就各属中之汕头等处开办营业税，将各局组织章程草案、经费开办费概算表呈请察核令遵案。

（决议）照办。

广东省政府第六届委员会
第九十七次议事录

六月二十八日　星期二

出席者　林云陔　金曾澄　林翼中　胡继贤　李禄超　区芳浦
　　　　谢瀛洲　许崇清
列席者　刘纪文
主　席　林云陔
纪　录　何启澧

报告事项

一、西南政务委员会令知，决议派朱兆莘代理广东省政府委员。

二、民政厅呈，据新会县具缴公安局长黄仕光履历，转请察核加委。

三、建设厅呈，据新会县具缴建设局长黄郁周履历，转请察核加委。

四、财政厅呈，据广宁县具缴财政局长戴邃根履历，转请察核加委。

讨论事项

一、国立中山大学函，据农学院函，请依照国有承垦荒地条例，承垦茂名白屋塘官荒三百零二亩等情，请查照予以核准案。

（决议）依照垦荒条例，交县查明再行核办。

二、广东东区绥靖委员呈复，核拟韩江警卫营购置服装费预算表，请察核案。

（决议）由财厅拨发。

三、略。

四、南区绥靖委员养电，请饬财厅继续拨给徐闻山剿匪开山费三个月，以竟全功案。

（决议）照拨。

五、民政厅呈复，拟就广东省参议会组织草案，请察核办理案。

（决议）请金委员、许委员、谢厅长审查。

六、教育厅呈，据省立工业专科学校请准拨给食堂桌椅设备费二千八百元等情，似应照准，合将原缴图则及估价单，请核指遵案。

（决议）由财政厅核发。

七、财政厅呈，请加委武梅生、赵廷骃为职厅代秘书，伍新三代第一科科长，黄秉勋代第二科科长，毛体充代第三科科长，方德华代第四科科长，缪任衡代第五科科长案。

（决议）照加委。

八、粤汉铁路广韶段管理局呈缴秘书李锡琛、总务处长王仁康、会计处长张庆莹履历，请核办理案。

（决议）照委。

九、西村士敏土厂呈，为与合发公司签订挖掘职厂面前河港土方九千余华井合约，经送由董事会审核通过照办，抄同所订合约，请察核备案。

（决议）照备案。

十、民用航空筹备委员会呈，拟具广东省民用航空款项保管办法，请核指遵案。

（决议）通过。

十一、建设厅提议追加南韶路路面修筑费，请公决案。

（决议）补助六万元，分六个月支付。

广东省政府第六届委员会
第九十八次议事录

七月一日　星期五

出席者　林云陔　金曾澄　林翼中　胡继贤　区芳浦　朱兆莘
　　　　谢瀛洲　许崇清
列席者　刘纪文　陆嗣曾
主　席　林云陔
纪　录　何启澧

报告事项

一、建设厅呈复，农林局四、五月份经临预算，仍遵照二十年度原定预算开支，由六月一日起遵照变通各机关裁员减薪办法办理，请察核。

二、教育厅呈，据新丰县具缴教育局长李毓骧履历，转请察核加委。

三、教育厅呈缴二十一年五月份行政报告书，请核转备案。

四、广东省银行呈送六月十八日日计表及代理金库日计表，请察核。

五、财政厅呈，据新丰县具缴财政局长谢伯祥履历，转请察核加委。

讨论事项

一、民政、建设、财政各厅呈复，奉发本省第五次全省代表大会关于改善农工生活案提议书，及实施方案一案，谨将会核情形请核示遵案。

（决议）原则通过。办法由各厅拟订，呈候核定实施。

二、胡委员、李委员、林厅长会呈，关于地利公司请继续开采乳源县属狗牙洞煤矿一案，奉令经会同审查完竣，造具审查意见书，请察核办理案。

（决议）照审查通过。

三、民政厅呈复，饬据惠阳县查复邓余浣香请拨给惠州西湖准提阁旧址一部分地方，为先夫邓乃燕烈士建筑纪念墓碑一案情形，请察核案。

（决议）照准。

四、主席提议，关于鹤山县民张泉等因不服建设厅对于鹤山县政府收用南野祖坟税地，及补偿地价之决定，提起再诉愿一案，现经本府秘书处派员组会审查完竣，造具决定书稿前来，请公决案。

（决议）照审查通过。

五、主席提议，关于阳春县民刘慕虞等因不服广东教育厅对于驳斥保留文社宾兴印金各款所为之处分，提起诉愿一案，现经本府秘书处派员组会审查完竣，造具决定书稿前来，请公决案。

（决议）照审查通过。

六、财政厅呈报，关于中山县保留省税百分之二十五一案，现酌定由二十一年七月份起照案实行，其一月至六月之款仍分别扣算补拨，至原有省库每月补助之行政建设费一万五千元，由一月起照案扣发停支，以免重复，请核赐备案。

（决议）照办。

七、广东教育厅、广州市政府会呈，筹设勤勤大学，连同计划大纲，请察核祗遵案。

（决议）通过。呈政务委员会备案。

八、广东教育厅提议，省立第三中学校校长邓永华拟另候任用，遗缺以张燊林接充，请公决案。

（决议）通过。

九、教育厅提议，省立工业专门学校校长柳金田拟另候任用，遗缺委卢德接充，请公决案。

（决议）通过。

广东省政府第六届委员会
第九十九次议事录

七月五日　星期二

出席者　林云陔　金曾澄　林翼中　胡继贤　李禄超　区芳浦
　　　　　许崇清　朱兆莘
列席者　刘纪文　陆嗣曾
主　席　林云陔
纪　录　何启澧

报告事项

一、西南政务委员会令，关于广九特别党部执委会请政府在最短期间完成粤汉铁路一案，抄发原提案，仰即交监督整理广九粤汉广三铁路委员会核议具报。

二、西南政务委员会令复，据呈送审查粤汉路广韶段及广九铁路两管理局成绩工作等报告书均悉，仰即照审查报告开列各项，督饬迅速分别切实整理具报，并转饬建设厅知照。

三、财政厅呈，拟在广州市营业税第四期税款改善办法未实行前，援照征收第一、二、三各期税款办法办理，以裕库收，请核备案。

讨论事项

一、财政厅呈，拟具契税减征清理白契投税及变通上盖补税前清红契验换办法，暨契税减征清理期间各县市长委员奖惩办法，请核指遵案。

（决议）照办。

二、民政厅呈，拟具广东各县地方警卫队奖恤惩罚规程草案，请核指遵案。

（决议）照办。

三、民政厅呈，据番禺县民岑悦初等状，为罪及无辜，两年久押，请饬县将原处断撤销，并将被拘各乡民先行交保等情，请核示遵案。又岑悦初等状同前由。

（决议）处徒刑一年之岑金堂、岑流、岑灿登、岑秋四名，准先保释，其余部分交民政厅长、高等法院院长、李委员详细审议再核。

四、财政厅呈，据增城县呈报因地方款不敷，开投荔枝松柴等捐，并缴投承章程，请核准备案等情，姑暂照备案，请察核案。

（决议）准备案。

五、财政厅呈，拟修改经营银业暂行办法，并酌予展限申报缘由，请核指遵案。

（决议）照议。

六、建设厅呈，拟具举办船舶登记计划书，及各种声请登记书式，请核指遵案。

（决议）请胡委员、李委员、金委员审查。

七、广州市政府呈，拟具市参议会经费年度岁出预算草案，请核示遵案。

（决议）照办。

八、广东省会公安局呈，拟收用前第五军部旧址，暨河南公园余地，建筑海幢分局，并照原价如数给还领地人义成公司，请核指遵案。

（决议）照准。

九、（略）

十、现接东北义勇军后援会代表伍葆真函，请拨助旅费三千元，以便派员赴南洋分途劝募捐款，应如何办理，请公决案。

（决议）通过。照额补助。

广东省政府第六届委员会
第一百次议事录

七月八日　星期五

出席者　林云陔　金曾澄　林翼中　胡继贤　李禄超　区芳浦
　　　　　朱兆莘　谢瀛洲　许崇清
列席者　刘纪文　陆嗣曾
主　席　林云陔
纪　录　何启澧

报告事项

一、财政厅呈，为各县市地方款支出，仍援照裁员减薪案，自二十一年六月起，一律九成支拨，其截存一成之款，饬令购换公债，将来还本，拨作建设教育费，请核备案。

二、民政厅呈，据广宁县具缴公安局长陈鹤年履历，转请察核加委。

讨论事项

一、主席提议，关于新会县民钟功伟等因与梁邦伟等互控抗缴警卫队经费，不服民政厅之决定提起再诉愿一案，现经本府秘书处派员组会审查完竣，造具决定书稿前来，请公决案。

（决议）照审查通过。

二、财政厅厅长、广州市市长、高等法院院长会呈，奉发审查徽州会馆代表潘允深等，不服广州市政府就广州市财政局收回徽州会馆借用文澜书院屋地事件所为之批示，提起诉愿一案，经分别派员会同审查完竣，拟具决定书稿，连同案卷缴呈前来，请鉴核指遵案。

（决议）照审查通过。

三、财政厅厅长、广州市市长、高等法院院长会呈，奉发审查开平岭义公路公司经理胡仲翘等，不服建设厅所为取销核准兴筑岭义公路成案之处分，提起诉愿一案，经分别派员会同审查完竣，拟具决定书稿连

430

同本案卷缴呈前来，请鉴核指遵案。

（决议）照审查通过。

四、建设厅呈，据陈佛航政局呈缴陈村灯盏沙尾及濠滘口河面海灯燃料工资预算，每月共需五十七元，应否准予在该局收入船税项下如数拨支之处，请核指遵案。

（决议）照办。

五、建设厅呈复，核明翁源县请将英翁建路之官渡至虎头石段，改归翁源民办，以便与翁大路完成一气一案，似可照准，以促该路之完成案。

（决议）照准。

六、许委员崇清、李委员禄超、胡委员继贤会复，审查财政厅所拟广东财政厅田赋清理各项章则，拟具意见，请公决案。

（决议）照审查意见通过。各县举办土地登记时，一律援用修正广东都市土地登记及征税条例办理。

七、西村士敏土厂呈，为与禅臣洋行订购运石车卡二十个合约，经送董事会审核通过，连同副约，请核赐备案。

（决议）准备案。

八、主席提议，旅业同业公会代表何梦萱等因旅业工人通讯处要求拨给加一小账百分之三为经费，不服民政厅处分，提起诉愿一案，经本府秘书处派员审查，拟具决定书前来，请公决案。

（决议）照办。

广东省政府第六届委员会
第一百零一次议事录

七月十二日　星期二

出席者　林云陔　林翼中　谢瀛洲　唐绍仪　金曾澄　胡继贤
　　　　　李禄超　区芳浦　朱兆莘　许崇清
列席者　刘纪文　陆嗣曾

主　席　林云陔

纪　录　何启澧

报告事项

一、中国国民党广东省执行委员会函，据潮安县执委会请转省府通饬各县市教育行政长官，派员调查各村荒地，饬各该村负责人开垦造林，所得纯利拨为教育经费及地方公益之用等情，请查照办理。

二、财政厅呈复，奉饬续拨徐闻开山剿匪费三个月，已饬南路分金库自本年七月份起继续支付，仍以三个月为限请察核。

三、建设厅呈，据番禺县民宋芳洲承领该县属土名背虎山等处荒地，经县查明承领面积与图相符，手续完备，自应准予承领，除发给证书外，合将备查一联缴请察核备案。

四、建设厅呈，据高要县民赵士銮等承领该县属土名北岭山等处荒地，经县查明确系官荒，承领面积与图相符，手续完备，自应准予承领，除发给证书外，合将备查一联缴请察核备案。

五、建设厅呈，据花县县民邝佩云承领该县属土名狮洞等处荒地，经县查明确系官荒，承领面积与图相符，手续完备，自应准予承领，除发给证书外，合将备查一联缴请察核备案。

六、建设厅呈，据新会县县民林荣纳承领该县属土名南边山之一段荒地，经县查明确系官荒，承领面积与图相符，手续完备，自应准予承领，除发给证书外，合将备查一联缴请察核备案。

七、广东省银行呈缴六月二十五日日计表，暨代理金库日计表等请察核。

讨论事项

一、胡委员、李委员、林厅长会复，审查廉江县各区代表请将廉安遂公路交还民有一案，案经饬查明确，建厅原呈所请将该路归还廉江县民所有，尚属可行，似应准予所拟办理，请察核案。

（决议）照审查办理。

二、广州市政府呈，为关于市民冯玉昌与天择堂互争西园塘地一案，究应如何办理之处，请核夺指遵案。

（决议）仍照官市产审查委员会原决定办理。

三、建设厅财政厅呈复，核议关于东区绥靖委员拟发行有奖义券，藉充筑路经费一案缘由，请核指遵案。

（决议）准备案。

四、教育厅呈，据省立第三师范学校呈，为筹建校舍拟具筹款办法等情，应否照准，请核办案。

（决议）照准，会同该县县长办理。

五、教育厅呈，为订定广东省各县市教育局长工作考成办法，及广东省各县市长办理教育行政考成惩奖标准，请核准公布施行案。

（决议）照办。

六、教育厅提议，拟将省立第二中学归并省立第一中学，以二中经费拨归一中，及在阳江县境内设置省立第二中学，请公决案。

（决议）照办。

七、民政厅呈，请设置第七科，办理地政事宜，并议筹办地政工作人员养成所，编具各项经费预算表，及该科各股职掌事务，请察核案。

（决议）照办，预算交财厅核议。

八、主席提议，筹办民用航空一案拟暂缓办，以纾民力，请公决案。

（决议）照议。

广东省政府第六届委员会
第一百零二次议事录

七月十五日　星期五

出席者　林云陔　唐绍仪　金曾澄　林翼中　胡继贤　李禄超
　　　　区芳浦　朱兆莘　谢瀛洲　许崇清
列席者　陆嗣曾
主　席　林云陔
纪　录　何启澧

报告事项

一、西南政务委员会秘书处函知，贵府呈为关于行政院通令嗣后凡

433

海商法规定之船舶，其航政事宜，应由交通部航政局主管，饬据建设厅拟复认为窒碍难行一案，奉谕广东航政机关，仍照旧办理，请查照。

二、广东省银行呈送七月二日日计表，及代理金库日计表等，请察核。

三、建设厅呈，据新会县民梁泽民承领该县属将军山之南各处荒地，经县查明确系官荒，承领面积与图相符，手续完备，自应准予承领，除发证书外，合将备查一联缴请察核备案。

四、建设厅呈，据新会县民潘植南承领该县属土名马山牛山等处荒地，经县查明确系官荒，承领面积与图相符，手续完备，自应准予承领，除发证书外，合将备查一联缴请察核备案。

五、西南政务委员会令，据本府呈据广州市长刘纪文转据公用局长李仲振呈，为前派员整理广州电力公司乃属临时性质，并非根本改善办法，拟仿照自来水公司收归市营办法，将该公司完全收归市府办理，以一事权等情，转请鉴核备案等情，准予备案。

讨论事项

一、主席提议，关于陈××与李××等互争承领梅县属洋坑乡栋子岌一带山场造林，不服建设厅处分提起诉愿一案，现经本府秘书处派员审查完竣，造具决定书前来，请公决案。

（决议）照审查通过。

二、民政厅呈复，据合浦县查复，关于办理北海英商永福和洋行产业，为当地官厅充公一案经过详细情形，转请察核办理案。

（决议）令该县估计查封时价格发还具领。

三、广东治河委员会函，关于开平赤坎东埠筑堤一案，经本会议决数项，请查照转令开平县遵照办理案。

（决议）转呈政务委员会并案解决。

四、许、胡、李三委员会复，审查东莞县所缴开辟新洲商埠修正各章程，大致尚合，惟债券章程，似应仿照财政厅发行维持纸币有奖库券规程办理，请公决案。

（决议）照审查通过。

五、财政厅呈复，奉令饬据海丰县查复汕尾分关请拨海滨沙滩建筑验货厂一案情形，请核办理案。

（决议）照准。

六、财、民两厅会呈，拟就修正广东各县地方财政管理章程，请核施行案。

（决议）照办。并呈政委会备案。

七、广州市商会暨各行同业公会等文日邮电，为各行自办台厘，具有特别历史，请令行财厅，将台厘开投一事撤销，宁可准照额加三承回，以符原案，而免骚扰案。又财政厅提议改定行办台厘办法八条，请公决案。

（决议）照财政厅所拟办理。

八、审查二十一年度预算委员会，呈缴审定广东省民国二十一年度省地方岁入岁出概算书，请核定颁行案。

（决议）照审查通过，转呈政委会备案。

九、教育厅提议，拟将省立二中校舍投变，所得款项除拨允省立一中新建筑经费外，其余尽数拨付模范学校开办费，是否可行，请公决案。

（决议）由财、教两厅会同投变。

十、主席提议，拟委李朗如为广九铁路管理局局长，请公决案。

（决议）照派。

十一、主席提议，拟派本府技正罗明燏前赴英国留学，专习制造飞机案。

（决议）照派。每年支付学费美金二千元，一次过治装费美金六百元。以年半为期，由教育厅临时费开支。

广东省政府第六届委员会
第一百零三次议事录

七月十九日　星期二

出席者　林云陔　金曾澄　林翼中　胡继贤　李禄超　朱兆莘
　　　　　谢瀛洲　许崇清

列席者　刘纪文

主　席　林云陔

纪　录　何启澧

报告事项

一、西南政务委员会秘书处函复，准函以奉行政院令，据财政部议复国营铁路收用之公地官地，可请全部免除租课，至收用官地应付给地价以示限制，通令遵照一案，经陈奉常务委员谕着照办等因，请查照。

二、民政厅呈报，由七月十六日起，将职厅总务处改为第一科，原日第一、二、三、四、五等科改为第二、三、四、五、六等科，连同第一科职掌事务表，请察核备案。

三、建设厅呈，据新会县民张祝楼承领该县属土名长冈山等处荒地，经县查明确系官荒，承领面积与图相符，手续完备，自应准予承领，除发证书外，合将备查一联缴请察核备案。

四、财政厅呈报，奉令酌拟契税减征清理白契投税及变通上盖补税前清红契验换办法，会议议决照办一案，兹定七月十六日起公布施行，请核备案。

五、财政厅呈，为南番三等营业税局，现定期本年第五期开征，暂准照商业牌照资本额计税，同时停收商照费，并将各该属商照专员撤销，请核备案。

讨论事项

一、主席提议，关于陈忠因不服本府核准汕头市政府办理该市德领事署地址，提起诉愿一案，现经本府秘书处派员组会审查完竣，造具决定书前来，请公决案。

（决议）照审查通过。

二、民政厅呈，拟具县参议会经常费标准，及编造预算办法，请核指遵案。

（决议）照办。

三、广东丝业研究所呈，为丝业濒危，无力自救，恳准令行财厅，将现存旧丝缴过进省税费共毫洋二十四万元，照数发还，以救丝业案。

（决议）准以该款拨充省立丝织厂资本，分四个月支付。并由财、建两厅，会同筹议发行救济丝业公债办法，以维丝业。

广东省政府第六届委员会
第一百零四次议事录

七月二十二日　星期五

出席者　林翼中　金曾澄　胡继贤　李禄超　区芳浦　朱兆莘
　　　　　谢瀛洲　许崇清
列席者　刘纪文　陆嗣曾
主　席　林翼中（代）
纪　录　何启澧

报告事项

一、西南政务委员会令，准治河委员会函，为本会整理水患，修筑各江堤坝因而增加之耕地，应悉归本会所有，随时分别处分或开投所得之价，即充治河工程费，请令行广东省政府通饬所属遵照等由，仰知照，并饬属一体遵照。

二、民政厅呈复，新会县长呈拟增设土地局，先设筹备处，以两个月为限，应支经费，暂在地方款拨用，似可照准。

三、财政厅呈，将所属税捐厘费罚则及支配办法，摘录请核备案。

四、财政厅呈报，自本年七月一日起，凡征收沙田登记费款，一律照市制尺计八折缴纳，以昭平允，请核备案。

五、财政厅呈，据新会县具缴财政局长陈华彬履历，转请察核委任。

六、建设厅呈，据茂名县具缴建设局长曾广荣履历，转请察核委任。

七、建设厅呈，拟具督理南路公路专员办事处简章，请核予备案。

八、建设厅呈，据新会县民林济川呈请承领该县属土名大鹤堂东边等处荒地，经县查明确系官荒，承领面积与图相符，手续完备，自应准予承领，除发证书外，合将备查一联缴请察核备案。

九、建设厅呈，据开平县民谭振廷等承领该县属土名东山堡之狗山等处荒地，经县查明确系官荒，承领面积与图相符，手续完备，自应准予承领，除发证书外，合将备查一联缴请察核备案。

十、广州市政府呈，拟具广州电力公司资产评价委员会章程、广州电力公司股东选举评价委员会委员规则等情，请核指遵。

十一、广州市政府呈，据公用局呈，请明令将电费附股每度一毫即予撤销，照旧每用电一度收费二毫等情，转请鉴核令遵。

十二、广东省会公安局呈报，议决禁止新设人寿婚姻等会社，以免贻累贫民，请核赐备案。

十三、本府总务主任①自七月起，改为第四科，管辖会计庶务缮校收发掌卷监印各股，原总务主任李绍纪改充该科科长。

十四、广东省银行呈送七月十二日日计表，及代理金库日计表等，请察核。

十五、西南政务委员会令，琼崖经此次乱事之后，秩序未复，为肃清匪共起见，亟应设置绥靖公署，办理一切绥靖事宜，除分令外，仰该省政府即便会同第一集团军总司令部妥速办理具报。又令琼崖经此次乱事之后，地方秩序未复，所有民财两政及一切建设事宜，暂由该省政府切实负责整理，仰即遵照。

讨论事项

一、金委员、许委员、谢厅长会复，审查民厅拟订广东省参议会组织法草案，分别修改，请公决案。

（决议）照修正通过。转呈政务委员会。

二、胡、李、金三委员会复，审查建厅拟具举办船舶登记计划书，及各种声请登记书式等，谨具意见，请公决案。

（决议）照审查意见通过。

三、建设厅呈具职厅技正李永熙、文树声二员履历，请核予任命案。

（决议）照委。

四、财政厅厅长、广州市市长、高等法院院长会呈，奉发审查云浮县民张××与陈××因争承市产，不服前广州市市政厅处分提起诉愿一

———————————
① 疑"主任"应为"处"。

438

案，经分别派员会同审查完竣，拟具决定书稿，连同本案卷宗缴呈前来，请鉴核指遵案。

（决议）照审查通过。

五、许、胡、金三委员会复，审查关于宝安县民陈世琴等因东莞宝安两县互争观澜墟管辖，不服民政厅处分提起拆〔诉〕愿，现由秘书处审查，拟具决定书送核一案意见，请公决案。

（决议）照审查意见通过。

六、民人张煜等状，为屋业误被再封，恳查照前批原案，将万福路第二百五十九号、二百六十一号、二百六十三号、二百六十五号楼房撤封，饬令财政厅发还管业案。

（决议）交财政厅照查封时价值估价发还。

七、教育厅提议，请委王衍祚为省立第六师范学校校长，请公决案。

（决议）照委。

广东省政府第六届委员会
第一百零五次议事录

七月二十六日　星期二

出席者　林云陔　金曾澄　林翼中　胡继贤　李禄超　区芳浦
　　　　朱兆莘　谢瀛洲　许崇清
列席者　刘纪文　陆嗣曾
主　席　林云陔
纪　录　何启澧

报告事项

一、卸任财政厅长冯祝万、监盘官粤海关监督周宝衡、现任财政厅长区芳浦会呈报，冯任内经管省库及经费收支各款数目，业经移交新任接收，调查复核均属相符，理合缮造清册，出具切结，缴请察核备案。

二、财政厅呈报，重印广东全省沙田登记章程及细则条文，添加附注缘由，请核备案。

三、财政厅呈缴国防要塞公债票样本四种，请核备案。

四、建设厅呈，据罗定县具缴建设局长吴章甫履历，转请察核加委。

五、建设厅呈，据广宁县具缴建设局长刘侠生履历，转请察核加委。

六、建设厅呈，据开平县民徐杰秀等承领该县土名东山堡之狗山等处荒地，经县查明确系官荒，承领面积与图相符，手续完备，自应准予承领，除发证书外，合将备查一联缴请察核备案。

七、西村士敏土厂呈报五、六两月厂内经过各情形，请察核。

八、广东省银行呈送该行董事会第三次会议录，请察核备案。

九、第一集团军陈总司令马电开，接陈旅长汉光号酉电称：（一）职率先头部队于号申到东水港，即赴澄迈老城宿营。（二）据海口商会代表来云，海口现有陆战队一营候接防。（三）职决于马日率特营乘商会派来车数十架先赴海口接防，其余第三团之两营，稍夜亦抵海口琼山等语，特闻。

讨论事项

一、第一集团军总司令部函，据余军长汉谋电，恳拨款一万元修筑南雄城墙，请转咨省府，准在钱粮项下作正开支等情，除电复照办外，请查照见复案。

（决议）照准。

二、谢厅长、许委员、陆院长会复，关于民厅所拟各县于区地方自治组织完成后应办事项一案，业已审查完竣，合将拟议修正各条，请公决案。

（决议）照审查通过。

三、财政厅呈，请将各县市变卖官产产价留拨五成，为地方建设费之款，转拨为地方教育经费案。

（决议）照办。

四、建设厅呈复，饬据农林局将中区绥靖委员所拟强迫垦荒暂行办法详加审查，分别签注，缴请察核案。

（决议）照修正通过。

五、建设厅呈，请筹设丝织厂，拟具意见书，连同各种机械购置预算表，请拨款筹设以利实业案。

（决议）通过照办。

六、民政厅财政厅呈复，会核防城县呈请增设法文秘书一员，似可照准，惟薪俸数目仍请核定支给案。

（决议）照办。

七、金、许、朱、胡四委员会呈，审查关于汕头岩石海坦案，认为须根本全部解决以息纠纷，至陈星阁呈请准予先就无关争执部分继续开工一节，应准其先行填筑，由牛母礁至怡和住宅界对开之海坦西边一段，以免停工日久，致受损失，拟具办法及草图，提请公决案。

（决议）照修正通过。

八、主席提议，拟具广东省政府设计委员会组织大纲，请公决案。

（决议）照办。

九、建设厅提议，拟就西村士敏土厂营业溢利项下，提拨举办绿〔氯〕气苛性钠漂白粉制造厂，拟具计划预算，提请公决案。

（决议）照办。

十、教育厅提议，拟将工专机械科土木科三年级学生资送入其他相当学校肄业，年各给津贴四百元，以二年为限，本年度暂在教育厅临时费项下开支，至该两班裁去后，余下之经费，拟在工专添办大学一年级土木工程科及机械科各一班，请公决案。

（决议）照办。

十一、教育厅提议，省立第十三中学校长蔡连苍另候任用，所遗校长一职，拟以符瑞五接充，请公决案。

（决议）照委。

十二、东区绥靖公署电呈，东区警队内容腐败，情形复杂，非因地制宜，难收整理之效，请将东区拟订卫队规章，予以照准，应如何办理，请公决案。

（决议）在绥靖期内暂准照办。

广东省政府第六届委员会
第一百零六次议事录

七月二十九日　星期五

出席者　林云陔　金曾澄　林翼中　胡继贤　李禄超　区芳浦
　　　　　朱兆莘　谢瀛洲　许崇清
列席者　刘纪文　陆嗣曾
主　席　林云陔
纪　录　何启澧

报告事项

一、西南政务委员会令复，据呈会同拟议绥靖暂行章程及盗匪自新暂行办法分别修正案，经由本会决议，章程由本会修正公布呈国府备案，办法照修正在案，除呈及分令外，仰知照。

二、西南政务委员会令，抄发修正广东省分区办理绥靖暂行章程第十五条条文，仰知照，并饬属一体知照。

三、民政厅呈，据赤溪县具缴公安局长陈颖民履历，转请察核加委。

四、财政厅呈，据德庆县具缴财政局长黄凤仪履历，转请察核加委。

五、教育厅呈，据澄海县具缴教育局长蔡常履历，转请察核加委。

六、广东省银行呈送七月十八日日计表，及代理金库日计表等，请察核。

七、财政厅金库呈缴六月十一日起至二十日止收支旬报表，请察核。

八、建设厅呈缴五月二十七日起至六月三十日止收入各款清单，请察核

讨论事项

一、主席提议，关于××公司梁××因不服财政厅对于呈请维持佛

442

山××街第×号、第×号、第××号、第××号等铺业权之批示，提起诉愿一案，现经本府审查作成决定书，提请公决案。

（决议）照审查通过。

二、建设厅呈复，查明亿中兴记承建西村士敏士〔土〕厂挖掘土方及河港码头工程亏累情形，请察核案。

（决议）所请不准。

三、西村士敏土厂呈，为修筑厂内马路，收用民地八华井三分九厘，除照契价补回给领外，连同图则请核备案。

（决议）交董事会估价收用。

四、教育厅提议，拟选派黄启明为出席全国体育会议会员，发给旅费大洋四百元，请公决案。

（决议）照派。

五、民政厅提议，惠来县县长吴鲁贤呈请辞职，拟予照准，遗缺以佛冈县县长李本清调署；递遗佛冈县缺委钟岐试署，请公决案。

（决议）照委。

广东省政府第六届委员会
第一百零七次议事录

八月二日　星期二

出席者　林云陔　金曾澄　林翼中　胡继贤　李禄超　区芳浦
　　　　　谢瀛洲　许崇清
主　席　林云陔
纪　录　何启澧
报告事项

一、西南政务委员会令复，据呈转建设厅呈复，粤路完成，全恃庚款，现庚款未拨，各段工程无从设施，至孔尼公司草约，俟株韶段工程局复到再行核转等情，仰转饬仍查照前令开列各点，迅速详查核议呈复察夺。

二、西南政务委员会秘书处函，抄送再犯预防条例、办理大赦案件注意事项、办理赦免案件一览表式等件，请查照。

三、财政厅呈，为第二期金融库券第一个月正式抽签还本，因各项手续尚未整理完善，展期本年八月二十五日举行，请核备案。

四、广州市政府呈缴四月份行政报告书，请察核施行。

五、财政厅金库呈缴六月一日起至十日止收支旬报表，请察核。

六、西村士敏土厂呈，请委梁承厦为化验师，检同该员履历，请核加委。

七、财政厅呈报，省银行发行一元新币三百万元，关于五成保证准备一点，指定本省屠捐糖捐两项专税为之保证，如遇发生事故，现金准备不敷周转时，在此两项专税附加，一面带缴发行数目相等之旧币实行销毁，请核备案。

八、教育厅呈，据新会县具缴教育局长陈云楣履历，转请察核加委。

讨论事项

一、财政厅呈，拟将儿童玩具业一项，列入章程第四条物品贩卖业税率表第二类，按资本额千分之十课税，请核指遵案。

（决议）照办。

二、财政厅呈，据南雄县呈，将在本年五月份征存丁米项下，坐支过建筑南雄飞机库及运煤屎填铺机场路面等工料运费毫银四千九百元，缮列清册，请抵解前来，应否援案准予作正开销，饬库补入收支之处，请核指遵案。

（决议）准照抵解，工程仍由西北区绥靖公署就近勘验，呈报备核。

三、民政厅呈，拟具广东省地政工作人员养成所章程，请核令遵案。

（决议）照办。

四、民政厅呈，据番禺县呈，为县属庙头乡械斗一案，本案尚有莫帝、莫为、黎光贤、曾华、朱光等五名，应否与岑金堂等一同交保，免缴罚金等情，拟议请核示遵案。

（决议）期满释放，罚金仍饬照缴。

五、陆院长、林厅长、李委员会复，审查番禺县庙头乡械斗一案，前奉省府发交审议，经会同讨论，广东惩办械斗暂行办法经司法院解释，系属地方单行之一种刑事特别法，根据该法所为之裁判，自不得提起诉愿等由，此案本经确定已久，岑悦初等诉愿，自应不予受理，合具意见书，提请公决案。

（决议）照议。

六、民政厅呈，复审议新会县呈为区公所委员可否充任邻县区联防委员或主任一案情形，请核夺施行案。

（决议）照办。

七、建设厅呈，据农林局请将水产系与中山农场经费三千八百元，在本年度新预算未核定前，照新预算草案由七月起按月由省库发给案。

（决议）照办。

八、财政厅呈，拟举办琼山营业税，将拟具经费开办费概算表请核饬遵案。

（决议）准照办。

九、广东省党部、广州市党部函，准各界促进剿共运动大会函，请筹拨出发分赴前方慰劳及视察共祸区域经费一节，拟请贵府拨支，应如何办理，请公决案。

（决议）省府拨支四千元，市府拨支二千元，省府派员二人，市府派员一人，参加视察。

十、教育厅提议，省立岭东商业学校校长沈合群，拟另候任用，遗缺拟请委何家焯接充，请察核案。

（决议）照委。

广东省政府第六届委员会
第一百零八次议事录

八月五日　星期五

出席者　林云陔　金曾澄　林翼中　区芳浦　朱兆莘　谢瀛洲
　　　　　许崇清　李禄超

列席者 刘纪文

主　席 林云陔

纪　录 何启澧

报告事项

一、建设厅呈，拟于本年八月一日，将总务处改组为第六科，科长一缺，拟请任命原日总务主任林廷熙充任，请察核。

二、教育厅呈，据澄海县具缴教育局长吴启钦履历，转请察核加委。

三、西村士敏土厂呈，据电器工程师程又坤因病辞职，似应照准，遗缺查有刘一衡堪以接充，检同履历请核令委。

讨论事项

一、主席提议，关于吴有胜因承采新兴县第三区里峒社下村王谭角附近钨矿矿区，不服建设厅之处分提起诉愿一案，现经本府审查作成决定书，提请公决案。

（决议）照审查通过。

二、主席提议，关于梁××因不服广东财政厅对于新会沙田局撤销该民报承县属泷水口墟对河浅海下围草坦案，所为之决定提起再诉愿一案，现经本府审查作成决定书，提请公决案。

（决议）照审查通过。

三、民政厅呈，拟具广东省地政工作人员养成所招考学员章程，请核备案。

（决议）准备案。

四、西南政务委员会令知，决议由治河委员会、省政府派员会同办理赤坎筑堤各项事宜，仰即遵照会同办理案。

（决议）派民政厅视察曾友文。

五、建设厅呈报规划省府合署进行情形，请令财厅布告收用第一期土地，以便兴筑案。

（决议）由建设厅、广州市政府、财政厅即日会同布告收用在石牌组织办事处，登记收用地段，评价发还。

六、建设厅呈缴建筑大沙头住宅区工程预算图则等，请察核案。

（决议）改为商业区，马路线酌量修改，其余工程照办。

广东省政府第六届委员会
第一百零九次议事录

八月九日　星期二

出席者　林云陔　金曾澄　林翼中　区芳浦　朱兆莘　谢瀛洲
　　　　　李禄超　许崇清
列席者　刘纪文　陆嗣曾
主　席　林云陔
纪　录　何启澧

报告事项

一、民政厅呈，据鹤山县具缴公安局长冼万杰履历，转请核准照委。

二、财政厅呈，准广东省银行函，请定期派员会行分赴本市各商店，检查前次封存中币等由，自应照办，兹拟办法五条，定八月一日起实行，请察核备案。

三、广东省银行呈送七月二十六日日计表，及代理金库日计表，请察核。

四、财政厅金库呈缴由六月二十一日起至三十日止省库收支旬报表，请察核。

五、教育厅呈，据省立工专学校呈，拟将土木工程科经费改办建筑工程科等情，转请察核备案。

讨论事项

一、李、许、胡三委员会复，审查广东河南士敏土厂组织章程拟议意见，请公决案。

（决议）照审查通过。

二、教育厅呈，据省立第一中学校呈缴临时设备费预算表，计一万七千一百二十元，及搬迁费四百元，转请核准拨给案。

（决议）准发一万七千五百二十元，搬迁费在内。

三、民政厅呈缴递补县参议员证书格式，请核指遵案。

（决议）准备案。

四、民政厅提议，乐会县长陈继福拟予调省，遗缺委陈炜章试署；陵水县长刘奋翘呈请辞职，拟予照准，遗缺委文乃武试署，请公决案。

（决议）照委。

五、建设厅、广州市政府会呈，会同核议黄沙铁桥位置情形，请察核案。

（决议）准由 A 线建筑。

广东省政府第六届委员会
第一百一十次议事录

八月十二日　星期五

出席者　林云陔　金曾澄　林翼中　胡继贤　李禄超　区芳浦
　　　　谢瀛洲　许崇清　朱兆莘
列席者　刘纪文　陆嗣曾
主　席　林云陔
纪　录　何启澧

报告事项

一、西南政务委员会令，据财政特派员呈，请将紫铜运输免领护照仍征检查费，行知海关凭证查验放行等情，经决议照准在案，抄发原呈，仰遵照，并转饬遵照。

二、第一集团军总司令部函，据琼崖绥靖委员俭电，请发该公署组织条例，特另制定该公署编制表颁发施行，检送该表，请查照备案。

三、财政厅呈报，照案拨助十九路军剿匪军费，请察核备案。

四、民政厅呈缴重订组织系统图及办事细则，请核备案。

五、建设厅呈，据揭阳县具缴建设局长吴景尚履历，转请察核任命。

六、建设厅呈，据梅县县民庄鉴诗等承领该县属土名金鸡石山等处荒地，经县查明确系官荒，承领面积与图相符，手续完备，自应准予承领，除发证书外，合将备查一联缴请备案。

七、建设厅呈，据新会县民李伟德等请领该县属第九区土名马山等处荒地，经县查明确系官荒，承领面积与图相符，手续完备，自应准予承领，除发证书外，合将备查一联缴请备案。

八、广东省银行呈送董事会第五次会议录，请察核。

九、监督整理广九粤汉广三铁路委员会呈复，核议广韶段管理局据机务处请规复帮工程师缺，似可准予规复，仍派叶良弼、刘一衡两员充任以资熟手，当否请核指遵。

讨论事项

一、财政厅呈，据中山县呈报，奉前空军总部令，辟建留思山机场工料银三千一百六十六元六毫三仙，请准抵解或拨还归垫等情，应否准予照数抵解之处，请核指遵案。

（决议）呈请政务委员会在国防公债项下拨还。

二、财政厅呈复，关于民政厅增设第七科筹办地政一案，奉令饬将经管地政一切事宜分别移交接管等因，谨拟具办法，请核示遵案。

（决议）照办。

三、广东省银行董事会呈复，奉发核议财厅请核示省行因应付挤兑，将兑现中纸变换毫银所受损失，应否由厅负担一案，经职会议决，拟依原议办理，请核指遵案。

（决议）准由财厅负担。

四、民政厅呈，拟将职厅六月份被裁各员役等划出俸薪工食共一千零四十三元三毫二仙，在每月结存经费项下核销，连同表据请核准指遵案。

（决议）准备案。

五、准第一集团军总司令部函，关于十九路军赴海口办理海军陆战队案，应发运输伙食等费及三个月饷项，请饬财厅照案发给案。

（决议）照发，由预备金开支。

六、民政厅提议，查县长为亲民之官，职责繁重，允宜慎重选用，以期整饬吏治，兹拟举行县长考试，登进贤才，以备任用，倘经议决，自当拟具考试办法再提核定，是否可行，请公决案。

（决议）通过。转呈政务委员会核办。

七、据西村士敏土厂呈，据总代理安兴公司呈，请准予自行退办，并将保证金及利息发还，自可照准。惟该厂长职务繁重，拟将河南西村两厂之营业课出纳股裁撤，改为广东士敏土营业处，专负营业责任，是否有当，请公决案。

（决议）通过。总代理准予退办，保证金及利息发还。西村河南两厂之营业课出纳股裁撤，由建设厅组织营业处，办理营业事务。

八、主席提议，拟聘请邓泽如、萧佛成、陈济棠、陈融、林云陔、林翼中、刘纪文、谢瀛洲、陆幼刚为勤勤大学董事，请公决案。

（决议）照办。

九、据财政厅呈，谨将修正行办台厘第五条、第六条办法呈报察核，请公决案。

（决议）照办。

十、建设厅提议，拟将八大公路分别拨交各区绥靖公署及建设厅办理，琼崖环海路拨归琼崖绥靖公署办理，是否有当，请公决案。

（决议）照办。

广东省政府第六届委员会
第一百一十一次议事录

八月十六日　星期二

出席者　林云陔　金曾澄　林翼中　胡继贤　区芳浦　谢瀛洲
　　　　许崇清
列席者　刘纪文
主　席　林云陔
纪　录　何启澧

报告事项

一、财政厅呈报，琼山营业税，兹定由本年九月份起征收，以资本额为课税标准者，并准照商照资额计税，请察核备案。

二、财政厅呈，据高明县具缴财政局长梁廷丽履历，转请察核加委。

三、民政厅呈，据新丰县具缴公安局长黄仲甫履历，转请察核加委。

四、建设厅呈，据新会县民何子岑等请领该县属第十区吠风狗山等处荒地，经县查明确系官荒，承领面积与图相符，手续完备，自应准予承领，除发证书外，合将备查一联缴请备案。

五、建设厅呈，据新会县民何子岑等请领县属较椅山等处荒地，经县查明确系官荒，承领面积与图相符，手续完备，自应准予承领，除发证书外，合将备查一联缴请备案。

六、建设厅呈，据新会县民何子岑请领该县属土名牛山等处荒地，经县查明确系官荒，承领面积与图相符，手续完备，自应准予承领，除发证书外，合将备查一联缴请备案。

讨论事项

一、民政厅呈复，奉令关于梅菉地域，划归原属各县分管一案，经饬据视察林乔年会同南区绥靖公署派员前往办理，现据拟议办法前来，转请察夺示遵案。又南区绥靖公署呈复，派员会同民政厅视察勘划茂、吴两县争界一案情形，请核夺案。又茂名县各团体联呈，请令行民政厅分饬茂、吴两县长，照旧原有区域划清管辖，并将菜园、隔塘二乡交还茂名管辖，以昭划一而免纠纷案。

（决议）请许、胡、金三委员审查。

二、财政厅呈复，广东治河委员会经费由库停支前后情形，请核明饬遵案。

（决议）仍由该会暂行照旧垫支。

三、财政厅呈复，核议民政厅增设第七科及地政工作人员养成所预算情形，请核明办理指遵案。

（决议）照办。

四、财政厅呈复，拟具琼崖财政整理计划，请核明饬遵案。

（决议）琼崖各机关，有将征存款项拨解海军及其他机关核收，及非正式支出，应由主管上级机关查明数目若干，再行核办，其余如厅所拟办理。

451

五、广州市政府呈复，遵令呈缴市参议员名册，请核指定成立市参议会日期案。

（决议）定期十月十日。

六、建设厅呈，请任命陈尧典为工业试验所长案。

（决议）照委。

七、民政厅呈，请加委谢运奎为第一科科长、李宝棨为第六科科长、张乃璧为第七科科长案。

（决议）照委。

八、东莞县长呈复，遵令将开辟新洲商埠债券章程第二第五第十二各条照审查意见修正完竣，缴请察核指遵案。

（决议）照修正通过。

九、许、胡、李三委员会复，审查台山县民余梅生因不服建设厅对于台山县政府拟改获海路线，及取销新市场之指令，提起诉愿一案，拟照广东省政府诉愿决定书办理，请公决案。

（决议）照审查通过。

十、民政厅提议，高要县县长沈竞拟予调省，遗缺委陆桂芳署理；从化县长李灵根拟予调省，遗缺请以李务滋署理，请公决案。

（决议）照委。

十一、教育厅提议，拟将顺德县立初级中学改为省立第二农业学校，该校办理应侧重蚕桑科，顺德中学校址，暂作农业学校校址，其原有经常费，悉数拨为农校经费，如农校有停办或迁移必要时，所有顺德中学校址及原有经费，仍交回顺德县地方办理，至农校开办时期，拟于本年秋季起招收高级农科第一年级生三班，仍附设初中四班，该校二十一年度经常预算，应准该县原呈所拟由省库拨助全年经费八千元，如开办后农科学生满足三班，初中学生满足四班，即由省库按月拨支六百六十六元五角，又开办费先行由省库拨助一万元，其余应俟递年扩充，是否可行，请公决案。

（决议）照议。

广东省政府第六届委员会
第一百一十二次议事录

八月十九日　星期五

出席者　林云陔　金曾澄　林翼中　胡继贤　李禄超　区芳浦
　　　　　朱兆莘　谢瀛洲　许崇清
列席者　刘纪文　陆嗣曾
主　席　林云陔
纪　录　何启澧

报告事项

一、西南政务委员会令，据高等法院将该院及所属各机关二十一年度岁入岁出预算书分呈到会，经交预算委员会核复：岁入部分较上年度短列，未将理由说明，应饬补具说明书；关于岁出预算书，照该省政府核定该院预算支付等由。经报告会议，准予照办在案，仰即知照。

二、西南政务委员会令复，据呈将办理整理株韶段工程局拟定办法一案情形，准予所拟办理，仰即知照。

三、财政厅呈，据罗定县具缴财政局长梁业修履历，转请察核加委。

四、教育厅呈，据合浦县具缴教育局长潘荫玑履历，转请察核加委。

五、财政厅呈缴省库二十一年五月份收支结算表，请核指遵。

六、财政厅呈报，定于本月十六日起至二十六日止，由厅派员驻省银行，会同办理自由封存中币一项检查复封付息事宜，请核备案。

七、东莞县长等会呈，为保安队经费有着，亩捐经停收，请迅赐撤销亩捐原案，永远不准瞒请复征，以苏民困而免骚扰。

讨论事项

一、胡委员继贤函复，审查修正广东都市土地登记及征税条例，请公决案。

（决议）照审查意见修正。

二、民政厅呈，为修葺职厅掌卷室等处工料费共需银九百六十五元六毫一仙，拟在结存经费项下开支，连同各估价单，请核指遵案。

（决议）准备案。

三、教育厅呈，据省立工业专门学校请拨款修葺校舍购置校具，计共八千一百四十元零二毫，恳准在教育经费项下拨用等情，似应准予照拨，连同原书图则，请核行财厅拨给案。

（决议）准照拨。

四、广九铁路管理局呈，具缴秘书胡展云、总务处长曾晓峰履历，请察核备案。

（决议）准备案。

五、主席提议，关于××公司代表伍××状，为价领××街××号庵产，被黄××诉争，不服本府处分，提起再诉愿一案，现经秘书处派员审查，作成决定书，请公决案。

（决议）照审查通过。

广东省政府第六届委员会
第一百一十三次议事录

八月二十三日　星期二

出席者　林云陔　唐绍仪　金曾澄　林翼中　区芳浦　谢瀛洲
　　　　许崇清　胡继贤　李禄超　朱兆莘
列席者　刘纪文　陆嗣曾
主　席　林云陔
纪　录　何启澧

报告事项

一、建设厅呈复，遵令组织士敏土厂营业处，及向市行揭款发还安兴公司保证金缘由，请核备案。

二、财政厅呈，据广东省银行发行纸币监理委员会呈报，关于省行发行新币带缴之旧币，经决议照案即办销毁一案，应准照办，请察核备案。

三、财政厅呈，据揭阳县具缴财政局长梁秩臣履历，转请核明加委。

四、财政厅呈缴本年五月份办理财政报告书，请核存转。

五、财政厅呈，为嗣后沙田业户声请登记，其登记确定证应由县局呈厅核填印发转给，以昭慎重，请核备案。

六、胡、金、李三委员会复，审查广州市政府预定六个月行政计划，关于改善及建设各项均属可行，拟准备案。

七、西南政务委员会令发整理广东全省电报线路委员会组织规程，仰知照，并转饬所属一体知照。

八、西南政务委员会令发整理广东全省电报线路增收临时附加费办法，仰知照，并转饬所属一体知照。

讨论事项

一、广东财政厅长、广州市市长、高等法院院长会呈，奉发审查台山县民李××与李××等因××巷屋地争议，不服处分提起诉愿一案，现经分别派员会同审查完竣，拟具决定书稿，连同本案卷件，缴请鉴核指遵案。

（决议）照审查意见通过。

二、财政厅呈，拟具各营业税局追加经费表，请核令遵案。

（决议）照准。

三、广东宪兵司令部函复，关于高要县民陈兆均请发还被封产业一案，本部借用太平北路第×××号三楼地点，俟该号之第六区十五分部迁移后自可随同迁出，请查照案。又广东省会公安局呈复，查明濠畔街第×××号屋业一间，无留用之必要，似可发还请察核案。又中国国民党广州特别市执委会函复，诗书街第×号屋业，似无留用必要，惟该屋现为国府养老纪念堂老党员借作会址，在未经另觅定地址迁移之前，暂时仍当保留，请查照案。

（决议）通过发还。

四、民政厅提议，现据曲江县县长陈椿熙呈请辞职，拟予照准，遗缺委钟廷枢试署；潮阳县县长关素人呈请辞职，拟予照准，遗缺委方瑞麟署理，请公决案。

（决议）照委。

广东省政府第六届委员会
第一百一十四次议事录

八月二十六日　星期五

出席者　林云陔　唐绍仪　金曾澄　林翼中　胡继贤　李禄超
　　　　　区芳浦　朱兆莘　谢瀛洲　许崇清
列席者　刘纪文　陆嗣曾
主　席　林云陔
纪　录　何启澧

报告事项

一、财政厅呈，据海丰县长请减轻税契派额，准支一成公费，仍旧坐支抵解等情，查该县原定派征额二万元，应酌减为一万元，请察核备案。

二、建设厅呈报，西村士敏土厂自筹办至成立期间借用中央银行款项数目，及用于建筑工程购置机器与办公费用各项数目，分别列表请鉴核。

三、本府监督整理广九粤汉广三铁路委员会呈，据广韶局长李仙根拟具广韶段管理局报告书查复情形问答清册，及广九局长李朗如拟具整理办法表，转请察核示遵。

四、西村士敏土厂呈，请准予将出纳股改为支应股，原任职员仍旧留任，以便办理一切支应事宜。

讨论事项

一、朱委员兆莘报告，审查广东省单行划一契税章程关于外侨租地教会置业各条情形，是否有当，敬候卓裁案。

（决议）仍照原章执行。

二、财政厅呈复，遵令由二十一年一月份起至六月份止，共拨付东

456

路公路分处筑路费毫银四万六千八百七十八元，此款在二十年度支出预算未有列入，仍请追加以资支付案。

（决议）准照追加。

三、财政厅呈，拟定印色贩卖业税率按照资本千分之十课税，当否，请核指遵案。

（决议）照准。

四、民政厅呈，拟具广东省各县区公所经费标准，请核指遵案。

（决议）修正通过。

五、建设厅呈，据广惠长途电话所呈报将东莞支所所址及路线迁妥，并请将迁移后每月增加经费三十五元转请追加预算等情，连同预算表请核准转行财厅知照案。

（决议）照准。

六、建设厅呈复，饬据德庆县呈缴收用先农坛旧址，及毗连地方，建设中山公园计划书图，转请核夺示遵案。

（决议）照准。

七、中国国民党广东省执行委员会函，请转令财厅饬汕头分金库，从本年九月份起，按月拨支南澳县区党部常费二百元案。

（决议）本年度预算业经确定，该项经费仍由省党部自行挪拨。

八、中山县训政实施委员会函，为本会决议依照土地法立法精神，废除清佃制度一案，连同原提案请查照通令全省照行，如以事关库收，则请先由中山县试办案。

（决议）转呈政务委员会核定。

九、中山县训政实施委员会函，为决议规定九洲蠔坦永远为洲仔九乡贫民自由采取天生蠔地，请查照饬财厅将划定报承地点注销，以利贫民生计，连同中山县政府规定采蠔章程，请查照办理案。

（决议）照办。

十、广韶段管理局呈复，奉令饬办修正黄沙大铁桥合约一案，谨将本路办理经过，及财政困难各缘由，请核示遵案。

（决议）该局请求之第一点，在铁路两旁五英里内，无论何项公路不得与铁路路线平行一节，核与广州市交通有极大妨碍，未便照准。请求之第二点工程完竣时应由铁路征收过往费一节，应核定将来该桥之收益由路局与市府平均享有。请求之第三点该桥必要铺设双轨一节，据称已载在合约，应毋庸置议。又该局请求向市行免息抵押借款一节，应准该局向市行商借，应否免息须与市行商定。修改合约及付款办法，仍由该局遵照本府前令，会同市府向马克敦公司商议，呈由本府核定后签订。建设厅应为该约之见证人，不必为该约之当事人，以明责任。

十一、民政厅提议，灵山县县长钟显椿呈请辞职，拟予照准，遗缺以吴川县县长李乃荃调署；递遗吴川县缺，委李志毅试署，请公决案。

（决议）照委。

广东省政府第六届委员会
第一百一十五次议事录

八月三十日　星期二

出席者　　林云陔　金曾澄　李禄超　林翼中　区芳浦　朱兆莘
　　　　　谢瀛洲　胡继贤　许崇清
列席者　　刘纪文　陆嗣曾
主　席　　林云陔
纪　录　　何启澧

报告事项

一、第一集团军总司令部函，请转饬广州市政府将柯子岭三家店一带地段给价代为收用，以资建设模范营盘。

二、浙闽粤桂黔外交观察员函，关于法兵在范河越界拘去华人一案，与法参赞交涉之谈话作成备忘录，抄送一份，请查照备案。

三、财政厅呈报，第二期金融库券第一个月抽签还本，现因剿共军兴，军糈浩繁，再予展期本年九月二十五日举行，请核备案。

四、财政厅呈复，奉令遵将职厅经管地政应行移交各案卷宗检齐，咨送民政厅接管，请核备案。

五、民政厅呈，据梅县呈缴各区区公所筹备委员会组织报告表、改正自治区域地图、旧区域图等，请备案等情，除指令应准如拟办理外，请核指遵。

六、建设厅呈缴职厅各科股办事附则，请察核备案。

七、广州市政府呈缴本年四、五月份财政统计报告，请核备案。

八、河南士敏土厂呈拟将本厂出纳股经费保留，改设支应股，请核示遵。

讨论事项

一、财政厅呈复，遵令将广州市政府及所属各机关二十一年度预算书转送审查预算委员会议决，照市府修正数目通过在案，连同修正预算书会议录，缴请核明办理，指令祗遵案。

（决议）呈政务委员会备案。

二、财政厅呈复，遵令将广东省会公安局二十一年度预算转送审查预算委员会议决通过在案，连同原发预算书会议录，缴请核明办理，指令祗遵案。

（决议）呈政务委员会备案。

三、财政厅呈复，奉令遵将西村士敏土厂二十一年度预算转送审查预算委员会，议决照原编预算数目通过在案，录案检同会议录请核明饬遵办理案。

（决议）呈政务委员会备案。

四、财政厅呈复，奉令遵将河南士敏土厂二十一年度预算转送审查预算委员会，议决照原编预算数目通过在案，录案检同会议录请核明分别饬遵案。

（决议）呈政务委员会备案。

五、广东省会公安局呈复，查明一德路×××号系金张氏之屋，由小卢同志社进驻，虽谓奉先大元帅手谕，及孙前市长条谕拨为党址，但既无案可稽，又无文件为据，似应将屋发还金张氏领回管业，请鉴核施行案。

（决议）准如该局所拟办理。

六、建设厅呈报，应否继续聘用莱〔莱〕因技正，请核示遵案。

（决议）决续聘一年，该员薪俸毋庸存贮外国银行。

广东省政府第六届委员会
第一百一十六次议事录

九月二日　星期五

出席者　林云陔　金曾澄　林翼中　李禄超　区芳浦　朱兆莘
　　　　谢瀛洲　胡继贤　许崇清

列席者　刘纪文　陆嗣曾

主　席　林云陔

纪　录　何启澧

报告事项

一、西南政务委员会令，对于商业注册一事，仰通令各县市政府继续切实办理。

二、西南政务委员会令复，据呈民政厅长提议，拟举行县长考试以备任用一案，经提出政务会议决议照准在案，仰转饬遵照。

三、财政厅呈，关于沙田旧照减息报承办法一案，请予展限一个月，以资督促而便收效。

四、建设厅呈，拟定广东士敏土厂营业处组织章程及办事细则，请察核备案。

讨论事项

一、财政厅呈复，关于在押人犯林均泽，请令厅照案省释一案办理情形，请核指遵案。

（决议）补缴短收银七千六百八十元，并非罚金，不能适用大赦条例赦免，着该厅一并严令缴交。

二、建设厅呈，据廉钦航政局请在围洲斜阳两岛设立一管理局等情，转请察核办理案。

（决议）照准设局，交民政厅拟定管理办法。

三、教育厅呈，据省立工业专科学校呈，拟将校有空地离明观旧址招商投承，投得价银拨充购置学校图书仪器之用，似属可行，请核指

460

遵案。

（决议）照准。

四、中国国民党广东省执行委员会函，为派员整理广东海员特别区党部，决议每月拨给经费五百元，请查照转饬财政厅于八月十六日起按月拨给，并以三个月为限案。

（决议）预算案已定，未便追加，由省党部自行挪拨。

五、广州市政府呈，准美领事函，关于美孚行租置三水县属地业税契一事，应如何办理之处，检同原送章程绘图，请核指遵案。

（决议）交林厅长、陆院长、朱委员审查。

六、建设厅呈缴蚕丝改良局拟增设多条缫丝机计划及预算，请核饬库将该项临时费一万元，拨由职厅代领转给案。

（决议）由财厅分期拨付。

七、许、胡、金三委员会复，审查梅蓤墟划界争执一案，民政厅原呈拟设局管理之议，似尚可行，是否有当，仍候公决案。

（决议）照办。交民政厅拟定管理办法。

八、建设厅呈报规划省府合署情形，并缴图则等，请核示案。

（决议）预算及计划通过。第一期开路费先由财厅就预备金开支，其余费用交财厅筹划呈候核定。

九、建设厅教育厅提议，拟通令各机关各学校，嗣后购用纸张，除邀准特别购用者外，其余须悉用土纸，所有公务员教职员生等一切制服，或通常衣服，须全用土制布帛，是否有当，请公决案。

（决议）照办。

十、建设厅、教育厅、民政厅、财政厅提议，为求本年度预算收支适合起见，拟定嗣后各机关如有动支临时费，须于事前查照预算，开具理由，呈准方能动支，无论任何机关，非有特别理由，不得增加预算，并就各机关经费之可以裁减者逐一开列裁减，是否有当，请公决案。

（决议）照办，并呈政务委员会备案。

广东省政府第六届委员会
第一百一十七次议事录

九月六日　星期二

出席者　林云陔　金曾澄　林翼中　胡继贤　李禄超　区芳浦
　　　　　朱兆莘　许崇清　谢瀛洲

列席者　刘纪文　陆嗣曾

主　席　林云陔

纪　录　何启澧

报告事项

一、民政厅呈，据罗定县具缴公安局长林茂履历，转请核予照委。

二、建设厅呈，据高要县民林大业承领该县属土名小湘峡东岸等处荒地，经县查明确系官荒，承领面积与图相符，手续完备，自应准予承领，除发证书外，合将备查一联缴请备案。

三、建设厅呈，据新会县民莫章第承领县属第九区土名石船岗、泽荫等处荒地，经县查明确系官荒，承领面积与图相符，手续完备，自应准予承领，除发证书外，合将备查一联缴请备案。

四、广东省银行呈，为职行董事会议决，截存中央银行旧币存行券角，拟即销毁，免碍容积请核示遵。

五、广东省银行呈送职行董事会第六次会议录，请察核。

讨论事项

一、财政厅呈复，关于建厅拟敷设西江长途电话所需经费，经咨准建厅将预算修正，除各县负担外，由库拨给经费只六万五千元，为数无多，似可准由各县在九、十月份粮税收入项下拨付案。

（决议）照办。

二、民政厅呈，拟具广东省各市县土地局暂行组织规程及经费预算表，请察核办理案。

（决议）照修正通过。

462

三、广州市政府呈复，审议建筑业同业公会等要求各节，连同修正保障业主工程师员及承建人规程，请核指遵案。

（决议）派林厅长、陆院长、朱委员审查。

四、广州市政府呈，准中国国民党广州特别市执委会函，请拨给本市党员补行登记特别经费七千元，请核追加预算，以资拨给案。

（决议）由市党部自行挪拨。

五、区委员、刘市长提议，中等以上学校学生保证章程是否可行，请公决案。

（决议）交教育厅审查。

六、蒋总指挥、蔡军长来电，拟在广州择地筹设淞沪抗日将士残废教养院，望踊跃赞助案。

（决议）省政府及所辖各机关捐助二万元。

七、广东庚【戌】中学校校董事会黄伟等呈，请准予照旧开设诗会，藉资筹款以维校务案。

（决议）庚戌中学系纪念先烈，应由教育厅调查该校状况，拟具整理办法，呈候核定，诗会既经公安局查明不合原章，自应禁止。

八、主席提议，本省各县市状况亟应从事调查，以为施政准据，除南区业由建设厅派遣调查团调查，北区现在剿匪期中暂缓调查外，兹拟再就其他各区继续调查，并推定本府李委员禄超担任东区，许委员崇清担任中区，金委员曾澄、胡委员继贤担任西区，是否可行，请公决案。

（决议）通过。

广东省政府第六届委员会
第一百一十八次议事录

九月九日　星期五

出席者　林云陔　金曾澄　林翼中　胡继贤　区芳浦　谢瀛洲
　　　　　许崇清

列席者　陆嗣曾

主　席　林云陔

纪　录　何启澧

报告事项

一、财政厅呈复，关于各项支付命令经依照审计处所拟增加格式改正，于本年八月一日开始填用，合将各式样请察核备案。

二、民政厅呈，据揭阳县具缴公安局长李抗履历，转请核准照委。

三、建设厅呈，据开平县民张根炳承领县属第六区土名牛山臂山等处荒地，经县查明确属官荒，承领面积与图相符，手续完备，自应准予承领，除发证书外，合将备查一联缴请备案。

四、教育厅呈，据化县具缴教育局长朱春熙履历，转请核准照委。

五、教育厅呈缴二十一年六月份行政报告书，请核转备案。

六、西村士敏土厂呈，请今委何晋云为材料课课长。

七、西北区绥靖委员公署呈缴七月份工作报告表，请察核。

八、西南政务委员会令复，据呈转粤汉铁路广韶段管理局审查报告书查复情形问答清册，及广九铁路管理局整理办法等均悉，仰仍交监督整理广九粤汉广三铁路委员会分别详细核议具复，以凭察夺。

九、西南政务委员会令，据缴审定修正广东省二十一年度岁入岁出概算书一案，准予备案仰即知照。

讨论事项

一、主席提议，关于刘××与雷××因互争台山县井水尾等处山场，不服财政厅决定提起再诉愿一案，现经本府秘书处派员审查完竣，作成决定书，请公决案。

（决议）照审查通过。

二、财政厅呈为依照清佃官产章程划分界限，核定各商埠城镇市场淤积涨生田坦，除有合法执照外，悉照官产由厅直接清理，请察核备案。

（决议）照办。

三、财政、教育两厅会呈，为合浦县立五中学校请补助建筑费等情，应否准由省库一次过拨给补助费八千元，俾资建筑，请核指遵案。

（决议）准照补助。

四、教育厅呈，据省立第一中学校呈，拟增建厨房二所，似应照准，连同原缴预算书转请准予令行财政厅，在本厅临时项下拨支兴筑案。

（决议）照拨。

五、教育厅呈，据省立第一师范学校造缴临时设备预算书及估价单等，计共需款一千四百元，似应准予照拨，转请核令财厅照拨案。

（决议）照拨。

六、主席提议，责令各县市规复整理仓储，并劝谕农民多种杂粮，以备荒歉案。

（决议）照办。由广州市政府、民政厅饬属切实办理，由建设厅饬农林局派员指导。

七、教育厅呈，全省水上运动会函请补助经费五百元，似可照准，呈请核准支拨案。

（决议）照拨。

八、财政厅提议，各机关经费业经分别裁减，以期收支适合一案，业奉钧府议决照办在案，惟原提议书关于各县政府经费一等减为八成支付一节，尚须补充办法，以期完善，查各县政府经费规定一等县月支三千五百八十元，二等县月支二千八百七十二元，如一等县照八成支付，每月应支二千八百六十四元，反比二等县为少，似未妥协，拟一并将二等县减为九五折支付。又查政委会核定各机关九成支发经费，系属临时性质，各县政府经费于减支之外仍应九成支付，以符通案，是否有当，请公决案。

（决议）照办。

九、建设厅提议，拟禁止各公路路租车票及征收各种附加矿税，违者以渎职罪论，以利交通而维实业，是否有当，请公决案。

（决议）嗣后照办。

广东省政府第六届委员会
第一百一十九次议事录

九月十三日　星期二

出席者　林云陔　林翼中　区芳浦　朱兆莘　谢瀛洲
列席者　刘纪文　陆嗣曾
主　席　林云陔
纪　录　何启澧

报告事项

一、西南政务委员会令，据电政管理局呈，拟整理广东全省电报线路增收临时附加费办法，经提出政务会议准予照办在案，抄发原办法仰知照，并转饬所属一体知照。

二、中山县训政实施委员会函知，决议由本会推定七人，为总理纪念学校校董，组织永久校董会，录案请查照备案。

三、西北区绥靖委员公署呈报六月份工作报告书，请察核。

讨论事项

一、第一集团军总司令部函，为准予蕉岭县变更机场地址，请转饬财政厅加拨五千元为该机场兴筑费案。

（决议）由预备金项下照支。

二、第一集团军总司令部函，据琼崖绥靖委员呈缴该署开办预算书，转请查照饬财政厅如数照发案。

（决议）照办。并追加预算。

三、民政、建设、财政三厅会呈，拟议修改改善农工生活方案意见，请核施行案。①

四、民政厅呈，拟就广东省参议会议员选举规则草案，请核办理案。

---

①　原文缺"决议"内容。

（决议）请谢厅长、朱委员、陆院长审查。

五、东区绥靖委员令电，据汕头市地方自治各区坊筹备委员会呈，拟征收一次过门牌费以为办理自治经费之用等情，查所拟办法似属可行，应否照准，请核示案。

（决议）门牌费迹近苛细，未便照准，应由该市发自治公债三万元。

六、财政厅呈，据英德县缴具该县设立飞行标志工料单，计支用毫银一百零六元，请作正开销等情，应否照办，准在该县征存粮款项下坐支抵解之处，请核指遵案。

（决议）照办。

七、主席提议，关于韦镜廷及罗希潘等因在阳春县沙口墟东边王锡五公祖尝地段建筑铺户及墟亭争执，不服建设厅所为之决定提起再诉愿一案，现经秘书处派员审查完竣，作成决定书，请公决案。

（决议）照审查通过。

八、秘书处拟具广州市参议会参议员证书式样，请提会核定施行案。

（决议）照办。

九、建设厅呈，据农林局呈缴农业计划等项，转请核示案。

（决议）原则通过。办法交设计委员会审查。

十、建设厅呈，拟具大沙头商业区马路图，暨第一、二、三期工程预算，请核夺指遵案。

（决议）照办。第一期建筑费准向广东省银行暂借十万元。

广东省政府第六届委员会
第一百二十次议事录

九月十六日　星期五

出席者　林云陔　林翼中　区芳浦　朱兆莘　谢瀛洲
列席者　刘纪文
主　席　林云陔

纪　录　何启澧

报告事项

一、财政厅呈，据廉江县请展期清理邓本殷前发印收执照一案，查各县未依限清理者亦不鲜，兹经一律展至本年十二月底止，逾限一律收回开投，请核备案，并转高等法院查照。

二、民政厅呈，为续行印发广东筹办地方自治实况一书，印刷费经援案在结存经费项下开支，将单据呈核，请转饬财政厅备案。

三、民政厅呈，据电白县具缴公安局长李日章履历，转请核予照委。

四、教育厅呈，据饶平县具缴教育局长詹英烈履历，转请核予照委。

五、朱庆澜阳电，为九一八事变以来，东北难民达三十万，请赈者络绎不绝，边地天气转届寒冬，棉衣一项尤为急需，乞迅予捐助冬衣或款项，俾资赈济。

六、本府科员呈〔吴〕应祥吴〔呈〕报，奉令派赴省行监视销毁旧币经过情形，连同逐日报告表，请察核。

讨论事项

一、东区绥靖委员呈复，遵令解释警卫队章程及权限组织，并拟议各节，请核指遵案。

（决议）照办。

二、广州市政府呈，请将财厅清佃淤积涨生田坦一案，凡市区内淤出海坦，仍由职府照旧办理以符原案，请核指遵案。

（决议）由财厅、市府会商办法。

三、建设厅呈复，关于粤汉铁路广韶段管理局，拟将建筑黄沙大铁桥位置稍向北移一案，经派员会同筹划，议决办法五项，请察核案。

（决议）照办。

四、建设厅呈，据河南士敏土厂编造二十年度经常临时两费预算书，请核追加案。

（决议）交秘书处审查。

五、民政厅呈，拟具广东省县长考试暂行条例草案，请核办理案。

（决议）交谢厅长、陆院长、朱委员审查。

六、教育厅呈，据省立第一农业学校呈缴农科设备预算书，计共银二万三千九百四十元，似可照准，连同原书请核指遵案。

（决议）由教育厅临时费项下陆续支拨。

七、第一集团军总司令部函，据中区绥靖委员请发给修葺公署费用，经核减为毫银一千一百六十八元五角，请转饬财政厅照数拨发过部，以凭转给归垫案。

（决议）由预备金项下拨支。

八、民政厅拟定围洲斜阳管理局组织章程及预算，请察核案。

（决议）章程通过，呈政委会备案，预算交财厅审查。

九、民政厅拟定梅菉管理局组织章程，及预算，请察核案。

（决议）章程通过，呈政委会备案，预算交财厅审查。

十、民政厅提议，拟委赵鎏锋为梅菉管理局局长，委王廷诏为围洲斜阳管理局局长，请公决案。

（决议）照委。

十一、民政厅提议，茂名县县长黄鼎可拟予调省，遗缺委黄秉勋署理；云浮县县长曾松年呈请辞职拟予照准，遗缺委吕树芳署理；饶平县县长李岱云呈请辞职拟予照准，遗缺委马炳乾署理，请公决案。

（决议）照委。

广东省政府第六届委员会
第一百二十一次议事录

九月二十日　星期二

出席者　林云陔　谢瀛洲　朱兆莘　区芳浦

列席者　刘纪文

主　席　林云陔

纪　录　何启澧

报告事项

一、建设厅呈，请准由琼崖购置公路路款项下，暂行挪拨韶坪乐九段及南路省道干线路款。

二、财政厅呈复，曲江县奉令设立飞行标志，其费用似应准予作正开销，在征存粮款项下坐支抵解，请核夺。

三、广州市政府呈缴三月份财政统计月刊，及六月份财政统计报告，请核存转。

四、西北区绥靖委员呈缴该署八月份工作报告表，请核存转。

五、财政厅呈报关于省立工业专科学校购置费，除先支二千元外，至修缮一项仍应照章招投，请备案。

讨论事项

一、财政厅呈复，琼崖事变，海口支行被提各款，拟请援案划入行账损失，请核指遵案。

（决议）交该行董事会将详细数目提款凭据查明再核。

二、教育厅呈复，审查中等以上学校学生保证章程及保证书式，拟具意见请核指遵案。

（决议）照修正章程。

三、教育厅呈拟广东省各县市长公安局长协助实施义务教育奖惩办法、广东省各县市义务教育实验成绩考核办法、广东省义务教育实验区强迫就学及级学免学办法，请核转备案。

（决议）准备案。

四、十九路军驻粤办事处函，为在粤等设淞沪抗日残废军人教养院需费甚巨，若徒捐募不易成就及持久，拟请由粤库拨给一次过开办费，及划定经常费，俾速观成案。

（决议）交预算委员会审查。

五、建设厅呈，查有薛查縣技术优长，拟请委充职厅技正，连同该员履历，请核赐委任案。

（决议）照委。

广东省政府第六届委员会
第一百二十二次议事录

九月二十三日　星期五

出席者　林云陔　谢瀛洲　朱兆莘　区芳浦　李禄超
列席者　刘纪文　陆嗣曾　梁祖诰
主　席　林云陔
纪　录　何启澧

报告事项

一、西南政务委员会令，据民厅转据遂溪县长呈，拟在广州湾租界附近县属地方，设租界自治筹备机关，请核示等情，经本会决议照办在案，仰即转饬知照。

二、建设厅呈缴广东士敏土营业处二十一年度支付预算书，请核存转备案。

三、本府设计委员会呈缴广东省政府设计委员会章程，请核备案。

讨论事项

一、建设厅呈报，择定本市增埗工业学校余地，暨附近田地，为疏打厂及丝织厂地址，请转令广州市财政局，会同职厅依法布告收用案。

（决议）关于工专学校地址，由建设厅补回相当地价，以为该校设备之用，其余民地，由市财政局会同建设厅布告依法收用。

二、建设厅呈，据技正陈国机等呈，拟具省府合署征求图案条例、省府外屋宇表、各机关办公地方面积表、评判委员会简章、平面地址图等，转请核夺示遵案。

（决议）修正通过。

三、广州市政府呈，为编造市参议会二十一年度临时门岁出预算书草案，缴请察核指遵案。

（决议）通过，转呈政务委员会备案。

四、财政厅呈，拟变通偿还第二期金融库券办法，请核指遵案。

（决议）照办。

五、教育厅呈，据留法巴黎国立美术学院生郑可呈，请补助生活费，查该生在法研究美术多年，颇著成绩，可否于三年内，每年补助毫银一千元，俾成所学，请核指遵案。

（决议）函驻法公使查明该生学行及生计状况再核。

六、中国国民党广州特别市执行委员会函，据第五区党部呈，请资助在日无资回国华侨船费，共需日金一万七千九百五十五元，转请查核办理案。

（决议）交民政厅查复再办。

七、民政厅提议，汕头市公安局局长曾匪石，拟予调省另有任用，遗差委廖道明接充，请公决案。

（决议）照委。

八、主席提议，拟派本府及各厅高级职员组织视察团，分赴各县市视察，是否有当，请公决案。

（决议）通过。视察规则另定。

广东省政府第六届委员会
第一百二十三次议事录

九月二十七日　星期二

出席者　林云陔　谢瀛洲　朱兆莘　区芳浦　李禄超
列席者　刘纪文
主　席　林云陔
纪　录　何启澧

报告事项

一、财政厅呈报，定自九月二十日起，凡有携带银毫出口每人不得超过五十元，如违即予没收，其系运赴本省内地者仍准自由不在禁令之列，请察核。

二、李委员禄超函送调查东区各县市政概况报告，以备采择。

讨论事项

一、建设厅呈，据农林局呈拟将土壤调查所自【本】年九月一日起，将该所事业暨原有仪器公物一并移交中山大学农学院接管等情，转请核准咨请中大派员接收继续办理案。

（决议）照办。

二、教育厅呈，据体育协进会呈缴二十年度本省各项体育比赛奖品清册，请分别颁发等情，查册列共值毫银五百三十七元八毫，事属倡励体育，请准予令行财政厅由本厅临时费项下拨支案。

（决议）照支。

三、建设厅呈，为修正矿产税税率表，请核示以便公布施行案。

（决议）照办。

四、广州市长呈，准中国国民党广州特别执行委员会函，为办理党员补行登记临时特别费七千元，请照成案提出复议追加候令指遵案。

（决议）准支三千元。

广东省政府第六届委员会
第一百二十四次议事录

九月三十日　星期五

出席者　林云陔　谢瀛洲　李禄超　区芳浦　朱兆莘
列席者　刘纪文　陆嗣曾
主　席　林云陔
纪　录　何启澧

报告事项

一、财政厅呈，据海口分库缴来海军所委琼崖财政处省税收支数目清册，内列支出数目除各机关经费俟补发扣还外，其余被海军提去两笔，应作军事损失报销，请核准呈政委会备案。

二、建设厅呈报，定期招投承建太〔大〕沙头马路渠边石，及填泥工程，连同开投章程施工细则工程图等，请核备案。

三、建设厅呈缴粤北焦煤田，及小北江矿业调查报告书，请察核。

四、教育厅呈报，定于本年十月一日至七日召集广东全省第三次教育会议，连同简章，请察核。

五、展筑红花岗四烈士坟场委员会呈，为属会筹备展筑，需费孔多，拟发捐册，请分令各县市府踊跃捐助，以藏〔葳〕其事。

讨论事项

一、建设厅呈缴省府合署计划蓝图，请察核指遵案。

（决议）准备案。

二、财政厅呈，据潮州沙田局长呈缴二十一年九月份临时支付预算书、测丈队员名册、概算书等，审核无异，转请准予自开办日起追加预算案。

（决议）照办。

三、广东省银行呈，为职行董事会议决，请监委员开始副署十元新券，以便商民领用，录案请核准令厅会行布告周知案。

（决议）照准。

四、建设厅呈复，核明中区绥靖公署请将清花佛公路石方桥涵，由省库拨款补助，于交通确属要图，惟现值库储奇匮，应否照准饬由库拨之处，请核办理案。

（决议）俟库款稍裕，再行拨付。

五、主席提议，拟就广东省视察团规则，请公决案。

（决议）修正通过。

六、第一集团军总部函，据李军长电，潮〔韩〕江警卫营目前似难裁撤，请准暂予保留等情，函达查照，应如何办理，请公决案。

（决议）仍由东区绥靖公署改编，所需经费，除原有地方收入外，准由省库酌量补助。

七、陆院长、谢厅长、朱委员会复，审查广东省参议会参议员选举规则草案意见，请公决案。

（决议）照修正通过。

广东省政府第六届委员会
第一百二十五次议事录

十月四日　星期二

出席者　林云陔　谢瀛洲　朱兆莘　区芳浦　李禄超　唐绍仪
列席者　陆嗣曾　刘纪文
主　席　林云陔
纪　录　何启澧

报告事项

一、财政厅呈，为本厅支出广告费电报费两项，系临时之款，拟请在财务费财政各杂费预算款内开支，请准备案。

二、民政厅呈，据新丰县具缴公安局长谭文甫履历，转请核准照委。

三、教育厅呈，据南海县具缴教育局长区萃崙履历，转请核准照委。

四、教育厅呈，据钦县具缴教育局长陈智和履历，转请核准照委。

五、广东省银行呈缴董事会第七次会议录，请察核。

六、财政厅呈，关于沙田旧照减成报承通案，拟再展限两个月，即自本年十月一日起，至本年十一月底止，以顺舆情，请察核。

七、教育厅呈，据海康县具缴教育局长李春熙履历，转请核准照委。

讨论事项

一、财政厅呈，为防城县奉准增设法文秘书，月支薪水二百四十元，请核明准予追加预算，由八月份起支案。

（决议）准照增加。

二、广东省银行呈，为职行董事会议决筹设东兴办事处，录案请察核备案。

（决议）准备案。

三、广东省银行呈，为职行董事会议决汕行请发大洋券照印发，其总额暂以三百万元为度，并同时印发海口大洋地名券二百五十万元，北海大洋地名券五十万元，另印角券一十万元发行海口在案，录案请核示遵案。

（决议）照办。

广东省政府第六届委员会
第一百二十六次议事录

十月七日　星期五

出席者　林云陔　唐绍仪　李禄超　朱兆莘　区芳浦
列席者　陆嗣曾　刘纪文　梁祖诰
主　席　林云陔
纪　录　何启澧

报告事项

一、财政厅呈缴二十一年六月份财政报告书，请察核存转。

二、民政厅呈，据仁化县具缴公安局长凌福銮履历，转请核准加委。

三、民政厅呈，据视察曾友文呈复，会同治河会专员办理开平县赤坎东华筑堤一案经过，及查明本案各情形，连同附件，转请察核。

四、建设厅呈，据阳春县民叶毓芬承领县属第一区马水乡大小南山、太平岭、南山坡等处荒地，经县查明确属官荒，承领面积与图相符，手续完备，自应准予承领，除发证书外，合将备查一联缴请备案。

五、财政厅呈缴检验附省南海等县封存中币给息复封办法，请备案。

六、东区绥靖委员呈报办理发还各县市民航股款情形，连同办法，请核备案。

七、财政厅呈报定期揭封各商店封存中币日期，请察核备案。

讨论事项

一、财政厅呈，据琼山县转据县民陈永富等呈，为收用园地建设机场，请给价免粮等情，拟议请核办理案。

（决议）交琼崖绥靖公署勘明，该处如无永久收用为机场必要，即将该地暂时租用，所有该地契据，应查明补发。

二、建设厅呈报，成立水产股，该项经费每月三百八十五元，全年度共四千五百六十元，拟在职厅补助建设费项下移项开支，连同预算表，请核分别存转案。

（决议）照办。

三、民政厅呈拟具围洲斜阳管理局开办费预算表，请核发该局开办费一次过七百五十元，并请令行财政厅垫发该局经费一个月共八百四十元案。

（决议）准暂借拨，将来由该处收入归垫。

四、广东省银行呈，为职行董事会议决，发行北海地名券，收回前广东中央银行北海地名券，以正名义，请核备案。

（决议）照办。

五、广东各界促进剿共运动大会函，为慰劳剿共将士完竣，计不敷经费一千三百二十四元四角九分，请如数拨支，俾便结束案。

（决议）送省党部核明再办。

六、建设厅呈，据技正胡栋朝请递加征求省府合署图则奖金及奖品，并限期三个月分【别】在香港、上海各处登报，以广征求等情，转请察核指遵案。

（决议）照办。六奖以上均加给金牌金鼎。

七、建设厅呈，据矿业调查团拟具试探紫金县宝山嶂铁矿说明书，及经费预算表，计共毫洋四千五百元，请将前试探云浮县乌石岭铁矿经费盈余二千四百余元尽数拨支，不敷之数，由本厅预算内临时建设费项下开支，请核指遵案。

（决议）照办。

广东省政府第六届委员会
第一百二十七次议事录

十月十一日　星期二

出席者　林云陔　金曾澄　胡继贤　李禄超　区芳浦　朱兆莘
　　　　谢瀛洲　许崇清
列席者　刘纪文　梁祖诰　陆嗣曾
主　席　林云陔
纪　录　何启澧

报告事项

一、教育厅呈，据从化县具缴教育局长何荫琨履历，转请核明委任。

二、建设厅呈缴本年八月份下半月工作报告书，请察核。

三、建设厅呈，据开平县民关国聪等呈请承领县属第七区土名蛇仔蛤、蒲头孩、民龙山等处荒地，经县查明确系官荒，承领面积与图相符，手续完备，自应准予承领，除发证书外，合将备查一联缴请备案。

四、建设厅呈，据开平县民张惠钦等请承领县属第三区土名河阳里后背蛤蜞岭、山毛岭等处荒地，经县查明确系官荒，承领面积与图相符，手续完备，自应准予承领，除发证书外，合将备查一联缴请备案。

五、建设厅呈，据开平县民张崇焯等呈请承领县属第六区土名水麻塘村附近黄松坑山、高山等处荒地，经县查明确系官荒，承领面积与图相符，手续完备，自应准予承领，除发证书外，合将备查一联缴请备案。

六、建设厅呈，据新会县民胡茂见等呈请承领县属第九区土名沙堆乡南边村后獭山等处荒地，经县查明确系官荒，承领面积与图相符，手续完备，自应准予承领，除发证书外，合将备查一联缴请备案。

讨论事项

一、主席提议，关于台山县民陈广顺等，对于台山深井市政勘办处拆铺筑路案，不服建设厅所为之决定，提起再诉愿一案，现经本府秘书处派员审查完竣，作成决定书，请公决案。

（决议）照审查通过。

二、民政厅呈，拟就厉行节约取缔陋俗标准，请核指遵案。

（决议）交朱委员、胡委员、金委员审查。

三、建设厅呈，据生丝检查所呈，为职所外国技正莱恩俸给，由本年六月份起，至十月份约满日止，因金价高涨，致透支约二千四百八十四元有奇，请准予作正报销等情，转请察核指遵案。

（决议）准追加。

四、民政厅呈，拟具广东民政厅测量队暂行组织规程，及暂行经费预算表、临时购置仪器物品费预算表、临时开办费预算表，请核施行案。

（决议）交财政厅审查。

五、西南政务委员会令，本会陈委员济棠提议，拟定广东省三年施政计划草案一案，经政务会议决议照修正通过，交广东省政府拟定详细计划，通饬所属照办在案，仰遵照办理，并饬属遵照案。

（决议）交各主管厅，于一个月内各就主管范围拟具详细计划，再行核定。

六、建设厅呈，请令行财政厅照拨收用省府合署附近土地价款五万七千元，以资清发案。

（决议）照办，连同前次筑路费追加预算，呈政委会备案。

七、广东省银行呈，为本月七日职行董事会谈话会决定再签发新券三百万元，呈候核示祗遵案。

（决议）照办。

广东省政府第六届委员会
第一百二十八次议事录

十月十四日　星期五

出席者　林云陔　金曾澄　胡继贤　李禄超　区芳浦　朱兆莘
　　　　谢瀛洲　许崇清
列席者　刘纪文　陆嗣曾　梁祖诰
主　席　林云陔
纪　录　何启澧

报告事项

一、建设厅呈，据开平县民张乐权等呈请承领县属第六区土名水麻塘村附近生癫牛山等处荒地，经县查明确系官荒，承领面积与图相符，手续完备，自应准予承领，除发证书外，合将备查一联缴请备案。

二、建设厅呈，据新会县民刘希源等呈请承领县属第九区土名沙堆龙湾村后山等处荒地，经县查明确系官荒，承领面积与图相符，手续完备，自应准予承领，除发证书外，合将备查一联缴请备案。

三、财政厅呈为本厅支出修理毫币改铸厂机件围堵等项经费，拟请在财务费财政各杂费预算款内开支，请核明备案。

四、整理广九粤汉广三铁路委员会呈复，奉令发还核议粤汉铁路广韶段管理局审查报告书查复情形问答清册，及广九路局整理办法等因，合将审查各点，另纸开列，请核指遵。

讨论事项

一、财政厅厅长、广州市市长、高等法院院长会呈，奉发审查××堂代表黄××与×××堂，因争承海垣〔坦〕不服汕头海坦审查委员会所为处分提起诉愿一案，经分别派员会同审查完竣，拟具决定书稿连同本案卷件缴呈前来，请鉴核指遵案。

（决议）照审查通过。

二、民政、建设、财政三厅会呈复，核议汕头市堤岸码头招商承办及征收税费一案意见，请核指遵案。

（决议）修正通过。

三、建设厅呈，请设立广东省农民银行，拟具办法，请核指遵案。

（决议）农民银行照拟筹办。其办法推胡委员、金委员、李委员另拟。

四、广东省银行董事会呈复，查明琼崖事变海口支行被海军提去行款情形，请察核案。

（决议）准划入省行损失账。

五、财政厅呈复，审查民政厅请在围洲斜阳两岛设立管理局所缴预算经费月支八百四十元，其支配情形似尚妥协，请核指遵案。

（决议）照办。

六、建设厅呈，拟就职厅水产股组织规程草案，请核示遵案。

（决议）修正通过。

七、广州市政府呈，据土地局呈，拟关于免费登记严定期限，由本年十月一日起至二十二年一月一日止，于三个月内期间来局声请登记，仍照免费条例办理，逾限即撤销其免费权利，似尚可行，惟更改条例职府未敢擅专，请察夺指遵案。

（决议）应由土地局查明未经向土地局登记之各业户，催告于三个月内登记，逾期即加重罚款，惟每件仍不得超过十元。

八、财政厅呈复审查梅菉管理局经费预算表，月支一千零八十元，其支配情形似尚妥协，请核明指遵案。

（决议）照办。

九、建设厅提议，本省港务一切事宜向无专司管理，以致大小航业委靡不振，拟筹设全省港务管理局以资办理，是否有当，请公决案。

（决议）通过。

十、建设厅提议，本省渔业利源丰富，拟筹设全省渔业管理局以资管理，而便发展，是否有当，请公决案。

（决议）准先试办广海区渔业管理所。

广东省政府第六届委员会
第一百二十九次议事录

十月十八日　星期二

出席者　林云陔　金曾澄　胡继贤　区芳浦　朱兆莘　谢瀛洲
　　　　　　许崇清
列席者　刘纪文　梁祖诰
主　席　林云陔
纪　录　何启澧

报告事项

一、西南政务委员会，令查整理琼崖财政计划一案，关于各机关收支事项第四条，饬据广东财政特派员议复，海军变态，时期在海口分库提出之款，除非法支出部分拟作军事损失报销外，各舰在省库款内领支经费，未逾额者，在军费项下扣抵等情，除指复如拟办理外，仰知照。

二、教育厅呈报，照案增设第五科管理实施军事训练事项，于本月六日成立，开始办公，检同原预算请核转。

三、现任教育厅长谢瀛洲、卸任教育厅长金曾澄会同呈报交代完竣情形，请核备案。

四、民政厅呈缴二十一年七、八、九三个月行政计划，请察核。

五、民政厅呈缴二十一年十、十一、十二三个月行政计划，请察核。

六、建设厅呈缴九月份上半月工作报告表，请察核。

七、建设厅呈，据新会县民吴章助等请承领县属第九区土名珠山等处荒地，经县查明确系官荒，承领面积与图相符，手续完备，自应准予承领，除发证书外，合将备案一联缴请备案。

八、广东省银行呈送本月六日董事会谈话会纪录，请察核。

九、广州市政府呈缴本市新市区道路系统计划书及图说，请转呈鉴核。

讨论事项

一、主席提议，关于番禺县民彭宗鉴等因不服广州市政府核准土地局征收大涌口土地税，提起诉愿一案，现经本府秘书处派员审查完竣，作成决定书，请公决案。

（决议）照办。

二、主席提议，关于开平县民谭梅生因不服财政厅处分海龙洲海坦提起诉愿一案，现经本府秘书处派员审查完竣，作成决定书，请公决案。

（决议）照办。

三、谢厅长、陆院长、朱委员会复，审查广东省县长考试暂行条例草案意见书，请公决案。

（决议）照修正通过，呈政委会备案。

四、建设厅呈，拟请关于职厅员薪经费，在不超过预算总额范围内准予移项挪用，并恳转函西南政务委员会审计处照办案。

（决议）照准。

五、教育厅呈，据省立第一中学校开具修葺旧校舍装置新校舍临时费预算书，查书列拟设备各项，系属必要，似可照准，请核夺指遵案。

（决议）由教育临时费项下拨支。

六、财政厅呈，关于商埠城镇市场淤积田坦作官产办理一案，补充核验证据标准，请核通饬遵行案。

（决议）照办。

七、西北区绥靖委员呈报视察西江各县政绩优劣，拟请分别奖惩，请核指遵案。

（决议）交各厅审查再核。

八、建设厅呈复，拟具建筑钦渝铁路工程预算及进行程序，连同路线草图，请察核案。

（决议）转呈政委会核办。

九、琼崖绥靖委员呈，将编练琼崖各县地方警卫队程序连同指导简则，请察核备案。

（决议）在绥靖期内，准予照办。

十、考核县市长成绩委员会呈报成立日期，并缴第一次议事录及办事细则，暨考核县市长成绩表式、说明书、奖惩方法等，请核准备案。

（决议）照办。

广东省政府第六届委员会
第一百三十次议事录

十月二十一日　星期五

出席者　林云陔　金曾澄　胡继贤　李禄超　区芳浦　朱兆莘
　　　　许崇清
列席者　刘纪文　陆嗣曾　梁祖诰
主　席　林云陔
纪　录　何启澧

报告事项

一、财政厅呈报省银行发行第二次一元新币三百万元，关于五成保证准备一点，经指定本省屠牛牛皮税洋纸专税为之保证，请察核备案。

二、财政厅呈报在限制输运银角出口期内，关于生银条一项，自应一例查禁，请核备案。

三、建设厅呈，据开平县民张辉沾等请承领县属第三区土名进胜里村后芙芦山、松仔山等处荒山，经县查明确系官荒，承领面积与图相符，手续完备，自应准予承领，除发证书外，合将备查一联缴请备案。

四、民政厅呈，据海丰县具缴公安局长李海若履历，转请核明加委。

五、教育厅呈，据龙川县具缴教育局长彭建标履历，转请核明加委。

六、广东士敏土营业处呈缴九月份营业报告书表，请察核。

七、广东省银行呈，为职行依据前广东中央银行成案，续聘陈元英为顾问，以便咨询，请准备案。

讨论事项

一、民政、教育、财政、建设四厅呈复，核议关于中山县训政实施委员会函送第五届大会提议各案请备案一案情形，请察核案。

（决议）准备案。

二、广东财政特派员函，据琼海关监督呈请转咨省府，准拨海口可园为署址，即在旧署投价内划拨大洋一万元为修葺购置装修等各项费用等情，能否照拨，请核明见复案。

（决议）照拨。旧署投变价除以一万元作为修葺费外，余款应解回省库。

三、建设厅呈，拟收用西村士敏土厂北便土地为建筑化学工业厂地址，绘具图说，请核指遵案。

（决议）照办。

四、中国国民党广东省执行委员会函复，关于各界促进剿共运动大会，因慰劳队出发不敷经费一千三百余元，请照拨支一案，查该会所称各节尚属实情，自应如数拨支俾便结束，请查照案。

（决议）照拨。

五、中国国民党广州特别市执行委员会函，请转饬省立银行，准将本会存余未兑现中纸一万七千四百余元免息抵借，以应急需案。

（决议）交省行董事会核议。

六、建设厅提议，拟将湾仔、广海、闸坡等三卡一律裁撤，所余货船客船及境内航政事务，划归广海区渔业管理所兼办，即将被裁三卡原定经费分别由各该管航政局扣除，拨充该渔业管理所经费，是否有当，请公决案。

（决议）照办。呈政委会备案。

广东省政府第六届委员会
第一百三十一次议事录

十月二十五日　星期二

出席者　林云陔　金曾澄　朱兆莘　谢瀛洲　许崇清　胡继贤
列席者　刘纪文　梁祖诰　陆嗣曾

主　席　林云陔

纪　录　何启澧

报告事项

一、财政厅呈报，外国人及教会租买屋地，应依照现行契税修正章程第五十五条第八项，及第五十六条第四项规定办理，否则概作无效，除布告暨通行外，请核备案。

二、建设厅呈，据新会县民黄秉照等请承【领】县属牛头山、鲤鱼跳涧山、子背山、冬爪吊子山、古老山、猫山等处荒地，经县查明确系官荒，承领面积与图相符，手续完备，自应准予承领，除发证书外，合将备查一联缴请备案。

三、建设厅呈，据潮安县民郭文俊等请承领县属北关厢鸡笼山后大崠下等处荒地，经县查明确系官荒，承领面积与图相符，手续完备，自应准予承领，除发证书外，合将备查一联缴请备案。

四、教育厅呈，据台山县具缴教育局长陈宗周履历，转请察核加委。

五、民政厅呈缴二十年九月份行政报告书，请核存转。

讨论事项

一、主席提议，关于台山县民陈立健对于周荣光承采台山县属那扶区李坑村煤矿，不服建设厅之处分提起诉愿一案，现经本府秘书处派员审查完竣，作成决定书，请公决案。

（决议）照审查通过。

二、主席提议，关于中山县民杨林因无照转运石灰被英德矿务查验员扣留，不服建设厅之处分提起诉愿一案，现经本府秘书处派员审查完竣，作成决定书，请公决案。

（决议）照审查通过。

三、建设厅呈，据农林局呈称，奉令裁减土壤调查所经费，拟改在各系课俸给及施业费项下分别节省挪移，连同重编二十一年度预算书请核等情，转请察核指遵案。

（决议）该局之农业化学系，一并移交中大办理，毋庸变更预算。

四、教育厅呈，据省立第九中学校呈，请由省库拨给购置师范科设备参考用书价共毫洋四百零四元七毫，似可照准，连同原缴书目表，请

486

核指遵案。

（决议）准由该厅临时费项下拨支。

五、教育厅呈，请委任巫琦为属厅第五科科长，易兆元为秘书案。

（决议）照委。

六、西村士敏土厂呈缴新编二十一年度经常费事业费预算书，请准予追加预算案。

（决议）照原编预算办理，不准追加。

七、金、胡、朱三委员会复，审查民厅呈缴厉行节约取缔陋俗标准，请公决案。

（决议）照修正意见办理。

八、主席提议，关于丰顺县民吴永清等对于良乡修复市场义祠学校，要求更改良乡名称，并划拨铺地，归其备价建筑，废除义祠改建公学一案，不服民厅所为处分提起诉愿一案，经本府秘书处派员审查拟具决定书前来，应如何办理，请公决案。

（决议）照审查通过。

九、民政厅提议，台山县县长李源和拟予调省，遗缺委陈肇燊署理；封川县县长叶宣甫拟予调省，遗缺委谭民三试署；罗定县县长林鸿飞辞职拟予照准，遗缺委林振德试署；防城县县长梁琦拟予调省，另候任用，遗缺委张敏署理；始兴县县长林公顿拟予调省，遗缺以英德县县长官其兰调署；递遗英德县缺委何乃英署理；阳山县县长潘敬祐拟予调省，遗缺委罗次黎试署，请公决案。

（决议）照委。

广东省政府第六届委员会
第一百三十二次议事录

十月二十八日　星期五

出席者　林云陔　金曾澄　胡继贤　区芳浦　朱兆莘　谢瀛洲　许崇清

列席者　梁祖诰　陆嗣曾

主　席　林云陔

纪　录　何启澧

报告事项

一、财政厅呈，为韩江警卫营经费未改编前，仍由原额预算发给，改编后，方由库补助，请察核分别饬遵。

二、建设厅呈，据高要县民黄元龙等请承领县属第四区土名吉锦山、猪屈横岭、马头岗、蛇山等处荒地，经县查明确系官荒，承领面积与图相符，手续完备，自应准予承领。除发证书外，合将备查一联缴请备案。

三、建设厅呈，据东路公路分处长张友仁呈请辞职，应予照准。遗缺查有李化堪以接充，取具该员履历缴请俯予任命。

四、民政厅呈，据德庆县具缴公安局长许道新履历，转请核予照委。

五、民政厅呈，据兴宁县具缴公安局长黄公雅履历，转请核予照委。

六、广州市政府呈缴本年七月份市库收支结算表，请核备案。

讨论事项

一、主席提议，关于鹤山县民杨远荣因不服广州市政府对于呈诉黎金正建筑物案所为之处分，提起诉愿一案，现经本府秘书处派员审查完竣，作成决定书，请公决案。

（决议）照审查通过。

二、民政厅呈复，拟议设置麻疯院办法，请察核转报案。

（决议）由民政厅择地筹建。

三、教育厅呈复，调查庚戌中学校办理情形，拟由省库拨款补助，以期发展，请核指遵案。

（决议）准补助教席仪器图书，其预算由教育厅另拟。

四、建设厅呈，为前请筹设之农民银行，拟请改为农工银行案。又李、金、胡三委员会复拟定农民银行办法，请公决案。

（决议）名称照改，办法原则通过，细则由财、建两厅会同拟订。

广东省政府第六届委员会
第一百三十三次议事录

十一月一日　星期二

出席者　林云陔　林翼中　胡继贤　李禄超　区芳浦　朱兆莘
　　　　　谢瀛洲　许崇清

列席者　刘纪文　陆嗣曾

主　席　林云陔

纪　录　何启澧

报告事项

一、财政厅呈，关于商店营业税课税标准，经会计师证明，准免课除检查手续，惟用新式簿记之商店为限，其证明数目经征收机关发觉仍照章办理，请备案。

二、财政厅呈，据广州市营业税局呈，为省河紫洞艇拟按所报营业额分别核课免税一案，准一律免税，请核备案。

三、建设厅呈，据海丰县具缴建设局长陈宝瑾履历，转请核予任命。

四、民政厅呈，据澄迈县具缴公安局长欧阳东履历，转请核予任命。

五、广州市政府呈缴本年五月份行政报告，请核汇办。

六、西北区绥靖委会〔员〕呈缴九月份工作报告表，请核存转。

七、琼崖绥靖委员呈报，将琼崖各县民间自置枪炮切实检验，从事烙印登记发照，连同条例等，请核备案。

讨论事项

一、建设厅呈，拟具广东省渔业管理规程草案、建设厅渔业管理所组织规程草案、建设厅编发渔船牌照及收费办法草案，请核指遵案。

（决议）修正通过。

二、建设厅呈缴发展琼崖全属交通计划书表图则等，请核办理案。

（决议）交胡、李两委员审查。

三、建设厅呈缴广东全省港务局组织章程，请核指遵案。

（决议）照修正通过。

四、教育厅呈，据省立第八中学校呈，请准予追加预算，似可照准，连同原缴预算书，请核指遵案。

（决议）照准。

五、财政厅呈，为清佃章程第十六条补充例外规定，请核公布施行案。

（决议）照办。

六、财政厅呈复审查民政厅拟设测量队经费预算情形，请察核指遵案。

（决议）照审查意见通过。

七、琼崖绥靖公署呈复，查明前海军陆车战队收用琼山县民陈永富等园地建筑机场，系属需要，该项地价拟请准由省库拨给，并豁免其应纳钱粮案。

（决议）由该县依照土地公用征收法估价呈核，钱粮先行豁免。

八、民政厅提议，汕头市市长翟俊千拟予调省，遗缺委翟宗心署理，请公决案。

（决议）照委。

九、教育厅提议，据省立女中呈，请准予变卖现有小北校地，另购新地建筑校舍，应呈照准，请公决案。

（决议）准照办。交市政府征收。

十、教育厅提议，省立第二农业学校筹办费支付预算书呈请察核祗遵案。

（决议）准派筹备员一人，会同顺德县长筹备，以三个月为筹备期间，筹备员薪水由教育临时费项下开支。

广东省政府第六届委员会
第一百三十四次议事录

十一月四日　星期五

出席者　林云陔　谢瀛洲　朱兆莘　区芳浦　李禄超　林翼中
列席者　刘纪文
主　席　林云陔
纪　录　何启澧

报告事项

一、财政厅呈，据海丰县具缴财政局长陈宝玑履历，转请核明加委。

二、广州市政府呈缴本年六月份行政报告，请察核。

三、东区绥靖委员呈补缴本年二月份至七月份工作报告书，请察核。

四、粤汉铁路广韶段管理局呈缴本年七、八、九三个月工作报告书，请察核。

讨论事项

一、主席提议，关于台山县民黄炳荃等因对于新宁铁路公司收用宁城车站站前余地，不服建设厅之处分提起诉愿一案，现经本府秘书处派员审查完竣，作成决定书，请公决案。

（决议）照审查意见通过。

二、主席提议，关于南海县民陈剑秋等因对于南海县第七区筑路委员会所定之丹佛、樵北两路路线，不服建设厅之处分提起诉愿一案，现经本府秘书处派员审查完竣，作成决定书，请公决案。

（决议）照审查意见通过。

三、陆院长、朱委员、林厅长，会复审查修正广州市保障业主工程师员及承建人规程案意见书，请公决案。

（决议）该项规程应先停止执行，由市府另订简易办法呈候核定。

491

四、教育厅呈，据省立第八中学校呈，请拨给增建附小教室费四千七百七十元，似应照准，检同原缴预算书图说，转讲〔请〕准予拨发案。

（决议）由教育厅临时费拨支。

五、教育厅呈，据省立第七中学校呈，请准予先拨高中农科第一期开辨〔办〕费三千元，似应照准，连同原缴预算书，转请准予照拨案。

（决议）由教育厅临时费拨支。

六、主席提议，关于广州市民谢景胡等不服广州市政府将该诉愿人等由广州市光孝区公民选出市参议员区委员当选资格撤销一案之处分，提起诉愿，经本府秘书处派员审查拟具决定书前来，应如何办理，请公决案。

（决议）照审查意见通过。

七、教育厅呈，第三次教育代表大会经费超过原定预算一千三百四十九元，请准追加案。

（决议）准由教育厅临时费项下拨支。

广东省政府第六届委员会
第一百三十五次议事录

十一月八日　星期二

出席者　林云陔　唐绍仪　林翼中　区芳浦　朱兆莘
列席者　刘纪文　陆嗣曾　曾同春
主　席　林云陔
纪　录　何启澧

报告事项

一、第一集团军总司令部函，据琼崖绥靖委员呈报，拟具检验琼崖各县民间自置枪炮及烙印发照等条例，请备案等情，核与本部简章规定大相抵触，所请备案碍难照准，除饬由该署就近督饬各县遵照本部简章切实奉行，并酌发枪炮照交该署代理填发外，请查照。

二、财政厅呈报，全省契税减征清理期限，由二十一年十一月十六日起至二十二年二月十五日止，继续展期三个月，其余中资捐附捐仍照章程征收，除布告暨通行各县市遵照外，请核备案。

三、建设厅呈缴本月〔年〕九月份下半月工作报告书，及预定行政计划报告表，请察核。

四、民政厅呈缴二十年十月份行政报告书，请核存转。

五、教育厅呈，据罗定县具缴教育局长余澜履历，转请核明加委。

六、广东省银行董事区芳浦等呈复，关于中国国民党广州特别市执行委员会，拟将所存未兑现中纸一万七千四百余元向行免息抵借一案，经职会议决照借在案，请察核。

七、广东省银行呈缴董事会第九次议事录，请察核。

八、西南政务委员会令，自海关新税则颁行后，入口税增加，黠者乘机走运私货，亟应严厉查禁，嗣后如发觉公务人员走私或得贿庇纵情事，一律处以死刑，其长官亦予以处分，各县警卫队或土豪劣绅须由县长负责严究，否则应负失察之咎，奸商则除将私货充公外，仍予重惩，仰转饬所属一体遵照。

讨论事项

一、国立中山大学函送中山大学广东通志馆组织大纲委员会简章，及每月经费预算表，请查照准予补助，并请令行财政厅，自本年十一月份起，按月拨发二千四百二十三元过校，俾充修志经费案。

（决议）照秘书处签注意见函复。

二、建设厅呈缴广东全省港务管理局收支预算暨开办经费预算，请核指遵案。

（决议）照秘书处签注意见通过，该项经费由建设厅筹拨。

广东省政府第六届委员会
第一百三十六次议事录

十一月十一日　星期五

出席者　林云陔　唐绍仪　林翼中　李禄超　区芳浦　朱兆莘
列席者　曾同春　刘纪文　陆嗣曾
主　席　林云陔
纪　录　何启澧

报告事项

一、西南政务委员会令，近闻各机关职员，有邀结俦侣，沉湎于酒楼茶室娼寮旅馆俱乐部，公然赌博，经本会决议严行查禁，分别严予惩处，仰遵照，并饬属一体凛遵。

二、财政厅呈报，由本年十一月份起概行停止搭发军需库券及有奖库券，请核备案。

三、财政厅呈，据南海县转据佛山商会请免予复封中币，自应照办，除将原订揭封付息办法酌予修改分行遵照外，连同改订办法，请核备案。

四、民政厅呈，据宝安县具缴公安局长周宪声履历，转请核予照委。

五、建设厅呈，据开平县民谭双举等请承领县属第七区土名坑狗顶山、白门头山等处荒地，经县查明确系官荒，承领面积与图相符，手续完备，自应准予承领，除发证书外，合将备查一联缴请备案。

六、建设厅呈，据仁化县长呈报，仁犁公路仁化段业已完成通车等情，应否酌予奖励之处，请核指遵。

七、建设厅呈，据广东全省港务管理局筹备处呈缴各项证照式样，大致尚属妥合，转请察核指遵。

讨论事项

一、财政厅呈复，关于吴×承领××祠前荒地一案，查该十八洞官地，依照民十二年官市产权限原案，应属职厅范围，乃职厅于去年派员测勘布告验契竞投之后，该吴×竞转向市财局承领，该局不察，竟予照准，未免侵越权限，应如何办理之处，候令祗遵案。

（决议）由财厅、市府于两星期内会商划分官市产办法后，再行核夺。

二、西村士敏土厂呈，为改筑厂内外马路，经编列预算送董事会，议决厂内之马路改用三合土铺筑，厂外之马路系公共道路，应呈请转令广州市政府饬工务局改筑路面，以利交通，请核分别令复转饬遵照案。

（决议）厂内马路准予改筑，厂外马路由市府筹划。

三、主席提议，关于金合盛等九户代表陈承福因不服教育厅撤销省立第四中学校前校长郑炽昌与金合盛等九户订立展期租赁新约之处分，提起诉愿一案，现经本府秘书处派员审查，拟具决定书前来，应如何办理，请公决案。

（决议）照决定通过。

四、西村士敏土厂呈缴会同建设厅主任秘书陈元瑛、技正文树声，与史密芝公司拟订增设士敏土磨草约，请核示遵案。

（决议）准照办。

广东省政府第六届委员会
第一百三十七次议事录

十一月十五日　星期二

出席者　林云陔　朱兆莘　区芳浦　李禄超
列席者　陆嗣曾　刘纪文　曾同春　梁祖诰
主　席　林云陔
纪　录　何启澧

报告事项

一、西南政务委员会令，据本会秘书处签呈，关于实业部咨请布告，未经由部核准登记各项技术人员停止营业及罚锾处分之限期，至本年十月十日截止一案，若照部定办理窒碍难行，兹依据本会组织条例拟具办法数项，请核定等情，经决议照办，仰即遵照。

二、西南政务委员会令，关于西南对外协会电请迅行修筑钦渝铁路一案，经本会将省府议具预算各项，交李委员蟠等拟具审查报告书前来，经提出政务会议，决议原案存，并同日决议建筑黔粤铁路交粤桂黔三省政府商定办法，设立委员会筹办在案，仰知照。

三、财政厅呈复，核议邮务管理局请准汕局运银来省一案，拟饬将每次运银数量，报由潮海关转厅核发护照方得起运，仍由广州市邮局将每次解到数量报厅，以便稽考，请察夺令遵。

四、建设厅呈，据新会县民陈继耀等请承领县属第十区土名李苑乡后子倍山、狗仔山等处荒地，经县查明确系官荒，承领面积与图相符，手续完备，自应准予承领，除发证书外，合将备查一联缴请备案。

五、建设厅呈，据新会县民汤锦义等请承领县属第九区土名三角沙之虾山等处荒地，经县查明确系官荒，承领面积与图相符，手续完备，自应准予承领，除发证书外，合将备查一联缴请备案。

六、建设厅呈，据新会县民胡立都等请承领县属第九区土名沙堆乡南边村后坑尾后荒山等处荒地，经县查明确系官荒，承领面积与图相符，手续完备，自应准予承领，除发证书外，合将备查一联缴请备案。

七、广东省银行呈，请重申前令，凡政府机关征存税款及一切收入，均须存入职行，如违即予惩处，以免阳奉阴违。

八、建设厅呈复，奉令饬据技术委员会拟就筹建瀹江水力电厂分期进行计划意见书，及预算表，请核转施行。

九、教育厅呈，据郁南县具缴教育局长何树棠履历，转请核明加委。

讨论事项

一、建设厅呈，据广东全省港务管理局筹备处，拟定轮船载客执照及客船准由轮船拖带专照收费及丈量吨数收费表，查所拟大致尚合，转请察核指遵案。

（决议）照办。

二、教育厅呈，据省立工业专科学校呈，请拨发安装发电机棚厂一座预算费八百三十二元，尚属实在，似应照准，连同原书缴请察核指遵案。

（决议）准由教育临时费支拨。

三、西村士敏土厂呈，为职厂预算，拟关于洋工程师一切费用薪金，及所有机器替件之必需费用，概列作临时费报销，仍划入成本计算，至一切建筑房屋，修筑马路，敷设渠筒，及所有增设各种工程费用，则列作特别费开支，划入资产计算，请核示遵案。

（决议）准照办。

四、西村士敏土厂呈缴与史密芝公司定购各机替件清单及函件，请准予备案。又西村士敏土厂董事会呈，准厂长函送与史密芝公司定购机器替件清单函件，经职会决议通过认可，请察核案。

（决议）准照购。

广东省政府第六届委员会
第一百三十八次议事录

十一月十八日　星期五

出席者　林云陔　金曾澄　胡继贤　李禄超　区芳浦　朱兆莘
　　　　　许崇清

列席者　刘纪文　陆嗣曾　梁祖诰

主　席　林云陔

纪　录　何启澧

报告事项

一、西南政务委员会令，准执行部秘书处函知决议：（一）函西南政务委员会令省府转饬各县，按月将所得捐缴解民厅汇解本部。（二）由省府规定不按月缴所得捐惩戒办法在案等由，仰即遵照等因。兹经本府订定各县市缓解所得捐惩戒办法，令行民厅转饬遵照。

二、外交部咨复，关于汕头市开辟外马路第三段割让福音医院院址一案，本部可予同意，检送原卷请查照转知。

三、民政厅呈，据昌江县具缴公安局长符立卿履历，转请核明加委。

讨论事项

一、财政厅呈，准西北区绥靖委员公署函，奉总司令部通令，所有前经减薪各官佐，概自本年九月一日起十足发给，请将九、十两月份经费十足补发等由，应否照办请核示规定，以便遵行，而归划一案。

（决议）绥靖公署系属行政机关，与军队不同，未便照准。

二、建设厅呈，据河南士敏土厂呈报，与礼和洋行购得猪笼磨头尾磨板大小二十四件，共该价毫银五千零四十一元七毫五仙，连同价单转请察核，可否准予由临时费项下开支之处，仍候指遵案。

（决议）准照购，并追加预算。

三、建设厅呈，据广惠长途电话所呈，请依职所核定预算，每月实报实销临时费等情，转请核准令行财厅并转西南政务委员会审计处备案。

（决议）准备案。

四、主席提处〔议〕，关于佛山屠业工会理事欧阳震，对于南海县政府撤销屠业工会原有协约，不服民政厅之处分提起诉愿一案，经本府秘书处派员审查完竣，作成决定书，请公决案。

（决议）照审查通过。

五、国立中山大学函，农业化学系非请准将原日经费移拨实难举办，请查照见复案。

（决议）仍由农林局办理，毋庸移交。

广东省政府第六届委员会
第一百三十九次议事录

十一月二十二日　星期二

出席者　林云陔　金曾澄　李禄超　区芳浦　朱兆莘　许崇清
列席者　刘纪文　梁祖诰　曾同春
主　席　林云陔

纪　录　何启澧

报告事项

一、财政厅呈缴二十一年七月份财政报告书，请核存转。

二、广东省银行呈，为职行前向两广盐运使公署借舰运件，分赴北海及东兴两处，现准函请将代支煤炭费港币三千六百八十元拨还归垫，自应如数照付，请察核备案。

三、西北区绥靖委员呈报撤销肇庆行署，改设驻肇办事处，附具组织章程，请核备案。

讨论事项

一、建设厅呈，拟具招致华侨回国投资及保障实业办法，请察核案。

（决议）候汇案审查。

二、西村士敏土厂呈拟购枕木一千四百条，以便安装运输轨道，共需价银二千三百八十元，请核准购用案。

（决议）准照购。列入资本项下。

三、西村士敏土厂呈复，依照审查意见编造二十一年度经常费预算书，请核分别存转案。

（决议）修炉火砖、其他材料、洋工程师薪水，均列入临时费，由本府代为修正，转呈政委会。

四、秘书处签复，审查河南士敏土厂追加二十年度经常临时两费预算书，拟具意见，请察核案。

（决议）令建设厅派员查明再核。

五、建设厅呈，拟将船舶登记拨归港务管理局兼办，请核指遵案。

（决议）照办。

六、广东省银行呈，职行董事会第十次会议，议决继续签发新币四百万元，录案呈请核示案。

（决议）准备案。

广东省政府第六届委员会
第一百四十次议事录

十一月二十五日　星期五

出席者　林云陔　金曾澄　胡继贤　李禄超　区芳浦　谢瀛洲
　　　　许崇清　朱兆莘
列席者　刘纪文　梁祖诰　陆嗣曾
主　席　林云陔
纪　录　何启澧

报告事项

一、财政厅呈，为中央纸币有奖库券已届第十次抽签还本开奖之期，各机关如持有十月份以前搭发奖券支付证而未领券者，拟请一律改以现金支付，藉清款目，请核备案。

二、建设厅呈缴广东全省港务管理局办事细则，请察核。

三、广州市政府呈报勤勤大学校址拟变更，改迁蟠龙冈、螺冈、石壁等处，请核备案。

四、广州市政府呈缴本年八月份市库收支结算表，请核备案。

五、建设厅呈，据东莞县民张福照等请承领县属第七区土名五姓山、彭屋围、葫芦岭等处荒地，经县查明确系官荒，承领面积与图相符，手续完备，自应准予承领，除发证书外，合将备查一联缴请备案。

六、西南政务委员会令，据广东电政管理局呈，拟将原有路线兼营长途电话，连同章程规则请备案一案，经决议交广东省政府核复在案，抄发原案，仰遵照办理。

讨论事项

一、建设厅呈，据港务局拟具该局员役服装式样图说，转请察核指遵案。

（决议）由秘书处审查。

二、建设厅呈，据技正胡栋朝呈复召集会议大沙头商业区地段估价情形，连同地图会议录，转请察核示遵案。

（决议）所拟开投底价准照办。照底价折收办法未便照准，交财、建两厅及市府定期开投。

三、教育厅呈，据省立第一农业学校请追加本年度经费七千二百元，似应照准，恳准由本厅临时经费项下拨发案。

（决议）准照拨支。

四、广东省银行呈缴修正领用纸币章程第五条条文，请察核备案。

（决议）准备案。

五、东区绥靖委员呈复，核议海丰县拟在梅陇、赤石、后门等处建筑碉楼一案情形，请核赐拨款兴筑案。

（决议）准照补助，由预备金项下开支。

六、秘书处签呈，准西村士敏土厂函送修正临时费预算表，应否照修正原表编入，请察核示遵案。

（决议）准照列入临时费。

广东省政府第六届委员会
第一百四十一次议事录

十一月二十九日　星期二

出席者　林云陔　金曾澄　胡继贤　李禄超　区芳浦　朱兆莘
　　　　　谢瀛洲　许崇清
列席者　刘纪文　梁祖诰　陆嗣曾
主　席　林云陔
纪　录　何启澧

报告事项

一、第一集团军总司令部函，据西北区绥靖委员代电称，南韶路路基虽已筑成，但桥涵未建，行车无期，现拟变更办法，商由一、二军教师职师共筹借二万元，并暂拨南韶路路面款四万元先行购车通行，仍以所得余利照案拨修路面等情，除电复准予照办外，请查照。

二、民政厅呈，据茂名县具缴公安局长岑冕朝履历，转请核予照委。

三、广东省银行呈报第十次董事会会议录，并议决发行汕头新地名券，将前发出旧券逐渐收回，请鉴核备案。

四、粤汉铁路广韶段管理局呈报，本局与黄道强继续批租乌石矿山开采石料应用，缴呈抄约，请核备案。

五、粤汉铁路广韶段管理局呈报，准株韶段工程局函，请将应付丝业国华两银行每月利息另行设法免予扣出等由，除函复照办外，请鉴核。

六、铁道部特派广韶、广九、株韶三路驻路总稽核，呈缴韶乐段八月份更正工程汇报表，请察核。

讨论事项

一、建设厅呈，据全省港务局呈，请在本年份内申请换发轮渡船载客新照者，拟请一律暂收大洋二元，俟二十二年岁首届规定换照期起，然后依照年额征足等情，事关变更定章，应否照准，转请察核指遵案。

（决议）准照减征收。

二、财政厅呈，为续派凌锡华为秘书，检同履历，请核加委案。

（决议）照委。

三、广东省银行董事会呈，为拟办信用放款救济商业，经职会议决由行划出现款一百万元，酌量放出，贷与各殷实商号，并规定联保及限制揭款办法，请核令省行遵照案。

（决议）照准，以一百万为限。

四、西村士敏土厂呈缴与史密芝公司定购电力房材料及替件清单，请核备案。

（决议）准备案。

五、民政厅呈，拟具广东省各县公安局长分局长任用暂行办法、各县呈送公安局长分局长证明资格文件规则、各县公安局所设置员警及支给薪饷暂行办法各草案，请核施行案。

（决议）照修正通过。

六、中国国民党广东省执行委员会函后〔复〕，广东省训育人员党义教师检定委员会办理分区检定事宜，所需第二期经费六百四十三元，应由教育厅拨付，检同组织细则及决议案，请查照如数拨付案。

（决议）由教育临时费项下开支。

七、西村士敏土厂呈，为职厂之碎石机需用替件，经向史密芝公司采取，价目共计美金二千六百二十五元，又运费及保险费美金一百二十四元，合将清单及报价函缴请核准，以便签约定购案。

（决议）准照购，由董事会审核价格。

八、民政厅提议，陆丰县县长范国彦呈请辞职，拟予照准，遗缺委杨幼敏试署；乳源县县长郝××撤任查办，遗缺拟委胡铭藻试署，请公决案。

（决议）照委。

广东省政府第六届委员会
第一百四十二次议事录

十二月二日　星期五

出席者　林云陔　金曾澄　胡继贤　李禄超　区芳浦　朱兆莘
　　　　　谢瀛洲　许崇清
列席者　刘纪文　陆嗣曾　梁祖诰
主　席　林云陔
纪　录　何启澧

报告事项

一、西南政务委员会令，据呈复审查筹划漱江水力电厂一案，饬据建厅转交技术委员会拟具分期进行计划意见书，及工程测勘图表，尚有见地，请核示等情，经提出政务会议决议照准在案，仰即知照。

二、建设厅呈，据琼山县具缴建设局长王尊荣履历，转请察核任命。

三、广东省银行呈，为职行董事会议决准广州市下河盐业公会揭借新币三十万元，月息七厘半，六个月为期，请察核备案。

四、广东省银行呈缴董事会第十一次会议录，请察核。

讨论事项

一、建设厅呈，缴广东全省港务管理局秘书兼总务课课长朱世杰及技正兼管理课课长杜介民履历，请核予任命案。

（决议）照委。

二、财政厅呈复，核议省行呈，以海军踞琼提去海口支行各款内有金融库券基金及代库存款，拟由厅承认一案，查上开各款，省行不任损失，自应由职厅承认损失，归并军事损失案报销，当否，请察夺指遵案。

（决议）照准。

三、东区绥靖委员回电，据张师长电称，前由县召集会议，议决征收戏捐等五项附加，奉省府分别核驳，以致警费不敷势难维持，恳转请准暂时照征等情，可否照准乞电示遵案。

（决议）警卫队经费未有统一办法以前，暂准照旧继续征收。

四、秘书处签呈，审查港务局拟定制服式样图说呈核一案，拟议请核夺案。

（决议）照秘书处签注办理。

五、略。

六、民政厅提议，新委乳源县县长胡铭藻辞不赴任，应予照准，拟改委曾粤珍试署，请公决案。

（决议）照委。

七、主席提议，三年施政计划，拟先推定人员分组审查后，再行汇案审查，请公决案。

（决议）推定林民政厅长、陆院长、何秘书长审查民政事项，区财政厅长、刘市长、朱委员审查财政事项，林主席、胡委员、李委员审查建设事项，谢教育厅长、许委员、金委员审查教育事项，于一星期审查完竣，由各厅长定期召集审查时，各厅主任秘书或厅内重要职员均得列席。

广东省政府第六届委员会
第一百四十三次议事录

十二月六日　星期二

出席者　林云陔　金曾澄　李禄超　区芳浦　朱兆莘　谢瀛洲
　　　　　许崇清

列席者　陆嗣曾　刘纪文　梁祖诰

主　席　林云陔

纪　录　何启澧

报告事项

一、财政厅呈，关于沙田旧照减成报承一案，拟照案续展限三个月，即自本年十二月一日起至二十二年二月底止，请核指遵。

二、监督整理广九粤汉广三铁路委员会，呈缴二十一年九月份三路总稽核签发款凭单月报表，请察核。

三、广东士敏土营业处呈送十一月份营业报告书，请察核。

四、广西省政府冬电，本月东日起将梧州米谷出口捐缴销，俾源源运粤以裕民食，至广肇一带税关应否一体予以便利，敬希核酌。

五、西南政务委员会令，据呈联席会议议决修正广东全省县地方警卫队章程，并将前拟关于警卫队各项章则概行废止，请核备案一案，经报告会议决议准备案在案，除分令第一集团军总司令外，仰即知照。

讨论事项

一、财政厅呈，据五华县查复河口学捐局加抽出口货捐情形，应否准予备案，请核指遵案。

（决议）事关教育经费，且加收数目甚微，应准备案。

二、建设厅呈复，核明西北区绥靖公署接管区内各大公路，拟增设公路股办理，似属可行，请察核办理案。

（决议）准设公路股，惟原列预算过多，应核减为每月支一千二百元，人员不敷分配时，着由该署原有技术人员兼充。

三、建设厅呈复，关于外人在内地养蜂一案，经饬据农林局会同商品检验局、中大等各具检验报告书前来，请核示遵案。

（决议）该项蜂种是否良好，应由农林局会同中大农科研究呈复再行核办，至在内地经营一节，自应禁止。

四、东区绥靖委员有电，韩江警卫营经费拟请暂缓裁减，并令饬财厅仍照原定饷额继续补助案。

（决议）准再展期六个月。

五、建设厅呈缴广东全省港务管理局编造更正二十一年度经常费及开办费预算书，请核分别存转案。

（决议）照准。

六、主席提议，关于台山县民陈灿南等状，为不服建设厅对于曹姓在上泽区内眠秧处即汶阳处田地建筑新村之处分，提起诉愿一案，既经本府秘书处派员审查，拟具决定书前来，应如何办理，请公决案。

（决议）照审查通过。

七、主席提议，关于开平县民刘维纲等状，为不服建设厅对于开平县苍水东路由单水口市至洪圣庙前一段，仍照原线兴筑之处分，提起诉愿一案，现经本府秘书处派员审查，拟具决定书前来，应如何办理，请公决案。

（决议）照审查通过。

八、教育厅提议，奉部令设立体育委员会，现拟将广东全省体育协进会改组为广东省体育委员会，所有原拨补助费一千元，一并拨为该会经常费之用，不另请款，拟具规程，请公决案。

（决议）照准。

九、教育厅提议，拟举办广东省民众体育实验区一所，开办费三千元，每月经常费七百五十元，开办费及本年十二月至明年六月各月经常费，拟暂在二十一年度教育临时费项下拨支，二十二年七月起列入年度预算内开支，检具计划大纲预算书，请公决案。

（决议）准由教育临时费项下拨支。

十、财政厅呈，请继续举办各属沙田清丈登记计划，并限期减征登记费办法，拟先由南番新会两局着手办起，连同计划书预算表等，请核指遵案。

506

（决议）照准。

十一、主席提议，关于徐兆松等以关约未满被迫离校，不服教育厅撤销县判之决定提起再诉愿一案，现经本府秘书处派员审查，拟具决定书前来，应如何办理，请公决案。

（决议）照审查通过。

广东省政府第六届委员会
第一百四十四次议事录

十二月九日　星期五

出席者　林云陔　金曾澄　李禄超　区芳浦　朱兆莘　谢瀛洲
　　　　许崇清
列席者　刘纪文　陆嗣曾　梁祖诰
主　席　林云陔
纪　录　何启澧

报告事项

一、财政厅呈报指定本省纸宝冥镪捐、蜡类专税、颜料专税、广州市筵席捐四项，为省银行第三次发行新币之保证准备，请核备案。

二、财政厅呈报一、二等各县行政经费分别减成支发一案，拟对于县地方款补助费毋庸附带核减，请核准备案。

三、建设厅呈复，核明卸前厅长程天固所缴交代清册无异，请察核。

四、建设厅呈报将东路公路分处名义取销，改为广东建设厅东路公路处，请察核备案。

五、监督整理广九粤汉广三铁路委员会呈缴本年九月份现金出纳月报表，请察核。

讨论事项

一、林厅长翼中、朱委员兆莘、陆院长嗣曾，会同报告审查美孚行在三水县属租置地业一案，拟议请公决案。

（决议）决予租用，惟不得在该处建筑火油仓库，免生危险。

二、建设厅呈缴整理琼崖航政、港务、农业建设分期进行计划，暨矿业大略情形，请察核案。

（决议）列入三年计划。

三、民政厅呈，拟具广东省地籍测量计划书，请核指遵案。

（决议）列入三年计划。

四、民政厅呈，拟就广东省参议会参议员选举总监督事务所及广东省参议会参议员选举各县市监督事务所组织章程，请核指遵案。

（决议）转呈政务委员会。

五、广东省会公安局呈，为建议妥定本市住屋租赁章程，以维市内住民安宁秩序，抄录原案章程，请提会审核施行案。

（决议）请朱委员、陆院长、刘市长审查，并由公安局派员出席说明。

六、广州市参议会呈，造具二十一年度支出预算书，请察核案。

（决议）根据呈由政委会核准之预算，交林民政厅长、区厅长、朱委员审查。

七、教育厅呈，拟具广东省中等学校毕业会考暂行章程，请核指遵案。

（决议）照修正通过。

八、主席提议，关于南海县民陈海生呈诉不服财政厅对于番禺县政府令，饬缴款代领东坛两水渔照之决定，提起再诉愿一案，现经本府秘书处派员审查拟就决定书前来，应如何办理，请公决案。

（决议）照审查通过。

九、主席提议，关于中山县民陈勃典等因与黄审成等争承蚝坦不服财政厅核准黄造采蚝部分之决定，提起再诉愿一案，现经本府秘书处派员审查，拟就决定书前来，应如何办理，请公决案。

（决议）照审查通过。

十、教育厅提议，关于全省第十二次运动大会，已定于二十二年五月内举行，请省府补助一万元，至全市运动大会定于四月举行，可否联合举办以节公帑之处，并请公决案。

（决议）照办。省市政府各拨一万元，并函总部照旧补助一万元，不得劝捐。

十一、建设厅呈，为关于规划皮革厂、住宅区，拟请会同财政厅布告开投，除将投价整理皮革厂，及该处土地，并拨农林局工业试验所搬迁费及建筑费外，所余之款，拟请拨为职厅改良农业之用，请核示祗遵案。

（决议）照准情〔办〕理。

十二、建设厅呈，为拟将开投大沙头商业区地价以十分之三为本厅建设费用，其余拨充省行及农工银行基金，请核示祗遵案。

（决议）并入三年计划中关于财政部分审查。

广东省政府第六届委员会
第一百四十五次议事录

十二月十三日　星期二

出席者　林云陔　金曾澄　李禄超　区芳浦　谢瀛洲　许崇清
列席者　刘纪文　陆嗣曾　梁祖诰
主　席　林云陔
纪　录　何启澧

报告事项

一、西南政务委员会令发技师审查委员会规则，仰知照。

二、财政厅呈报全省契税减征继续展限三个月，派征款数亦应酌量增加，并准土地局先提一厘奖金各情形，请察核备案。

三、财政厅呈，据广州市各戏院剧场联呈，请豁免营业税，碍难照准，为特别体恤起见，暂准减照收入金额千分之二十课税，请察核备案。

四、民政厅呈，据新丰县具缴公安局长黄焕楠履历，转请察核照委。

五、教育厅呈，据鹤山县具缴教育局长宋森履历，转请察核照委。

六、财政厅呈，关于明年广州市营业税课税办法，拟仍援照前定本年临时征收办法办理，俟拟妥具体办法再呈核示，请核备案。

七、中山县训政实施委员会函复，关于梁燊金等请愿将加抽警卫费每亩八毫撤销一案办理经过情形，抄同原会定第九区自治警卫经费办法八条，请查照备案。

八、教育厅呈，据琼山县具缴教育局长王洪光履历，转请察核照委。

九、关于市参议会呈缴修正预算案，昨经本府议决根据呈由政委会核准之预算，交林民政厅长、区厅长、朱委员审查在案，兹查该会预算，前虽由市府转缴到府，惟尚未经呈奉政委会核准，理合报告会议，请更正。朱委员因病出缺，改派金委员审查。

讨论事项

一、浙闽粤桂黔外交视察员函，关于查验侨居广东之外国人护照及发给广州香港澳门间外人通行执照一案，兹经敝处审查草拟甲乙两项办法，送请查照案。

（决议）照修正，转呈政委会察核。

二、建设厅呈，为物价工金日涨，规定运货过低，拟将修正公路规程第四十二条再加修正，请核指遵案。

（决议）照办。

三、东区绥靖委员呈缴转〔韩〕江警卫营请领冬季服装沽价单，请核示遵案。

（决议）交财政厅查明核发。

四、建设厅呈，据广海渔业区管理所呈缴经常费预算表，计每月一千五百五十元，金〔全〕年一万八千六百元，查核尚属相符，连同预算表，请核指遵案。

（决议）照准。由该所收入项下拨支。

五、建设厅呈，拟将加收江澳轮拖渡军费团学费一案撤销，请核指遵案。

（决议）照办。

六、西村士敏土厂呈，为购置门罗计算机一座，购置费用拟列入特别费开支，连同该机样本纸及价值清单，请核准照购案。

（决议）照准。

七、主席提议，关于鹤山县民梁本因对于区大龄承采鹤山县属黄宝坑地方石矿，不服建设厅之处分提起诉愿一案，现经本府秘书处派员审查，造具决定书前来，应如何办理，请公决案。

（决议）照审查通过。

八、广州市政府呈，为关于二十一年度预算，奉令准文到之日下月一日起施行一案，现据所属各机关呈请予以变通，仍从二十一年度内各该款实行开支，或增支之月起根据新预算额报销，似属可行，连同清表，请核转备案。

（决议）转呈政委会察核。

九、教育厅长提议，拟设立社会教育实验区一所，开办费约需一千元，每月经常费约需四百元，此项开办费，及自本年十二月至明年六月之经常费，拟请暂在二十一年度教育临时费项下拨支，至二十二年七月起然后将经常费列入二十二年度预算内支用，检具计划大纲及预算书，请公决案。

（决议）照准拨支。

广东省政府第六届委员会
第一百四十六次议事录

十二月十六日　星期五

出席者　林云陔　金曾澄　李禄超　区芳浦　谢瀛洲　许崇清
列席者　刘纪文　陆嗣曾　梁祖诰　韦汝聪
主　席　林云陔
纪　录　何启澧
报告事项

一、广东治河委员会函，请转行民、建两厅，令饬南、番、顺各县，饬属保护抽收陈村浚河经费，附送修正章程，请查照。

二、民政厅呈缴二十年十一月份行政报告书，请核存转。

三、建设厅呈缴二十一年十月份上半月工作报告表及预定行政计划报告表，请察核。

四、两广省办硫酸厂呈缴六、七、八各月份收支款项清册，请察核。

五、朱委员家属呈报朱委员于十二月十一日因病在寓身故。

讨论事项

一、建设厅呈，据农林局呈，请设立东韩江水源地营林所，营造水源林根本救济水患等情，连同原缴调查报告书及经营计划草案，请核指遵案。

（决议）归并三年计划建设事项。

二、广东省会公安局呈缴修改检查枪照办法，请核通饬各机关一体知照案。

（决议）修正通过。

三、建设厅呈，拟就禁止石牌中山公园及省府合署附近土地卖买条例，请核指遵案。

（决议）修正通过。

四、财政厅呈复，关于淞沪抗日残废军人教养院开办经临费预算案，经预算委员会审查预算尚合，请核明饬遵案。

（决议）经常费照拨，自成立之日起计。

广东省政府第六届委员会
第一百四十七次议事录

十二月二十日　星期二

出席者　林云陔　唐绍仪　金曾澄　区芳浦　谢瀛洲　许崇清
　　　　李禄超

列席者　刘纪文　陆嗣曾　梁祖诰

主　席　林云陔

纪　录　何启澧

报告事项

一、第一集团军总司令部函送广东西北区绥靖委员公署南韶公路行车管理委员会暂行组织章程及编制表，请查照。

二、财政厅呈复，民厅测量队拟购布卷尺，既经查明系为测量宅地所需，似应准予照购，请核明办理。

三、财政厅呈，据琼山县具缴财政局长叶心模履历，转请察核加委。

四、建设厅呈，为潮汕渔业区管理所经已开办，所有澄海潮阳分卡及汕尾分卡应即裁撤，由该所管理，请核备案。

五、建设厅呈，据新会县民梁国之等请承领县属第八区土名下湾坑等处荒地，经县查明确系官荒，承领面积与图相符，手续完备，自应准予承领，除发证书外，合将备查一联缴请备案。

六、教育厅呈缴廿一年七月份行政报告书，请核转备案。

七、建设厅呈缴五和查验所经常费开办费预算书各三份，请核备案，并转审计处及广东特派员公署备案。

讨论事项

一、建设厅呈，拟具矿业取缔规则，请核示公布施行案。

（决议）照修正通过。

二、建设厅呈缴重建徐闻农村垦殖计划及预算，请核示遵案。

（决议）计划通过。预算交金、李两委员审查。

三、西村士敏土厂呈，拟向富国公司承购前借用之卡斗二十个，共价港币一千三百五十元，请核备案转饬建设厅在职厂营业费项下照数拨发案。

（决议）准照购。

四、主席提议，关于吴×因不服广州市政府核准市财局撤销承领河南保安卡外××冈菜地之处分，提起诉愿一案，现经本府秘书处派员审查，拟就决定书前来，应如何办理，请公决案。

（决议）照决定通过。

五、西村士敏土厂呈，请准予照购电焊机一副，以利工程案。

（决议）准照购，由临时费拨支。

广东省政府第六届委员会
第一百四十八次议事录

十二月二十三日 星期五

出席者 林云陔　唐绍仪　金曾澄　林翼中　胡继贤　区芳浦
　　　　谢瀛洲　许崇清

列席者 刘纪文　陆嗣曾

主　席 林云陔

纪　录 何启澧

报告事项

一、西南政务委员会令，各机关请发护照，仍应由本会核发，仰即遵照。

二、财政厅呈，据发行纸币监理委员会呈，议决销毁省行先后带缴之旧币二百万元，录案呈核等情，查所请系照案办理，并为昭示大信起见，应准照办，除令复外请核备案。

三、建设厅呈，据开平县民谭泽年等请承领县属第六区土名凤山、顶牛山等处荒地，经县查明确系官荒，承领面积与图相符，手续完备，自应准予承领，除发证书外，合将备查一联缴请备案。

四、建设厅呈缴本年十月份下半月工作报告表，请察核。

五、西村士敏土厂呈，拟委邓思永为职厂工务处工程师，请核准加委。

六、民政厅呈，据乐会县具缴公安局长史垂青履历，转请核准加委。

讨论事项

一、建设厅呈，据广惠长途电话所呈报，本年八、九月间东江各地水涨杆线被损坏情形，请将该修理费在收入项下拨支等情，连同原缴图表，请核指遵案。

（决议）照准。

514

二、财政厅呈复，广东电政管理局二十一年度岁入岁出概算，经转送审查预算委员会议决照原编预算数目通过在案，检同会议录暨概算书，请核明饬遵案。

（决议）准备案。

三、财政厅呈复，广东省银行二十一年度预算书，经转送审查预算委员会议决照原编预算数目通过在案，连同原书暨会议录，请核明饬遵案。

（决议）照转政委员〔会〕。

四、财政厅呈复，广州市政府及所属各机关二十一年度追加预算案，经转送审查预算委员会分别议决，并送还修正各在案，连同修正预算书暨会议录请核明指遵案。又广州市政府呈缴第二次追加预算书，请核备案。

（决议）照转政委员〔会〕。

五、财政厅呈复，汕头市政府及所属各机关二十一年度岁入岁出概算案，经转送审查预算委员会议决照原编数目通过在案，连同原书暨会议录，请核明指遵案。

（决议）照转政委会。

六、财政厅呈，为汕头市府原缴广东东区绥靖委员公署长途电话军用专线管理处二十一年度概算书及员工名册，经转送审查预算委员会议决照原编预算数目通过在案，连同原书册暨会议录，请核明指遵案。

（决议）照转政委会。

七、财政厅呈复，粤汉铁路广韶段管理局二十一年度上下半期岁入岁出预算书，经转送审查预算委员会议决照原编预算数目通过在案，连同会议录，请核明饬遵案。

（决议）照转政委会。

八、财政厅呈复，广韶广九株韶三路购料委员会二十一年度岁出预算书，经转送审查预算委员会议决照原编预算数目通过在案，连同会议录，请核明饬遵案。

（决议）照转政委会。

九、财政厅呈复，西村士敏土厂二十一年度岁入预算书，经转送审查预算委员会议决照原编预算数目通过在案，检同会议录，请核明饬遵案。

（决议）照转政委会。

十、琼崖绥靖委员呈复，查明前海军总司令陈策提借琼崖公路环海筑路专款情形，拟请仍向陈策照数追还以重路款，请核指遵案。

（决议）事关路款，应照数催还。

十一、主席提议，李容等因不服民政厅，对于增城县长方乃斌撤销批准黄德记等承租市场滩位原案重行开投一案之处分，所为之决定，提起再诉愿一案，经秘书处派员审查，拟具决定书前来，应如何办理，请公决案。

（决议）照审查通过。

十二、【中国国民党】广东省执行委员会函，为党务工作人员训练所第五期特别费亟待需用，抄同原预算书请并转饬财厅十足拨付案。

（决议）照准。

广东省政府第六届委员会
第一百四十九次议事录

十二月二十七日　星期二

出席者　林云陔　金曾澄　林翼中　胡继贤　李禄超　区芳浦
　　　　　谢瀛洲　许崇清
列席者　刘纪文　陆嗣曾
主　席　林云陔
纪　录　何启澧

报告事项

一、监督整理广九粤汉广三铁路委员会呈缴三路总稽核十月份核签各局发款总月报表，请核备案。

二、监督整理广九粤汉广三铁路委员会呈送广九路与广州市政府租借广九铁路路基合同，请察核。

三、十九路军蒋总指挥、蔡总指挥梗电复，谢本府会议决定该军残废军人教养院经费。

四、监督整理广九粤汉广三铁路委员会呈缴三路现金出纳日报表，请核备案。

五、监督整理广九粤汉广三铁路委员会，呈缴三路局本年九月份购料收料数额月报表，请核备案。

讨论事项

一、建设厅呈，拟具劳工造产办法，请核指遵案。

（决议）归入三年计划乡村建设之部。

二、民政厅呈，据广东省地政工作人员养成所呈，拟由十月份起增设专任教员，所有增加经费及野外实习费，均由每月节存项下挪支，造具预算表请核示等情，查所拟办法尚属可行，连同原表，请察核备案。

（决议）照准。

三、教育厅呈，据省立第一师范学校呈，请拨发购置费三千五百八十五元，请转饬财厅准予由本厅临时经费项下照拨案。

（决议）由教育临时费拨支。

四、金委员曾澄、李委员禄超会复，审查建厅所拟重建徐闻农村垦殖农场预算，拟具意见，请公决案。

（决议）照审查意见通过。

五、广州市政府呈复，奉令关于梁海等请设立河面自治区一案，谨将派员分赴河面一带调查结果，请察核指遵案。

（决议）船舶往来地点并无一定，划分区坊殊感困难，应归并附近陆上各区办理。

六、周秘书棠呈复，遵令会同曹、钱两设计委员暨民厅、市府所派委员审核县市呈请解释自治条例疑问一案，拟具审查意见书，请察核指遵案。

（决议）照审查意见呈复政委会。

七、西村士敏土厂呈缴渠道图及平面图，暨渠道材料预算表工值比较表，请核准予照建案。

（决议）照准归入资本项下开支。

广东省政府第六届委员会
第一百五十次议事录

十二月二十八日　星期三

出席者　林云陔　金曾澄　林翼中　胡继贤　李禄超　区芳浦
　　　　谢瀛洲　许崇清

主　席　林云陔

纪　录　何启澧

讨论事项

一、民、财、建、教各厅分组审查三年施政计划完竣，由本府秘书处汇编简表前来，应如何办理，请公决案。

（决议）修正通过。呈报政委会备案，并公布之。

广东省政府第六届委员会
第一百五十一次议事录

十二月三十日　星期五

出席者　林云陔　金曾澄　林翼中　胡继贤　区芳浦　谢瀛洲
　　　　许崇清

列席者　刘纪文　陆嗣曾

主　席　林云陔

纪　录　何启澧

报告事项

一、财政厅呈报，关于琼山营业税准展至二十二年一月始行申报纳税，本年第五、六两期税款免征，请核备案。

二、民政厅呈缴二十年十二月份行政报告书，请核准予存转。

三、民政厅呈缴二十一年一月份行政报告书，请核准予存转。

四、建设厅呈复，奉发修正矿业取缔规则，增订丙丁戊三项内开各节均属立案以前手续，与本厅现拟取缔规则原意微有不同，拟请将丙条改为附则，分为一、二、三条，另纸开列，连同矿业权呈请书、履历保结书式样请核指遵。

五、财政厅呈缴测丈沙田办事通则，请核备案。

六、西南政务委员会令，据呈缴淞沪抗日残废军人教养院预算书表，经决议交预算委员会审核，所有教养事宣〔宜〕，嗣后概由广东省政府监督，并计划于相当时间改为工厂在案，仰即知照。

讨论事项

一、金委员、区厅长、林厅长会复审查广州市参议会预算书草案一案，谨将审查意见并造具预算书，请察核案。

（决议）照审查意见核减。

二、建设厅呈，关于西村士敏土厂安装电灯机件末期欠款及关税，拟由该厂营业溢利项下清付，当否，连同清单，请核示遵案。

（决议）准照支，列入资本账。

三、建设厅呈，为石牌等处荒山现因开辟马路，所经地方如有坟墓自应克日搬迁，所有搬迁费用拟援照西村化学工业场办法，长棺每具发十元，金缸每具发七元，当否，请核指遵案。

（决议）照准。

四、西村士敏土厂呈拟购磨机钢弹共四十五吨，约需港币九千二百余元，请准照购在临时费项下列支案。

（决议）准照购。

五、中国国民党广东省执行委员会函，为省市党部建筑费经奉准在中央党部建筑费项下挪拨补助，惟该款内有未兑现中纸不能十足通用，现因需款孔亟，请转饬省立银行准将该项中纸免息按借毫洋案。

（决议）准向该行商借。

六、第一集团军总司令部函，据南区绥靖委员报告，请酌拨款械以便恢复徐闻各荒乡等情，查所请拨款建筑碉楼一节，应请贵府酌核发给俾资办理案。

（决议）照准由预备金支拨。

七、主席提议，拟就广东省农民银行组织大纲，请公决案。

（决议）照准设立，大纲交李、胡、金三委员审查。

八、主席提议，拟就广东省工商劝业银行章程，请公决案。

（决议）照准设立，章程交李、胡、金三委员审查。

九、主席提议，陈永因不服广东财政厅关于潮安县属外龙溪区屠捐征收办法所为之处分，提起诉愿一案，现经本府秘书处派员审查，拟就决定书前来，应如何办理，请公决案。

（决议）照审查意见通过。

十、主席提议，准财部咨，拟在海关内地设置分卡一案，查与裁厘案内五十里外常关俱须裁撤办法相抵触，诚恐实行之后病商害民，似应咨复财部予以取销，当否，敬候公决案。

（决议）令各海关监督不准设置分卡，呈报政委会察核，咨财政部查照，并分令各区绥靖公署及各县知照。

十一、教育厅提议，省立第九中学校校长右懋准拟另候任用，所遗校长一职拟委梁麟接充，请公决案。

（决议）照委。

十二、广东西村士敏土厂呈，为拟将所定加装之士敏土磨改用白铸铁块作为第三段之内层，请核示遵案。

（决议）准照办。

广东省政府第六届委员会
第一百五十二次议事录

民国二十二年一月六日　星期五

出席者　林云陔　金曾澄　林翼中　胡继贤　李禄超　区芳浦
　　　　谢瀛洲　许崇清
列席者　刘纪文　陆嗣曾
主　席　林云陔
纪　录　何启澧

报告事项

一、建设厅呈,据港务局拟定办公人员制服由局制发,该费用拟在额支余款开支等情,连同原缴各件,请察核指遵。

二、西北区绥靖委员呈报,南韶公路拟改善办法,并拟具施工简章,请察核备案。

三、广东省银行呈送董事会第十二次会议录,请察核。

四、监督整理广九粤汉广三铁路委员会,呈缴三路总稽核十一月份核签广韶、广九、株韶三路发款凭单汇总月报表,请核备案。

五、建设厅呈复,奉发程卸厅长更正总清册,复核尚属相符,请察核。

六、建设厅呈,据潮安县具缴建设局长何海涛履历,转请核予任命。

七、建设厅呈,据高要县民谢作均等请承领县属第三区土名狗迳山等处荒地,经县查明确系官荒,承领面积与图相符,手续完备,自应准予承领,除发证书外,合行将备查一联缴请备案。

八、教育厅呈复,遵将拟议补助庚戌首义纪念初级中学校教席图书仪器等经费缘由,请察核。

九、广州市政府呈复,奉令关于西村士敏土厂厂外马路由市府筹划一事,谨将拟办情形请察核指遵。

讨论事项

一、建设厅呈缴筹办广汕无线电话计划预算,请核饬财政厅拨给款项,以便进行案。

(决议)通过照办。

二、建设厅呈,拟具硫酸厂计划预算,计共需款八十九万九千零三十六元,请核饬财政厅照数拨给俾得办理案。

(决议)通过照办。

三、建设厅呈缴筹办新式机器水结麻纱纺织厂预算,计共需款五十三万八千六百三十八元三角,请核饬财厅照数拨给俾得开办案。

(决议)通过照办。

四、建设厅呈,据广东全省港务局呈,以印刷费不敷,请准将额支余款流用等情,转请察核指遵案。

（决议）照准。

五、建设厅呈复，核议蚕丝改良局傅故局长保光系于民国十七年到任，依照官吏恤金条例，似应按其最后在职时二个月之俸给，给其遗族一次过恤金，当否，请核指遵案。

（决议）照准。

六、建设厅呈复，关于西北区绥靖公署拟设公路股，请照预算原案办理一案，遵令查明南韶路及英清阳连连路工程队已据报结束，请察核办理案。

（决议）交胡、李两委员审查。

七、鹤山县长呈，拟将沙坪镇新市区山仔冈投余地段及县府前无人投承地段，分别拨给县立第一民众教育馆筹备委员会及县筑路委员会设法经营投变，请核指遵案。

（决议）照准。

八、主席提议，关于薛裔理因不服广东财政厅对于陈鹤年报承大沙洲长就围田之决定，提起再诉愿一案，现经本府秘书处派员审查，拟就决定书前来，应如何办理，请公决案。

（决议）照审查意见通过。

九、西村士敏土厂呈，拟与拔拍葛公司定购电力房机器替件，共计毫洋一千七百余元，连同清单及价目来往信函，请核准购用案。

（决议）准购列入资本账。

十、财政厅呈，查前海军据琼，更委文昌等八县长，既非正式委任，所有坐支行政各费应否准予照案报销，请核指遵案。

（决议）既非正式委任，碍难照准。

十一、建设厅呈，据河南士敏土厂呈，为添购三寸半钢弹十吨所需弹价港银二千元，拟由职厂临时费项下动支等情，转请察核指遵案。

（决议）照准。

十二、建设厅呈复，奉令核明西村士敏土厂与陈祥记所订续租码头合约，请将租值在营业费项下照拨一案事属可行，似可准予所请办理案。

（决议）照准。

十三、教育厅呈，据省教育会请将改建议事堂建筑费五万四千元核发等情，查该议事堂日久失修，实有改建之必要，请核指遵案。

（决议）由市政府于下年度预算内拨回四万元。

十四、建设厅呈，拟具筹设新式机器丝织厂意见书，连同预算请核饬财厅照数拨给以便开办案。

（决议）通过照办。

十五、主席提议，二十二年度预算现定于二月二十八日以前编定，送财厅汇编，该项预算除各机关原支经费外，其余实施三年计划所需之经费应否列入。又三年计划实施期间系从一月一日起计，而二十二年度预算则从七月一日起计，自一月一日起至六月止，因实施三年计划所需之经费，应如何编列请公决案。

（决议）二十二年度预算，应将实施三年计划所需经费列入。本年一月起至六月止实施三年计划所需经费，应于实施时提案核定后追加预算。

十六、广州市政府三年施政计划，请公决案。

（决议）交胡委员、李委员、刘市长审查。

十七、建设厅呈，请设立琼崖实业局，拟具组织章程请核示遵案。

（决议）准设局。章程及预算交胡、金、许三委员审查。并委朱赤霓为局长。

十八、建设厅提议，赶筑韶坪公路九坪东段土石方及桥涵墙栏工程预算，合共一十四万四千二百零一元四毫，请核准追加，饬财厅一次过拨发以利工程案。

（决议）照办。

十九、民政厅提议，琼山县县长郑里镇拟与海丰县县长郑里铎对调，恩平县县长吴仕湘呈请辞职拟予照准，遗缺委梁庆翔试署，请公决案。

（决议）照委。

广东省政府第六届委员会
第一百五十三次议事录

一月十日　星期二

出席者　林云陔　金曾澄　林翼中　胡继贤　李禄超　区芳浦
　　　　谢瀛洲　许崇清
列席者　刘纪文　陆嗣曾
主　席　林云陔
纪　录　何启澧

报告事项

一、西南政务委员会令复，关于广东省河民船船员公会呈，为海关管理航海民船航运章程，第三条呈请注册觅铺签保一节窒碍难行一案，本案仍由该省政府拟办呈核，仰即知照。

二、西南政务委员会令，据广东电政管理局呈报筹设粤省东北两路通达三南地方电报情形，缴呈图册请核示一案，经决议准由各县征杆办理，在广东省内，由省政府令绥靖区及各县署照办，在三南方面，令香军长饬属照办，仍须造具预算呈核在案，除分令外仰即遵办。

三、贵州省政府卅电，查建筑黔粤铁路一案关系黔粤交通甚巨，除随即派员会筹外，谨先电复。

四、建设厅呈，据新会县民陈继业等请承领县属土名李范乡后马山、浮云山等处荒地，经县查明确系官荒，承领面积与图相符，手续完备，自应准予承领，除发证书外，合将备查一联缴请备案。

五、外交部咨，为本部视察专员朱兆莘因病逝世，兹派甘介侯为视察专员，前赴贵省暨邻近各省视察，请查照接洽。

六、外交部俭日邮电，为中俄邦交业经恢复，本部为利便管理俄侨计，转请饬属将苏俄及白俄各侨民之现状及职业详细调查，分别列表迅寄本部。

七、军政部咨，为要塞图原版系国防机密，归民政机关保存殊属不合，兹规定办法，概由参谋本部保存，请查照办理。

八、内政部咨，准江苏省政府咨请解释新闻纸杂志登记疑义一案，兹经分别解释，除咨复外，请查照转饬知照。

九、财政厅呈报通令各县长及所属各征收机关，各承商凡有税收在一元以上者，一律征收省行新币及兑现中纸，不得以毫银缴纳，请核准备案。

十、财政厅呈，据潮安县具缴财政局长苏燮廷履历，转请核明加委。

十一、广东士敏土营业处呈缴二十一年十二月份营业报告书，请察核。

十二、实业部咨送召集渔盐会议纪录及修正渔业渔会两法施行规则条文，请查照。

讨论事项

一、主席提议，关于姚寄园因不服本府对于汕头市商店光华等号运输银锭银毫出口所为之处分，提起诉愿一案，现经本府秘书处派员审查作成决定书，请公决案。

（议决）照决定通过。

二、胡委员继贤、李委员禄超，会复审查发展琼崖交通计划书表意见，请公决案。

（议决）交实业局参照计划办理。

三、建设厅呈，拟具招致华侨回国投资及保障实业办法，请察核案。

（议决）由民政厅参照本办法拟定具体方案。

四、设计委员会呈送审查农林局救济本省农业五项计划意见书，请察核案。

（议决）连同意见，交建设厅参酌补入三年计划。

五、建设厅呈，据广海渔业区管理所拟具船牌执照册据样本，请准制发给领等情，拟请准由职厅制发具领备用案。

（议决）准照办。

六、教育厅呈，拟收用本市北郊外土名三元里地段为省立第一职业学校校址，绘拟校址面积图则，请核行广州市政府查勘明确布告征收，并酌定价格由厅发给案。

（议决）准照办。

七、教育厅呈，据省立第一女子中学校呈，请发给购置费三千五百五十九毫六仙，似应准予照拨，连同原缴预算书请核准由本厅临时项下照拨案。

（议决）准照拨。

八、建设厅呈复，遵令会同中山大学将本省应〔设〕测候所雨量站意见核议情形，连同筹设广东气象台意见书，请察核施行案。

（议决）照办。总台由市政府办理，分台经费由建厅拟定筹款办法。

九、教育、财政两厅会复，核议上海吴市长电请拨助上海广肇公学大洋五万元一案，拟酌予拨助毫洋一万元，当否，仍候指遵案。

（议决）一次过补助一万元。

十、财政特派员、财政厅长会呈，议拟将教育厅增设第五科接办中上学校军事训练，经费月支一万七千五百一十二元改定由省库支付，当否，请核明转呈政委会核示遵办案。

（议决）照办。

十一、淞沪抗日残废军人教养院筹备委员会函，为本院经常费经蒙议决照拨，惟开办费一项未蒙提及，非请指拨的款难于观成，请察照原案核准拨发案。

（议决）本府前时捐助之款，及向各界捐得之款，可作为开办费之用，不必再拨。

十二、广州市政府、广韶段铁路管理局会呈，拟订修改西南桥工程设计付款办法，订立合约缘由，抄同合约及付款表，请核指遵案。

（议决）照办。

十三、西村士敏土厂呈复，遵令更正拟增建锌铁贮煤仓一座预算，连同图表请迅予核定以利工程案。

（议决）照办。列入资本账。

十四、西村士敏土厂呈，为展缓挖掘河港土方工程期限，连同挖泥机每月经费预算表，请核赐备案。

（议决）交董事会核议。

十五、主席提议，拟就广东省调查统计局组织章程，连同经费预算请公决案。

（议决）照案通过。

十六、民政厅呈，奉令准政委会审计处函，以测量队暂行组织规程暨经临各费预算表数目不符，送还转饬核明更正一案。又临时购置仪器物品预算表等缴核，仍请令财厅查照核发，俾便订购案。

（议决）准照购。

广东省政府第六届委员会
第一百五十四次议事录

一月十三日　星期五

出席者　林云陔　唐绍仪　金曾澄　林翼中　胡继贤　李禄超
　　　　　区芳浦　谢瀛洲　许崇清
列席者　刘纪文　陆嗣曾
主　席　林云陔
纪　录　何启澧
报告事项

一、行政院令，查中央及地方各高级机关之得拍发国际政务电报者，其英文名称各处电台尚有未能详悉，致收报时常有误会，仰迅将本机关英文名称呈院以凭汇转。

二、实业部咨请查照国府通令育苗造林成案，饬属将本年办理育苗造林情形限文到三个月内汇咨过部，以凭考核转报。

三、实业部上海商品检验局函知兽医专科学校第一期学生已将毕业，如需要是项人才请随时见示。

四、民政、财政厅会复，核明汕头市修正自治公债章程尚属妥协，似可准予照办，请核备案。

五、财政厅呈缴二十一年八月份财政报告书，请核存转。

六、民政厅呈缴二十一年二月份行政报告书，请核存转。

七、教育厅呈缴二十一年八月份行政报告书，请核存转。

八、广州市政府呈缴二十一年九月份市库收支结算表，请核存转。

九、河北省政府咨送第二林务局征集国内各地林产种籽表，请查照饬所属林业机关广为选择优良种籽，填表分别径寄该局试种。

十、中国国民党中央执行委员会西南执行部函送取缔各大小报纸刊登淫亵新闻办法，请查照转饬广东省会公安局、广州市政府分别转饬辖内各通讯社及报社知照，暨公布周知。

十一、西南政务委员会秘书处函复，关于实业部咨送奖励工业技术暂行条例及细则，请查照布告周知一案，经本会决议照行在案，请查照办理。

十二、行政院令发修正陆军官佐考绩条例及附表，仰知照，并饬属一体知照。

十三、外交部咨送查验外人入境护照规则内附表式，请查照转饬各外人入境地点查验机关遵照，分别按月照式详细填报。

十四、广东省银行呈报东兴办事处成立日期，请备案。

十五、西南政务委员会令发公务人员月捐额数表，仰遵照转饬自本年一月起按月径解广东民众援助东北义勇军大会核收。

十六、驻闽绥靖公署主任蔡廷楷鱼日电报就职日期。

十七、北平人民自卫指导委员会鱼日电报成立委员会，进行募集款项物品接济抗日前敌将士，并协助政府巩固后方防务工作，请察照一致奋起协助。

十八、广西民众抗日救国委员会虞日电报，沈变发生张学良坚持不抵抗主义，现又坐失榆关，应请中央政府迅予撤职正法，并速调大兵收复失地，望各省一致主张，并充分准备，为抗日后盾。

讨论事项

一、金委员、陆院长、刘市长会复，审查修正广州市暂行取缔住屋租赁章程一案，拟将原章程第六条第一项"欠租三个月以上者"改为"欠租两个月经屋主定期限催告而仍不支付租金者"，其余照秘书处审查意见办理案。

（议决）照审查修正通过。

二、胡、金、李三委员会复，审查广东省农民银行组织大纲拟议修

528

改各条，请公决案。

（议决）照审查通过。

三、财政厅呈，请修正广东全省沙田登记章程第二条条文，以便直接办理登记案。

（议决）照准。

四、财政厅呈，据东莞县呈，为地方款短绌，拟请在钱粮项下补助每月一千八百元以六个月为限等情，应否照准，事关动支省税，请核示办理案。

（议决）将地方财政调查整理后再行核办。

五、建设厅呈，据广惠长途电话所呈，为惠州支所业已迁妥，应支租项二十五元，请准照前案在惠州城市电话经常费预算案内所列租项二十元支给，不敷之五元拟由东莞支所盈余租项移支等情，转请核准令饬财政厅存案备查案。

（议决）照准。

六、建设厅呈缴广东河南士敏土厂追加修理炉窑费预算书，请核指遵案。

（议决）照准。

七、广州市政府呈，据广州自来水管理委员会呈，请增加课长工程师俸薪，及酌加委员薪额，应否准予所拟，转请察核示遵案。

（议决）照准。

八、主席提议，关于曾慕新因不服建设厅对于东莞清东、清约两路线争执之处分，提起诉愿一案，现经本府秘书处派员审查，作成决定书前来，应如何办理之处，请公决案。

（议决）照审查意见通过。

九、钦县县长呈，请转饬财厅拨给钦合路石方桥涵费及土方开筑费合共一十二万五千六百一十四元，俾着手兴筑，以利交通案。

（议决）交建厅审查。

十、秘书处签呈，查本府二十一年度预算，自减成领费以后，委员会及秘书处经费每月预决算比对不敷九百余元，前项不敷之数多因下级人员及什役等薪工微薄十足支发所致，兹拟援照二十年度减成领费期内奉准移项流用前例办理，请核准转呈西南政务委员会备案。

（议决）照准。并转呈备案。

十一、主席提议，关于刘汉英对于取销刘子榆通缉一案，不服民政厅所为之处分提起诉愿到府，经由秘书处派员审查，作成决定书，请公决案。

（议决）照审查意见通过。

十二、建设厅呈，据广韶、广九、株韶三路购料委员会呈，请修理汽车，该费二百三十五元除动支临时费外，不敷之数拟在节存项下支销等情，应否准予所请之处，候令祗遵案。

（议决）照准。

十三、民政厅呈报，刊印广东省救济失业回国华侨概况一书，所需印刷费三千六百一十二元一毫五仙，业援案在职厅所存赈款项下开支，请察核备案。

（议决）照准。

十四、财政厅呈，为职厅第五科科长缪任衡已奉调充省河烟酒稽征分局委员，所遗第五科长职务已派谢永年接充，检同该员履历，请核赐加委案。

（议决）照委。

十五、教育厅呈，据省立第三中学校请拨给建筑校舍补助费二千八百零六元六角似应照准，连同原缴各件，请核准在本厅临时经费项下如数照拨案。

（议决）照拨。

十六、广州市政府呈，为市参议会系二十一年十月成立，月支经费系按照钧府前次核定预算数目办理，现奉颁发该会预算额较原案数目加多，应由何月份起依照开支，请核示遵案。

（议决）自该预算确定后之下一月起支。

十七、西村士敏土厂呈报，照约支给解职洋工程师尼臣回国旅费港币二千元，应列入特别费项下开支，请核备案。

（议决）照准。

十八、主席提议，拟就广东省县长考试典试委员会办事细则、广东省县长考试事务处章程，请公决案。

（议决）通过。并定三月一日为考试日期。

十九、广东高等法院函，为筹建广东及〔反〕省院，拟请拨用绥定炮台为院址，暨由省库及法院划款建筑并组会办理一案，现奉西南政务委员会令复决议照办，并令第一集团军总部在案，请查照办理案。

（议决）照办。由财厅分期筹拨。

二十、教育厅提议，省立第五中学校校长李蔚霞拟着另候任用，所遗校长一职拟以钟高光接充，请公决案。

（议决）照委。

广东省政府第六届委员会
第一百五十五次议事录

一月十七日　星期二

出席者　林云陔　唐绍仪　金曾澄　林翼中　胡继贤　区芳浦
　　　　　谢瀛洲　许崇清　李禄超
列席者　刘纪文
主　席　林云陔
纪　录　何启澧
报告事项

一、行政院令，奉国民政府公布政务官惩戒委员会处务规程，抄发原件仰知照，并转饬所属一体知照。

二、行政院令，奉国民政府公布政务官惩戒委员会秘书处组织规程，抄发原件，仰知照，并转饬所属一体知照。

三、行政院令，奉国民政府公布进口货物原产国标记条例，抄发原条文，仰知照，并转饬所属一体知照。

四、行政院令，奉国民政府公布商品检验法暨实业部商品检验局组织条例，抄发原条文，仰知照，并转饬所属一体知照。

五、行政院令，奉国民政府修正监督地方财政暂行法，抄发原条文，仰知照，并转饬所属一体知照。

六、行政院令，奉国民政府公布中华民国红十字会管理条例，抄发原件，仰知照，并转饬所属一体知照。

七、行政院令，奉国民政府公布师范学校法、职业学校法，抄发原件，仰知照，并转饬所属一体知照。

八、行政院令，奉国民政府公布中学法、小学法，抄发原件，仰知照，并转饬所属一体知照。

九、行政院令，奉国民政府修正中华民国国民政府组织法第三十条及第四十八条条文，抄发原件，仰知照，并转饬所属一体知照。

十、行政院令，奉中央政治会议议决，各省戏院电影院及娱乐场所附加赈捐救济东北难民一案，经饬据内、财两部会订办法及实施日期，除准照办外，抄发原办法仰遵照办理。

十一、行政院令，奉国民政府交办立法院解释工会理监事任期，应自当选之日起计算一案，抄发原件，仰知照，并转饬所属一体知照。

十二、行政院令，准考选委员会函知委员长等接事日期，仰知照。

十三、行政院令，据军政部呈报废除各级军旗并规定废除日期一案，抄发军旗历史表仰知照。

十四、西南政务委员会令，准执行部函，关于第一集团军总司令，拟将特别感化院改由省政府或高等法院办理一案，经决议改归最高法院办理，其防范方法可与第一集团军商办，至地址可与省政府及第一集团【军】商办在案，仰即遵照。

十五、西南政务委员会令知，决议派本府主席兼任广东省县长考试典试委员会委员长，林翼中、谢瀛洲、区芳浦、何启澧、杨熙绩、曹受坤为委员。

十六、西南政务委员会令，外交部咨以中法越南商约案请将粤省税则如何规定，税率有无增改查复一案，经列报政务会议照查复在案，仰迅将本案情形查明详复外交部。

十七、行政院令，奉国民政府公布海上捕获条例及捕获法院条例，抄发原件，仰知照，并转饬所属一体知照。

十八、行政院令，奉国民政府公布军机防护法，抄发原件，仰知照，并转饬所属一体知照。

十九、外交部咨，为澳门葡舰干涉测量薯茛岗下村沙田一案，经本部向驻华葡使提出抗议，转饬葡舰及澳门当局，将扣留物件迅予交还，以后不得再有此种举动。

二十、贵州省政府主席尤国才东日电告就职日期，请查照。

二十一、民政厅呈，据救济失业回国华侨办事处呈，请给发棉被棉衣等件，分发各侨御寒等情，经饬购发，在赈款项下拨支，请核备案。

二十二、广东治河委员会函送促成团董会办法提议书，请查照通饬所属一体知照。

二十三、东区绥靖委员呈报绥靖经过情形，至今后措施俟三年计划细则颁发再行遵照办理。

二十四、北平朱庆澜庚电，东北沦亡，时逾一载，近复悍然不愿〔顾〕，袭我榆关，热边警报亦复频传，凡我海内外同胞，务希一致奋起，输财效力各尽其能。

二十五、中国国民党广东省执监委员会鱼日邮电：日寇已深，请一致奋起誓死抵抗。

讨论事项

一、许、胡、金三委员会复，审查建设厅琼崖实业局组织章程及经临两费预算一案，查本章程第三条，应否加入关于商港之设计事项一款，其余尚妥，经临两费预算亦属可行，请公决案。

（议决）章程照草案通过，预算交财厅再核。

二、胡委员、李委员会复，审查西北区绥靖委员公署增设公路股职员薪工暂行编制表所列各项，拟议修正各点，请公决案。

（议决）应否照准，叙案呈政委会核示。

三、教育厅呈，请将前奉核定拨发省立第二农业学校开办费一万元饬令财厅照拨，连同预算表，请核示遵案。

（议决）照发〔拨〕。

四、民政厅呈，据围洲斜阳管理局呈，为辖内盗匪案件应否归局办理，奉颁组织章程并未规定等情，拟议请核指遵案。

（议决）准援用县市政府现行规程办理。

五、财政厅呈复，关于中山县沙田登记援用广东都市土地登记条例办法应予取销，以昭划一案。

（议决）仍照沙田专章办理。

六、财政厅呈，为重行修正广东全省沙田清丈章程及清丈田亩测绘条例、广东财政厅清丈沙田测量队队务规则，除分别令发各测丈队切实执行外，合将该修正章则缴请察核备案。

（议决）交秘书处审查。

七、建设厅呈复，遵令查明河南士敏土厂请追加二十年度经临两费支付预算情形，请核指遵案。

（议决）交李、胡两委员审查。

八、建设厅呈，据广东全省港务局呈，请将全省船舶证照附加征收开办航海讲习所等情，所请不为无见，连同原缴意见书章程预算，请核指遵案。

（议决）准照办，章程预算交谢厅长、金委员审查。

九、胡、金、李三委员会复审查广东工商劝业银行章程，拟修正各条，请公决案。

（议决）修正通过。转呈政委员〔会〕察核备案。

十、西村士敏土厂呈缴与禅臣洋行订购火车头仔车卡钢轨等合约，此项购置费用，应改列入特别费项下开支，请核赐备案。

（议决）照准列入资本账。

十一、西村士敏土厂呈拟购电流变压器及电流闲〔间〕断器各一具，价值港币九百元，此项购置应列入特别费项下开支，划入资本计算，抄同史密芝公司报价函，请核准照购案。

（议决）照准。

十二、琼崖抚黎专员陈汉光鱼电，决于本月底在万宁县城开全琼黎民首领大会，乞迅拨大洋千元俾资应用，如另有衣物赏赐各首领，盼早交来，候电示遵案。

（议决）由民政厅派员会同抚慰，并由赈款项下筹拨。

十三、主席提议，关于缝业职工代表柳寿华等不服省会公安局颁布取缔成衣店规则，提起诉愿一案，现经本府秘书处派员审查完竣，作成决定书，请公决案。

（议决）照审查通过。

十四、主席提议，关于欧阳石旺等因不服民政厅将何佳汉村划入山洲乡管辖之处分，提起诉愿一案，现经本府秘书处派员审查，作成决定书，请公决案。

（议决）照审查通过。

十五、主席提议，关于黎美堂等因不服民政厅对于德庆县第三区抽收经纪捐发生警卫队格毙人命一案之批示，提起诉愿到府，经由秘书处派员审查，作成决定书，请公决策。

（议决）照审查通过。

十六、广东省县长考试典试委员会函，请酌拨费用三千元，一俟考试事竣，再行实支实报，请核定饬库拨支案。

（议决）照拨。

广东省政府第六届委员会
第一百五十六次议事录

一月二十日　　星期五

出席者　林云陔　唐绍仪　金曾澄　林翼中　胡继贤
　　　　李禄超　区芳浦　谢瀛洲　许崇清
列席者　刘纪文　陆嗣曾
主　席　林云陔
纪　录　何启澧

报告事项

一、西南政务委员会令，据呈复关于广州市政府暨民政厅请解释县市地方自治条例适用疑问各案，审查意见经提出政务会议，决议照审查意见办理在案，仰知照，并分别转饬知照。

二、财政厅呈，据发行纸币监委会呈报，议决继续销毁旧币一百万元等情，查所请系依照章案办理，应准照办，请察核备案。

三、财政厅呈复，奉令据琼山县民叶贻芹状，以祖遗田亩被琼州农林试验场收用产价未给一案，合将核免叶必盛等户粮额保留余地各情形加具印结，请核备案。

四、财政厅呈，据乐会县具缴财政局长陈干材履历，转请察核加委。

五、财政厅呈，据台山县具缴财政局长唐瑞东履历，转请察核加委。

六、建设厅呈，据台山县具缴建设局长凌炎履历，转请察核加委。

七、建设厅呈，据新会县民刘鸿等呈请承领县属第一区土名合兴社后山侧面金等处荒地，经县查明确系官荒，承领面积与图相符，手续完备，自应准予承领，除发证书外，合将备查一联缴请备案。

八、西北区绥靖委员呈缴二十一年十一月份工作报告表，请核存转。

九、广东省银行呈缴董事会第十三次议事录，请察核。

十、广州市政府呈缴二十一年七月份行政报告，请察核。

十一、广东省会公安局呈，关于查验外国人护照及发给外国人通行执照一案，另制侨居广东境内之外国人调查表，请核分令各县市遵行。

十二、行政院侵电，各省一律开放米禁并彻底取销米麦捐，永远不再抽收，仰饬属切实遵办。

十三、训练总监朱培德冬日邮电，奉国府令特任兼代训练总监部训练总监，已于一月二日到部任事。

十四、河北省政府咨，据实业厅呈，据农事第六试验场请征集优良农产种子一案，检同原表请查照，转饬农业机关选择径寄。

十五、建设厅呈缴二十一年十一月份上半月工作报告书，请察核。

十六、教育厅呈报，据广东全省体育协进会改组为广东省体育委员会，分别函聘谢瀛洲等为该会委员，指定谢瀛洲、雷鸿堃、黄启明为常务委员，请察核备案。

十七、国立北平研究院函请饬属征集艺术陈列所、理工陈列所物品送院。

十八、广东士敏土营业处呈缴二十一年八月十五日起至十二月底止营业报告书，请察核。

讨论事项

一、财政厅呈，为卸中山县长黄××亏欠库款，交代延不结报，应否按照公务员交代条例分别惩处，请核指遵案。

（议决）该卸县长交卸将及两年，尚未交代清楚，应再限两个月内交代清楚，否则依交代条例第十条查封财产，通缉归案办理。

二、财政厅呈，续派张资模为职厅秘书，检同该员履历，请核赐加委案。

（议决）照委。

三、民政厅呈，据中央国医馆广东省分馆呈，请设法就市内指拨公地，并每月赐拨的款等情，究应如何办理之处，仍候指遵案。

（议决）准每月补助二百元。

四、建设厅呈，据工业试验所呈，拟在积存项下拨款九百元购置小汽车一辆，以为办公代步之用等情，事关临时动支节存公款，可否准行，请核指遵案。

（议决）不准。

五、琼崖绥靖委员呈，为依照绥靖会议议案，拟定劝导垦荒暂行办法，请核指遵案。

（秘书处签拟意见）查琼崖一岛，孤悬四面，环海各属虽地方辽阔，而荒芜遍地，粮食产额不足，恒靠外粮输入，一旦有事何以自给，现绥靖公署所拟劝导垦荒办法实属要图，核与国有荒地承垦条例亦无不合。惟本府对于开发琼崖已有琼崖实业局之设，此种垦荒事项应属实业局职掌。又查该局组织章程第四条已规定增加粮食产额为先着，似宜将该区所拟办法令发该局切实执行，一面令复绥靖公署协助督促，以明权责而利推行，是否有当，仍请公决。

（议决）照秘书处签注办理。

六、广州市政府呈复，饬据财局勘明省立第一女子中学校变更收用校址一案情形，请核夺饬遵案。

（议决）栅寮每间补给二十元，余照拟办理。

七、粤汉铁路广韶段管理局呈复，关于拨支广韶、广九、株韶三路购料委员会经费，拟仍照三路平均负担以符名实，请核指遵案。

（议决）仍交铁路整委会复核。

八、西村士敏土厂董事会呈复，核议刘厂长呈报关于挖掘土方工程展缓期限，及挖泥机每月所需经费一案情形，请察核案。

（议决）准备案。

九、西村士敏土厂呈缴董事夫马费及各项杂费表，请核准作专案核销分别存转案。

（议决）除董事夫马费外，其余由该厂经常费内临时项下开支。

十、主席提议，关于洪志远因不服建设厅核准汕头市瑞平马路西段中线之处分，提起诉愿一案，现经本府秘书处派员审查，作成决定书，请公决案。

（议决）照审查意见通过。

广东省政府第六届委员会
第一百五十七次议事录

一月二十四日　星期二

出席者　林云陔　金曾澄　林翼中　胡继贤　李禄超　区芳浦
　　　　谢瀛洲　许崇清
列席者　刘纪文　陆嗣曾
主　席　林云陔
纪　录　何启澧

报告事项

一、行政院令，奉国府令通饬遵照公务人员服用国货办法办理一案，抄发原办法，仰遵照，并饬所属一体遵照。

二、财政厅呈缴二十一年九月份行政报告书，请核存转。

三、民政厅呈缴二十一年三月份行政报告书，请核存转。

四、民政厅呈缴二十一年四月份行政报告书，请核存转。

五、教育厅呈缴二十一年九月份行政报告书，请核存转。

六、建设厅呈缴二十一年十一月下半月工作报告表，请察核。

七、建设厅呈，据议生丝检查所长李巨扬仍兼该所技正不支兼薪，至副所长杜树桐兼理总务事务，该薪额由该所经费自由挪移，以免追加经费，当否，请核指遵案。

八、粤海关监督呈复，奉令关于领事检证货单照旧办理，凡香港专员检证者不准放行一案，遵将办理情形，请察核。

九、粤汉铁路广韶局呈缴局务会议议事录，请核备案。

538

十、建设厅呈，据廉江县具缴建设局长黄纲履历，转请核准加委。

十一、建设厅呈拟改善各船舶牌照纸色及征收手续办法，连日照费收据式样，请核备案。

十二、西南政务委员会令，据本会技师审查委员会呈，请转行各省通饬将在职之农工矿技术人员及技师姓名履历限期填报等情，自应照准仰即遵照办理。

十三、西南政务委员会令，准立法院孙院长科电达就职日期，仰知照，并转饬知照。

十四、军政部航空署函，请查明该地飞行场数目大小位置附绘略图详复。

十五、外交部咨，准驻华美使照称奉政府令，派顾博尔为驻广州本国副领事，请查照循例接待。

十六、内政部咨，为关于县政府所属各局长科长及其地佐治人员之任用，嗣后应一律依法由县长遴员呈委，以符法令。

十七、行政院令，奉国民政府公布狩猎法，抄发原条文，仰知照，并转饬所属一体知照。

讨论事项

一、西南政务委员会令，据广东陆军庚戍〔戌〕首义同志纪念会执委会呈请拨给补助费一案，仰遵照办理案。又广东陆军庚戍〔戌〕首义同志纪念会执委会呈同前由。

（议决）转省党部。

二、建设厅呈，为河南士敏土厂合办期满，拟照章由职厅收回自办以专责成，请核指遵案。

（议决）照办。

三、广州市政府函复，广州市三年施政计划业经会同胡、李两委员审查完竣，并酌予修正，请提会核定案。

（议决）修正通过。

四、中山县呈复，遵令查明总理故乡信史情形，连同总理家谱四修谱序暨世系图，请察核案。

（议决）函送西南执行部核办。

五、整理三铁路委员会呈报，粤汉路广韶局请购煤水车轮箍五十件一案，经职会议决与鲁麟洋行订购，检同抄约，请核备案。

（议决）准购。

六、西村士敏土厂呈缴装土机及练斗机需用替件及窑部化验室需用物品清单，与史密芝公司报价函，请迅予核准照购案。

（议决）准购。

七、西村士敏土厂呈缴各处课办事细则，及工场管理规则，暨会计规程，请察核备案。

（议决）准备案。

八、民政厅提议，查本厅秘书陈肇燊已调署台山县长，所遗职务拟请委任王仁佳补充，检同该员履历，请公决案。

（议决）照加委。

九、民政厅提议，查本厅视察张远峰、梁庆翔已委署县长，所遗职务拟请委任云茂钵、李誉德补充，检同该员履历，请公决案。

（议决）照加委。

十、主席提议，拟委陈达材为调查统计局局长，请公决案。

（议决）照委。

广东省政府第六届委员会
第一百五十八次议事录

一月二十七日　星期五

出席者　林云陔　金曾澄　林翼中　胡继贤　区芳浦　谢瀛洲　许崇清

列席者　刘纪文　陆嗣曾

主　席　林云陔

纪　录　何启澧

报告事项

一、行政院令，奉国民政府公布法律施行条例，抄发原条文，仰知照，并饬所属一体知照。

二、行政院令，奉国民政府公布法律施行到达日期表，抄发原表，仰知照，并饬所属一体知照。

三、行政院令，奉国民政府公布修正铁道军运条例第十八条条文，抄发原修正条例，仰知照，并饬所属一体知照。

四、行政院令，奉国民政府令准中央政治会议函，准陈委员公博提议，拟订参加芝加哥博览会征集中国政府专馆出品标准经决议照办一案，通饬遵办等因，抄发原提案，仰遵照，并饬所属一体知照。

五、行政院令，准中央民众运动指委会函，据报湖南码头笼籍垄断情形，此项陋习，其他各省类多有之，请饬严予取缔等由，仰即转饬所属严行查禁。

六、行政院令，准司法院咨复解释公务人员可否兼任报社职务疑义一案，仰知照，并饬所属一体知照。

七、行政院令，准司法院咨复解释诉愿管辖疑义一案，仰知照，并饬所属一体知照。

八、内政部咨，奉行政院令知，司法院解释国籍法第三条第二项第一款声请归化人住所疑义一案，请查照，并饬所属一体遵照。

九、内政部咨，为关于已经声请登记尚未领到登记证之报纸，经该管县市政府及党部会同证明，各地邮局仍应准予立券，请查照转饬知照。

十、建设厅呈，据港务局呈，以制服徽章向少用银色成例，拟请准该局办公人员制服仍用金线徽章，请核指遵。

十一、民政厅呈缴二十一年五月份行政报告书，请核存转。

十二、广东省银行呈缴董事会第十四次会议录，请察核。

十三、外交部咨准和兰杜使来照，以澳国政府任命 H. L. Ockermiiller 为驻上海名誉领使，请查照依例予接待。

十四、整理三铁路委员会呈送二十一年十一月份广韶、广九两路局现金出纳月报表，请核备案。

十五、粤汉铁路广韶段管理局呈报筹开韶黎段工程列车经过情形，检同发行临时客票规则及办法，请核备案。

十六、粤汉铁路株韶段韶乐总段工程处呈，将二十一年十二月份进行情形连同旬报表，请察核。

十七、广东邮政管理局呈，为近查各地军政机关团体每将公文或信函露封或剪角，强使邮局按照印刷物类资费收寄，于邮章不合，请发布告张贴，俾照章贴足邮票以免纠纷。

讨论事项

一、民政厅呈，拟具围洲斜阳管理局警察所组织章程草案，请核指遵。

（秘书处签拟意见）查部定各级公安局编制大纲及民厅前订市县公安局分局组织章程，均无警察所名称，惟围洲斜阳管理局系属特别设置，现章系根据该局组织章程第九条拟定，条文亦简明适合，似可照准。但本章第六条规定设警察十二名以上，内以一人为警长，实力究嫌薄弱，虽现时或因财力所限，然将来地方事业发展时不免为条文所拘束，故拟于第六条之"应"字改为"暂"字。至第七条拟改为"警察所得斟酌地方情况酌增警额，或于属内适当地点设置警察分所，届时由所长拟呈管理局转呈民政厅核准"。其原文第七、八、九条挨次改为第八、九、十条，所拟是否有当，仍候公决。

（议决）照办。

二、建设厅呈复，审查钦县所呈土方工程概算尚非昂贵，请核办理案。

（议决）准拨列入下年度预算。

三、建设厅呈，据工业试验所呈，拟修葺房屋，该费共毫银二百九十八元四毫，拟在前任节存项下拨支等情，检同原缴估价单，请核指遵案。

（议决）照准。

四、西北区绥靖委员呈报组织英德、阳山、连平等三县匪产清查委员会原由，连同各该组织章程举报办法委员姓名表等，请核转备案。

（议决）交民政厅核议。

五、广东省会公安局呈，拟具三年警政设施计划概要，请核汇案办理案。

（议决）通过。

六、广东省银行呈，为职行董事会议决修正广东省银行条例第十一条条文，录案请核指遵案。

（议决）照修正通过。

七、整理广九粤汉广三铁路委员会呈，据广九铁路管理局呈，奉部令饬筹付中英公司酬金借款，兹拟从二十二年一月起每月筹付英金二百镑，至本年十月份止计二千镑，即清付该公司二十一、二两年酬金，自〔其〕余积欠仍拟俟财力稍裕再图清还等情，转请察核指遵案。

（议决）照准。

八、西村士敏土厂呈缴火砖图则，及拟购火砖替件，清单价函，请核备案。

（议决）准照购。

九、主席提议，关于陈贞年因承领本市法政路边即原日丁贵巷地段一案，不服财政厅所为之处分，提起诉愿到府，现经秘书处派员审查，作成决定书，请公决案。

（议决）照审查通过。

广东省政府第六届委员会
第一百五十九次议事录

一月三十一日　星期二

出席者　林云陔　金曾澄　林翼中　胡继贤　李禄超　区芳浦
　　　　谢瀛洲　许崇清
列席者　刘纪文　陆嗣曾
主　席　林云陔
纪　录　何启澧

报告事项

一、中国国民党中央执行委员会西南执行部漾电，本部一月二十三日常会决议：（一）忠告国联何以至今仍不履行其盟约上所应有之责任。（二）为保持东亚及世界和平起见，中国除一面实行抵抗外，要求国联适用国际盟约第十六条以制裁日本等议在案。事关救国前途，务请一致主张。

二、西南政务委员会令，据呈缴广东省农民银行组织大纲，请核准俾公布施行一案，经提出政务会议决议照准在案，仰知照。

三、内政部咨，查第二次全国内政会议案内有实行县长久任，并严禁滥荐以期政治修明一案，经大会决议送内政部采择施行在案，检同原案请查照，并转饬民政厅遵照。

四、内政部咨，查第二次全国内政会议案内有省府各厅行政，应采用连锁式以促进全省政治之健全一案，经大会决议送内政部采择施行在案，检同原案请查酌办理。

五、实业部咨送修正度量衡器具检查执行规则，请查照转饬主管机关一体遵照。

六、建设厅卸任厅长程天固、兼代厅长林云陔会同呈报交代接收清楚情形，请核备案。

七、建设厅呈，据新会县民李伟德请承领县属第九区土名野鸭塘等处荒地，经县查明确系官荒，承领面积与图相符，手续完备，自应准予承领，除发证书外，合将备查一联缴请备案。

八、建设厅呈，据梅县县民李惠三等请承领县属第三区土名椒子、炭顶、中心岽、新开路等处荒地，经县查明确系官荒，承领面积与图相符，手续完备，自应准予承领，除发证书外，今将备查一联缴请备案。

九、财政厅呈报，会同教育厅开投省立二中校地收存产价情形，请核备案。

十、财政厅呈，据德庆县具缴财政局长陈锦昌履历，转请核明加委。

十一、民政厅呈缴二十一年六月份行政报告书，请核存转。

十二、民政厅呈缴二十一年七月份行政报告书，请核存转。

十三、民政厅呈缴二十一年八月份行政报告书，请核存转。

十四、教育厅呈缴二十一年十月份行政报告书，请该存转。

十五、广州市政府呈缴二十一年十月份市库收支结算表，请核存转。

十六、整理三铁路委员会呈缴二十一年十二月份月报表，请察核备案。

十七、整理三铁路委员会呈缴检查三路现金报告汇总表，请察核备案。

十八、中国航空协会哿电决定每年"一·二八"为"航空救国运动周"。

十九、广州市民众防空委员会哿电，本会于本月十六日正式成立开始办公。

二十、军政部兵工署长俞大维函告于一月十七日接事，请查照。

讨论事项

一、第一集团军总司令部函复，准送广东各县地方警卫队惩奖抚恤规程草案，规划周详，深表赞同，请即通饬遵行以昭划一案。

（议决）通过。

二、琼海关监督呈复，奉令各海关不准设置分卡一案，谨将设置海关分卡之权责关系及需要情形，请核夺施行案。

（议决）行各区绥靖公署及各海关监督，就设置分卡各地点查明设置之理由，能否杜绝走私，及与原来设关章程有无违背，分别拟后〔复〕，再夺。

三、秘书处签复，奉饬审查修正广东财政厅清丈各属沙田测丈队队务规则暨测绘条例，查修正之章则系因原章则与现时状况多不适合，故其修正多在制度方面，似尚可行，谨将原章不同之点分别详列，请察核案。

（议决）照修正通过。

四、教育厅呈，为本厅向无置有公用汽车，现有汽车均由私人借用，职员因公往来常感不便，现拟由本厅二十一年度节余经费项下，拨支毫银五千二百元购置汽车一辆，以备公用，请核指遵案。

（议决）照准。

五、西村士敏土厂呈缴与禅臣洋行定购生石膏合约，请核备案。

（议决）准照购。

六、建设厅呈，请将兴筑虎门沙大、威武、克敌三军路建筑费二万九千元，令饬财政厅照拨案。

（议决）分期筹拨。

七、谢厅长、金委员会复，审查广东省港务局拟办航海讲习所组织章程意见书，请公决案。

（议决）照修正通过。

八、设计委员会呈，拟请延聘各项专门人才组织国计研究会，连同组织大纲，请核施行案。

（议决）修正通过照办。

九、建设厅呈，拟将存储省行未兑现中纸向该行抵押现金，以应急需，请核饬该行遵照案。

（议决）应自向省行商借。

十、教育厅长提议设立广东省立实验民众教育馆一所，拟在净慧公园内划地建筑教育馆，连礼堂一座中心纪念馆一座共需费十二万元，拟向社会热心人士募集，不足之数则由省派留学生经费章〔节〕余项下拨支，至开办经常各费，拟列入二十二年度预算内开支，检具建筑图则，请公决案。

（议决）地点由教育厅、市政府会商再夺。

十一、中国国民党广东省、广州特别市执行委员会函，据广州市民众防空委员会呈报，决定改抽全市铺屋租捐一个月分两期征收等情，请转饬省会公安局查照办理案。

（议决）照办。

十二、中国国民党广东省、广州特别市执行委员会函，据广州市民众防空委员会呈报，决定于二月五日开始提取有奖义会奖金二成等情，请转行财厅查照办理案。

（议决）照办。

广东省政府第六届委员会
第一百六十次议事录

二月三日　星期五

出席者　林云陔　金曾澄　林翼中　胡继贤　李禄超　区芳浦
　　　　　谢瀛洲　许崇清

列席者　刘纪文　陆嗣曾

主　席　林云陔

纪　录　何启澧

报告事项

一、西南政务委员会令，据琼海关监督呈，请颁定租界汽车驶入国境管理章程，以重国权而维关税等情，此案关系地方交通事业，自应由该省政府议订管理章程呈候核办，抄发原呈，仰即遵照办理。

二、西南政务委员会令，据呈报审查西北区绥靖公署请增设公路股一案，经政务会议决议仍在前次追增三千元开支，毋庸再行追加等因，仰即转饬知照。

三、财政厅呈复，奉饬拨助上海广肇公学毫洋一万元，拟由本年度预算内列教育临时费项下动支，请核指遵。

四、财政厅呈缴二十一年十月份行政报告书，请核存转。

五、财政厅呈请将全信、长安两银号司理及经手办理人通缉归案，以凭追究欠款。

六、建设厅呈，据兴宁县民陈震球等请承领县属东厢高陂堡土名螺坑障等处荒地，经县查明确系官荒，承领面积与图相符，手续完备，自应准予承领，除发证书外，合将备查一联缴请备案。

七、教育厅呈，据省立第六中学校呈为梅关税局奉令取销，该局原补助职校经费每月一百元请予维持等情，转请令行财政厅照数拨补以维教育。

八、民政厅长呈报率同本厅职员出巡增城县视察情形，请察核。

九、民政厅呈报，据钦县呈为该县西区上年禾蚀成灾，颗粒无收，恳拨赈款五千元救济灾民等情，已令准在赈款项下拨给一千元具领散赈，请备案。

十、财政厅呈报金融库券第二期第五个月抽签入选末尾号码，请核备案。

十一、广州市政府呈缴二十一年八月份行政报告书，请核存转。

十二、琼崖绥靖委员呈报委任各县警卫队编练处正副主任，附呈姓名表，请核备案。

十三、五省外交视察专员甘介侯函报就职日期，请查照。

十四、禁烟委员会咨请依法查禁业经化验含有毒质各种戒烟成药。

十五、参谋本部函复，准检送全省长途电话路线图，嗣后关于此项建设如有变更或增加，仍希随时见示以便参考。

十六、财政部咨，关于公司工厂商号需用硝磺一案，请饬所属将需用各户户名以及年需数量查明列册送部查考。

十七、内政部咨，为第二次全国内政会议关于各省应限期举办土地整理等各案经合并讨论，决定原则二项，由大会通过在案，录案请查照办理。

十八、内政部咨，为第二次全国内政会议关于土地测量各案经合并审查，决定原则三项，由大会决议照审查意见由内政部咨行各省注意在案，录案请查照。

十九、内政部咨，为第二次全国内政会议关于广西省请严禁运宰耕牛以维农业案，经大会决议由内政部通行各省注意在案，请查照转饬办理。

二十、行政院令，据外交部请通令各省市政府照章保护伊刺克侨民一案，仰即转饬所属一体知照。

二十一、军事委员会北平分会交际委员会勘日电报，于本月二十四日启印开始办公。

二十二、陕西党务特派员办事处真日邮电，望一致主张请中央迅调全国军队赴前方坚决抗日。

讨论事项

一、主席提议，关于陈××等因争承山场不服财政厅所为之决定提起再诉愿一案，现经本府秘书处派员审查，作成决定书前来，应如何办理，请公决案。

（议决）照审查通过。

二、主席提议，拟就县地方警卫队经费管理委员会组织章程（草案），请公决案。

（议决）修正通过。

三、民政厅呈，据番禺县呈报会勘中大林场情形，转请核示饬遵案。

（议决）交市政府将旧地图查勘明确，拟具办法呈候核夺。

四、民政厅呈复，奉令关于第五次全省代表大会提议设法振兴实业收容失业华侨救济贫民生计一案，谨将拟议情形，请核指遵案。

（议决）施行三年计划关于实业建设部分，尽先收容失业华侨及失业民众，令建设厅、市政府遵照办理。

五、民政厅呈，拟定本厅测量队暨各市县土地局成立日期，并补缴土地局开办费预算表，请核指遵案。

（议决）交财政厅核复。

六、财政厅呈复，遵令查明琼崖十三县只有澄迈等四县被前海军提去款项，开列清折请核指遵案。

（议决）除有海军司令部及财政处正式印收之款准作军事损失外，其余分别追还。

七、中国国民党广东省、广州特别市执委会函，据广州市民众防空委员会造具每月支出预算书，转请查照如数拨给案。又函送该会开办费预算书，请并案讨论。

（议决）照准，由市政府筹拨。

八、整理三铁路委员会呈复，奉饬核议粤汉铁路广韶段管理局请由三路平均负担购料委员会经费一案，查该局所呈不无理由，此后购料会经费拟照准由三路平均负担，但株韶局所应负担部分，暂由广韶局按月代付，当否，仍候指遵案。

（议决）照准。自本年一月份起。

九、西村士敏土厂呈复，关于职厂二十一年六月份经费十足开支，系因并未奉有九成支发经费原令在先，而职厂成立在后之故，请核赐转复案。

（议决）该厂系营业机关，准十足支付。

十、李、胡两委员会复，奉交审查河南士敏土厂请追加二十年度经临两费支付预算一案，查该厂呈请追加预算，不在预算期内办理，而远在预算期之后，殊属玩延，且请追加之数复达六万余元之巨，难辞办事疏忽之咎，惟案经建设厅派员调查，据报所请追加总散各数尚属相符，似可姑予照准，当否，仍候公决案。

（议决）照准。

十一、财政厅呈，为奉令议决前海军更委文昌等八县长，非正式委任，所支行政各费碍难照准一案，惟其交代应否仍照向例令委监盘会核结报，又拨支行政犯粮各款与及地方等款，应否准销，请核指遵案。

（议决）准派监盘会核结报，犯粮及地方款仍准核销。

广东省政府第六届委员会
第一百六十一次议事录

二月七日　星期二

出席者　林云陔　金曾澄　林翼中　胡继贤　李禄超　区芳浦
　　　　谢瀛洲　许崇清
列席者　刘纪文　陆嗣曾
主　席　林云陔
纪　录　何启澧

报告事项

一、西南政务委员会令，据呈建设厅办理商业注册关于商业注册簿及三联证书未奉颁发，请核示等情，兹由本会颁发证书式样，仰饬印制呈会加印，至注册簿一项，准由该厅自行印发各县市应用，仰转饬遵照。

二、民政厅呈缴二十一年九月份行政报告书，请核存转。

三、民政厅呈缴二十一年十月份行政报告书，请核存转。

四、民政厅呈缴二十一年十一月份行政报告书，请核存转。

五、民政厅长呈报出巡四邑及南路各县经过情况，连同各县警务状况及警卫队调查表，新会、开平、鹤山等三县地图，请察核。

六、教育厅呈，据琼东县具缴教育局长崔煜光履历，转请核明加委。

七、教育厅呈，据德庆县具缴教育局长梁存适履历，转请核明加委。

八、财政厅呈，关于契税减征续再展限三个月，照原派征额加二派征，请核备案。

550

九、民政厅呈，据番禺县呈报，县属侨民村全村被焚，请予赈济等情，业经在赈款项下拨给五百元散赈，请察核备案。

十、广韶、广九、株韶三路购料委员会呈报代广九路局先后购煤情形，附具前次交收经过表，此次商人投标表，连同抄约，请察核备案。

十一、广州市民众防空委员会有代电，暴日侵略不已，惟有率领同志与全国民众，随我抗日之当局以救危亡等语。

十二、朱庆澜艳日电报义军抗敌经过情形。

十三、热河汤玉麟俭日电告敌于有宥两日大举图开，经我骑兵崔旅奋力击退，麟守土有责，除督饬严阵御侮外，希予指示或赐援助等语。

十四、青海省党务特派员办事处虞代电知上中央执行委员会电文一通，请一致主张，以救国家危亡等语。

讨论事项

一、主席提议，关于鲁卫堂因不服广州市政府对于承领东北郊乌龙冈及其相连后冈一案所为之处分，提起诉愿到府，经秘书处派员审查，作成决定书前来，应如何办理之处，请公决案。

（议决）照审查意见通过。

二、广东省会公安局呈，为前奉颁发关于查检侨居广东境内之外国人护照办法，第四条规定缴手续费大洋二元，与现令附发之查验外人入境护照规则施行细则第八条规定，"查验员查验护照不得向外人索取任何费用"，似有出入，究竟应否征收手续费，请核指遵案。

（议决）仍照外交部查验外人入境护照规则施行细则第八条办理。

三、广东省会公安局呈复，将余家广因犯案查封陶家巷第四第六两号屋业拟照案投变，得价扩建光孝分局操场经过情形，请核指遵案。又余陈氏状，为不服公安局违法封屋，拘押无罪，请制止召变，将屋撤封交还管理，并将氏子释放案。

（议决）交胡委员、金委员、陆院长审查。

四、西村士敏土厂呈复，代河南士敏土厂还市立银行利息八百余元缘由，开列清单，请察核案。

（议决）照准。

五、财政厅呈复，关于西北区绥靖委员请每月补助南雄县政费七百五十元一案似可照准，拟由二十二年二月份起拨助，仍以六个月为限，当否，请核示案。

（议决）照准。

六、鲜鱼行联志堂呈，为泮塘鱼栏地址，系由路局拨给，迭经各机关核准有案，讵近有成业公司向法院控告敝行永丰泰栏占用坦地，现奉判决返还原告营业等词，联恳将案撤销，仍归行政官厅办理，并令饬广韶路局迅与该公司理明以省讼累案。

（议决）查黄沙地方前由粤汉铁路收用，并指定泮塘建筑鱼栏，若指定地点有民业在内，自应由市政府查勘明确估价，函知广韶路局发还，并函高等法院查照。

七、教育厅提议，拟增主管体育督学一员，该员薪水拟在二十一年教育临时费项下拨支，至七月以后则入二十二年预算，请公决案。

（议决）照准。

广东省政府第六届委员会
第一百六十二次议事录

二月十日　星期五

出席者　林云陔　金曾澄　林翼中　胡继贤　李禄超　区芳浦
　　　　　谢瀛洲　许崇清
列席者　刘纪文　陆嗣曾
主　席　林云陔
纪　录　何启澧

报告事项

一、中国国民党广东省、广州特别市执行委员会函，据广东民众援助东北义勇军大会呈，请转饬公安局带征住户救国月捐，检同原附办法，请查照转饬遵办。

二、广东高等法院函，将拟请实行设立清理积案第二庭及将清理积案第一庭，暨原日分配各庭清理积案推事一律展限一年，以资清理各缘由，请查照。

三、民政厅呈报二十一年十一、十二两月出巡南路各属及派员赴琼崖调查各项旅费，经在本厅历月结存视察旅费项下开支，请察核备案。

四、建设厅呈缴二十一年十二月份上半月工作报告表，请察核。

五、建设厅呈，据韶坪公路工程处呈报韶乐段第一、二期改造桥梁预算，请察核。

六、财政厅呈，为各区绥靖公署奉准增加经费，拟请准予追加预算，以便支付，请核明令遵。

七、广州市政府呈，据市立银行呈拟发行二毫凭票二十五万元，查该行所请系为活动金融适应市面需求起见，尚属可行，除指令准予照办，并饬将关于发行准备照额妥为筹足外，请核备案。

八、广东省会公安局呈缴现行取缔荐人馆规则，及新拟取缔荐人馆章程，请核准备案。

九、整理三铁路委员会呈缴二十一年十二月份广韶、广九、株韶三路职员升调任免月报表，请核备案。

十、广东士敏土营业处呈缴本年度一月份营业报告书，请察核。

讨论事项

一、财政厅呈，准教育厅咨请将赵辉补助三百元转给与第三次环市赛跑冠军之袁天成，应否准照转给之处，请核示遵案。

（议决）照准。

二、民政厅呈，据广东省地政工作人员养成所呈缴二十一年度四月起至六月止，每月经常费预算一万七千七百三十九元零四分，及临时费预算三万四千五百九十元，查核尚属核实，请核准追加案。

（议决）准加入二十二年度预算。

三、教育厅呈报省立第十三中学校校长符瑞五办理不善，自应撤换，遗职因开学在即，经先委陈继福接充，连同该员履历，请核准追认案。

（议决）照准。

四、建设厅呈，准第一集团军总部函请迅速完成河源经忠信和平通定南公路，计石方工具及架桥工料等费共需一万二千五百一十二元五毫，请准追加预算，饬由财厅将款照拨，至将来对于各县负担石方及桥涵材料运费，应如何补偿之处，并候指遵案。

（议决）准照拨。

五、中山县长呈复，查明拱北关税务司拟在草图界线建筑铁篱不无顾虑，应否会同划界设篱之处，仍候指遵案。

（议决）设置铁篱虽可防范走私，惟与国境问题有关，似应缓设，转呈政委会核办。

六、执信学校呈请令行财政厅迅予拨足职校每月经费五千元案。

（议决）交财厅核复。

七、广州市商会呈，为敝会所存省行之款为各行商人会份，为会中办公费用，与普通存款不同，乞令行广东省银行准予发回毫银应支，以维会务案。

（议决）应由该会自向省行商酌办理。

八、财政厅呈，为关于在厅直接办理沙田登记案件，对于减征及征解两点，请核指遵案。

（议决）照准。

九、民政厅呈，据茂名县呈复查明张锦芳之梅篆大塘及铺屋被封原因，现已处分未便发还，至请照当时开投价额备款领回，应否照准，请察夺案。

（议决）该项产业经已处分，依法不能发还。至能否照当时投价额备款领回，应自向现在管业人商议办理。

广东省政府第六届委员会
第一百六十三次议事录

二月十四日　星期二

出席者　林云陔　金曾澄　林翼中　胡继贤　李禄超　区芳浦
　　　　谢瀛洲　许崇清
列席者　刘纪文　陆嗣曾
主　席　林云陔
纪　录　何启澧

报告事项

一、内政部咨，为第二次全国内政会议议决征工兴办水利一案，请查照原案办法督饬办理。

二、内政部咨，为第二次全国内政会议议决，关于规定各省市县地方官吏直接巡视乡区，以周察民隐一案，检同原案，请查照参酌办理。

三、外交部咨，准古巴毕使照会派驻香港领事罗美诺兼管广东等各省领事职务，请查照循例接待。

四、教育厅呈，据连平县具缴教育局长黄本康履历，转请核明加委。

五、教育厅呈缴本厅组织法及办事细则，请核备案。

六、教育厅呈，请准将派赴留美技正罗明燏学费及治装旅费等改由本厅留学各国学生费项下拨支。

七、教育厅呈缴二十一年十一月份行政报告书，请核存转。

八、民政厅呈缴二十一年十二月份行政报告书，请核存转。

九、广州市政府呈报本市河芳花警卫队改为保安后备队成立管委会情形，连同组织章程委员名单，请核备案。

十、汕头市政府呈报庆承堂应领补价硬地及海坦面积图，请核指遵。

十一、三水县呈缴关于"一·二八"国难①死亡官兵张君等乙种调查表，连同证明书，请核转军政部核办。

十二、东莞明伦堂沙田经理局整委会呈报举出林直勉、陈达材、朱念慈三人为常务委员，暂代秘书长职权，请准备案。

十三、整理三铁路委员会呈缴株韶局二十一年十一月份现金出纳月报表，请备案。

十四、粤汉铁路广韶段管理局呈报广三段材料厂办公室火灾始末情形，并将各部分因灾损失公物汇列清册，请核指遵。

十五、秘书处签呈，查关于查验外人入境护照办法经奉议决，照外交部查验外人入境护照规则施行细则第八条办理在案，前发甲乙两项办法似应修正，令行公安局、民政厅知照，并饬广州市政府转函各国领事

---

① 指1932年1月28日驻沪十九路军奋起抵抗日军进攻的事件。

查照，当否，请核示。

讨论事项

一、财政厅呈复，关于筹建反省院费用由库支之六万元分六个月拨付，由法院支之五万二千元请转函该院拨款后，取据列批抵解，并请将此项建院费追加预算案。

（议决）照办。

二、财政厅呈复，奉令审核琼崖实业局经费预算一案，拟议核减办法，请核分别饬遵案。

（议决）照办。

三、民政厅呈复，核议西北区绥靖委员呈缴英德、阳山、连县各县匪产清查委员会组织简章、举报匪产办法一案情形，请察核办理案。

（议决）照厅核拟办理。

四、广州市政府、广东民政厅会呈，奉饬核议张景初等状请分别禁革有伤风化之医药广告一案，经派员会同拟具取缔医药广告规则五条前来，查核尚无不合，应否按照施行之处，请核指遵案。

（议决）照修正通过。

五、教育厅呈，据仲恺农工学校呈缴拟容纳广东街坊民建筑砖瓦上盖请求之订约程序，及批约通稿，转请察核令复以便饬遵案。

（议决）准备案。

六、广州市政府呈，据广州市河芳花保安队后备队管委会请补助经费一案，拟由市库按月补助经费二百五十元，应否准予追加预算，仍候指遵案。

（议决）照准追加。

七、新会县呈，为饬据县属东北方第二、三、四、五区联防办事处呈，请照旧抽收江澳轮拖渡前缴东北局团学费，以维教育等情，请核指遵案。

（议决）交教育厅查明再核。

八、广汕铁路常务筹备员龙思鹤等呈报会议筹备情形，拟请先行借拨职会开办及经常各费毫银一万元，俟股款收有成数即事缴还，连同会议录规程预算表，请核指遵案。

（议决）准借拨一万元，章程及预算交建设厅核议。

九、西村士敏土厂呈，为遵令更正收支清册，请核分别补入收支，并将透支款项数目迅予如数拨给案。

（议决）交董事会复核。

十、三铁路购料委员会呈报，代广九局向宝琳洋行订购车底轮轴四辆，缴同抄约，请核备案。

（议决）准备案。

十一、主席提议，拟就广东省公务员甄别审查暂行章程，请公决案。

（议决）修正通过。

十二、主席提议，拟就广东省县佐考试暂行章程，请公决案。

（议决）照修正通过。

十三、主席提议，拟就广东省公务人员训练所章程，民政、财政、教育、建设等组学员选送入所训练办法、县长县佐考试及格人员选送入所训练办法、开办费及每月经费概算表，请公决案。

（议决）章程及办法交许、金、胡三委员审查。预算交财政厅审查。

十四、主席提议，关于张××因与东莞××堂××××局××会系争××公园××园地段一案，不服财政厅所为之决定提起再诉愿到府，现经秘书处派员审查，作成决定书前来，应如何办理，请公决案。

（议决）照审查通过。

十五、主席提议，据秘书处编造本府委员会及秘书处二十二年度由七月份起至二十三年六月份止岁出概算书前来，请公决案。

（议决）交财政厅汇编。

十六、建设厅提议，拟托美国麦基厂设计工程专家计划钢铁厂，合将各情呈请察核示遵案。

（议决）准先设计，其设计费归入将来之筹备费开支。

广东省政府第六届委员会
第一百六十四次议事录

二月十七日　星期五

出席者　林云陔　金曾澄　林翼中　胡继贤　李禄超　区芳浦
　　　　谢瀛洲　许崇清

列席者　刘纪文　陆嗣曾

主　席　林云陔

纪　录　何启澧

报告事项

一、内政部咨，为第二次全国内政会议议决应提高各厅视察员地位及待遇一案，抄同原提案，请开示意见见复。

二、内政部咨，为第二次全国内政会议议决编发区乡镇公约大纲一案，抄同原案并浙江省拟订区乡镇自治公约注意要项，请查照办理。

三、实业部全国度量衡局函，请从速完成度量衡划一案及将最近实施概况见复。

四、财政厅呈报，关于开平县提出故匪花红购置机关枪械一案情形，连同单据粘存簿，请核指遵。

五、民政厅呈报率同本厅职员出巡花县视察情形，请察核。

六、建设厅呈，据开平县民张智等请承领县属第三区土名剩颈山等处荒地，经县查明确系官荒，承领面积与图相符，手续完备，自应准予承领，除发证书外，合将备查一联缴请备案。

七、教育厅呈缴二十一年十二月份行政报告书，请核存转。

八、广东省银行呈报依照整理计划于二月八日开始将一元、一百元两种中币实行验换，请核备案。

九、粤汉铁路广韶段管理局呈报，局务会议议决增加货客运价案，拟自本年二月十六日起实行，连同客票运价各表，请核备案。

讨论事项

一、民政厅呈，据鹤山县请示关于实施三年计划所需经费应列入县库或地方款开支等情，查本省各县实施三年计划所需经费究应如何拨支，敬候令遵以便转饬遵办案。

（议决）应列入地方款开支。

二、建设厅呈，据广韶长途电话所呈缴编造二十一年度岁入岁出预算书及临时费预算书前来，转请核准追加预算，分别行知备案。

（议决）交财政行审查。

三、建设厅呈，据工业试验所缮具职员名表，请准予添设书记兼收发一员，转请察核指遵案。

（议决）照准。

四、建设厅呈拟具广东省营工业组织大纲，请核指遵案。

（议决）交区厅长、胡委员、李委员审查。

五、教育厅呈，据省立第十中学校呈报校舍朽坏，请由本厅临时经费项下拨发毫银一千零三十四元九毫俾资修葺等情，似可照准，连同原缴预算书，请核准转饬财政厅照拨过厅转发案。

（议决）照拨。

六、广州市政府呈缴职府及所属各机关追加二十一年度岁出预算书，请察核备案。

（议决）准备案。

七、主席提议，关于梁定安堂对于被东越公司重领孖鱼嘴冈民业一案，不服广州市政府所为之决定提起再诉愿到府，现经秘书处派员审查，作成决定书前来，应如何办理，请公决案。

（议决）令市府转饬财局将各种证据送府核办。

八、西村士敏土厂呈，准株韶局函，请将士敏土按数比对抵偿借用材料价款，似尚可行，应否照办，请核指遵案。

（议决）照准。

九、西村士敏土厂呈复，前呈拟购置小车床一副，连同捷成洋行报公函及图请核准照购一案，系经送董事会决议照购在案，请察核令准以利工程案。

（议决）照准。

十、教育厅提议，省立第二农业学校现已筹备完竣，该校校长一职，查有广东省立农业专门学校蚕桑科毕业生谢廷文堪以委任，连同该员履历，提请公决案。

（议决）照委。

十一、民政厅提议，琼东县县长谭庆丰拟予调省，遗缺委李藻兴试署；陵水县县长文乃武拟予调省，另有任用，遗缺委符麟瑞试署；澄迈县长欧阳韶拟予调省，遗缺委李佐炘试署，请公决案。

（议决）照委。

十二、主席提议，南海县民黎××，因不服省会公安局对于×××
×街门牌×号之一、二楼房屋瞒捐一案，所为判罚八百五十八元另补缴瞒额及各捐之处分，提起诉愿一案，经本府秘书处组会审查，作成决定书前来，应如何办理，请公决案。

（议决）照审查通过。

十三、民政厅提议，四会县县长李纪堂拟予调省，遗缺以开建县县长何克夫调署；递遗开建县缺委林乔年试署，请公决案。

（议决）照委。

广东省政府第六届委员会
第一百六十五次议事录

二月二十一日　星期二

出席者　林翼中　金曾澄　胡继贤　李禄超　区芳浦
列席者　刘纪文　陈元瑛　曾同春
主　席　林翼中（代）
纪　录　何启澧
报告事项

一、实业部咨，为总理游〔逝〕世纪念日举行扩大造林运动宣传周，经国府着为定案，兹为期将届，特检同办法清〔请〕查照筹备举行，并将办理情形咨复以便汇报。

二、禁烟委员会咨，请饬属举行考核上年九、十、十一、十二等四个月禁烟成绩，并将办理情形，咨转过会，以凭汇核。

三、中国国民党湖北省执行委员会江日邮电，请中央将杨永泰克日罢免，并盼本党同志一致声讨。

四、西南政务委员会令知，决议派罗翼群、胡继贤、陈辉垣、翟宗心、李化为填筑汕头堤坦设计委员会委员，仰知照，并分饬知照。

五、民政厅呈，据汕头市长呈缴秘书长及秘书参事科长等各员履历，转请察核委任。

六、建设厅呈缴农林局原缴生蕉运销合作社计划书，请核准援章豁免生蕉厘税。

七、建设厅呈，据博罗县具缴建设局长陈实瑾履历，转请核明加委。

八、广州市政府呈缴二十一年十一月份市库收支结算表，请核存转。

九、航空救国有奖义券委员会委员长区芳浦等呈报，奉指派共同组织，经于一月二十四日宣告就职，请核备案。

讨论事项

一、建设厅呈，据广东士敏土营业处呈，拟依照文官俸给表改定职员俸给，并拟在节存佣金项下购置汽车一辆，暨请核准每月增加养车费各缘由，连同原缴职员等级表，请察核办理案。

（议决）该处原列职员薪水与文官俸给表尚无违背，仍照原额支领，不准增加。购车费及养车费应将实数呈报再核。

二、财政厅呈复，奉令饬分期筹拨虎门军路建筑费等因，查本案建筑费二万九千元尚未列入二十一年岁出预算，请核准追加俾凭支付案。

（议决）准追加。

三、财政厅呈复，核发韩江警卫营冬季服装费七千零九十三元七角一分，此项临时费尚未列入二十一年度岁出预算，仍请核明准予追加以清款目案。

（议决）准追加。

四、广东省调查统计局呈请拨用省立第二中学为办公地址，或准追加预算俾租赁民房案。

（议决）准暂借用，仍须从速另觅地址。

五、西村士敏土厂董事会呈，准刘厂长函复，拟定加给特别勤劳各职员薪额，并拟就减除之洋工程师费用项下挪移拨给，似属可行，请核赐照准案。

（议决）本年度准照办。下年度应照额列入预算。

六、中区绥靖委员呈，为清花佛路佛冈县段复经派员会县踏勘，预算需款三十五万元，请准令行财厅分期拨款补助案。

（议决）交建厅核拟。

七、西北区绥靖公署呈，拟设西北区移垦局，拟具组织章程请核指遵案。

（议决）原则通过，章程交建设厅核拟。

广东省政府第六届委员会
第一百六十六次议事录

二月二十四日　星期五

出席者　林翼中　金曾澄　李禄超　区芳浦　胡继贤
列席者　刘纪文　陆嗣曾　陈元瑛　曾同春
主　席　林翼中（代）
纪　录　何启澧

报告事项

一、行政院秘书处函，为本院前抄发之修正铁道军运条例第十八条第二类条文内列"小麦"一项，其"麦"字实系"米"字之误，请查照更正。

二、西南政务委员会令发国民政府西南政务委员会国外贸易委员会组织条例，仰知照，并转饬所属一体知照。

三、西南政务委员会秘书处函复，关于工厂法及施行条例经报告政务会议，决议照行在案，请查照。

四、建设厅长林云陔呈报团公出巡，所有日常公务暂由主任秘书陈元瑛代行，请核备案。

五、建设厅呈，据九龙居民施成就等呈报香港政府迫令迁居请求保议〔护〕一案，经派员查复，请向香港政府交涉将九龙城内地交回中国管理以保领土。

六、建设厅呈，据新会县民林祥光等请承领县属第二区土名蟛蟹爪山等处荒地，经县查明确系官荒，承领面积与图相符，手续完备，自应准予承领，除发证书外，合将备查一联缴请备案。

七、财政厅呈，拟定由厅印发粮串，及另刊征粮木印，连同式样，请核准备案。

八、财政厅呈，据博罗县具缴财政局长陈宝玑履历，转请核明加委。

九、教育厅呈复，核议留美学生曾昭森请发给印刷论文费及川资一案，所请发给考察费美金一千元，除前已给三百元外，似可准予再发七百元，呈论文印刷费一项似未便照准，请察核。

十、中区绥靖委员呈，据佛冈县呈报办理张炯光控告掳杀一案情形，转请核准备案。

十一、监督整理三铁路委员会呈送二十一年十月份三路购料收料数额月报表，请核备案。

讨论事项

一、主席提议，关于黄××因请承中山县属石湾环海坦一案，不服财政厅所为之处分提起诉愿到府，现经秘书处派员审查，作成决定书前来，应如何办理，请公决案。

（议决）照审查意见通过。

二、建设厅呈，据农林局请将结存公款毫银五千余元完全移作编印报告专刊，及补印各项推广丛书之用等情，转请察核指遵案。

（议决）照准。

三、建设厅呈报瀚江水力电厂工程测勘团组织成立，该团旅费规定六千元，造具预算书请核准追加，并转饬财政厅拨发案。

（议决）照准。

四、教育厅呈，拟具广东中学校毕业会考考试委员会组织大纲及办事细则，请核准分别咨行通饬遵照案。

（议决）交金委员、许委员、陆院长审查。

五、财政厅呈，拟将广东全省沙田登记章程第六条及施行细则第三十三条内"三个月"之"三"字，均修改为"一"字，以期敏捷而维库收案。

（议决）照准。

六、建设厅呈，据农林局呈缴由本年一月起至六月止，因施行三年计划，应追加之经临两费预算书请核准施行，并请将皮革厂地段准予投变，得价除搬迁及建筑新局外，全部拨为三年计划追加预算之用，有余则留作二十二年度临时开办费之补助，不足则仍请省库凑足，应否准行，请核指遵案。

（议决）地交财厅投变，所需款项由财厅筹拨，预算交财厅审查。

七、西南政务委员会审计处函复，准送关于西村土敏土厂经费十足额支一案，应划分制土费及临时费照十足支给，其经常费一项应仍照通令九成核支，请查照核议见复案。

（议决）除临时费制土费及有契约关系之技术人员十足支给外，其余照通常机关办理。

八、本府秘书周棠呈复，会同拟订县地方自治人员考绩章程，暨县地方自治人员暂行奖惩条例，请核指遵案。

（议决）照修正通过。呈政委会察核。

九、主席提议，拟就广东省公务人员甄别委员会组织章程，请公决案。

（议决）照修正通过。

广东省政府第六届委员会
第一百六十七次议事录

二月二十八日　星期二

出席者　林云陔　唐绍仪　金曾澄　林翼中　区芳浦　许崇清
　　　　　谢瀛洲　李禄超

列席者　陆嗣曾　刘纪文

主　席　林云陔

纪　录　何启澧

报告事项

一、建设厅呈，据港务管理局呈，为航海讲习所地址海军学校无地借用，请仍准照职局原案在广州选择适当地点筹办等情，转请察核指遵。

二、建设厅呈，据梅县县民惟益学校丘明轩等请承领县属邹窝岗、天排里、龙盘林、高湖顶及丘湘公山等处荒地，经县查明确系官荒，承领面积与图相符，手续完备，自应准予承领，除发证书外，合将备查一联缴请备案。

三、教育厅呈，据顺德县拟具筹拨省立第二农业学校开办费变通办法，查核尚属可行请核指遵。

四、广州市政府呈，拟定本年三月二十六日举行广州市临时赛马一天，请核赐备案。

五、广东省县长考试典试委员会函，为议决本省举行县长考试日期展限至四月一日举行，报名日期展至三月二十日截止，请查照分别令行周知。

六、汕头市政府呈报选定黄魏为市花，请察核备案。

七、热河汤玉麟马电，敌于号日攻开鲁，马日攻我南岭阵地，除严督所部拼死抗战外，尚希予以物质协助，以励士气等语。

八、热河全省各团体暨民众巧日通电表示全省一致抗日。

九、胡委员继贤函报因公赴汕约半月始行返府，请查照。

讨论事项

一、建设厅呈，据农林局呈，为总理逝世八周〔年〕纪念植树式造林运动大会拟请依照去年成案举外〔行〕等情，转请令饬财政厅照案拨款五千元以资进行案。

（议决）准拨五百元为典礼费，树苗由市政府办理。

二、建设厅呈，据河南士敏土厂呈报本年度因机器癐败，急需先行赊用各种附件，共价六千三百九十五元九角四分，列具清表请核准开支等情，事关临时动支，可否准行，请核示遵案。

（议决）照准。

三、建设厅呈，据番禺县陈明该县增设农林局具有特殊情形，似可准其设立，当否，请核指遵案。

（议决）仍由建设局办理，不必设局以符章制。

四、建设厅呈，据港务管理局拟具补充附征航海讲习所经费办法意见书，查所拟尚属妥合，转请核赐备案，更定开征日期以昭划一案。

（议决）照办。

五、财政厅呈，为关于办理二十二年度预算一案，拟将实施三年计划应需经费另编专册以清眉目，请核明通行遵照办理案。

（议决）照办。

六、财政厅呈，为编制沙田测丈各队及各属专员经费原定预算及追加预算数目，分别造具月份预算书，请核明准予追加预算分别存转备案。

（议决）照准。

七、教育厅呈，请委用许民辉为本省体育督学案。

（议决）照委。

八、西村士敏土厂董事会呈复，遵令将西村士敏土厂更正收支清册及透支数目清单复核，所列数目并无不合，连同原件，缴请察核案。

（议决）准备案。

九、西村士敏土厂呈，为广韶局坚持二月一日实行改订运石专价，兹拟另订折衷办法，请核赐转饬遵照案。

（议决）准照办理。

十、建设厅提议，据增设汕头海口港务分局，广州航政局【裁】撤归并广东全省港务管理局，潮梅航政局裁撤归并于汕头港务分局，琼崖航政局裁撤归并海口港务分局，其余航政局一律改为船务管理所，请公决案。

（议决）照办。

十一、建设厅提议，拟设港务视察专员一员，并拟具视察专员章程，请公决案。

（议决）照办。

十二、广韶段管理局呈请添设副局长一员，以王仁康充任，总务处长一职拟由职局高级职员兼充，请公决案。

（议决）照准。总务处长一职仍由该员兼充。

广东省政府第六届委员会
第一百六十八次议事录

三月三日　星期五

出席者　林云陔　唐绍仪　金曾澄　林翼中　区芳浦　许崇清　李禄超

列席者　曾同春　刘纪文　陆嗣曾

主　席　林云陔

纪　录　何启澧

报告事项

一、西南政务委员会令，关于广三至梧州铁路，拟改经四会、怀集至贺县八步一案，经决议照办，交广东省政府执行在案，仰遵照办理。

二、西南政务委员会令，据广东电政管理局呈，为遵谕筹修广汕干线，拟具修复办法，造具预算请拨款兴工一案，仰即知照，并转饬应征杆木各县遵照。

三、内政部禁烟委员会咨，为第二次全国内政会议决议厉行禁止麻醉毒品流行案，暨厉行禁种罂粟救济民食案，检同原提案，请查照转饬所属分别切实施行。

四、内政部咨，为〔第〕二次全国内政会议决议，送内政部通行各地酌办之设立警犬研究所，训练警犬增进司法警察效能案，检同原案，请查照，并转饬所属各级警察机关酌量办理。

五、中央执行委员会广播无线电台管理处函，为各地设置收音机保送学员一案，请将办理情形见复。

六、财政厅呈为花生芝麻行台费，拟饬宏远堂照原办饷额加一成半，准予续办，请核令遵。

七、教育厅呈缴本年一月份行政报告书，请核存转。

八、广东省调查统计局呈请任命王名烈充任职局秘书兼总务股主任。

九、监督整理三铁路委员会呈缴本年一月份上中下各旬核签三路发款凭单汇总表，请核备案。

讨论事项

一、国立中山大学函，据农学院请转省政府照公用征收土地法代收用稻作试验场毗连水田，并布告田主缴验契据，及派员会勘等情，检同田图，请查照办理案。

（议决）仍请中山大学自向业主商买或租用。

二、中国国民党广东省执行委员会函送广东合作社指导员养成所筹备大纲及开办费预算，请查照提会决定案。

（议决）交财政厅审查。

三、教育厅呈复，核议关于新会县立乡师学款请仍旧抽收江澳轮渡军团学费一案，拟请仍旧继续抽收以维教育，请察核案。

（议决）交建、教两厅会同拟定维持该校经费办法再夺。

四、广州市政府呈，准中国国民党广州特别市执委会函，请由一月份起至六月份止每月增加公库基金经费一千元，宣传费五百元，连原额二万元，每月定为二万一千五百元，应否准予追加之处，请核指遵案。

（议决）公库基金已将所得捐加倍征收，未便由市库再拨，至宣传费尚属必要，应准临时追加每月五百元。

五、广州市政府呈，准中国国民党广州特别市执委会函，请拨还特别补助费二千二百元，应否准予追加预算之处，请核指遵案。

（议决）照拨。

六、监督整理三铁路委员会呈复，核议广九路局请准赏给全路职工半个月薪金一案，查所请系为鼓励员工起见，似可照准，当否，仍候指遵案。

（议决）照准。

七、唐委员提议，关于修正广东全省沙田登记章程第二条施行窒碍情形，请维持特准原案。

（议决）交财厅审查。

广东省政府第六届委员会
第一百六十九次议事录

三月七日　星期二

出席者　林云陔　唐绍仪　金曾澄　林翼中　区芳浦　许崇清
　　　　　李禄超

列席者　刘纪文　曾同春

主　席　林云陔

纪　录　何启澧

报告事项

一、内政部咨，奉行政院核准将广西省古化县改为百寿县，请查照转饬所属一体知照。

二、中央政治学校附设计政学院函，请保送投考生。

三、西南政务委员会秘书处函，为行政院令发中学法、小学法，及师范学校法、职业学校法，经交教育改革委员会拟复，以所颁各法与本会所订新学制有异，将来在试验新学制之学校应照新学制办法办理，其非试验新学制之学校仍应照行政院所颁各学法办理，经报告政务会议决议照办在案，请查照。

四、财政厅呈，关于沙田旧照减成报承成案拟展限三个月，即自本年三月一日起至五月底止，请核指遵。

五、财政厅呈，拟联合广东国省税捐机关及承商组设统一检查委员会，拟具暂行章程请核备案。

六、教育厅呈，据信宜县具缴教育局长苏颐元履历，转请核明加委。

七、教育厅呈，请准予拨发省立第二中学校节余经费八千八百六十二元，为该校迁建阳江县之开办费。

八、建设厅呈，拨港务局拟具临时国牌及船舶执照式样，查所拟大致尚无不合，转请核赐备案。

九、建设厅呈缴二十一年十二月份下半月工作报告表，请核转存。

十、建设厅呈缴本年一月份上半月工作报告表，请核存转。

十一、民政厅呈缴本年一月份行政报告书，请核存转。

十二、广州市政府呈缴二十一年九月份行政报告书，请核存转。

十三、外交部咨，准英蓝使照称，本国哲述森领事奉命代理驻广州总领事，请查照循例予以接待。

讨论事项

一、民政厅呈，准南区绥靖委员公署函送阳江县闸坡市政局暂行条例及办事细则，并预算表，请查照备案等由，附具拟议修正意见呈核，如奉核准拟饬将原缴条例分别修正案。

（议决）照修正通过。

二、财政厅呈，拟具各县财政局章程草案及经费预算表，请核议施行案。

（议决）修正通过。

三、财政厅呈复，钦防路钦县段石方桥涵建筑费已饬库支付，加拨土方费三万九千零二十四元，汇入下年度预算，石方费八万三千四百七十五元，二十一年度预算尚未列入，仍请准予追加案。

（议决）准追加。

四、胡委员、金委员、陆院长会后〔复〕，审查余陈氏因公安局封屋召〔投〕变诉愿一案及公安局请准将余家广屋业投变一案之意见，请公决案。

（议决）余家广屋业未经法庭判决，不能没收，自应免予投变。

五、主席提议，关于陈文燧等因与郑世健等合承山坦镠辘一案，不服民政厅所为之决定提起再诉愿到府，现经秘书处派员审查，作成决定书，请公决案。

（议决）照审查通过。

六、广东省银行呈，为梅菉支行所发纸币似应改用地名券较为适宜，拟将北海地名券推行于梅菉，由梅菉支行随时十足兑现或现兑，经提出董事会议决通过，请察核备案。

（议决）照办。

七、广东省银行呈，拟在南雄设立办事处一所，以韶州支行为管辖行，定名为广东省银行韶州支行南雄办事处，经提出董事会议决通过，请察核示遵案。

（议决）照办。

八、广东省银行呈，拟在中山县石岐设立一办事处，定名为广东省银行中山办事处，直隶总行管辖，经提出董事会议决通过，请察核示遵案。

（议决）照办。

九、广东省调查统计局呈，请发给开办费二千九百四十九元九毫八分，连同预算书请核饬财厅照拨案。

（议决）交财政厅审查。

十、西村士敏土厂呈缴与史密芝公司定制电力房透平机气候替件价函，请核备案。

（议决）照准。

十一、许委员、金委员、陆院长会复，审查广东省中等学校毕业会考暂行章程尚属可行，请公决案。

（议决）照准。

十二、建设厅呈，据东路公路处呈，拟在潮梅冥锱捐项下拨支增加技术人员每月经费共一千五百元，应否准予照拨之处，抄录原缴经费表，请核指遵案。

（议决）预算已定，碍难再增。

十三、建设厅呈复，核议筹备民办广汕铁路委员会规程及经费预算一案情形，请核指遵案。

（议决）照准。

十四、主席提议，查本省三年施政计划虽经划定实行时期，而详审各期计划似尚不无先后缓急之分，兹为使事在必行起见，拟由本府将原缴税说明书发还各厅，饬令审度时势需要及经济情况，分为最要次要，再为拟订呈候核定施行，当否，仍候公决案。

（议决）照办。

广东省政府第六届委员会
第一百七十次议事录

三月十日　星期五

出席者　林云陔　金曾澄　李禄超　区芳浦　许崇清
列席者　刘纪文　梁祖诰　陆嗣曾
主　席　林云陔
纪　录　何启澧

报告事项

一、内政部咨，据电影检查委员会呈，请通令全国公安局，对于处罚电影事项切实执行等情，请查照转饬遵照。

二、教育厅长谢瀛洲呈报往南路巡视各县学务，所有出巡期内，本厅日常事务，交主任秘书曾同春代拆代行，请察核。

三、民政厅呈，为改订筹办地方自治协助员姓名区域表及工作报告表，并拟具协助员今后工作注意事项，请察核备案。

四、民政厅呈，据陵水县呈复办理发还余德钦等产业一案情形，请察夺示遵。

五、财政厅呈报整理旧粮计划缘由，请察核备案。

六、财政厅呈，据廉江县具缴财政局长王浦生履历，转请核明加委。

七、建设厅呈缴总理逝世八周【年】纪念植树式及造林运动筹备会会议录，请察核。

八、建设厅呈，据河南士敏土厂呈复，遵令将勤务兵裁撤，仍请准予追加杂役差艇，应否准行，请核指遵。

九、东区绥靖委员公署呈缴二十一年八月至十二月工作报告书，请察核。

十、广西省政府东电，读张汉卿及该将领巧电，悲愤同深，愿一致奋起抗日等语。

572

十一、东北热河后援协会俭电，请捐助热河抗日战士军费。

十二、土敏土营业处呈缴本年二月份营业报告书，请察核。

十三、秘书处签呈，拟自本年一月份起设置国际情报专员一员、助手一员，连杂费共月支五百元，由本府本年度节存项下开支，请核准转呈西南政务委员会备案。

讨论事项

一、淞沪抗日残废军人教养院筹备委员会函，准淞沪抗日残废军人教养院函，以本院原定经临两费预算分配数目间有应行变更者，兹仅按照事实酌为编订，对于原定总数仍无增减等由，连同预算，请查照核发案。

（议决）转呈改〔政〕委会。

二、建设厅呈拟具广东省营化学工业厂硫酸部暂行组织大纲及经常费预算书，请核指遵案。

（议决）照办。

三、建设厅呈复，奉令核拟西北区绥靖委员呈缴该区移垦局组织章程一案情形，请察核案。

（议决）准照办。

四、建设厅呈，据河南土敏土厂呈缴添购驼毛带等件货单，请核准在临时费项下支用等情，转请察核指遵案。

（议决）照准。

五、秘书处签呈，查广州市政府呈缴区代表会议规则、区坊公所办事细则、坊民大会会议规则、总投票规则各草案，请核准备案施行一案，系参照民政厅前拟县地方自治各规则拟订，兹经将原草案引用条文错误各条分别查明更正，请察核案。

（议决）照修正通过。

广东省政府第六届委员会
第一百七十一次议事录

三月十四日　星期二

出席者　林云陔　金曾澄　胡继贤　李禄超　区芳浦　谢瀛洲
　　　　许崇清
列席者　陆嗣曾　刘纪文　梁祖诰
主　席　林云陔
纪　录　何启澧

报告事项

一、实业部咨送关于推行度量衡新制宣传材料二则，请查照饬属于公报或刊物上登载。

二、实业部咨复，两广硫酸厂所请注册系何性质，检送公司登记规则、商业注册暂行规则、工厂登记规则各一份，请转发该厂审定照法定程序办理，至请免税奖励一节，应俟注册核准后由该厂另案呈请核办，请并转饬遵照。

三、外交部咨，准英蓝使照，以领事布理嘉调任驻汕头本国领事，请查照循例接待。

四、考选委员会咨送修正考试法、修正监试法、修正典试委员会组织法，请查照转饬所属一体知照。

五、考选委员会咨，为特种考试法及襄试法现奉国府明令废止等因，请查照转饬所属一体知照。

六、中国国民党中央执委会西南执行部阳日电告，致蒋委员长促北上督师抗日电文，盼群起主张一致催促。

七、西南政务委员会秘书处函，为梅〔抚〕恤及建碑纪念在粤滇殉难之黔籍同志蔡庸齐等三十余人一案，关于拨地建碑一节，应由贵府妥为办理，抄附呈件请查照。

八、民政厅长林翼中呈报本月八日起出巡西江各县，所有出巡期内本厅日行公事委由主任秘书梁祖诰代拆代行，请备案。

九、建设厅呈缴本年一月份下半月工作报告书，请核存转。

十、广州市府呈复，将核定各区坊自治经费办理情形请核准备案。

十一、监督整理三铁路委员会呈缴本年一月份三铁路职员升调任免月报表，请核备案。

十二、惠来县县长李本清业已调省查办，遗缺委丘桂兴试署。

十三、财政厅省银行会呈，为五元、五十元中纸自本月十二日起停止兑现收回销毁，报请备案。

讨论事项

一、财政厅呈，据毫币改铸厂保管委员会呈复二十一年六月份支出计算案杂役工食一成追缴困难情形，拟请本年二月以前免予核追，三月份起仍应照案九成支付，当否，请核示遵案。

（议决）照办。

二、财政厅呈复核明汕头市民日报二十一年度概算书，列支数目大致均无不合，似可准予照办，请察核办理案。

（议决）照准。

三、财政厅呈，请准将审查二十一年度预算委员会结束，并缴还汕头市电话管理委员会建设自动电话临时费预算书，汕头市公安局二十一年度追加支出概算书，汕头市初级职业学校二十一年度支出概算书，请由钧府审查案。

（议决）交李、胡、金三委员审查。

四、建设厅呈缴蚕丝改良局追加二十二年一月至六月实施蚕业建设计划经临两费预算书，请核指遵案。

（议决）交胡、李两委员审查。

五、民政厅呈报，关于裁员减薪案，本厅项与项流用情形，请核准备案。

（议决）照准。

六、财政厅呈复，审核广韶长途电话所二十二年经临两费预算，似可准照原列数目开支，惟该费如需由库支付，似应援案补助半数，俾自行支配，不敷之数由该所收入项下拨支，请核议饬遵案。

（议决）照办。

七、主席提议，查本府所聘香港砵打律师为常年法律顾问聘约将届期满，本年应否继续聘请，仍候公决案。

（议决）继续聘请。

八、广东省银行呈，为职行董事会议决，自本月十三日起，变更验换一元、一百元中纸办法，改为兑换毫银，报请察核备案。

（议决）准备案。

广东省政府第六届委员会
第一百七十二次议事录

三月十七日　星期五

出席者　林云陔　金曾澄　胡继贤　李禄超　区芳浦　谢瀛洲
　　　　　许崇清

列席者　陆嗣曾　刘纪文　梁祖诰

主　席　林云陔

纪　录　何启澧

报告事项

一、西南政务委员会令，据呈西北区绥靖委员公署接管路政后，裁撤南韶及英阳、连连两路工程队改组公路股经过状况，及就原有经费核减开销请核示一案，经列报政务会议，着照该府核准数，由该区筑路款项下开支等因，仰转饬知照，并录案函转审计处知照。

二、财政厅呈报清理中山县属大小霖山一带田坦情形，请察核备案。

三、建设厅呈，据鹤山县民林明栋等请承领县属第八区土名址山附近马鞍山等处荒地，经县查明确系官荒，承领面积与图相符，手续完备，自应准予承领，除发证书外，合将备查一联缴请备案。

四、民政厅呈，据翁源县呈为募就救国捐款，适广东各界救国筹款委员会已告结束，无从投交，应拨捐何处，及可否拨作地方公益请核令遵等情，转请核示饬遵。

五、教育厅呈，据乐会县具缴教育局长黎拔萃履历，转请核明加委。

六、财政厅呈复，遵令拟议连山县拟抽收摊子捐拨充编练处经费一案缘由，请察核。

七、财政厅呈复，关于农林局二十二年追加经临费，拟俟各机关追加预算呈缴令发下厅，再请派委开会审查。

八、广东省银行呈缴董事会第十六次会议录，请察核。

九、张学良真日通电下野。

十、陆军第一百十七师长翁照垣阳日电报就职日期。

讨论事项

一、主席提议，关于余梅生因以同福公司名义在台获公路行车一案，不服建设厅制止行车之处分，提起诉愿到府，经秘书处派员审查，作成决定书前来，应如何办理，请公决案。

（议决）照审查通过。

二、主席提议，关于吴金因控告合益栏私宰瞒税一案不服财政厅所为之处分，提起诉愿到府，经秘书处派员审查，作成决定书前来，应如何办理，请公决案。

（议决）照审查通过。

三、财政厅呈复，核拟民政厅拟设各市县土地局开办费预算数目尚无不合，似应准予照支，请核明办理指遵案。

（议决）照办。

四、建设厅呈，为生丝检查所正所长傅保光出缺，经职厅委任该所副所长李钜扬接充，取具该员履历，请核赐任命案。

（议决）照委。

五、建设厅呈，为蚕丝改良局局长傅保光出缺，所遗职务查有廖崇真堪以接充，取具该员履历，请核赐任命案。

（议决）照委。

六、广州市政府呈，请令行番禺县取销投变原日拨给市立第四十五小学地址以维教育案。

（议决）着市府酌补地价，免予投变，以维教育。

七、广东省调查统计局呈，请将节存局长薪俸移挪二百五十元填补办公费杂费之需，一百元拨充选任经济专员人才之用，当否，请核指遵案。

（议决）照准。

八、西南政务委员会审计处函送还西村士敏土厂二十一年六月份经常费支出计算书表单据，请查照转发该厂遵令更正再送审核案。

（议决）该厂实支经费，未逾预算总额之九成，照九成领费期内准许流用办法尚无违背，应准异项流用报销，呈政委会察核转令审计处知照。

九、西村士敏土厂呈复，奉令饬关于二十一年六月份开支经费除临时费制土费及有契约关系之技术人员十足支给外，其余照通常机关办理等因，查该月份开支各数，因当时确未奉到九成支发经费原令，现已成过去，而实支之数，亦并未超过原文预算额九成之数，经由董事会决议请钧府转呈政委会准予照销，并准十足支付，附呈比较表请察核案。又西村士敏土厂董事会呈同前由。

（议决）同上案议决。

十、西村士敏土厂呈，为补偿治河委员会挖泥机喊呲缆价款港币二百元，经董事会议决照价赔偿，该款应在特别费项下开支列入资本计算，抄同价目表，请核赐备案。

（议决）照准。

十一、西村士敏土厂呈，准市工务局函，请免费供给士敏土一千五百桶，以便改筑由彩虹桥至厂西闸口及通自来水厂各公路，经董事会决议如数免费供给，请核赐备案。

（议决）照准。

十二、西村士敏土厂呈，准董事会函，每届结算所获得之盈利，另以盈余科目整理分配，剩余之数作为公积，并议决将二十一年七月至十二月所获纯利提出三万余元，补偿筹备期间损失，除照办外，请核赐备案。

（议决）准备案。

十三、西村士敏土厂呈，为支给洋工程师拜亚回国旅费港币二千二百一十五元三毫八仙，应列入特别费项下开支，请察核备案。

（议决）照准。

十四、琼崖抚黎专员呈，为化黎之法拟添设县治，或将黎境划归各属而治，或仍旧制设置抚黎局而治，或设黎务管理局，其局长由黎酋选出直接听命于抚黎专员，以上四项以何项为宜请核指遵案。

（议决）交民政厅核议。

十五、琼崖抚黎专员呈，拟在岭门、南丰、东方、乐安、保亭营、兴隆六处设立黎人学校，专教四黎子弟，并先由岭门、南丰两处令黎人开路直通五指山，决向各方捐募，请捐廉倡首，庶众擎易举案。

（议决）交教厅核议。

十六、秘书处签呈，现准设计委员会函送梁委员提议，拟请省府饬令主管机关特别处理酒精，以顾全公众卫生，并触免土制酒精征税，以抵御洋货而发展工业一案提议书，应如何办理，请察夺案。

（议决）交财厅核议。

广东省政府第六届委员会
第一百七十三次议事录

三月二十一日　星期二

出席者　　林云陔　金曾澄　林翼中　胡继贤　李禄超　区芳浦
　　　　　谢瀛洲　许崇清
列席者　　刘纪文　陆嗣曾
主　席　　林云陔
纪　录　　何启澧

报告事项

一、民政厅呈报派员会同陈专员汉光抚慰黎苗首领，暨在赈款项下拨支招待等费数目，请核备案。

二、建设厅呈报港务局接收海关理船厅丈量船只事宜情形，请核备案。

三、教育厅呈，据茂名县具缴教育局长林伟超履历，转请核明加委。

四、教育厅呈，据番禺县具缴教育局长陈良烈履历，转请核明加委。

五、财政厅呈，据发行纸币监委会呈报，议决销毁省行第三、四次发行新币带缴之旧币共四百五十万元，查系依照章案办理，应准照办，请核备案。

六、财政厅呈缴二十一年十月份行政报告书，请核存转。

讨论事项

一、财政厅呈，拟将广东省花捐照旧由县市批办，及将花捐附加各费合并统征各缘由，请核指遵案。

（议决）照办。

二、民政厅呈拟具广东全省人口调查实施方案，及广东省人口调查事务处组织章程，请核指遵案。

（议决）照修正通过。

三、建设厅呈缴潮汕渔业区管理所暨汕尾、潮阳、澄海三分所二十一年度预算书，请核指遵案。

（议决）交财厅审查。

四、建设厅呈缴广东省港务管理局改编二十一年度岁出预算书，及迁移添置费预算书，请核指遵案。

（议决）交财厅审查。

五、广州市政府呈缴与中国电气公司订购自动电话合约草案，请核指遵案。

（议决）交胡、李两委员，陆院长审查。

六、广州市政府呈缴社会局购置三院棉被岁出临时费预算书，请核指遵案。

（议决）准照购。

七、胡、李两委员会复，审查蚕丝改良局追加二十二年一月至六月实施蚕业建设计划经临两费预算书，系开始实施三年计划第一年，扩充第一蚕种制造场一部分增加员工添置仪器之用，所列各数尚属核实，如本省财政许可，似可准予追加案。

（议决）购置仪器费准照追加，余暂缓。

八、胡、金、李三委员会复，审查汕头市公安局二十一年度追加经费预算尚属确实，似可照准，请察核案。

（议决）照准。

九、胡、金、李三委员会复，审查汕头市电话管理委员会建设自动电话临时预算书一案，本预算应分而〔两〕个年度改编，及折合毫洋计算，其余似可照准，请察核案。

（议决）照审查意见通过。

十、胡、金、李三委员会复，审查汕头市立职业学校二十一年度预算尚无不合，似可照准，请察核案。

（议决）照准。

十一、秘书处签呈，现准设计委员会函送潘委员提出拟请省政府奖励用薯类果类造酒，以节省稻米消耗，充裕本省粮食一案提议书，应如何办理，请察夺案。

（议决）交建厅酌办。

十二、民政厅提议，郁南县县长任绍明呈请辞职，拟予照准，遗缺以儋县县长冼维祺调署，递遗儋县缺委曾友文署理；德庆县县长梁擎柱拟予调省，另候任用，遗缺委余启光署理，请公决案。

（议决）照委。

十三、主席提议，据古兜地德有限公司呈，为集资承垦古兜山荒地，救济失业华侨，俯赐特别奖励，发给证书开垦，连同招股简章及承垦荒地区域图，请予核准办理案。

（议决）照准备案，交建厅查明发给开垦证书，并令台山新会两县知照。

广东省政府第六届委员会
第一百七十四次议事录

三月二十四日　星期五

出席者　林云陔　金曾澄　胡继贤　李禄超　区芳浦　谢瀛洲
　　　　　许崇清　林翼中

列席者　刘纪文　陆嗣曾

主　席　林云陔

纪　录　何启澧

报告事项

一、行政院令，据交通部呈报，各县政府或公安局有不依照县市邮电检查法检查邮件情事，仰转饬遵照中央通过办法办理。

二、实业、内政部会咨，为第二次全国内政会议议决，关于广西民政厅提议督率县区乡镇邻闾禁止放火烧山，推广植树兴办水利一案，除第二项俟拟订强制造林条例再行通盘筹划暂予保留外，其余各项尚属可行，请查照转饬所属切实办理。

三、交通部咨，请转饬汕头市政府免征招商局码头捐。

四、参谋本部国防设计委员会函，请查填各县广播收音站，并转饬所属电台查填调查表见复。

五、中国国民党广东省执行委员会真日邮电，热河丧失，最高军事当局应负其咎，倘犹徘徊觇顾，怀妥协之念，恐亡国之罪百世莫辞等语。

六、教育厅呈报变更本届中等学校毕业会考科目缘由，请核备案。

七、西北区绥靖委员公署呈缴二十一年十二月份工作报告表，请核存转。

八、西北区绥靖委员公署呈缴二十二年一月份工作报告表，请核存转。

九、建设厅呈，据阳春县具缴建设局长王季明履历，转请核明加委。

十、广州市政府呈，据市立银行呈，对于前此改发之一元票，拟请准予暂缓收回，其霉烂五十元凭票，则拟将新印五十元票逐渐换发，转请核赐备案。

十一、监督整理三铁路委员会呈送本年二月份核签三路发款凭单汇总月报表，请察核。

十二、监督整理三铁路委员会呈送本年二月份检查三路现金汇总月报表，请察核。

十三、民政厅长呈报出巡西江各属事竣返厅照常任事日期，请察核备案。

讨论事项

一、教育厅呈，拟修正广东省各县市督学规程第二条条文，请核指遵案。

（议决）照修正。

二、东区绥靖委员呈，据韩江警卫营请发该营夏季服装，造具清册，并估价单前来，转请察核示遵案。

（议决）照准。

三、广东省调查统计局呈，拟具广东省各县市政府调查统计条例草案，请核准公布施行案。

（议决）交陆院长、胡委员、许委员审查。

四、广东省调查统计局呈，拟具广东省调查统计局办事细则，请核准施行案。

（议决）交陆院长、胡委员、许委员审查。

五、建设厅呈，据士敏土营业处呈，将购车费及养车费实数呈核，并请更正俸薪等级等情，转请察核指遵案。

（议决）预算已定，碍难追加。

六、建设厅呈，为筑路收用土地豁免钱粮，经邓前任提议奉令照准，现财厅又咨请修改，应如何办理，请核示遵案。

（议决）公路收用之土地原业主已失其业权，应将其钱粮剔除，仍维持原案切实办理。

七、主席提议督种杂粮以裕民食，拟议办法，请公决案。

（议决）应由农林局会同各区绥靖公署切实办理。

广东省政府第六届委员会
第一百七十五次议事录

二〔三〕月二十八日　星期二

出席者　林云陔　唐绍仪　金曾澄　林翼中　胡继贤　区芳浦

谢瀛洲　许崇清

列席者　刘纪文　陆嗣曾

主　席　林云陔

纪　录　何启澧

报告事项

一、西南政务委员会秘书处函复，关于邓余浣香请褒扬伊夫邓乃燕，请拨给建筑纪念碑费一案，经西南执行部秘书处签呈谈话会决定，由广东省政府照拨等议在案，录案请查照办理。

二、五省外交视察员函复办理关于美国天主教堂在台山县大脑山修筑码头一案情形，请查核办理。

三、财政厅呈，据广东省银行发行纸币监委会呈，以领券商人所缴保证产业保险到期，虽经函知仍有延不续保，拟于到期前三日有仍未将续保收据缴行验看者，即由行代其续保，经议决函行准复赞同，请核备案等情，转请察核备案。

四、财政厅呈，据信宜县具缴财政局厅梁彦茂履历，转请核明加委。

五、教育厅呈，据番禺县呈复学宫正座系奉明令改为孔子庙，案经呈请保留，请转函中大勿予收用等情，转请核办令遵。

六、广州市政府呈缴自动电话管委会二十一年度岁出建设费预算书，请核备案。

七、驻马尼拉总领事函送斐岛赴华调查团名单行程表，请于该团抵埠之日赐予招待。

讨论事项

一、第一集团军总司令部函，据南区绥靖委员呈，为奉颁警卫队经费管委会章程，关于出纳分呈核销一节，似与警卫队章程互异，请明令解释等情，拟请贵府将原案编定情形主稿指复，会衔饬行知照案。又南区绥靖委员呈同前由。

（议决）修正警卫队章程第二十二条末句为"分呈民、财两厅核销并呈绥靖公署备案"。

二、建设厅呈，据港务局呈缴拟定航商请派员出差丈量检验征收旅费表，请核指遵案。

584

（议决）修正通过。

三、建设厅呈，据蚕丝改良局呈，为二十一年二月份支出计算书第二第四第五等项超过预算，请准予以项数流用等情，请核指遵案。

（议决）照准。

四、西北区绥靖委员呈，请委李郁焜为广东西北区移垦局局长，邓邦谟为副局长，取具各该员履历，请核赐加给委任案。

（议决）照委。

五、中山县呈，准拱北关税务司函，请准在草图禄〔绿〕线范围建设新分卡巡查队住所及巡查队瞭望台，应否照准请核示案。

（议决）仍旧办理，所请未便照准。

六、西村士敏土厂呈，拟定购粉石机石搥替件约需毫银一千七百余元，连同清单，请核赐准定购案。

（议决）准照购。

七、广东电政管理局呈复筹设通达江西三南电报线路，翁源县境改为寄挂话杆，查明所需杆数及费用列表呈核，计照原案预算增加毫银一千三百一十五元，请迅照拨下局以应支需案。

（议决）所需经费不多，仍由该局自行筹设。

八、胡委员、李委员、陆院长会复，审查市政府呈缴与中国电气公司订购自动电话合约草案，各条文尚属妥当，请公决案。

（议决）准备案。

九、胡委员、李委员、区厅长会复，审查建设厅望缴广东省营工业组织大纲一案，拟于第七条"主任遴派"之上加"营业处"三字，第十一条改为"各工厂会计规则另定之"，当否，请公决案。

（议决）照修正通过，各工厂会计规则由胡委员拟定。

十、财政厅呈复，关于皮革厂投变一案，现由职厅派员先将该厂接收，一俟完竣再行分别投变，请察核案。又建设厅呈报奉令清理皮革公司地段，并查得合群公司占入情形，请核示案。

（议决）先就建厅已清理地址由建厅设立界标，在界标范围内除农林局现在使用地段俟财厅拨款建设新局，俾该局迁移后再行投变外，其余农林局未有使用地段，先交财厅投变，此外现未清理地址，仍由财、建两厅继续清理。

广东省政府第六届委员会
第一百七十六次议事录

三月三十一日　星期五

出席者　林云陔　唐绍仪　金曾澄　林翼中　胡继贤　区芳浦
　　　　　谢瀛洲　许崇清　李禄超
列席者　刘纪文　陆嗣曾
主　席　林云陔
纪　录　何启澧

报告事项

一、广州市政府广东建设厅会呈，为省府合署地址，与广州市及黄埔商埠交通极为重要，按照市府道路系统计划图之路线制成交通图，请核备案。

二、民政厅长呈报出巡西江各县经过情形，连同警卫公安两项调查表缴请察核。

三、民政厅呈报，拟定各县市自治人员第二届选举筹备程序暨筹备，选举时限制公民登记办法，请察核备案。

四、建设厅呈，据恩平县民冯树彝请承领县属土名高椅山、大小圆山等处荒地，经县查明确系官荒，承领面积与图相符，手续完备，自应准予承领，除发证书外，合将备查一联缴请备案。

五、建设厅呈，据恩平县民郑直立等请承领县属土名连岗山、北部石山、旗山、高椅山、楼钩山等处荒地，经县查明确系官荒，承领面积与图相符，手续完备，自应准予承领，除发证书外，合将备查一联缴请备案。

六、广州市政府呈缴二十一年十月份行政报告书，请察核存转。

七、东区绥靖委员呈，据筹筑公路有奖券办事处呈缴第三期奖券样本印模及各县市派销券额号码表，请核备案。

讨论事项

一、第一集团军总司令部函，查建筑虎门要塞军路一案，现据测量局呈缴该要塞克敌、威武、奋勇三军路征用民地田亩平面图前来，请饬县查案会同虎门要塞司令部分别妥办案。

（议决）照办。

二、财政厅呈复，审查广东调查统计局开办费预算书，大致尚无不合，似可准照原预算数目列支，惟将来仍应实报实销以昭核实，请核明办理指遵案。

（议决）照准。

三、财政厅呈复，奉发广东省调查统计局二十二年二月份下半月预算书，列支数目与案相符，自应照支，惟该局经费二十一年度省地方预算未经列入，拟请准予追加以便开支案。

（议决）准追加。

四、建设厅呈复，关于本省筹设气象测候分所一案，据农林局拟议筹款办法，似尚可行，请核指遵案。

（议决）由建厅另拟办法。

五、财政厅呈复，审查广东合作社指导员养成所筹备大纲，所拟各条尚属妥协，除经常费由省党训所借给外，开办费预算列支一万零三百五十二元亦属要需，自应准照支付，请核议饬遵案。

（议决）照准。

六、中国国民党广东省执行委员会函，请转令财政厅将本会支出临时费共毫洋一万五千零五十九元如数拨付，俾资归垫案。

（议决）未列入廿一年度预算，未便照支。

七、广州市政府呈缴广州市河南农村建设改进区筹备委员会二十一年度岁出经常临时费预算书，请核赐备案。

（议决）准备案。

八、主席提议，关于伍经梅因对于新会县属江门市永安街开辟马路阔度一案，不服建设厅之处分提起诉愿到府，经秘书处派员审查，作成决定书前来，应如何办理，请公决案。

（议决）照审查通过。

九、主席提议，关于詹植生因私运铜元一案，不服省会公安局所为之处分提起诉愿到府，经秘书处派员审查，作成决定书前来，应如何办理，请公决案。

（议决）照审查通过。

广东省政府第六届委员会
第一百七十七次议事录

四月四日　星期二

出席者　林云陔　唐绍仪　金曾澄　林翼中　胡继贤　李禄超
　　　　区芳浦　谢瀛洲　许崇清
列席者　刘纪文　陆嗣曾
主　席　林云陔
纪　录　何启澧

报告事项

一、铁道部咨，为粤汉铁路广韶段管理局现经改为粤汉铁路南段管理局，请查照。

二、建设厅呈，据恩平县民冯懋佐等请承领县属土名那左坑、武举柚砧等处荒地，经县查明确系官荒，承领面积与图相符，手续完备，自应准予承领，除发证书外，合将备查一联缴请备案。

三、建设厅呈，据港务局缴具技正兼课长张介石履历，请核明加委。

四、教育厅呈，据开建县具缴教育局长李辅豪履历，转请核明加委。

五、教育厅呈缴整理省立商业学校委员会章程，请察核备案。

六、教育厅呈缴小学课程编订委员会简章，连同委员名单，请察核备案。

七、广州市政府呈，关于筹设各省市国医分馆一案，理合连同卫生局抄呈前卫生部训令等件，请核转行政院解释，俾有遵循。

八、广州市政府呈缴二十一年十二月份市库收支结算表，请核存转。

九、广东省银行呈缴董事会第十七次会议录，请察核。

讨论事项

一、第一集团军总司令部函复，送还会稿及警卫队礼节、惩罚令、风纪卫兵定则等件，请公布通饬遵行案。

（议决）照通过。

二、民政厅呈，据南海县呈，为奉令迁治佛山拟请投变旧署地址，得价以三分之一偿还押款，除三分二拨充建筑新府经费等情，转请察核令遵案。

（议决）交财厅查案办理。

三、财政厅呈拟具各县财政局长考试章程草案，请核议施行案。

（议决）各县财政局长考试，照普通公务人员考试章程先行办理，并定五月一日举行。

四、财政厅呈，为职厅于二十二年三月间，因维持中币风潮所有拍发电报费，拟请在预算临时门财政各杂费项下开支，请核明准予备案。

（议决）准照支。

五、教育厅呈造具中等学校毕业会考经费预算书，计共八千零二元五角，请核准令行财厅由本厅临时经费项下拨发案。

（议决）照支。

六、广州市政府呈缴惠老院追加二十一年度支销水灾后购置贫民用具岁出预算书，请察核备案。

（议决）准备案。

七、广州市政府呈缴社会局追加临时费二十一年度岁出预算书，请察核备案。

（议决）准备案。

八、广州市政府呈缴工务局建设费第五十五款追加测量队人员经费，第五十六款追加添置测量仪器及杂物费二十一年度岁出预算书，请察核备案。

（议决）准备案。

九、广州市政府呈缴工务局建设费第五十七款增加市立职业学校改建礼堂工程费二十一年度岁出预算书，请察核备案。

（议决）准备案。

十、民政厅提议，惠阳县县长张远峰呈请辞职，拟予照准，调充本厅科长，所遗惠阳县缺，以三水县县长郑昙调署；递遗三水县缺委温翀远署理；澄海县县长吴志强呈请辞职，拟予照准，调充本厅视察，所遗澄海县缺以佛冈县县长钟岐调署；递遗佛冈县缺，委本厅视察马灿荣试署；陆丰县县长杨幼敏呈请辞职，拟予照准，遗缺委曾仲宣署理，是否有当，请公决案。

（议决）照委。

广东省政府第六届委员会
第一百七十八次议事录

四月七日　星期五

出席者　林云陔　唐绍仪　金曾澄　林翼中　胡继贤　李禄超
　　　　区芳浦　谢瀛洲　许崇清
列席者　陆嗣曾
主　席　林云陔
纪　录　何启澧

报告事项

一、外交部函，准德国公使照称，德国改用新国旗，请查照。

二、财政特派员、财政厅会呈，请通令各机关嗣后一切款项务须存贮省行或当地分行，不得擅存别处，否则遇有意外，应由各该机关主管人员自负其责。

三、建设厅呈，据开平县民张江椿等请承领县属第六区土名猫山等处荒地，经县查明确系官荒，承领面积与图相符，手续完备，自应准予承领，除发证书外，合将备查一联缴请备案。

四、教育厅呈，据云浮县具缴教育局长叶泽霖履历，转请核明加委。

五、教育厅呈，据宝安县具缴教育局长陶生熙履历，转请核明加委。

六、教育厅呈缴省立四中添办工科筹备委员会章程，请察核备案。

七、广州市政府呈缴关于日本国退出国联之文告，请察核。

八、西北区绥靖委员公署呈缴本年二月份工作报告表，请核存转。

九、秘书处签呈，关于西北区绥靖委员公署呈，为奉颁警卫队经费管委会章程，规定经费由民、财两厅核销，但收据并无分呈民、财两厅两联，请核示一案，兹将该章程第十八第十九第二十二各条分别修正，当否，请察核。

讨论事项

一、财政厅呈复，麻沙〔纱〕水结厂资本经饬库支付，惟应照西村士敏土厂成案，将来由该厂溢利项下分期归还库收，至该资本二十一年度预算尚未列入，仍请核议准予追加案。

（议决）准追加。

二、财政厅呈复，新式丝织厂资本经饬库支付，惟应照西村士敏土厂成案，将来由该厂溢利项下分期归还库收，至该资本二十一年度预算尚未列入，请核议准予追加案。

（议决）准追加。

三、财政厅呈复，硫酸厂资本经饬库支付，惟应照西村士敏土厂成案，将来由该厂溢利项下分期归还库收，至该资本二十一年度预算尚未列入，请核议准予追加案。

（议决）准追加。

四、民政厅呈，为出巡高明县视察，据各机关团体代表面称，该县男女疯人甚多，拟请拨款筹建麻疯病院，俾资尽量收容，请核示案。

（议决）通过照办。

五、广州市政府呈缴工务局临时门第五款，筑路费二十一年度岁出预算书，请察核备案。

（议决）准备案。

六、广州市政府呈，据工务局编缴第二农村小学校建筑工程费二十一年度岁出预算书，请察核备案。

（议决）准备案。

七、广州市政府呈缴广州市立气象台二十一年度岁出经常费预算书，请察核备案。

（议决）准备案。

八、广州市政府呈，据卫生局编造追加临时费二十一年度岁出预算书，请察核备案。

（议决）准备案。

九、建设厅呈，据潮安县请示关于设立度量衡检定分所，经费应否就检定费项下开支，抑另行筹拨并由何机关管辖等情，转请核示指遵案。

（议决）仍交建设厅酌办。

十、建设厅呈，据技正胡栋朝等签呈，拟请将大沙头商业区建筑工程取〔收〕回厅办，以期迅速完成，其建筑费先由财厅拨交支给等情，转请核示指遵案。

（议决）照办。

十一、东区绥靖委员陷电，拟征收田亩捐营业捐铺屋租捐，以为地方警队给养，请核备案。

（议决）交财厅核复。

十二、广东省调查统计局呈送县党部协助调查统计办法草案，请转省党部公布施行案。

（议决）照转。

十三、主席提议，关于区嘉礼等因不服民政厅对于东莞县属搓滘乡与增城县属新塘乡互争蚬埗一案所为之处分，提起诉愿到府，现经秘书处派员审查，作成决定书前来，应如何办理，请公决案。

（议决）照审查通过。

十四、主席提议，潮阳县县长方瑞麟另有任用，遗缺调新委三水县县长温翀远接充；递遗三水县缺调广州市社会局局长詹菊似署理；递遗广州市社会局局长委张远峰代理，请公决案。

（议决）通过。

十五、教育厅提议，广东全省第十二次运动大会除省市库各拨经费一万元外，预算尚欠一万元，应如何筹拨请公决案。

（议决）不足之一万元，由省府分担七千元，市府分担三千元。

广东省政府第六届委员会
第一百七十九次议事录

四月十一日　星期二

出席者　林云陔　唐绍仪　金曾澄　胡继贤　李禄超　区芳浦
　　　　　谢瀛洲　许崇清
列席者　刘纪文　梁祖诰
主　席　林云陔
纪　录　何启澧

报告事项

一、内政部咨送水利法草案初稿，请查照签注意见，于两个月内送还，以便汇齐补充修正，依法呈转核定施行。

二、中国国民党中央执行委员会西南执行部通电，对于中央本年七月一日召开临时全国代表大会，认为无召集必要，且不当行。

三、西南政务委员会令知，决议各机关经费向有确定预算，不能任意开支，嗣后民众团体如有集会等事，不得向各机关请求拨给，以免混乱度支，仰即遵照。

四、建设厅呈，据阳春县民刘天祥请承领县属第一区土名北山河、大州坡等处荒地，经县查明确系官荒，承领面积与图相符，手续完备，自应准予承领，除发证书外，合将备查一联缴请备案。

五、建设厅呈，请转饬财厅将垫支刘廷杨技正出发贵州省调查煤油矿旅费一千四百八十元如数支付，以资归垫。

六、建设厅呈，查各属私采石矿商人，均已陆续呈请设定矿权，认缴矿产税额，自应将石灰一项停止征税，免涉重抽，请通令所属，将一切矿产额外征收撤销以资扶植。

七、建设厅呈缴广东省各县商会协助调查统计办法（草案），请察核备案。

八、财政厅呈报支过护沙营开拔费二千元缘由，请核明备案。

九、民政厅呈报，本年三月出巡西江各属旅费，经在本厅历月结存视察旅费项下开支，请察核备案。

十、民政厅呈，据中山县长呈，为该县第一届选举拟照暂行变通区乡镇选举办法办理，请核示等情，业经核明照准，请核备案。

十一、广东省银行呈送董事会第十八次会议议事录，请察核。

十二、广东士敏土营业处呈缴本年三月份营业报告书，请察核。

讨论事项

一、许委员、胡委员、陆院长会复，审查广东省各县市政府调查统计条例及调查统计局办事细则草案，分别修正，请公决案。

（议决）照修正通过。

二、财政厅呈复，审查潮汕渔业区管理所暨澄海、潮阳、汕尾三分所二十一年度预算，似可准照支拨，请核明饬遵案。

（议决）照准。

三、建设厅呈，据农林局呈缴潮田筑围暂行规程、筑围合作社简章，转请察核示遵案。

（议决）交民财〔政〕厅审查。

四、建设厅呈缴潮汕港务分局二十二年三月至六月岁出预算书，请核示遵案。

（议决）交财厅审查。

五、建设厅呈具广东全省港务管理局技正兼课长张介石履历，请核赐任命案。

（议决）照委。

六、广州市政府呈缴公用局建设费第十二款装设海珠桥北电灯工料费二十一年度岁出预算书，请察核备案。

（议决）照备案。

七、第一集团军总司令部函，据广东省调查统计局呈，拟就广东省各县警卫队队长协助调查统计办法草案，请核准公布施行等情，请查照办理案。

（议决）准备案。

八、教育厅提议，拟在梅县筹设省立第三农业学校，开办各费共约四万元，由梅、五、平、兴、蕉等五县就地协助二万元，其余二万元请

594

由省库拨给，请公决案。

（议决）通过照办。

广东省政府第六届委员会
第一百八十次议事录

四月十四日　星期五

出席者　林云陔　金曾澄　李禄超　区芳浦　谢瀛洲　许崇清
　　　　胡继贤
列席者　刘纪文　梁祖诰
主　席　林云陔
纪　录　何启澧

报告事项

一、行政院令，奉国府修正禁烟法第十一条条文，抄发修正条文，仰知照，并转饬所属一体知照。

二、财政厅呈，为遵令议复整理沙捐护耕费大纲，及陈明沙田粮捐并科及护耕费成案缘由，请核指遵。

三、财政厅呈，据南雄县具缴财政局长金湘履历，转请核明加委。

四、民政厅呈，为县地方警卫队章程及警卫队经费管理委员会组织章程规定略有出入，可否酌予修正，谨具意见请核示遵。

五、广州市政府呈缴工务局增加杂收入二十一年度岁入预算书，请察核备案。

讨论事项

一、第一集团军总司令部函，据从化县呈，请由省库拨款五万二千二百五十九元建筑该县鱼梁尾桥，查该桥对于军事交通，尚属需要，预算价格亦颇核实，请提会核办见复案。

（议决）预算列入二十二年度预算，交建设厅计划。

二、第一集团军总司令部函，据东区绥靖委员电称，惠紫五三大公路桥涵改建钢筋三合土，共约需建筑费一百五十一万余元，抄送原电，请查照转饬建设厅并案审拟见复，以凭办理案。又东区绥靖委员微电同前由。

（议决）关于二十二年度筑路费预算，应由财、建两厅就全省路线核议支配办法编列，再行核定，本案桥涵交由建厅复核。

三、财政厅、市政府、高等法院会呈，奉发台山县民余煐章等与余孚等因争承山坦不服处分提起再诉愿一案，经分别派员会同审查拟具决定书稿，连同本案卷件缴请前来，请鉴核指遵案。

（议决）照办。

四、民政厅呈复，奉令关于统一警察精神教育一案，遵将拟议情形请察核转陈案。

（议决）本省历年警官学校毕业生甚多，应先由民厅登记，警官学校缓办，余照所拟办理。

五、教育厅呈，请准予令行财厅，由省库拨发此次考送中央军校学生四十名赴京复试舟车等费共毫银二千元案。

（议决）照发。由教厅临时费项下开支。

六、财政厅呈，请核饬岭南大学校董会将博济医院契据交还本厅投变前段余地，得价照数拨予该会保管，指定为建筑纪念总理医院之用，后段核定为纪念总理医院地址，由本厅另发执照管业，永远不准投变，以昭慎重案。

（议决）应由财厅查照章程换发管业执照，交由岭南大学收执，将原有契据取销。

七、建设厅呈，据琼崖实业局长呈，为具领经费赴琼考察，拟携同职员四人前往，开具名单，请核准支旅费等情，应否照准，请核指遵案。

（议决）该局设在琼崖毋庸派员考察，且赴任旅费为预算所无，未便照准，如有调查必要，所需费用在开办费项下酌支。

八、建设厅呈缴潮汕港务管理分局开办费预算书，请核示遵案。

（议决）照准。

九、主席提议，关于伍×因承领中山县属灯笼洲溢坦一案，不服财政厅所为之处分提起诉愿到府，现经秘书处派员审查，作成决定书前来，应如何办理，请公决案。

（议决）照审查通过。

十、主席提议，关于李其珍因承采中山县属九洲岛石矿一案，不服建设厅之处分提起诉愿到府，现经秘书处派员审查，作成决定书前来，应如何办理，请公决案。

（议决）照审查通过。

十一、广州市政府呈缴追加欢迎淞沪抗日残废将士回粤大会补助费二十一年度岁出概算书，请察核备案。

（议决）准支二百元。

十二、西北区绥靖委员公署呈，为奉令关于公路股经费奉政委会令，照钧府核准数开支等因，是否依核减数，抑照原案开支，乞赐明示，并恳准照原案月支三千余元预算办理，俾利推行案。

（议决）准由该区在必要范围内妥为支配。

十三、广东省会公安局呈缴该局三年计划第一年上半年岁出预算书，请察核转行财政厅备案。

（议决）交财厅汇编。

十四、西村士敏土厂董事会呈，准刘厂长函送收用南便山冈地图，转请布告收用，至补费办法，仍否按照原先收用时田地补给办理，并请察核示遵案。

（议决）照办。交由市政府代收。

十五、主席提议，拟于本府秘书处增设第五科，专司审查本府直辖营业机关之营业状况，及稽核其收支数目，并增设巡察四员至六员，专任考察全省各机关之施政状况，是否有当，敬候公决案。

（议决）照办。

十六、教育厅提议，查本省小学师资向称缺乏，现拟于本年下【半】年度设立小学教员训练所一间，招收现任或曾任小学教员者若干人予以直接训练，拟具该所组织大纲及预算书，请公决案。

（议决）照办，列入二十二年度预算。

十七、教育厅提议，据省立第二农业学校筹备员呈，请拨给延长期间薪水二百一十六元，应否在教育临时费项下拨支，请公决案。

（议决）照准。

十八、民政厅提议，定安县县长麦霞甫呈请辞职，拟予照准，遗缺委周伟光试署，请公决案。

（议决）照委。

广东省政府第六届委员会
第一百八十一次议事录

四月十八日　星期二

出席者　林云陔　金曾澄　林翼中　胡继贤　李禄超　谢瀛洲
　　　　许崇清
列席者　刘纪文
主　席　林云陔
纪　录　何启澧

报告事项

一、中国国民党中央执行委员会西南执行部秘书处函送广州市新闻电讯检查所规程、新闻电讯检查标准，及该所每月经费预算，请查照转饬公安局依照办理。

二、中国国民党中央执行委员会西南执行部秘书处函，请转饬省会公安局即日遵照派员举办检查邮件。

三、建设厅呈，据士敏土营业处请改由其填发本市代理运照一案，请饬转各海关知照。

四、教育厅呈缴二十二年二月份行政报告书，请核存转。

五、民政厅呈，据和平县呈复，拟裁并自治区域理由，绘具图说请核示前来，经核准裁并，并拟定该县每区县参议员及后补参议员名额，请察核备案。

六、广东省县长考试典试委员会函送本省县长考试取录及格人员名单，请查照。

讨论事项

一、民政厅财政厅会呈，议拟改正各县行政费及津贴县长特别办公费缘由，连同改正预算表请核准列入二十二年度预算内审查核定开

598

支案。

（议决）照办。

二、民政厅呈，为梅菉围洲斜阳管理局经费，拟请于二十二年度起，由省库按月照数支给，其各该局原有地方收入，则尽数拨充地方教育建设警察等项经费，当否，请核指遵案。

（议决）照办。

三、财政厅呈复，审查港务管理局改编二十一年度岁出预算书及迁移添置费预算书一案，分别拟议办法，请核饬遵案。

（议决）照财厅核减办理。

四、财政厅呈拟定地税分配办法，请核示遵案。

（议决）交民政厅审查。

五、财政厅呈复，审核各市县土地局每月经常费预算支配各数尚属妥协，似可准照列支并汇列本年度追加岁出预算案内，以便开支，请核明指遵案。

（议决）照办。

六、建设厅呈，据潮汕港务管理分局呈拟建筑公共码头一座，约需工程费四千元，及购置救生电船一艘，约需价毫银五千元，似属可行，拟准由该局收入项下拨支，当否，请核指遵案。

（议决）照办。

七、建设厅呈缴技正朱次銮、李炳垣、黄森光、刘廷杨、梁启寿、余季智、刘伯畴等七员履历，请核赐任命案。

（议决）照加委。

八、西北区绥靖委员公署呈复遵令会同民、财两厅核议乐昌县抽收亩捐一案情形，请核示遵案。

（议决）准由该署体察地方情形办理。

九、胡委员继贤拟具广东省省营工业会计规则草案，请公决案。

（议决）通过。

十、广州市政府呈，据所属各机关呈，请援案仍从二十一年度各该实行开支或增支之月起根据新预算额报销一节，事实上既有必要，似属可行，请察核备案。

（议决）准备案。

十一、广州市政府呈，据工务局呈缴加辟黄花岗道路工程费二十一年度岁出预算书，请察核备案。

（议决）准备案。

十二、广州市政府呈，据工务局呈缴市立第五十四小学校修葺费二十一年度岁出预算书，请察核备案。

（议决）准备案。

十三、广州市政府呈，据社会局呈缴惠老院二十一年度追加修理工程临时费岁出预算书，请察核备案。

（议决）准备案。

广东省政府第六届委员会
第一百八十二次议事录

四月二十一日　星期五

出席者　林云陔　金曾澄　胡继贤　李禄超　区芳浦　谢瀛洲
　　　　许崇清
列席者　刘纪文　梁祖诰
主　席　林云陔
纪　录　何启澧

报告事项

一、中央执行委员会西南执行部铣电，接上海中委谢持等删电反对中央召集临时全国代表大会解释案，特转达览。

二、西南政务委员会令，关于奉行政院抄发核编文武官吏兵警等抚恤金预算暨支给办法，饬转所属遵照一案，经本会决议照办在案，仰遵照办理。

三、民政厅呈报，关于菜栏行凭藉名目征收佣金一案，奉令经再传集调处，谨将经过情形，请核示遵。

四、建设厅呈，据恩平县民黄钻秀等请承领县属第十二区土名白石坳、长白坑、长抗等处荒地，经县查明确系官荒，承领面积与图相符，手续完备，自应准予承领，除发证书外，合将备查一联缴请备案。

五、建设厅呈，据开平县民梁华簪等请承领县属第二区土名鹅寮山等处荒地，经县查明确系官荒，承领面积与图相符，手续完备，自应准予承领，除发证书外，合将备查一联缴请备案。

六、民政厅呈，请委马炳枢充番禺县土地局长，罗赓洪充新会县土地局长，杨华充汕头市土地局长，连同各员履历，请核办理。

七、东区绥靖委员公署呈缴本年一月份工作报告书，请察核。

八、监督整理三铁路委员会呈缴本年二月份三路职员升调任免月报表，请察核。

九、广九铁路管理局呈请加委邝耀厚为车务专员，仍兼出纳课课长。

十、广九铁路管理局呈请加委曾乃桢为机务专员。

十一、东莞明伦堂沙田经理局整理委员会业经本府改派林直勉为委员长，朱念慈、黎国材、钟之杰、翟宗心、李振良、王若舟、邓庆史、叶宝崙、罗植椿、李枚叔为委员。

讨论事项

一、高等法院函复，关于番禺县民梁善骁等状为益有公司瞒承松冈地段提起诉愿一案，兹经派员审查完竣，拟具决定书稿，连同本案卷件缴请转送前来，请查照核办案。

（议决）照办。

二、建设、民政两厅会复，查明三水邝梓佩等与花县骆蔚文等互争乌石岩管辖问题一案情形，是否可依照部颁省市县勘界条例办理，抑以所纳粮税为标准，请察核办理案。

（议决）在未划清境界以前，禁止开采，并候勘明再办。

三、财政厅呈，为修正各县田亩捐章程，请核公布施行案。

（议决）照办。

四、民政厅、财政厅、建设厅、高等法院会复，审查东莞县所拟水田筑壆督促章程草案一案，拟具修正意见书，请鉴核指遵案。

（议决）照修正通过。

五、建设厅呈复，遵令核减东路公路处在潮梅冥锚捐项下增加技术人员每月经费预算情形，请核指遵案。

（议决）照办。

六、建设厅呈复，遵令议订租界汽车驶入内地取缔章程及行车牌照式样，请察核办理案。

（议决）修正通过。

七、民政厅呈，拟具广东民政厅征用测量技术人员章程，请核公布施行案。

（议决）照办。

八、主席提议，关于陈少山因承采丰顺县属汤坑区土名尺柳头石二种等处磁土矿一案，不服建设厅之处分提起诉愿到府，现经秘书处派员审查，作成决定书前来，请公决案。

（议决）照审查通过。

九、国立中山大学函，请自本年七月起，照旧案继续补助本校南路蚕业经费一年案。

（议决）连同白云山林场案交财政厅并入二十二年度预算案审查。

十、广东省会公安局呈，拟议增加取缔人民团体请愿规则，请核赐修正重申布告，及分行各县所属遵照案。

（议决）照办。

十一、广东省调查统计局呈，拟具全省人口调查临时办法草案，请核准公布施行案。

（议决）交许、胡、金三委员审查。

十二、监督整理三铁路委员会呈复，核议关于该会年终员工奖金一案，拟照前案拨付该会经费办法，株韶局应负担之部分由广韶局代付，以昭划一，请核指遵案。

（议决）交广韶局查案办理。

十三、主席提议，据株韶局局长折呈，拟请钧府协助筑路款项，自五月起每月领用八万元，在十二个月领足，应如何办理，请公决案。

（议决）准借拨。仍由该局与广东省银行妥商办理。

十四、教育厅提议，拟派黄遵庚为第三农业学校筹备员，请公决案。

（议决）照派。

广东省政府第六届委员会
第一百八十三次议事录

四月二十五日　星期二

出席者　林云陔　金曾澄　胡继贤　李禄超　区芳浦　谢瀛洲
　　　　许崇清
列席者　陆嗣曾　刘纪文　梁祖诰
主　席　林云陔
纪　录　何启澧

报告事项

一、中国国民党中央执行委员会西南执行部秘书处函，为总理先代世系及原籍，业经中央党史编委会决议补充修正在案，请查照。

二、民政厅呈，据阳春县长叶洁芸会同筹办地方自治协助员林永宏呈，为该县第一区范围过阔，拟将所属原有一镇十四乡增编为八镇四十一乡，请核电遵等情，经电复照准，请察核备案。

三、财政厅呈复，奉令以准交通部咨请豁免汕头招商分局码头税一案，经呈复有案，请察核。

四、财政厅呈，据汕头汇兑业公会请核减税率，所有汕头市汇兑业及银业暂照资本额千分之十课税，以示体恤，请核备案。

五、建设厅呈报，赶筑罗浮山公路木桥石涵费，拟由职厅直辖工程费项下拨支，请核备案。

六、建设厅呈，据开平县民司徒有理等请承领县属第六区岑村前土名木山等处荒地，经县查明确系官荒，承领面积与图相符，手续完备，自应准予承领，除发证书外，合将备查一联缴请备案。

七、建设厅呈，据开平县民何诒谋等请承领县属第六区土名狮山凤山等共十八山等处荒地，经县查明确系官荒，承领面积与图相符，手续完备，自应准予承领，除发证书外，合将备查一联缴请备案。

八、建设厅呈，据新会县民黄瑞庭、黄铁魂等请承领县属第九区土名随夃山、飞鼠山等处荒地，经县查明确系官荒，承领面积与图相符，手续完备，自应准予承领，除发证书外，合将备查一联缴请备案。

九、教育厅呈报修正小学教员资格，请核备案。

十、中国国民党广东省海口市执监委员会庚电，请一致反对中央召开临时全国代表大会。

十一、新委陆丰县长曾仲宣辞不到差，已饬该县长杨幼敏仍回原任。

讨论事项

一、民政厅呈复核议广东省调查统计局所拟区乡镇公所调查统计章程草案情形，请核指遵案。

（议决）照修正。

二、教育厅呈，准全省第十二次运动大会函，为经费不敷，请准免九成支给等由，请核准如数十足分别令行拨发案。

（议决）准照教育经费办法支付。

三、建设厅呈，据士敏土营业处请准将该处预算第二项与第四项流用，暂不追加预算等情，应否准行，请核指遵案。

（议决）照准。

四、建设厅呈缴广汕无线电话台编制表及预算书，请察核案。

（议决）交财厅审查。

五、建设厅呈缴广汕无线电话收费章程，请核指遵案。

（议决）准备案。

六、财政厅呈，据南番局呈，市有民业沙田对于缴纳沙捐应征应免一案情形，请察核备案。

（议决）交民政厅并案审查。

广东省政府第六届委员会
第一百八十四次议事录

四月二十八日　星期五

出席者　林云陔　金曾澄　胡继贤　李禄超　区芳浦　谢瀛洲
　　　　许崇清
列席者　陆嗣曾　梁祖诰
主　席　林云陔
纪　录　何启澧

报告事项

一、外交部咨，关于北海、海口两处中国人民前往安南或经安南前往云南，领取护照及报解照费，应由北海、海口两公安局代理，省会公安局转呈办理，以一事权。

二、建设厅呈，据开平县民朱广梅等请承领县属第六区土名麓先生回头岭山等处荒地，经县查明确系官荒，承领面积与图相符，手续完备，自应准予承领，除发证书外，合将备查一联缴请备案。

三、财政厅呈，为本年二月间印刷过营业税调查证工料费，拟请照案在预算经常【费】内本厅印刷各种税票及契纸工料费项下开支，请准备案。

四、民政厅长呈报出巡北江各县视察地方情形，出巡期内日常公事由主任秘书梁祖诰代拆代行，请核备案。

五、民政厅呈报本厅测量队及南海、汕头等县市土地局成立日期，请核备案。

六、民政厅呈缴二十二年二月份行政报告书，请核存转。

七、教育厅呈，据英德县具缴教育局长陈清华履历，转请核明加委。

八、监督整理三铁路委员会呈缴二十一年十一月份三路购料收料月报表，总散数目表，请察核。

讨论事项

一、民政厅呈，拟具广东省地籍测量规则，请察核施行案。

（议决）修正通过。

二、民政厅呈，拟具广东省乡镇协助土地测量规程、广东省土地申报调查编号办法及申报书式样，请察核施行案。

（议决）通过。

三、民政厅呈后〔复〕，奉令发还三年施政计划说明书饬再拟订呈核等因，遵经审度缓急，划分最要次要，抄同改订说明书，请察核办理案。

（议决）照办。

四、财政厅呈后〔复〕，奉令发还三年施政计划说明书，饬再拟订呈核等因，查职厅所拟均属切要，且无须别筹经费始能举办，核与原提案以经济能否容许为分别最次标准之义，似可毋庸轩轾，请察核案。

（议决）照办。

五、教育厅呈后〔复〕，奉令发还三年施政计划说明书，饬再拟订呈核等因，遵将职厅所拟三年计划编为最要次要简表，请察核案。

（议决）照办。

六、建设厅呈后〔复〕，奉令发还三年施政计划说明书，饬再拟订呈核等因，遵将各项建设计划权衡先后缓急，分为最要次要，开列请察核案。

（议决）照办。

七、琼山县呈，为奉令饬增设洋文秘书一员，月薪应定若干，由何项支给，请核指遵案。

（议决）月支二百四十元，由地方款项下开支。

八、淞沪抗日残废军人教养院筹委会函，请派出淞沪抗日残废军人教养院董事三人，以利进行案。

（议决）派区厅长，金、许两委员。

九、主席提议，二十二年度预算业经各机关编定，送由财政厅汇编，现在预算年度将届，亟应派员审查，以便提会核定案。

（议决）推许、金、李、胡四委员会同区厅长审查，由区厅长召集，审查各机关预算时，各机关得派员出席说明。

广东省政府第六届委员会
第一百八十五次议事录

五月二日　星期二

出席者　林云陔　金曾澄　林翼中　胡继贤　李禄超　区芳浦
　　　　　谢瀛洲　许崇清
列席者　刘纪文　陆嗣曾
主　席　林云陔
纪　录　何启澧

报告事项

一、民政厅呈，据广东省人口调查事务处呈报成立启用关防开始办公日期，连同印模缴请察核备案一案，转请察核备案。

二、民政厅呈，据南海县呈，以规定土地局经费除由省库拨支外，不敷之数，由地方款项下支给等情，经准照办，转请察核备案。

三、民政厅呈，据钦县呈报将奉发散账〔赈〕之一千元改为兴筑钦防省道以工代账〔赈〕之用等情，已令复照准，请察核。

四、广州市政府呈缴本年一月份市库收支结算表，请核存转。

五、广东省银行呈缴与兴业公司订立建筑大沙头商业区承领地段工程合约，及简章图式等件，请核备案。

六、监督整理三铁路委员会呈缴三路二十一年十二月份购料收料数额表，请察核。

七、监督整理三铁路委员会呈缴二十二年三月份检查三路现金报告书，请察核。

八、监督整理三铁路委员会呈缴二十二年三月份三路进款付款数额月报表，请察核。

讨论事项

一、民政厅呈复，遵令审查地税分配办法，及附加意见，请核示遵案。

（议决）照民厅审查意见通过，交财厅议具实施办法。

二、财政厅呈复，奉令遵将兴平路黄透段桥涵费七万三千三百一十九元饬库照拨，惟此款二十一年度岁出预算尚未列入，请核议准予追加预算案。

（议决）准追加。

三、许、胡、金三委员会复审查广东全省人口调查临时办法草案，拟议意见，请公决案。

（议决）照修正。

四、西村士敏土厂呈，拟自行雇工建筑三合土卸煤平台一座，预算抵需工料仅二千余元，连同图则，请核指遵案。

（议决）照准。

五、民政厅提议，新委三水县长詹菊似经另有任用，遗缺拟以孙甄陶署理，敬候公决案。

（议决）照委。

广东省政府第六届委员会
第一百八十六次议事录

五月九日　星期二

出席者　林云陔　唐绍仪　金曾澄　胡继贤　李禄超　区芳浦
　　　　谢瀛洲　许崇清　林翼中
列席者　刘纪文
主　席　林云陔
纪　录　何启澧

报告事项

一、中央国术馆函送国立国术体育传习所简章，请考选学生二人名保送肄业。

二、西南政务委员会令，据呈拟订租界汽车驶入内地取缔章程及行车牌照式样，经提出政务会议决议照办在案，仰由该省政府照案公布施行，并分行各关系机关查照。

三、财政厅呈复，查明前龙门县知事张敬承身故无子无产，无从传追交代，应否准予销案，请核示遵。

四、财政厅呈报，县财政局长考试拟展期至五月二十五日举行初试，请察核备案。

五、财政厅呈，据潮州沙田局请追加临时经费等情，拟准自本年一月份起至测丈完结日止，每月增加经费五百元，请查核备案。

六、西北区绥靖委员陈章甫俭电，职署因应地方需要，特于宥日设立徐闻善后办事处于徐闻县城，派参谋长黄涛为主任，请察核备案。

七、广东省训育人员党义教师检定委员会函，为普遍全省中小学校训育人员党义教师之检定及登记起见，特在各县市设立办事处，经决议各县市办事处经费以三十元为限，在地方款下拨支，请查照转饬如数拨付。

八、广东士敏土营业处呈缴四月份营业报告书，请察核。

九、广东省银行呈，为汕头大洋地名券现经印就，拟由汕头分行开始发行，请察核备案。

十、驻台北总领事馆函，据台湾中华总会馆常务委员会呈请保护台湾华侨海南岛实业视察团，转请查照办理。

讨论事项

一、主席提议，关于张长辉等因争投县属土名石塘沙头西侧溢坦一案，不服财政厅所为之决定，提起再诉愿到府，现经秘书处派员审查，作成决定书，请公决案。

（议决）照审查通过。

二、建设厅呈复，关于筹筑广汕铁路一案，现据技正呈拟南北两线利益比较书表，连同路线图，请核夺指遵案。

（议决）采用北甲线。

三、建设厅呈，请将河南士敏土厂归并西村士敏土厂，连同职员名表及预算，请核指遵案。

（议决）准自七月一日起归并。

四、建设厅呈，拟订广东省全省公路联运规程，请核审定公布施行案。

（议决）交胡、李两委员审查。

五、西北区绥靖委员公署呈，请暂准先行开征田亩捐，拟具简章，请核示遵案。

（议决）在田亩未有调查清楚以前，准暂试办，以收半年田亩捐为限。

六、广州市政府呈缴提议建筑宾馆意见书及章程图式，请察核指遵案。

（议决）照办。

七、广州市政府呈，准国民党广州特别市执委会函，请仍将本年一月至六月增加公库基金一千元列入追加预算案内等由，应否准予追加预算，候示指遵案。

（议决）查公库基金系由经常费项下节存贮蓄，所请追加预算未便照准。

八、财政厅呈缴取缔台山县银钱行号商店发行兑换凭票办法，请察核备案。

（议决）准备案。

九、财政厅呈缴汕头市公安局二十一年度追加经费概算书，请核明办理案。

（议决）照准。

十、民政厅呈复，议拟本省县长考试及格人员应轮派四厅学习，每厅二员，每员月给生活费一百四十元，由省库按月拨支，草具学习规则，请核公布施行案。

（议决）每员月支生活费一百元，由民政厅向省库具领发给，学习规则照办。

十一、建设厅呈，据河南士敏土厂呈拟建筑码头钢遮，所需工料费六百元拟在临时费项下支用，是否准行，请核指办案。

（议决）照准。

十二、建设厅呈，据河南士敏土厂呈，拟购用驼毛带需银七百七十一元五角，拟请在临时费项下支用，应否照准之处，请核指遵案。

（议决）照准。

十三、第一集团军总司令部函，请迅速拨款兴筑惠紫五路五华属之河口、周江两桥案。

（议决）由建设厅派员查明办理。

十四、广东合作社筹备员刘懋初等呈报筹备会议情形，缴同议事录暨广东合作社筹备规程预算表，请核指遵案。

（议决）预算交财厅审查。

十五、建设厅呈，为勘定徐闻垦殖场址，请转呈核准施行，并令财厅即将经临两费分别拨给案。

（议决）除已有耕种之乡村外准照办。

十六、广州市政府呈，关于北海英商永福和洋行产业被当地政府充公一案，请核分别转行办理，并祈示遵案。

（议决）准照收用。发还产价毫洋一万四千元。

广东省政府第六届委员会
第一百八十七次议事录

五月十二日　星期五

出席者　林云陔　唐绍仪　金曾澄　林翼中　胡继贤　李禄超
　　　　　区芳浦　许崇清
列席者　刘纪文　陆嗣曾
主　席　林云陔
纪　录　何启澧

报告事项

一、内政部咨，奉行政院令，据南京市树木竹业同业公会呈，请通饬各机关需用木材木器采用国货木料一案，请查照转饬所属一体遵照。

二、建设厅呈，据合浦县民郭李兴等请承领高德乡土名牛儿塘岭等处荒地，经县查明确系官荒，承领面积与图相符，手续完备，自应准予承领，除发证书外，合将备查一联缴请备案。

三、建设厅呈，据开平县民潘兴仁等请承领县属第三区土名石髻岭、生癞牛山等处荒地，经县查明确系官荒，承领面积与图相符，手续完备，自应准予承领，除发证书外，合将备查一联缴请备案。

四、建设厅呈，据新会县赵福佐等请承领县属第二区土名烟墩山等处荒地，经县查明确系官荒，承领面积与图相符，手续完备，自应准予承领，除发证书外，合将备查一联缴请备案。

五、建设厅呈，据新会县民林奕仑等请承领县属第二区土名烟墩山、水流东等处荒地，经县查明确系官荒，承领面积与图相符，手续完备，自应准予承领，除发证书外，合将备查一联缴请备案。

六、建设厅呈，据新会县民黄能信等请承领县属第七区土名大园山、龟山、牛山等处荒地，经县查明确系官荒，承领面积与图相符，手续完备，自应准予承领，除发证书外，合将备查一联缴请备案。

七、财政厅呈报，淞沪抗日残废军人教养院开办及临经两费，核由四月份起照发，请察核饬遵。

八、财政厅呈，将琼崖属各县征解钱粮加补元水及大洋伸合毫洋数目，明定办法，请核备案。

九、财政厅呈，据遂溪县具缴财政局长赵永新履历，转请核明加委。

十、教育厅呈，据封川县具缴教育局长伍耀新履历，转请核明加委。

十一、广州市政府呈，准意国快意厂函，对于本市建筑铁桥，拟以该国退还庚款拨作建筑费等由，核与现拟建筑桥梁本旨相吻合，自应及时进行，以成美举，请咨外交部转达驻华意使查照。

讨论事项

一、建设厅呈，据工业试验所呈，拟印年刊一千册，并分期编著各项工业专刊，该项经费请在该所节存项下提出五千元开支，应否准行，请核示遵案。

（议决）照准。

二、建设厅呈，据农林局呈，请准予将二十年度结存库券拨为试制各项政〔改〕良农具之用，是否准行，请核指遵案。

（议决）照准。

三、广州市政府呈缴广州市电力公司资产评价委员会二十一年度岁出经常费预算书，请核赐备案。

（议决）准备案。

四、省会公安局、广东财政厅会呈，拟具广东取缔私运铜元进口暂行办法，请核指遵案。

（议决）照办。

五、秘书处签呈，本府现准第一集团军总部函送修正开发徐闻计划大纲草案，请查照酌核办理一案，兹谨参照南区计划大纲所定办法，将本府所定之开垦雷州半岛徐闻山章程修正，请核商总部转呈政委会核办案。

（议决）仍请林厅长、胡委员、李委员审查。

六、财政厅呈复，审查潮汕港务管理分局二十一年度岁出预算一案，分别拟议请核明饬遵案。又呈复，审查琼崖港务管理分局开办费及二十一年度岁出预算一案，分别拟议，请核明饬遵案。

（议决）准照建厅原列预算办理。

七、民政厅提议，琼山县县长郑里铎拟调充民政厅视察，所遗琼山县缺拟委陈猛孙试署；感恩县县长陶英伯拟予调省，所遗感恩县缺，拟委民政厅视察云茂钵试署；文昌县县长王晓章拟予调省另候差委，遗缺以龙川县县长邓衍芬调署；递遗龙川县缺委张蔚文试署；翁源县县长李诗唐拟调充民政厅视察，遗缺委前署连平县长陈定策署理；赤溪县县长陈达民拟予调省另候差委，遗缺委民政厅视察李光文试署，请公决案。

（议决）照委。

广东省政府第六届委员会
第一百八十八次议事录

五月十六日　星期二

出席者　林云陔　唐绍仪　金曾澄　林翼中　胡继贤　李禄超
　　　　　区芳浦　谢瀛洲　许崇清
列席者　刘纪文

主　席　林云陔

纪　录　何启澧

报告事项

一、财政厅呈缴修正广东全省香烛纸宝冥锱捐及出口香粉香竹烛芯会纸锡薄捐暨汕头出口纸锱捐稽征章程，请核准备案。

二、财政厅呈，据广【东】国省税捐统一检查委员会呈，议决修正各章则，并具检查细则，连同审查意见，专请核示等情，查各章则，既据修正，所拟检查细则大致亦复不差，应照备案，请核令遵。

三、财政厅呈报契税减征再展限四个月，照原派征额县加二、市加四派征，请察核备案。

四、财政厅呈，据中山县呈复关于保留温泉名胜，经备价收用田亩，请将该田钱粮豁免等情，附抄原表，请核予准免示遵。

五、财政厅呈，据防城县具缴财政局长罗京濂履历，转请核明加委。

六、民政厅呈，据番禺县呈，以该县土地局经费照原预算不敷分配，拟增加预算，增加之数由地方款支给，请核示等情，经准照办，请察核备案。

七、建设厅呈，据花县县民王大有等请承领县属第二区土名大窟山、大王山等处荒地，经查明确系官荒，承领面积与图相符，手续完备，自应准予承领，除发证书外，合将备查一联缴请备案。

八、建设厅呈，据花县县民卢香圃请补发承领县属第三区土名红坳岭等处荒地证书，经县查明确系官荒，业已造林完成，面积与图相符，自应准予补发证书，除印发证书外，合将备查一联缴请备案。

九、建设厅呈，据防城县具缴建设局长颜泽滋履历，转请核明加委。

十、广州市政府呈缴本年二月份市库收支结算表，请核存转。

十一、南区绥靖委员公署呈缴徐闻山善后办事处简章，请察核备案。

十二、东莞明伦堂沙田经理局整理委员会呈报各委员就职日期，连同誓词及本会修正章程，请核准备案。

讨论事项

一、民政厅呈复，遵令审查关于征收广州市区内刘沙围捐费一案，拟具意见，请察核指遵案。

（议决）准予免收。

二、主席提议，关于邓辍耕因不服本府指定泮塘堤岸迁建鱼栏之处分，提起诉愿一案，经秘书处派员审查，作成决定书，请公决案。

（议决）照审查意见通过。

三、教育厅呈，请举办广州市内省辖高中以上学校女生救护训练干部班，于秋季始业时开始实施，拟具计划书预算表，请核示遵案。

（议决）通过照办，干部班开办及经常费在本年度临时费项下开支，救护训练经费列入下年度预算，统交财厅审查。

四、广州市政府呈，酌拟广州市政府所属公务员提出甄别证件办法，请核示遵案。

（议决）交甄别委员会办理。

五、广东省会公安局呈缴广东省会公安局修正府户迁入觅保办法，请核指遵案。

（议决）准备案。

六、广九铁路管理局呈，为添置车辆需款九十万元，请设法筹借，以每日车利为担保品，自收足款项之日起计，分期五年按月摊还，当否，候令遵办案。

（议决）交胡、李两委员审查。

七、广九铁路管理局呈，为修订华英两段条约，根据英段复函，拟具办法，附抄文件，请核示遵案。

（议决）交胡、李两委员审查。

八、西村士敏土厂董事会呈，准刘厂长函，为前奉核准建筑之锌铁煤仓，拟改建铁路桥煤仓，用钢筋三合土建筑等由，事关变更原案，请核示遵案。

（议决）照准。

九、西村士敏土厂呈，拟将欧美各国寄回之化验本厂土泥结果成绩表刊印专册，并于七月一日举行一周年纪念，共需毫银五千元，经由董事会决议照办，请核准备案。

（议决）照办。

十、西村士敏土厂呈，拟购置考勤记录钟三个，共需港币一千七百余元，经由董事会决议照购，连同史密芝公司价函，请核赐备案。

（议决）准备案。

十一、卸广东省立小学教员补习函授学校校长金曾澄呈，为本校三月份因办理交代支出，比照预算原额增支四十一元一毫五仙，此款拟在一、二【月】份节存项下开支，又因印刷文件数量增加，原列印刷费不敷，故流用别项银三百一十五元一毫五仙，请核赐照准案。

（议决）照准。

十二、许、胡、李三委员会复，审查广东全省公路联运规程大致尚妥，惟第二十一条"须在交接站处领取通过证"一句，拟改为"须在车前悬挂联运标志"，请公决案。

（议决）照修正通过。

广东省政府第六届委员会
第一百八十九次议事录

五月十九日　星期五

出席者　林云陔　唐绍仪　金曾澄　林翼中　胡继贤　李禄超
　　　　　区芳浦　谢瀛洲　许崇清
列席者　刘纪文　陆嗣曾
主　席　林云陔
纪　录　何启澧

报告事项

一、建设厅呈缴古兜地德公司造林证书及备查等件，请核备案转发收执，并饬来厅购买公司注册书类，依法呈请登记以符定章。

二、建设厅呈缴处罚各船户违背航章罚款分配办法，请核指遵。

三、财政厅呈，据陵水县具缴财政局长周昌明履历，转请核明加委。

四、广东省银行呈，据汕头分行报称汕头大洋地名券经于五月八日开始发行，请察核备案。

五、广东合作社筹备处呈报，推定刘懋初、周棠、温仲琦三筹备员为常务委员，请察核备案。

讨论事项

一、财政厅、广州市府、高等法院会呈，奉发审查梅县民黄新华与李××、李××等因系争承领荒地造林，不服建设厅决定提起再诉愿一案，经分别派员会同审查，拟具决定书稿，连同本案卷件缴呈前来，请鉴核指遵案。

（议决）照决定通过。

二、主席提议，关于余玉堂因顺德县政府撤销该民以利济公司名义向第七小学校承租埗头，接驳省梧轮船原案一案，不服建设厅之决定，提起再诉愿到府，现经秘书处派员审查，作成决定书前来，请公决案。

（议决）照审查通过。

三、建设厅呈，拟将筹办苛性钠漂白粉等制造厂计划扩张，加列预算四十万元，请准令饬财政厅将该项预算变更，列入二十二年度预算，并转审计处备案。

（议决）并前呈预算修正后，加入二十二年度预算审查。

四、建设厅呈，据蚕丝改良局呈缴顺德蚕丝改良计划书预算表等，转请察核指遵案。

（议决）照秘书处签注办理。

五、教育厅呈，据省立第三师范学校呈，请拨款建筑校舍等情，拟准先拨建筑费一半该银六千三百六十一元，另临时课室搭棚费三百六十元，其余一半拟留归下年度临时费项下于八月内搭给，请核饬财厅照拨案。

（议决）照办。

六、教育厅呈，据省立工业专科学校呈，拟将勷勤大学工学院原定纺织科停办，改办土木工程科，所遗之开办费，除拨八千元为土木工程科购置仪器费外，其余二万二千元拨充为陶瓷科开办费之用等情，查核尚无不合，请核指遵案。

（议决）照办。

七、教育厅呈，据潮安县教育局呈，为把持瞒占，乞令汕头市府将旧有戏捐委员会撤销，并指拨该捐为全潮民教经费等情，请核办示遵案。

（议决）由教厅、财厅拟定支配办法。

八、财政厅呈，拟收用职厅厅前左边空地，为建筑广州市营业税局局址之用，请察核备案。

（议决）照准。

九、广州市政府呈，准参议会函，每月印刷费拟在原预算舟车费一项拨用等由，请核指遵案。

（议决）照准。

十、广东省银行董事会呈，为奉发审核省行二十一年度总决算认为尚欠详明各点，现经省行分别说明，提会审查属实，请核指遵案。

（议决）连同计算法交胡委员、陆院长、区厅长审查。

十一、建设厅、市政府、财政厅会呈，为大沙头商业区分段投变一案，两次开投均属无人过问，现拟斟酌社会经济情形，将原定底价减为八成再投，当否，请核指遵案。

（议决）减为七成再行开投。

广东省政府第六届委员会
第一百九十次议事录

五月二十三日　星期二

出席者　林云陔　金曾澄　林翼中　胡继贤　李禄超　区芳浦
　　　　　谢瀛洲　许崇清
列席者　刘纪文　陆嗣曾
主　席　林云陔
纪　录　何启澧
报告事项

一、考试院令发修正应考人专门资格审查规则，仰知照，并转饬所属一体知照。

二、教育厅呈缴本省二十二年度中小学学【校】校历，请核备案。

三、建设厅呈，据番禺县具缴建设局长陈季山履历，转请核明加委。

讨论事项

一、第一集团军总司令部函，请于赈款项下饬发一万元，交张师长会同海陆丰县长办理该处移民事件案。

（议决）照办。

二、建设厅呈，据琼崖港务分局电，请减征盐船牌照费，应否照准，候令祗遵案。

（议决）照准。

三、据教育厅呈，据省立图书馆呈复补呈七月份经费九成支配数目清单缘由，请核指遵案。

（议决）照准。

四、广州市政府呈，据香港中兴报函，请捐助印刷广东建设专号刊物费一千元，似可照准，请准予追加职府二十一年度岁出临时预算，俾便支领案。

（议决）照准。

五、琼崖抚黎专员陈汉光呈，请发还从前抚黎事宜支出各项费用毫银一万七千元，及发给此后调查需用毫银五千元，俾利进行案。

（议决）准追加预算。

六、驻法使馆函复，查明留法巴黎美术学校学生郑可学行及生活状况，请察核办理案。

（议决）准每年补助毫洋六百元，以三年为限，在留学经费项下支给。

七、第一集团军总司令部函复，关于修筑南雄城防一案，民厅请再拨款二万元，自可照准办理，请查照案。

（议决）准拨一万元。

八、主席提议，关于高要县民蔡汝豪等对于高要县政府，指定该村镇南门外空地为建筑学校地址，不服教育厅之决定提起再诉愿一案，现经秘书处派员审查，作成决定书，请公决案。

（议决）照审查通过。

九、主席提议，据民政厅报告，开平县治设置长沙，不过为防匪起见，并非该县中心，鹤山县治移设沙坪更偏一隅，均应迁回原城，并应将原有县署修葺以便迁返等语，应否限令迁回原城，请公决案。

（议决）限文到后两个月内迁回原城。

十、教育厅提议，拟派黄巽充省立第一职业学校筹备员，月薪二百四十元，在教育临时费项下开支，请公决案。

（议决）照派。

广东省政府第六届委员会
第一百九十一次议事录

五月二十六日　星期五

出席者　林云陔　金曾澄　林翼中　李禄超　区芳浦　许崇清
　　　　胡继贤
列席者　刘纪文　陆嗣曾　曾同春
主　席　林云陔
纪　录　何启澧

报告事项

一、财政厅呈报，严禁商人串投税捐，如违，一经查觉，除将押票金充公外，并从重罚办，请核准备案。

二、财政厅呈报，再展期六月五日举行考试县财政局长，请察核备案。

三、教育厅呈，据廉江县具缴教育局长黄锦履历，转请核明加委。

四、西北区绥靖委员公署呈缴二十二年三月份工作报告表，请核存转。

五、监督整理三铁路委员会呈送广韶、广九、株韶三路局二十二【年】三月份职员升调任免月报表，请察核。

六、监督整理三铁路委员会呈缴本年四月份检查三路现金月报表，请察核。

七、监督整理三铁路委员会呈缴本年四月份核签三路进付款月报表，请察核。

八、财政厅呈报，将县财政局长考试科目略为变更，拟定范围，请核准转知县长考试典试委员会照办。

讨论事项

一、李、胡两委员会复，审查广九铁路管理局，请派员与英段讨论修订华英两段联轨均分行车收入条约一案，拟请由省府指派五人先行研究修约理由，并造具说明书，再由省府指派修约全权代表二人，向英段进行交涉案。

（议决）派胡、李两委员，钱设计委员，胡局长及广九局李车务处长。

二、李、胡两委员会复，审查广九铁路管理局请筹借九十万元添置车辆一案，据议意见，请公决案。

（议决）照办。

三、建设厅呈，请令饬广州市政府，将河南士敏土东西两厂面前一带海坦约一万井划出，拨为职厅扩充省营第二工业区地域案。

（议决）所请照准。该处若有私人地段在内，准予收用，仍须补具界址图，呈府核定。

四、民政厅呈，据地方自治工作人员训练所呈报，该所开办费不敷支四千二百九十九元七毫一仙，拟在每月节存经费项下开支，不再请领库款等情，转请察核备案。

（议决）照准备案。

五、主席提议，关于廖小哲与吴慕尧等因不服民政厅对于顺德县扶闾乡与水藤乡互争翁花沙、麦家围、崩塘等三沙管辖一案，所为之处分，各自提起诉愿一案，现经秘书处派员审查，作成决定书，请公决案。

（议决）照审查通过。

六、主席提议，关于陈志暖等对于揭阳县河婆中学校被焚抢一案，不服民、教两厅所为之处分，提起诉愿到府，现经秘书处派员审查，作成决定书，请公决案。

（议决）照审查通过。

七、财政厅呈复，审查广汕无线电台预算，似可照现列预算由收入项下坐支，请核明饬遵案。

（议决）照准。

八、财政厅呈复，遵令拟具豁免钱粮办法请核，并请将前呈地税分配办法核准，以便通令遵照案。

（议决）修正通过。

九、民政厅提议，遂溪县县长赵超因案扣留，遗缺拟委岑涤群试署；博罗县县长林黄卷呈请辞职，拟予照准，遗缺委岑衍璟试署；梅菉管理局局长赵鋈锋呈请辞职，拟予照准，遗缺委余觉芸署理，请公决案。

（议决）照委。

十、第一集团军总部，函送南山移垦委员会组织条例及预算，请核定会征呈报颁行案。

（议决）通过。

广东省政府第六届委员会
第一百九十二次议事录

五月三十日　星期二

出席者　林云陔　金曾澄　林翼中　胡继贤　区芳浦　李禄超
　　　　谢瀛洲　许崇清

列席者　刘纪文　陆嗣曾

主　席　林云陔

纪　录　何启澧

报告事项

一、民政厅呈，据新会县呈，以该县土地局经费拟照原预算增加，增加之数由地方款支给，请核示等情，经准照办，请核备案。

二、财政厅呈报，淞沪抗日残废军人教养院三月份应支之款，拟即在四月份领支经临费项下挪支，请核示遵。

三、财政厅呈，据阳江县呈，以县城商店发出汇票流通市面，交收有如纸币，拟请禁止行使，而免遗祸等情，自可准行，谨将颁发取缔阳江县商店滥发汇票办法，请察核备案。

四、建设厅呈缴本年三月份上半月工作报告表，请核存转。

五、教育厅长谢瀛洲呈报出巡惠阳、博罗两县，厅务交主任秘书曾同春代拆代行，请察核。

六、教育厅呈，据三水县具缴教育局长徐哲光履历，转请核明加委。

七、广东合作社筹备处呈，请将职处名称改为"广东合作总社筹备处"以利进行。

八、广东省银行呈缴董事会第二十一次会议录，请察核。

讨论事项

一、胡委员继贤、李委员禄超、林厅长翼中会复，审查开垦雷州半岛徐闻山章程大致尚属妥协，惟第五条后段拟略修改，请核指遵案。

（议决）照修正通过。

二、民政厅呈缴广东省民政厅测量队奖惩规则、测量队业务实施细则、测量队职员服务规则及尺度制，请核准备案。

（议决）准备案。

三、财政厅呈复，审查广东合作社预算尚属妥协，似可准予照支，请核议饬遵案。

（议决）照准。

四、民政厅呈，拟委任伍小石为本厅视察，李秩、慕容清为本厅技正，连同各该员履历，请提会核委案。

（议决）照委。

五、广东省银行呈缴广东省银行会计规则，请察核备案。

（议决）并前案审查。

六、建设厅呈，据士敏土营业处呈缴处罚舶来士敏土私运章程、办理专营事务缉私组织章程、处理私运货物与惩奖章程，转请察核指遵案。

（议决）交胡、李两委员，陆院长审查。

七、国民革命军陆军第一军军长余汉谋有电，请设法先拨十万元以资完成雄保〔信〕公路案。又函，据独立第三师呈送雄信公路全路建筑工程费预算书，转请查照迅予拨款补助案。

（议决）准照补助。列入廿二年度预算。并先贷支三万元。

八、主席提议，关于海口生猪业同业公会代表周复初等为私立琼海中学校抽收生猪出口附加捐，不服教育厅批准抽收之处分，提起诉愿一案，经本府秘书处派员审查完竣，作成决定书，请公决案。

（议决）照审查通过。

九、民政厅提议，拟具取缔慈善公益团体呈请拨用地方法团款项或地方公款公产办法，是否有当，请公决案。

（议决）通过照办。

十、主席提议，南山地方共祸已平，人民流离失所，亟待赈济，拟在民政厅赈款项下拨发三万元，交南山移垦委员会筹赈，是否有当，请公决案。

（决议）通过照办。

广东省政府第六届委员会
第一百九十三次议事录

六月二日　星期五

出席者　林云陔　金曾澄　林翼中　胡继贤　李禄超　区芳浦
　　　　谢瀛洲　许崇清
列席者　刘纪文　陆嗣曾
主　席　林云陔
纪　录　何启澧

报告事项

一、内政部咨，奉行政院令核准福建省增设福州、厦门两市，及析〔新〕置闽县、俟〔侯〕官两县一案，请查照，并转饬所属一体知照。

二、西南政务委员会令，公布工厂设立暂行条例，抄发原条文，仰知照，并转饬所属一体知照。

三、西南政务委员会令，据呈广州土制煤油等同业公会，请取缔外商在内地制炼煤油一事，兹饬据国外贸易委员会拟具救济土制煤油治标治本办法，应准照办，抄发原办法，仰即分饬遵照。

四、蒋主席光鼐、蔡总指挥廷锴有日通电，反对中央与日妥协，请一致主张抵抗，以救危亡等语。

五、财政厅呈，拨〔据〕连县拟将丁米分改为并征，应准照办，连同该县钱粮征额税率比较表，请察核备案。

六、财政厅呈，为关于禁银出口缉获私运充赏办法，兹将原条文略加修正，请核赐备案。

七、建设厅呈缴本年二月份下半月工作报告表，请核存转。

八、教育厅呈，拟将本届高中以上学校学生集中训练暂缓实施，请核令遵。

九、教育厅呈，拨〔据〕紫金县具缴教育局长彭文彬履历，转请核明加委。

十、西村士敏土厂呈，为寄由欧美各国化验之五羊牌士敏土，计需化验费用共港币八百余元，应列入岁计杂支项下，请察核备案。

十一、广东省调查统计局呈，为规定各县市公文来往期限表，请核通令施行。

十二、监督整理三铁路委员会呈，据总稽核呈缴本年四月份三路职员升调任免月报表，请察核。

讨论事项

一、民政厅呈，据广东省人口调查事务处呈，拟就广东省各县市人口调查事务处组织章程及办事细则，转请察核示遵案。

（议决）通过照办。

二、建设厅呈，据广东士敏土营业处呈，拟就广东士敏土营业处办理专营事务组织章程，暨报领许可证及大学附加费征收细则、办理士敏土专营与代征大学附加费办事细则，转请察核指遵案。

（议决）交胡、李两委员审查。

三、广东省会公安局呈缴惩教场章程及人犯应守规则、探晤人犯规则、女犯习艺所管理规则、人犯习艺规则、教诲堂规则、图书室规则、工作时间表等，请核示遵案。

（议决）准备案。

四、本府设计委员会呈，为欧委员华清提议发展广东全省林业建设一案，经决议通过在案，连同提议书，请察核办理案。

（议决）交金、许、胡三委员审查。

五、主席提议，关于郑健年等因不服财政厅开投中山县属大小霖山一带田坦一案，提起诉愿到府，经秘书处派员审查，作成决定书，请公决案。

（议决）照审查通过。

六、主席提议，关于吴明字等因不服财政厅开投中山县属大霖山南便山脚五丰福成围田一案，提起诉愿到府，经秘书处派员审查，作成决定书，请公决案。

（议决）照审查通过。

七、主席提议，关于吴明字因不服财政厅处分中山县属大霖山南便山脚罗环围田一案，提起诉愿到府，经秘书处派员审查，作成决定书，请公决案。

（议决）照审查通过。

八、民政厅呈报，增建本厅办公室，所有建筑费及购置费，拟援案在本厅历月结存各项经费项下开支，请核指遵案。

（议决）照准。

九、财政厅呈，为收用厅前左边民有空地建筑营业税局一案，查此项地价及建筑费约共需银七万元，拟俟将来规划妥当招商承建，各需若干，实报实销，请察核备案。

（议决）照准。

十、中国国民党广东省执委会函，为关于办理民众运动及领导民众工作，先后支过临时费一万五千零五十九元，请查照准予照数追加预算，并饬财厅如数拨付案。

（议决）交财政厅向省党部查询数目审查呈复再核。

十一、建设厅呈复核议西北区绥靖委员请拨用英阳、连连路款，完成南韶、翁虔两路一案情形，请察核指遵案。

（议决）照准。

626

十二、广东合作总社筹备处呈缴修正组织规程，请核指遵案。

（议决）准备案。

十三、勳勤大学校董会函请派卢德代理工学院长，林砺儒代理师范学院长案。

（议决）照派。

十四、主席提议，据秘书处签呈，本府办公地方不敷，拟将原日办公厅拆卸改建楼房乙座，建筑费约需二万元，拟请追加预算，请公决案。

（议决）照准。

广东省政府第六届委员会
第一百九十四次议事录

六月九日　星期五

出席者　林云陔　金曾澄　胡继贤　李禄超　区芳浦　谢瀛洲
　　　　许崇清
列席者　刘纪文　陆嗣曾
主　席　林云陔
纪　录　何启澧

报告事项

一、中国国民党广东省执行委员会函，为议决省督学、中等学校校长、县市教育局局长须以有资格有才能之党员充任，请查照转饬教育厅遵照办理。

二、财政厅呈，据儋县具缴财政局长曾静山履历，转请核明加委。

三、财政厅呈，为广东省公务人员训练所开办经常各费，拟并列入二十二年度预算内再行汇案审查，以归划一，请转饬民厅知照。

四、财政厅呈报再改期六月十四日举行考试县财政局长，请察核备案。

五、财政厅呈关于沙田旧照减成报承成案，请展限三个月，即自本年六月一日起至八月底止，请核指遵案。

六、建设厅呈，据新会县民林奕仓等呈请承领县属第二区土名虎山等处荒地，经县查明确系官荒，承领面积与图相符，手续完备，自应准予承领，除发证书外，合将备查一联缴请备案。

七、建设厅呈缴本年三月份下半月工作报告表，请核存转。

八、广州市政府呈缴本年三月份市库收支结算表，请核存转。

九、广州市政府呈报，拟将自来水管委会改组为广州市自来水管理处，经饬分别结束改组，请察核备案。

十、监督整理三铁路委员会呈送三路一月各旬订购材料报告及收料清单月报表，请察核。

十一、赣粤闽湘鄂剿匪军南路总司令陈济棠东日通电就职。

十二、十九路军援热先遣队江电奉令率所部忍痛回闽。

十三、广西省政府主席黄旭初东电，蒋、蔡两公有日通电谈之泪下，谨随同志诸公之后共图救亡等语。

十四、赣粤闽湘鄂剿匪军西路总司令何键东电通电就职。

讨论事项

一、建设厅呈复，核拟中区绥靖委员，请由省库拨助清花佛公路佛冈段及花县等段工程费一案情形，应否准予补助之处，请察核办理案。

（议决）就二十二年度公路支出预算内，审核各路需要情形再行支配。

二、民政厅呈，据围洲斜阳管理局呈复无款拨支，开办费请准免缴还，并请饬库自成立日起按月拨支行政经费，应否准予照办，请核指遵案。

（议决）由民政厅转饬该局将地方收入实情呈复再夺。

三、教育厅呈缴修正广东全省义务教育委员会组织大纲、广东省各县市义务教育委员会组织大纲，请核指遵案。

（议决）通过。

四、建设厅呈缴广东河南士敏土厂西隅平面蓝图，请转饬广州市政府将红线内坦地，照案拨为职厅扩充省营第二工业区场地域案。

（议决）仍由该厅会同市府勘定呈复。

五、建设厅呈缴各评判委员审查省府合署图案等级分数表，请察核案。

（议决）以第五号为第一名，二十四号为第二名，十四号为第三名，十五号为第四名，二十二号为第五名，其余名次照初次审查办理。

六、胡委员呈复，奉交内政部关于修正广东都市土地登记及征税条例意见一案，谨将核议意见请公决案。

（议决）该条例改正为广东各县市土地登记及征税条例，其余照办。

七、教育厅呈复，关于丰顺球山中学抽收瓷坭一案，前据县称并无窒碍，经令照准在案，现奉令以议决关于各项矿产不得巧立名目征收附加税捐，自应饬令停止抽收，惟该校校款应如何筹抵，请核饬遵案。

（议决）仍由该厅查明有无别款筹抵再夺。

八、主席提议，关于欧阳震因对于南海县政府撤销屠业工会与肉店店东所订协约一案，不服民政厅之决定，提起诉愿到府，现经秘书处派员审查，作成决定书，请公决案。

（议决）照审查通过。

九、主席提议，据本府技正胡栋朝签呈，将石牌省府合署刚近土地总图以红线划定东西住宅区界线，请核发交市政府工务局依照界线计划马路等情，请公决案。

（议决）照办。

十、教育厅提议，拟筹办广东省署〔暑〕期旅行学校，兹拟订规程系统功课经费各项表册，请公决案。

（议决）预算交财厅审查，其余章则交金、许两委员审查。

十一、主席提议，据农林局呈缴复兴糖业计划，应如何办理，请公决案。

（议决）准照筹办。

广东省政府第六届委员会
第一百九十五次议事录

六月十二〔三〕日 星期二

出席者 唐绍仪 金曾澄 李禄超 胡继贤 区芳浦 谢瀛洲 许崇清

列席者 陆嗣曾

主　席 唐绍仪（代）

纪　录 何启澧

报告事项

一、民政厅呈，据惠来县呈报该县旱灾情形，请拨款赈济并请酌拨行政经费等情，已准拨给二千元散赈，请察核备案。

二、财政厅呈，据高要县呈缴该县飞机场收用民田原纳粮税印结，似应照案准免，请核示遵。

三、财政厅呈，据澄迈县具缴财政局长杨挺超履历，转请核明加委。

四、教育厅呈，据阳山县具缴教育局长王作先履历，转请核明加委。

五、教育厅呈，据高要县具缴教育局长陈德彬履历，转请核明加委。

六、中区绥静〔靖〕委员公署呈缴本年四月份工作报告表，请察核。

七、广东士敏土营业处呈缴本年五月份营业报告书及营业总结表，请察核。

讨论事项

一、民政厅呈复，核议关于琼崖抚黎专员请示办理化黎事务，其设置以何项为宜一案，饬据视察查复，由厅加具意见，连同奉发抚黎计划书，请察核案。

630

（议决）准如所拟办理。抚黎专员公署黎务局组织法及预算，仍由该厅拟定呈复再核。

二、建设厅、财政厅呈复，会核潮阳县里拟建筑中山公园筹款计划一案意见，请核指遵案。

（议决）饬县将收用范围缩少，并拟具预算，及另拟筹款办法呈复再核。

三、建设厅呈，据港务局转据广州航业公会请增加船舶客位等情，兹将以前海关所定客位计算表从新改订颁发该局施行，惟事关变通向例，请察核备案。

（议决）准备案。

四、财政厅呈缴新拟广东全省进口洋布匹头专税章程，请察核备案。

（议决）照修正备案。

五、广东省会公安局呈，拟具取缔制炼煤油工厂暂行办法，及广州市制炼煤油工厂调查表，请核准分行南、番两县知照案。

（议决）交广州市政府核议。

六、南区绥靖委员呈，请援照西北区征收田亩捐办法成案，准予职区提前举办田亩捐，以期将各县警队整理完善案。

（议决）准援照西北区成案办理。

七、民政厅呈复，奉令奉政委会训令关于救济赣南饥荒案，决议先饬民厅借拨赈款十万元俟捐得款项拨还一案，令厅遵照等因，谨将拟办情形请核指遵案。又呈复，饬拨赈款三万元交南山移垦委员会筹赈一案，请饬省行将职厅余存赈款中纸三万元悉数兑换现金，俾便拨发案。

（议决）准照办。

八、民政厅呈，饬据视察会同茂名、吴川两县及梅菉管理局履勘划定该局行政区域，连同原缴修正区域图，请核指遵案。

（议决）照办。

九、番禺县呈，拟设立习艺所收用三园冈荒地，辟作农场，检具章程连同收用农场图说，请核准备案。

（议决）收用地点照准，章程交民厅核复。

十、西村士敏土厂呈，关于第二熟土磨厂及铁路桥煤仓建筑工程经招商估价承建，以永康公司所估价目为最低，业由董事会议决批与承建，请核赐备案。

（议决）准备案。

十一、民政厅提议修正公务员训练所章程，请公决案。

（议决）章程照民厅提议修正通过。该所经费暂定为开办费五千元，经常费每月五千元，仍列入廿二年度预算，在预算未确定前准先由财厅贷支。

广东省政府第六届委员会
第一百九十六次议事录

六月十六日　星期五

出席者　唐绍仪　金曾澄　李禄超　胡继贤　区芳浦　谢瀛洲
　　　　　　许崇清

列席者　刘纪文　陆嗣曾

主　席　唐绍仪（代）

纪　录　何启澧

报告事项

一、西南政务委员会令发广东特种柴油进口登记暂行章程，暨广东特种柴油登记处组织简章，仰即分饬遵照。

二、福建省政府咨，据民厅转据武平县呈报会同蕉岭县勘界情形一案，转请查照办理。

三、民政厅呈，请加委廖强方为广东省地方自治工作人员训练所总务主任，曾纪桐为训育主任，蓝成斡为广东省地政工作人员养成所教务主任，吴鲁贤为训育主任。

四、民政厅呈缴本年三月份行政报告书，请核存转。

五、教育厅呈缴本年三月份行政报告书，请核存转。

六、广州市政府呈缴二十一年十一月份行政报告书，请核存转。

七、财政厅呈，关于紫金等县对于此次派销国防公债核定派额依限销足，应予嘉奖，请核示遵。

八、广东省银行呈报董事会第二十二次会议录乙件。

讨论事项

一、财政厅、市政府、高等法院会呈，奉发审查台山县民黄植生等与黄世佑等争承山坦，不服决定各自提起再诉愿一案，经分别派员会同审查完竣，拟具决定书稿连同本案卷宗缴呈前来，请鉴核指遵案。

（议决）照决定办理。

二、财政厅呈，为各机关经费，在二十二年度新预算未核定前拟暂照上年度旧预算开支，请核明通行照办案。

（议决）照办。

三、建设厅呈，据河南士敏土厂呈报，需用生铁牙及生铁底板锋筛驼毛带等项，共银一千二百二十八元一角二分，请在临时费项下开支等情，应否照准，请核指遵案。

（议决）照准。

四、广州市政府呈复，关于广州市立第四十五小学原日拨用番禺县署东之旷地着酌补地价免予投变一案，饬据教育局查复每井约值二百元，似尚平允，应如何办理之处，请指令分饬知照案。

（议决）照准。

五、设计委员会呈复，审查糖渣木薯制酒拟议及特种酿酒工业奖励条例意见，请察核办理案。

（议决）交财政厅审查。

六、金、许、胡三委员会复，审查设计委员会欧委员华清提议发展广东全省林业建设案，本案拟交农林局酌量采择办理，请公决案。

（议决）照办。

七、西村士敏土厂呈，拟将二十一年七月至十二月半年度之员工公益费，建筑一员工体育馆，其建筑材料拟由厂供给，经由董事会议决通过，请核赐备案。

（议决）准备案。并补具材料预算。

八、西村士敏土厂呈复，职厂前拟请再添置水泵一副，奉令经送董事会议决照购，请察核备案。

（议决）准备案。

九、西村士敏土厂呈报，经与洋工程师潘地及机械师拉臣分别订雇用合约，送由董事会通过，抄同订约，请核赐备案。

（议决）准备案。

十、西村士敏土厂呈，拟将技士陈文旺升任技正，缴具该员履历，请核加委案。

（议决）照委。

十一、主席提议，关于林德懋因不服财政厅对于处理中山县属大霖山脚大环围及广丰围田一案之处分，提起诉愿到府，现经秘书处派员审查，作成决定书，请公决案。

（议决）照审查通过。

广东省政府第六届委员会
第一百九十七次议事录

六月二十日　星期二

出席者　　林云陔　唐绍仪　金曾澄　林翼中　胡继贤　李禄超
　　　　　　区芳浦　谢瀛洲　许崇清

列席者　　刘纪文

主　席　　林云陔

纪　录　　何启澧

报告事项

一、民政厅呈，据广东省人口调查事务处呈，为拟就广东全省人口调查实施程序，请核示等情，转请察核示遵。

二、教育厅呈，据罗定县具缴教育局长李家超履历，转请核明加委。

三、广东省银行呈复，奉令妥商粤汉铁路株韶段工程局分期借款一案，现经职行提出董事会议决照借，时期数量及付款手续仍由行与株韶路局妥商办理在案，请察核。

四、财政厅呈，据三水县具缴财政局长刘振汉履历，转请核明加委。

讨论事项

一、胡委员、李委员会复，奉交审查广东士敏土营业处处罚舶来士敏土私运章程、办理专营事务缉私章程、处理私运货物与惩奖章程一案，经审查修正请公决案。

（决议）照修正通过。

二、胡委员、李委员会复，奉交审查广东士敏土营业处办理专营事务章程，及办理士敏土专营与代征大学附加费办事细则一案，经审查修正，请公决案。

（决议）照修正通过。

三、建设厅呈缴东韩江水源地营林处组织章程，开办费预算表、经常费预算表，请核饬财政厅拨款举办案。

（决议）饬农林局先行派员接收管理。

四、建设厅呈复，遵令饬据农林局核拟西北区绥靖委员呈，缴西北区移垦办法一案，请察核案。

（决议）照修正通过。

五、建设厅呈报筹备扩充西村士敏土厂经过情形，请察核备案。

（决议）准备案。

六、财政厅呈，为中山纪念堂纪念碑建筑管委会二十二年度经费，似应在建筑费内开支，并请按月造报书表，依照通案开支经费，连同原送预算书，请核转查照办理案。

（决议）照办。

七、民政厅呈缴新定外属营业税局经费表，暨广州市增加经费表，请察核备案。

（决议）准备案。

八、民政厅呈报，本年厅长于四月间率同随员出巡北江各属，共支旅费银六百五十四元五毫，经援案在本厅历月结存视察旅费项下开支，请察核备案。

（决议）准备案。

九、广州市政府呈缴职府及所属各机关追加二十一年度预算书表，请察核备案。

（决议）准备案。

十、广州市政府呈复，关于西村士敏土厂董事会请收用南便山冈地段一案，谨将拟办情形，请察核指遵案。

（决议）照秘书处签注办理。

十一、东区绥靖委员寒电，韩江警卫营经费一时似难裁减，请再展限六个月案。

（决议）照准。

十二、建设厅呈，请举办棉纱纺织厂，连同草约，请核示遵案。

（决议）照准筹办。

十三、秘书处签呈，请将广东省公务人员训练所民政、财政、教育、建筑等组学员，选送入所训练办法补行提会核定案。

（决议）照办。

广东省政府第六届委员会
第一百九十八次议事录

六月二十三日　星期五

出席者　林云陔　唐绍仪　金曾澄　林翼中　李禄超　区芳浦
　　　　许崇清　胡继贤　谢瀛洲
列席者　刘纪文　陆嗣曾
主　席　林云陔
纪　录　何启澧

报告事项

一、广东合作【总】社筹备处呈缴办事细则，请察核备案。

讨论事项

一、建设厅呈，据琼崖实业局呈请变更琼崖实业手续，应否准行，请核示遵案。

（议决）照准。

二、教育厅呈，请准予追加省立小学教员补习函授学校二十一年度经费六千元，令行财政厅照拨转发案。

（议决）准追加。

三、主席提议，关于蔡服照等与吴泰学等因系〔互〕争宝安县土名蛇口嘴湾沙墨坦地一案，不服财政厅所为之决定，提起再诉愿到府，现经秘书处派员审查，作成决定书，请公决案。

（议决）照审查通过。

四、主席提议，据本府技正胡栋朝签保，查石牌农林局原有蓝图拟收用之第一期土地西边一部分，伸入省府合署东方住宅区之内，现拟稍为更正，连同蓝图请核示等情，请公决案。

（议决）交建厅会同市府审查再核。

五、广东合作总社筹备处呈缴广东合作总社章程，请核批准施行案。

（议决）交胡、李两委员审查。

六、主席提议，关于梁××因与谈××承领骑楼地争执一案，不服广州市政府所为之决定，提起再诉愿到府，现经秘书处派员审查，作成决定书，请公决案。

（议决）照决定通过。

七、主席提议，关于黄茂玉等因不服本府对于该诉愿人就徐承金控黄鼎芬等杀人案移送分庭审理一案，声明不服所为批驳之处分，提起诉愿前来，现经秘书处派员审查，作成决定书，请公决案。

（议决）照审查通过。

八、主席提议，关于郭黎氏因不服本府对于汕头市政府因郭亚昌犯案查封汕头市永平路第二三、第二四、第二五等号铺屋三间一案所为之处分，提起诉愿前来，现经秘书处派员审查，作成决定书，请公决案。

（议决）照审查通过。

九、第一集团军总司令部函送广东省现行保甲简章，请查核主稿会同颁布施行案。

（议决）照修正文字通过。

广东省政府第六届委员会
第一百九十九次议事录

六月二十七日　星期二

出席者　林云陔　金曾澄　林翼中　胡继贤　区芳浦　谢瀛洲
　　　　　许崇清
列席者　刘纪文
主　席　林云陔
纪　录　何启澧

报告事项

一、西南执行部秘书处函，为拟具广州中山纪念堂纪念碑建筑管理委员会组织章程提会，决议照通过，推派陈耀垣、香翰屏、李绮庵三委员为该会常务委员在案，请查照。

二、建设厅呈，据博罗县具缴建设局长陈观上履历，转请核明加委。

三、建设厅呈缴本年四月份上半月工作报告表，请察核。

四、建设厅呈，据新会县民吴德芹等请承领县属第九区土名网山等处荒地，经县查明确系官荒，承领面积与图相符，手续完备，自应准予承领，除发证书外，合将备查一联缴请备案。

五、建设厅呈，据新会县民黄能信等请承领县属第九区土名鸡挛坑山、横舍山等处荒地，经县查明确系官荒，承领面积与图相符，手续完备，自应准予承领，除发证书外，合将备查一联缴请备案。

六、建设厅呈，据新会县民吴业厚等请承领县属第九区土名龙坑鳙鱼山等处荒地，经县查明确系官荒，承领面积与图相符，手续完备，自应准予承领，除发证书外，合将备查一联缴请备案。

七、建设厅呈，据英德县具缴建设局长黄钟琦履历，转请核明加委。

八、财政厅呈，据茂名县具缴财政局长邓颂唐履历，转请核明

638

加委。

九、财政厅呈，据博罗县具缴财政局长杨光瀛履历，转请核明加委。

十、西北区绥靖委员公署呈缴本年四月份工作报告表，请核存转。

十一、淞沪抗日残废军人教养院呈报，编定本院规程，请核准备案。

十二、监督整理三铁路委员会呈缴五月份三路检查现金报告表及对付款月报表，请察核。

讨论事项

一、主席提议，关于詹天眼因请求制止汕达公司在普汕公路蜈田至磊口一段行驶车辆一案，不服建设厅所为之处分，提起诉愿到府，现经秘书处派员审查，作成决定书，请公决案。

（议决）照审查通过。

二、建设厅呈，为关于商号从前已经注册领有注册证费收据，应否准予换领部照，请核示遵案。

（议决）仍由建厅继续办理。

三、建设厅呈报赶筑东路第二干线大小江桥工程费，拟恳追加预算，转饬财政厅拨款以资兴筑案。

（议决）交财政厅转送预算审查委员会并入二十二年度预算审查。

四、建设厅呈，据蚕丝改良局呈请增聘沈敦辉、夏迪文二人为该局技正，月各支薪俸四百元，另养鱼副业设备研究费月支二百元，共月增经费一千元，请准由二十二年度起追加，应否照准，请核指遵案。

（议决）暂缓办理。

五、胡委员、区厅长、陆院长会后〔复〕，审查广东省银行二十一年度总决算及广东省制〔银〕行会计规则，拟具意见，请公决案。

（议决）关于第三项交该行董事会核复，余照办。

六、西北区绥靖委员公署呈，请追加英翁连路路款一十六万七千一百四十元，仍照每月拨发七万五千元成案按月如数拨给，并垦〔恳〕另拨路面专款一十万零七百八十元案。

（议决）交财厅转送预算审查委员会于路款原有预算内妥为支配。

七、民政厅提议，德庆县县长余启光奉令停职查办，遗缺拟以新委文昌县县长邓衍芬调署；递遗文昌县缺以乐会县县长陈炜章调署；递遗乐会县缺委余丕承试署；崖县县长王鸣亚拟予调省，遗缺委劳宇楷试署，请公决案。

（议决）照委。

广东省政府第六届委员会
第二百次议事录

六月三十日　星期五

出席者　林云陔　金曾澄　林翼中　胡继贤　李禄超　区芳浦
　　　　　谢瀛洲
列席者　刘纪文　陆嗣曾
主　席　林云陔
纪　录　何启澧

报告事项

一、民政厅呈复，核议番禺县所缴习艺所章程及农场图说，大致尚无不合，似应准其备案，请察核办理。

二、教育厅呈，据龙门县具缴教育局长邬庆时履历，转请核明加委。

三、粤汉铁路南段管理局呈报启用新关防小章日期，请察核备案。

四、广汕铁路筹备处呈缴会议规则，及办事细则，请核准备案。

讨论事项

一、主席提议，关于邓××等因对于潘××等承领开平县属×山、×山等处荒山造林一案，不服建设厅之处分，提起诉愿到府，现经秘书处派员审查，作成决定书，请公决案。

（议决）照审查通过。

二、财政厅呈，请分令各绥靖公署，对于各县警卫队费应转呈钧府核准后方可令县执行案。

（议决）照办，函总部会同饬遵。

三、建设厅呈，据农林局呈缴修正广东省各县农林推广处章程，请察核施行案。

（议决）交胡、李两委员审查。

四、教育厅呈，据省立第五中学校呈，请核给教员黄宝鉴养老金五百四十六元，转请核准令行财政厅如数给领案。

（议决）准由教育临时费项下发给。

五、广州市政府呈复，查明台山县民黄安请发还私有产业一案情形，请察核案。

（议决）交陆院长、谢厅长、林厅长审查。

六、监督整理三铁路委员会呈复，关于三路购委会年终员工奖金一案，该会所陈各节不无理由，似可准照仍发一个半月份，由粤汉南段及广九两局分担，当否，请核示遵案。

（议决）照准。

七、西村士敏土厂呈，拟定购碎石机之石锤二套，共约需毫银三千五百元，运费在外，因距董事会开会之期尚远，请先核准以便定购案。

（议决）仍交董事会核议。

八、广州市政府呈缴修正市立小学校长考试暂行规程，请核指遵案。

（议决）准备案。

九、主席提议，据南山移垦委员会建设科长温耀文折呈，现南山地段从事测量，拟请岭南大学工科员生担任，所需费用约三千元，请核赐发给以便办理案。

（议决）准照发。

十、财政厅提议，拟具广东省煤油贩卖业营业税征收章程草案，请公决案。

（决议）照修正通过。

十一、教育厅呈，为二十二年度预算未核定前，应提前支付新增各项经费，列表呈请核示案。又呈省立第三农校二十二年岁出经常预算书，请准予追加，令行财政厅提前支付案。

（议决）年级增班经费准提前支付，其余俟预算审查后再议。

十二、教育厅提议，省立第二农业学校校长谢廷文呈候任用，遗缺拟请委廖崇真接充，请公决案。

（议决）准暂兼代。

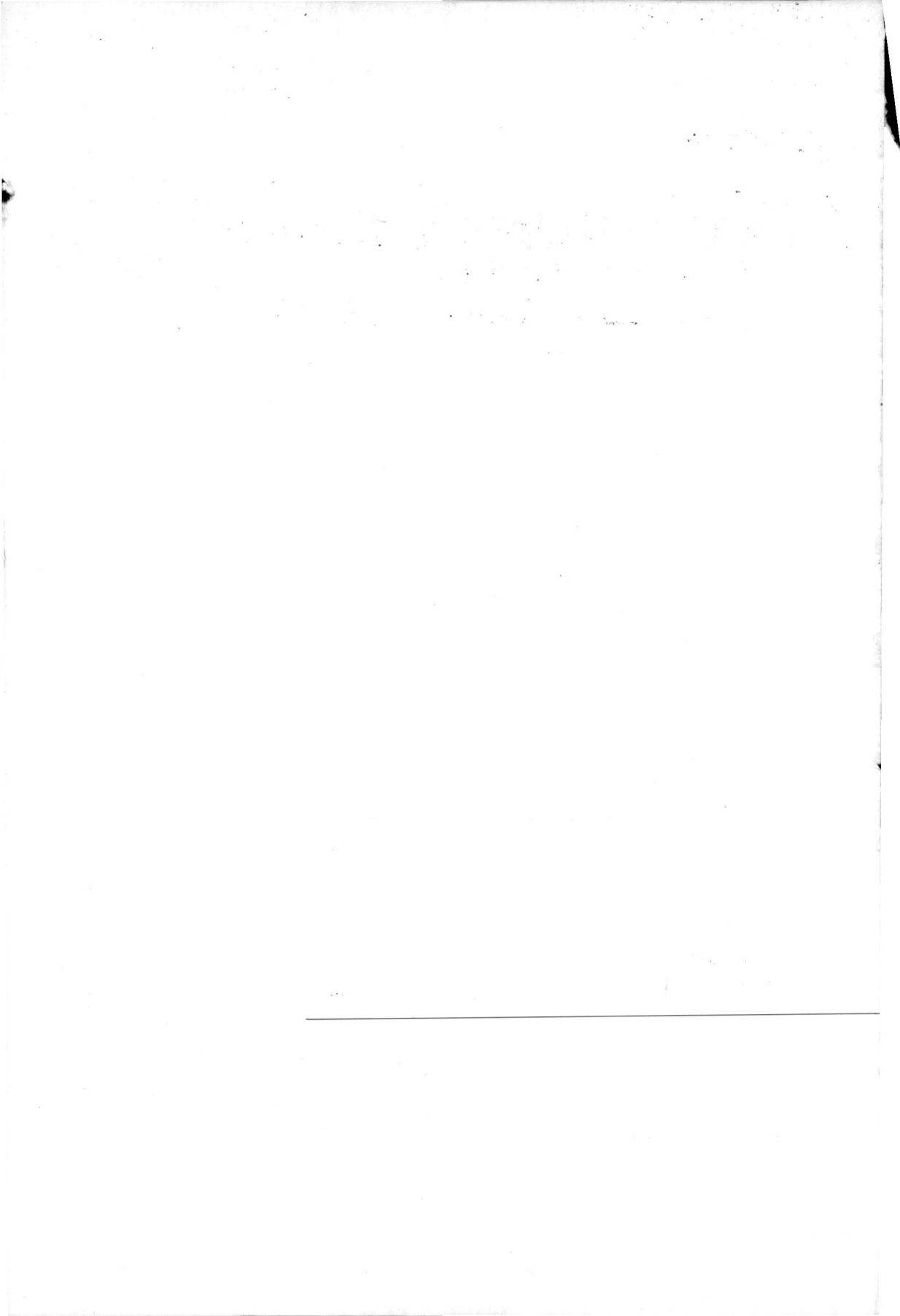